常熟文庙研究

陈颖 许霆／著

常熟市文化博览中心 常熟博物馆 编

苏州大学出版社
Soochow University Press

图书在版编目(CIP)数据

常熟文庙研究 / 陈颖，许霆著 ；常熟市文化博览中心，常熟博物馆编. -- 苏州 ：苏州大学出版社，2023.8
ISBN 978-7-5672-4453-5

Ⅰ. ①常… Ⅱ. ①陈… ②许… ③常… ④常… Ⅲ. ①孔庙-研究-常熟 Ⅳ. ①K928.75

中国国家版本馆 CIP 数据核字(2023)第 152353 号

书　　名：常熟文庙研究
Changshu Wenmiao Yanjiu

著　　者：陈　颖　许　霆
编　　者：常熟市文化博览中心　常熟博物馆
责任编辑：史创新

出版发行：苏州大学出版社(Soochow University Press)
社　　址：苏州市十梓街 1 号　**邮编：**215006
印　　刷：苏州工业园区美柯乐制版印务有限责任公司
邮购热线：0512-67480030
销售热线：0512-67481020

开　　本：718 mm ×1 000 mm　1/16　**印张：**22. 75　**字数：**338 千
版　　次：2023 年 8 月第 1 版
印　　次：2023 年 8 月第 1 次印刷
书　　号：ISBN 978-7-5672-4453-5
定　　价：68. 00 元

图书若有印装错误，本社负责调换
苏州大学出版社营销部　电话：0512－67481020
苏州大学出版社网址　http://www. sudapress. com
苏州大学出版社邮箱　sdcbs@ suda. edu. cn

目录
Contents

导　论

一

“文庙”这一概念，有广义与狭义之分。

广义的“文庙”与“武庙”相对。夏征农主编的《辞海》就提及文庙是相对于武庙而言的。按古代礼制，凡有功于社稷的文臣武将，均可设立庙祠祭祀，如主祀姜子牙的武成庙、主祀岳飞的岳庙等，均属于武庙。常熟历史上也有武庙，如关帝庙、刘猛将军庙、孙武子祠等。而常熟历史上主祀文臣的范公祠、巫公祠、五夫子祠等，均属于文庙范畴。在古代社会，武庙与文庙各有其配享及乐舞礼制。如《宋书》载，曹魏时期“制《武始》舞武庙，制《咸熙》舞文庙”①。此意义上的“文庙”一词，《新唐书》中有“汉孝惠、孝景、孝宣令郡国诸侯立高祖、文、武庙”② 的记载，可见，西汉初年就已经有了明确的文庙与武庙相对区分的概念。当然，也有文庙和武庙合体的庙宇。在中国历史上，自唐宋以后，各地既建文庙又建武庙，但相对而言文庙更多，且主祀儒学先贤的礼制性文庙居多。这是因为自西汉武帝以后，中国政治实行“罢黜百家，独尊儒术”，历代王朝推行“文治”，因而儒家思想占据了社会文化的正统地位，主祀儒家先贤的文庙具有价值判断和意识形态意味，更好地体现着统治阶级的“德治”“礼治”“文治”思想。

狭义的“文庙”特指祭祀孔子的孔庙，以及后来发展成庙学合一的学庙。商务印书馆修订本《辞源》释义说，孔庙在明清时也叫文庙，文庙即孔子庙。顾明远主编的《教育大辞典》说，孔庙亦称文庙，文庙即孔庙，

---

① ［梁］沈约：《宋书·乐志一》，中华书局 1974 年版，第 542 页。
② ［宋］欧阳修、宋祁：《新唐书·高郢传》，中华书局 1975 年版，第 5070 页。

元以后多称文庙。之所以把孔庙称为文庙，主要是因为孔子乃“文道”之奠基者，他开创了儒家学派，建立了中国古代封建社会以血缘亲子关系为基础的政治伦理思想体系，是中国古代最伟大的政治家、思想家和教育家。西汉以后，孔子的思想成为中国封建王朝的治国治民理念。孔子作为中国封建社会正统思想的奠基人，其政治地位至尊，思想影响深远。因为孔子被认为是中国传统文化的杰出代表，因此就把孔庙以文庙相称。当然细究起来，“文庙”与“孔庙”两个概念也有区别。如《辞海》认为孔庙为“纪念和祭祀孔子的祠庙”；文庙则是“唐玄宗开元二十七年封孔子为文宣王，因称孔庙为文宣王庙，明以后称为文庙”①。这就是说，狭义的文庙是指主祀文宣王孔子且伴有教学活动的礼制性建筑，到清朝末年，全国共有这类文庙一千七百六十余所。如此理解狭义的“文庙”，更加符合实际情况，也更能为人接受。按国家礼制，狭义的文庙或因庙设学，故称之为“庙学”，或因学设庙，故称之为“学庙”或“学宫”。文庙是中华民族的精神殿堂与文化符号，集中体现和反映出中华儿女的先贤崇拜思想和文化信仰。

从鲁哀公称孔子为尼父起，历代统治者尊奉孔子，不断为其加封：西汉元始元年（1）追谥为褒成宣尼公；北魏太和十六年（492）改谥为文圣尼父；北周大象二年（580）封为邹国公；隋开皇元年（581）尊称为先师尼父；唐贞观二年（628）尊称为先圣，十一年（637）改称宣父；唐乾封元年（666）追封为太师；周天授元年（690）封为隆道公；唐开元二十七年（739）谥为文宣王；宋大中祥符元年（1008）谥为玄圣文宣王，五年（1012）改谥至圣文宣王；元大德十一年（1307）封为大成至圣文宣王；明嘉靖九年（1530）厘正祀典，取消封号，改称至圣先师；清顺治二年（1645），诏封孔子为大成至圣文宣先师。在这些封号中，唐代首称文宣王，宋代仍称玄圣或至圣文宣王，因此很多文庙在宋朝时就称为文宣王庙。北宋初年，江阴文庙始创，景祐年间，范仲淹撰《景祐重建至圣文宣王庙

① 夏征农：《辞海》，上海辞书出版社 1979 年版，中册第 2563 页、下册第 3512 页。

记》。元《至正重修琴川志》也把常熟祭孔的庙宇称为文宣王庙。明清以后，各地孔庙多称文宣王庙，简称文庙。对于这种理解，今人庞洪认为，从文化概念上“并不可以简单地把文庙看成是文宣王庙的省称”，因为“两相比较，省去了‘宣王’两个字，少了封建意识的累赘和束缚。‘文’的内涵，反而更加丰富”。[①] 这就是说，狭义的文庙不能仅理解为文宣王庙的简称，还要看到它所指对象“文”的内涵，这是对的。今人舒大刚等认为“祭祀先圣、先师、先贤是中国古代学校的功能之一，孔庙（或称文庙）与学校的合一则是实现这一功能的主要措施”[②]。只有这类庙学合一的孔庙才是狭义概念中的文庙，即后世通行的“庙学”或“学庙”。

在我国古代城市中，凡是国家意识形态影响到的地方，文庙是最常见的建筑群。它是构建一座城市教育文化的精神标志，折射着中央政权的控制力和儒家文化的渗透力。作为一种教育文化与政治意识的象征，文庙闪耀着永恒的传统教育与精神文明光芒。文庙建筑不仅常见于我国，而且遍布世界。文庙作为儒家文化载体，在当代具有独特、深刻而持久的文化价值。

二

孔子去世的第二年（公元前478年），鲁哀公在陬邑（今山东省曲阜市东南）将孔子的故堂所居作为寿堂，立庙于旧宅，“庙屋三间”，“先圣立庙，自此始也”[③]。这是我国历史上第一座也是影响最大的孔庙。公元前195年，汉高祖刘邦亲临曲阜孔庙祭祀，首开帝王祭孔先例，曲阜家庙由此演变为“国庙”。南北朝时期，各地开始修建孔庙。唐代，各地孔庙进一步发展。宋代有过三次兴学运动，各地官府纷纷整修文庙，寓学于庙，或寓

---

① 转引自周洪宇、赵国权《文庙学：一门值得深入探究的新兴“学问”》，见《江汉论坛》2016年第5期。

② 转引自周洪宇、赵国权《文庙学：一门值得深入探究的新兴“学问”》，见《江汉论坛》2016年第5期。

③ ［金］孔元措：《孔氏祖庭广记》，商务印书馆1936年版，第21页。

庙于学，文庙迅速发展。东汉时期蜀郡重修的文翁石室（即蜀郡郡学）中的“周公礼殿”，是我国古代庙学合一的最早范本，是曲阜之外我国所建最早祭祀周公、孔子的机构。永平二年（59），汉明帝诏令郡县学校皆祀周公先圣、孔子先师，这是首次以中央诏令的形式要求在学祭祀周公、孔子。北魏孝文帝太和初，下诏郡县各立学祀孔子，与周公并享。隋唐时期重新确立儒学及孔子的政治地位，文庙进一步规范化和制度化。唐太宗李世民下令停祭周公，开国学文庙主祀孔子先例。贞观四年（630），唐太宗诏州县学皆立孔子庙，“县必有学，学必有庙”，形成庙学合一的局面；贞观二十一年（647）开始确立追祀先贤先儒的制度。“宋兴，崇尚文治，吾夫子之祀遍天下。”①

庙学合一的文庙，其外延与孔庙既有重叠，又有区别。孔祥林等在《世界孔子庙研究》中将全国孔庙分为五类：一是国立各级学校奉祀孔子的庙宇，正式名称为“文庙”，即我们所要讨论的庙学合一的文庙；二是孔子故里的本庙，即曲阜孔庙，因“有庙无学，不能属于文庙”；三是纯粹为纪念孔子而建造的庙宇，因其“没有列入国家祀典，应该称作孔子庙”；四是书院建造的奉祀庙宇，因“国家没有为它制定祭祀的礼仪，不能称作文庙”，可谓“书院孔子庙”；五是散居在世界各地孔子后裔建造的家庙。②在以上五类孔庙中，数量最多的是学庙即庙学，也就是通常所说的文庙。这种文庙既是学习儒家经典的官办学校，又是祭祀孔子的官办庙宇，其特色就是庙学合一。北宋名臣范仲淹，在景祐二年（1035）捐出宅地创建苏州文庙，首创文庙与儒学东西并置格局，对后世影响很大。宋仁宗在庆历四年（1044）按苏州府学的做法，诏天下各州县皆立学校，“天下各县之有学，自吴学始，迤逦至宋末二百年而学遍天下，吴学实得气之先”③。常熟

---

① ［宋］陈宜中：《学道书院记》，见《（同治）苏州府志》卷二十六，清光绪九年（1883）刻本。

② 孔祥林、孔喆：《世界孔子庙研究》，中央编译出版社2011年版，第1-4页。

③ ［清］冯桂芬：《重修吴县学记》，见《（同治）苏州府志》卷二十六，清光绪九年（1883）刻本。

文庙始建时间并无存世文献记载，形制也不清晰，现存庙学则根据其屋梁所书纪年，确定为宋代至和年间（1054—1056）创建，此即元代《至正重修琴川志》所记之“庙学”。南宋端平二年（1235），知县王爚仿效苏州府学，重建左庙右学格局的文庙，其形制延续到明代中期。明成化二十二年（1486），常熟文庙把言子专祠移至庙东并行重建，形成了中庙西学东祠三条并列轴线，这一形制和格局延续至今。

尽管形制独具特色，但常熟文庙同全国其他庙学一样，基本功能还是祭祀和养士，从而达到国家树立文化权威、控制思想文化、引导社会风气的终极目的。我国古代社会重视以礼治理天下，“上事天，下事地，尊先祖而隆君师，是礼之三本也”①。文庙祭祀孔子属于其中的君师之礼。随着孔子地位的不断提升，文庙祭孔逐步形成了包括音乐、歌章、舞蹈等要素在内的规模庞大而完备的国家祭祀仪式，称为文庙祀典。文庙祭祀仪式作为儒家制度化的一个重要方面，在形式上强化了儒家的独尊性和神圣性，通过祭祀仪式，儒家的理念可以有效地渗透到社会生活中，使得儒家的价值观得到保持，使得国家与社会保持稳定。我国古代科举制度创始于隋代，经过唐宋元三代的发展，在明清达到鼎盛，它对我国社会的政治、经济、文化、教育等产生了重大影响。明代以前，学校只是为科举输送人才的途径之一；明代以后，科举考试与学校教育合二为一，学校成了科举的必由之路，所谓“科举必由学校”，且从考试内容中演化出八股文体，在取士布局中定下了分地配额，从而提升了文庙在科举中的特殊地位。自宋至清，从常熟县学中走出了数量众多的进士、举人和秀才，常熟文庙在苏州甚至东南地区都有着自己重要而独特的影响力。

三

常熟文庙有着悠久的历史，积淀了深厚的文化底蕴，它对于常熟崇文

① 《荀子校注》，张觉校注，岳麓书社2006年版，第231页。

重教的社会风尚产生了积极的导向和推动作用。常熟文庙关涉常熟文脉和文运，是常熟文化传统的组成部分。

常熟文庙在近千年发展中形成了自己的独有特色，主要表现在以下三个方面。

一是建立言子专祠。常熟文庙的东轴线上有言子专祠，其定制是由言祠坊、祠门、仪门、东西两庑、正殿组成的空间轴线，独立又完整地营造出庄重肃穆的祭祀氛围，为中国文庙建筑布局之特例。2019 年，言子专祠被国务院列为全国重点文物保护单位。

言子专祠是祭祀孔子唯一的南方弟子——言偃的专祠。言子是孔门高足，独得大同、小康之传，特精于礼乐，以文学著名。他首善武城，推行庶、富、教，开天下弦歌之治，立百世治谱，晚年佩道南归，德润吴中，教开南国，创道启东南之功。南宋建立言子专祠的同时，朱熹、魏了翁、袁甫导引子游传统落地常熟，常熟民众以“弗崇弗彰，为邑之耻”为训，形成了尊言学贤的历史传统，直接影响了常熟文化的历史走向和内涵特质。常熟文庙祭祀言子，尊言子为“吴公”“先贤”“先师”“南方夫子”等，建构常熟乡贤祭祀格局。常熟文庙碑记阐释了言子的思想和地位。第一，“言吴公导一脉而南”。认为“洙泗发源中国，言吴公导一脉而南，湔我吴俗，变朴陋为文学，圣贤之泽后世深矣”①，“（言子）受先圣之传，惟礼为兢兢，实与颜曾称南北宗”②。第二，“学子游所以学孔子也”。认为“句吴自泰伯端委以治，而尚仍文身之陋，惟子游北学于中国，传仲尼之道以归，而大江以南，学者莫不得其精华。由是称文献之邦者，盖三千年于兹。其功非亚于仲尼者与？”③ 第三，“此而求之有余师矣”。认为“盖子游之学之道也，仲尼之学之道，尧舜禹汤文武周公之学之道也”，“吾愿与二三子省

① ［元］阎复：《平江路常熟县重修文庙之记》，见陈颖主编《常熟儒学碑刻集》，苏州大学出版社 2017 年版，第 29 页。

② ［明］许成器：《重建常熟县儒学西舍碑记》，见陈颖主编《常熟儒学碑刻集》，苏州大学出版社 2017 年版，第 135 页。

③ ［明］王叔杲：《重建文学书院碑》，见陈颖主编《常熟儒学碑刻集》，苏州大学出版社 2017 年版，第 298 页。

之，由子游以求乎仲尼，由仲尼以求乎尧舜禹汤文武周公。其于道也，若溯流而求源，由一心而运之天下，小试而为弦歌之治，大行而成礼乐之化”①。第四，“邑之先贤，子游为首”。认为“孔子之门，从游三千，速肖七十，独子游为吴人。今常熟州，实其所居里，南州之先贤孰有加于子游者乎？寥寥。千载莫有能表显之者”②。在此阐释基础上，常熟士人把言子视为江南儒学之宗，自觉接受言子的文治教化。在乡邑治理上推行弦歌之治，在社会事业上强调崇文重教，在思想文化上构建江南儒学道统，在精神品格上倡导务实创新，言子文化对于常熟文化可谓影响巨大。

二是注重名宦祭祀。南宋右丞相兼枢密使杜范在《常熟县端平经界记》中说：“浙右多大县，常熟田赋，殆与他小郡等。”“常熟永为浙右佳地，而焜耀言游旧里于千载之下。”③ 据文献记载，宋代“环府之邑五，而常熟居其望焉。时主客以户计者八千九百七十有二，而今五万一千三十八，夏赋金钱为缗二千八百，其币帛匹合万二千六百而奇，弗详。秋租谷粟七万六千余斛，乃今折帛为缗者十万二千三百，而斛才损其旧二千。邑之事，其倍称何如哉？”④ 可见当时常熟人口与经济颇具规模，由此而来的就是政事繁杂。元《知州孔公德政碑》说：“苏之常熟，为浙右壮县，腋江距海，延袤百余里，民物楙蕃，征赋浩繁，夙号繁剧，非有优为之材，鲜能胜任。”⑤ 这说明常熟社会经济发展迅猛，需要贤德优秀的人才来主政。

因此，人们对于任职常熟的官员有着特殊的期待，希望官员弘扬子游传统，实施小康之政，造福一方民众。元阎复撰《平江路常熟县重修文庙

---

① ［明］徐有贞：《直隶苏州府常熟县儒学兴修记》，见陈颖主编《常熟儒学碑刻集》，苏州大学出版社 2017 年版，第 69 页。

② ［元］黄溍：《文学书院记》，见陈颖主编《常熟儒学碑刻集》，苏州大学出版社 2017 年版，第 288 页。

③ ［宋］杜范：《常熟县端平经界记》，见陈颖主编《常熟儒学碑刻集》，苏州大学出版社 2017 年版，第 19 页。

④ ［宋］陈映：《常熟县令续题名碑》，见［清］邵松年辑《海虞文征》，广陵书社 2017 年版，第 165 页。

⑤ ［元］邑人：《知州孔公德政碑》，见陈颖主编《常熟儒学碑刻集》，苏州大学出版社 2017 年版，第 27 页。

之记》诉说心愿："吾愿居是乡、莅是邑者，仰圣贤之遗像，诵圣贤之格言，深求所谓君子小人学道之义。为人上者，推广爱人之念以抚其下，若慈父之保赤子；为人下者，祗服易使之训以奉其上，如孝子之事严父。上下相安，风恬俗熙，庶几武城弦歌之化，复见于兹邑，岂直为观美哉！"①常熟县令大多积极地呼应这种期望，他们都感到：常熟是言子的过化之地，而且是"壮县""剧县"，因此赴任言子故乡常熟责任重大。他们积极推行武城弦歌之治，日夜操劳，崇文重教，移风易俗，出现了数量众多的名宦，如宋何子平、孙应时、王爚，元孔文贞、卢克治，明郭南、杨子器、王轼、黄嘉宾、王叔杲、赵国琦、耿橘、杨涟，清汤家相、于宗尧、康基田等。常熟文庙从宋代开始建祠祭祀名宦，立碑纪念名宦。后文庙建立名宦祠，遴选名宦入祀。从南宋庆元年间至清末700多年间，常熟共有知县（知州）430多人，政绩卓著而被列入名宦祠祭祀的有47名。这是民众对为官者的激励，也是对为官者的感恩。如宋嘉熙元年（1237），知县王爚升任离去，万民感激，文庙为之建立生祠，后列入名宦祠祭祀。明李维柱任县学教谕，厘正学田，创设学志，多有惠政。翁宪祥撰《本石李先生遗泽碑》曰："本石李先生之教吾虞也，凡五载，而以国学迁其行也。虞士亲者思之，疏者思之，怀者思之，畏者思之，遐迩贫乏孤弱，不言同然，遂相与伐石而纪之。"② 众人相议设碑立石于文庙，以释念想。

三是科举成绩显赫。隋代是我国选士制度从乡举里选之法向科举制度过渡的时期，唐代科举制度正式确立，成为国家选拔人才的主要途径。但直到宋代初年，朝廷尚未重视学校教育，而且科举多以辞赋取进士，以墨义取诸科。为了改变"不教而择人"的问题，宋庆历新政提出"慎选举，敦教育"的思想，推动科举制度与学校教育结合，即各州、府、监皆要建立官学，规定应试士子须在官学听读一定时日才能参加科举。常熟庙学在

① ［元］阎复：《平江路常熟县重修文庙之记》，见陈颖主编《常熟儒学碑刻集》，苏州大学出版社2017年版，第29页。

② ［明］翁宪祥：《本石李先生遗泽碑》，见陈颖主编《常熟儒学碑刻集》，苏州大学出版社2017年版，第169页。

此背景下创立，其教育自然就与科举紧密联系。明代更加重视学校教育与科举的结合，府、州、县学是科举考试的起点，读书人须在这里获得生员资格，才能走上更高级别的乡试、会试，得中举人、进士而入仕。

因此，常熟文庙养士的主要标志就是科举的成绩。明清时期，常熟举业成绩斐然，成为文庙的一大亮点和特色。常熟明代有举人 501 人（其中解元 6 人），会元 2 人，进士 237 人（其中榜眼 2 人，探花 3 人）。清代是常熟科名最盛时期，有举人 626 人（其中解元 4 人），会元 1 人，进士 158 人（其中状元 6 人，榜眼 2 人，探花 2 人，传胪 4 人）。清代全国共有状元 112 人，其中江苏 49 人，而常熟一地就有 6 人。特别是康熙一朝，常熟连出 3 名状元，即归允肃、汪绎、汪应铨，这在科举史上实属罕见。知县耿橘在《皇明常熟文献志》序中说："今代科目之设，惟吴越为最盛，而越又谢吴，吴又推虞。"① 明清两代常熟科举鼎盛，原因很多，但毫无疑问，这与常熟庙学育才是有关系的。明正德、嘉靖年间，常熟科名极盛，邑人归功于庙学教谕刘文诏、吕尚古、汪元臣等先生之教泽，于是在万历元年（1573）立《常熟县学三先生遗泽碑》，邑人、吏部侍郎赵用贤撰文，县令江留震书，碑原在戟门外，现存文庙礼门。这既是感恩前任，又是激励来者。

四

孔子是中华文化的集大成者，他创立的儒家学说对中华文明产生了深刻影响，是中国传统文化的重要组成部分。文庙是封建社会政治、文化、教育中心的象征，通过文庙的历史，可以了解一个城市社会、经济、文化、教育的发展轨迹。正是基于以上认识，在全国普遍开展"文庙学"研究的推动下，我们开始了常熟文庙课题的研究。我们的初步成果就是《常熟文庙研究》，本书试图较为系统地阐释常熟文庙的文化及精神内涵，剖析常熟文庙与官学结缘后形成的"庙学合一"的教育现象，为全国文庙学研究提

① ［明］耿橘：《皇明常熟文献志序》，见［明］管一德撰《皇明常熟文献志》，广陵书社 2017 年版。

供具体个案，也为地方文化教育研究提供一个新的视角。

《常熟文庙研究》分为四个板块。第一板块是常熟文庙的形制研究，包括修建的历史沿革、空间的整体布局和建筑的单体形制；第二板块是常熟文庙的功能研究，包括祭祀功能、养士功能和教化功能，在一般性叙述以外，还具体叙述常熟文庙两大重要特色，即言子专祠和名宦祭祀；第三板块是常熟文庙的保障研究，包括对文庙发展作出重要贡献的人物研究，对文庙发展提供经济支撑的学田研究等；第四板块是常熟文庙的现状和发展研究。

在《常熟文庙研究》撰稿时，我们坚持以下三项基本原则。

一是呈现生命体的真实。文庙与政治联系紧密，与社会政治共盛衰，这使得文庙在历史演进中始终处于动态变动之中，不仅是形制、建筑，也不仅是祀典、教育，祭祀的乐曲、祭舞等也都处于变动之中。这种在历史中的持续变迁，构成了常熟文庙真实生命力的重要表征。任何截取一个横断面的叙述，都不能呈现文庙的真实面貌。因此，我们重视常熟文庙在历史演进中的变迁研究，但现在提供的研究成果没有采用分期结构方式，而是把变迁融入每个具体的专题之中，这就使得每个专题研究都有历史的纵深感。但这样的结构容易造成内容叙述的繁琐和单调。我们的做法是或者重点写好一个断面，然后在此前此后叙述来龙去脉，从而勾勒出历史的发展线索，或者梳理历史发展线索，抽样选取若干节点具体叙述，点面结合地呈现文庙在历史行进中的真实面貌，呈现文庙这一生命体的生动面貌。

二是呈现共性中的特色。正是由于文庙与社会政治联系紧密，因此历代统治者均重视文庙的礼制，并往往通过下诏、颁降、谕知的方式，对文庙建设与发展中的种种问题作出明确的规定，且这种规定在各个时期又有不同，总体呈现出越来越重视的趋势。如春秋丁祭中的祭乐在唐、宋、元、明、清时期，甚至到了民国，都有不同的礼制规定。文庙是我国历史上唯一由国家颁旨推行并统一规范祭祀的礼制建筑。因此，常熟文庙原则上必须遵循共性的定制，必然会按朝廷礼制规定去行事。但各地文庙在执行朝廷的规定时，也会体现地方的特色。常熟文庙也是如此，在形制方面（选址、布局、建筑设计)，在功能方面，在祭祀程序、教育模式、教化仪礼等方面，都有自己的特色。我们的研究成果，既注意交代国家的相关礼制规定，更注意叙说常熟文庙的具体实践，必要时不惜长篇引述，以期准确地呈现共性中的地方特色。

三是重在客观性的呈现。还是因为文庙与社会政治的紧密联系，因此讨论文庙话题时自然会遇到一个如何认识和评价文庙发展中诸多话题的问题。无疑，我们应该以历史唯物主义立场和辩证思维方法，以当代视野和价值理念去探讨文庙发展中的话题，正确处理客观化呈现和主观性评论的关系。我们的研究成果，重在整体上确立理论逻辑，即把文庙作为中国优秀文化传统传播和结穴的重要阵地，通过文庙这一特殊的切入点，具体呈现植根于中华民族血脉深处的文化基因，回答中华文明何以成为人类历史上唯一一个绵延数千年至今未曾中断的灿烂文明典范的问题。然后在此理论逻辑或曰框架中尽可能地客观化呈现真实的文庙。因此，我们不作批判性评价，也不作主观性臆断，甚至减少译文式叙述，重在引用历史文献，重在呈现原始资料，并尽可能地注明出处和资料来源，以备读者考查。

以上是我们撰写《常熟文庙研究》的基本原则。本书是常熟文庙的初步研究成果，我们只是想通过对常熟文庙较为系统、客观的介绍，为人们今后更深入的研究提供一个基础性的文本。这也是我们写作的初衷。

常熟文庙的历史沿革

宋代：常熟文庙初创

元代：常熟文庙修建

明代：常熟文庙定制

清代：常熟文庙兴盛

清末至今：衰败与复兴

文庙，是中国传统社会各地普遍设置的官办文化教育组织和尊儒祭祀场所，具有多元的社会功能，其演进和发展直接影响到中国的政治生态、文化生态和教育生态。我国自西汉起便以儒治天下，文庙在一定程度上成为以儒学为主体的中国传统文化在现实中的物化形式。这推动了文庙与政治生活的结缘，地方文庙的建立、演进、衰落和复兴，始终都是与地方社会政治生活紧密联系着的。

常熟文庙始建于宋，在儒化的社会背景中，近千年来经过历朝历代政府不断修葺与扩建，逐步形成了独具特色的建筑形制、祭祀体系和教育体制，在常熟地方文化建设中发挥着思想导向、文化传播、社会教化、人才培养和文脉存续等作用。常熟文庙在历史沿革中除建立庙学规制外，还建立言子专祠祭祀言子和教育言氏后裔，形成了祠学规制，构建起了吴地儒学传承谱系，从而彰显出自身特色。

宋代：常熟文庙初创

孙应时纂修、鲍廉增补、卢镇续修的《至正重修琴川志》，是常熟传世诸志中最早的旧志之一①。在该志卷一《叙县》“庙学”中，有常熟文庙最初创建的考证文字：

> 常熟县学，在县东南二百步，夫子庙居其中（大成殿额乃宣和中颁降）。按，《祥符图经》：至圣文宣王庙，在县南五十步。以今地势考之，不合，然夫子庙其来旧矣，而学官之制未详。《庆元志》略不及之。独堂宇旧栋题至和者二，得非庆历有诏，逮至和始创学欤?②

这段文字中的“祥符图经”是指《祥符州县图经》，是北宋官修地理总志，李宗谔等纂修。大中祥符为宋真宗的年号，书集各州县图经编纂而成，故名。一般认为，此志在宋真宗大中祥符三年（1010）编成，大中祥符四年、六年续有增修完备。此志纂修过程是“先由各州县自行搜集资料，自行编订，朝廷惟颁凡例；送进以后，始交官阁学士纂为全书”，然后再颁下诸州县谨藏。③ 因为《祥符州县图经》的基础材料是由各州县自行搜集上报的，因此其记载真实可信。既然在宋大中祥符年间编成的图经已经明确记载着常熟“至圣文宣王庙，在县南五十步”，这就说明常熟的孔庙在北宋真宗时

---

① 《至正重修琴川志》创修于南宋庆元年间（1195—1200），初刻于嘉定年间（1208—1224），增补于宝祐年间（1253—1258），重刻于元至正年间（1341—1368）。宝祐年间重修志书序曰：“琴川旧志荒落，丙辰庆元孙应时修饰之，更八政，庚午嘉定叶凯始取而广其传。”据此，庆元二年（1196），孙应时上任后即着意修纂常熟县志。此后，叶凯加以增补，端平、宝祐年间亦有续修（见《至正重修琴川志》总序，方志出版社 2013 年版，第 7 页）。不过，到元至正二十五年（1365）重修时，序文称编纂者仍以孙应时所编为基础：“常熟旧志，自宋兵南渡，版籍不存。至庆元丙辰，县令孙应时始编次为书。其后县升为州，历年浸远，而是书之存焉者寡。且丙辰以后，续其所未备者，后未有其人，非缺典欤？乃亟访孙令所编而重正之，合十有五卷，仍其旧名而题之曰《重修琴川志》。”（见《至正重修琴川志》卷首《琴川志序》，方志出版社 2013 年版，第 4 页）

② ［宋］孙应时、［宋］鲍廉、［元］卢镇：《至正重修琴川志》，方志出版社 2013 年版，第 5-6 页。

③ 方豪：《宋〈祥符州县图经〉初探》，见《中国历史学会史学集刊》1970 年第 2 期。

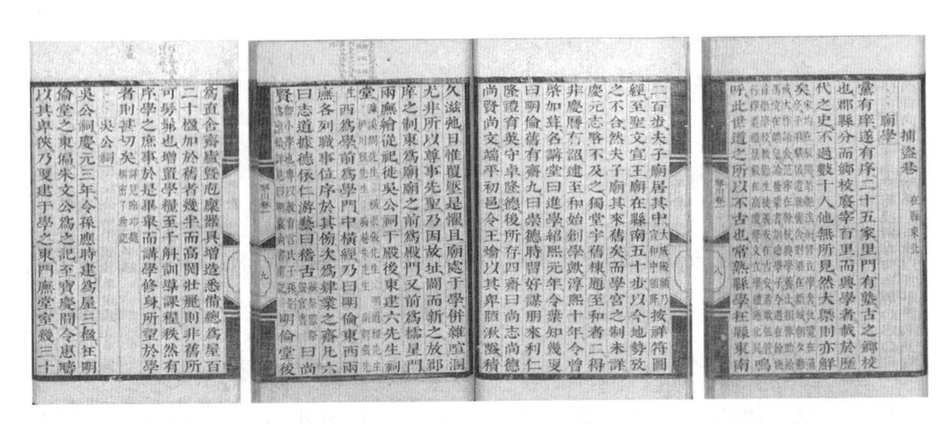

補盜巷 在縣東北
廟學
黌有庠遂有序二十五家里門有塾古之鄉校
也郡縣分而鄉校廢宰百里而興學者載於歷
代之史不過數十人他無所見然大槩則亦鮮
矣
呼此世道之所以不古也常熟縣學在縣東南
二百步夫子廟居其中 大成殿額乃宣和中頒降 按祥符圖
經至聖文宣王廟在縣南五十步以今地勢攷
之不合然夫子廟其來舊矣而學宮之制未詳
慶元志略不及之獨堂宇舊棟題至和者二得
非慶曆有詔建至和始創學歟淳熙十年令曾
棨加葺名講堂曰進學紹熙元年令葉知幾更
曰明倫舊有齋九曰崇德時習好謀朋來利仁
隆禮育英守卓隆德後所存四齋曰尚志尚德
尚賢尚文端平初邑令王爚以其卑隘湫積
久滋弛日惟覆壓是懼且廟處于學併雜喧閧
尤非所以尊事先聖乃因故址闢而新之放郡
庠之制東爲廟廟之前爲殿門又前爲欞星門
兩廡翁從祀徙吳公祠于殿後東建六先生祠
堂
生
西爲學前爲學門中橫經乃曰明倫東西兩
廡各列職事位序於其傍次爲肄業之齋凡六
曰志道據德依仁游藝曰稽古 曰尚
賢 明倫堂後
爲直舍齋廬暨庖廩器具增造悉備總爲屋百
二十楹加於舊者幾半而高閎壯麗則非舊所
可髣髴也增置學糧至千斛訓導課程秩然有
序學之庶事於是畢舉而講學修身所望於學
者則甚切矣
吳公祠
吳公祠慶元三年令孫應時建爲屋三楹扁明
倫堂之東偏朱文公爲之記至寶慶間令惠疇
以其卑狹乃更建于學之東門廡堂室幾三十

南宋宝祐二年（1254）《琴川志》（又称“宝祐志”）抄本中关于常熟庙学的书影。这是常熟现存最早记载庙学的历史文献。

已经存在，地点在县南五十步。《至正重修琴川志》按语说“以今地势考之，不合”，这也是真实可信的。两者地址存在矛盾的原因，最有可能的是在数百年时间里，常熟孔庙的地址有了变化，或许是后来另外觅地建立学宫，“夫子庙居其中”。这就形成了修志时的学宫之制：县学（学宫）在县东南二百步，夫子庙居其中，其大成殿额于北宋徽宗宣和年间（1119—1125）颁降。《至正重修琴川志》据《祥符州县图经》所记，其结论是：“然夫子庙其来旧矣”。这结论是能够为人接受的，因为早在隋开皇初，就以周公为先圣，赠孔子为先师尼父，诏国学、州县学春秋仲月上丁释奠。唐太宗贞观四年（630），诏各地州县学皆立孔庙，后各地设庙祀孔子并配祀孔子弟子较为普遍。因此在缺乏其他史料的情形下，借助《祥符州县图经》认定“夫子庙其来旧矣”，是真实可信的。具体说就是：常熟孔庙建立早于庙学合一的文庙，只是《庆元志》等地方文献略不及之罢了。①

在肯定“夫子庙其来旧矣”后，《至正重修琴川志》又认为常熟县学即“学宫之制未详”。常熟建立县儒学的情况，由于地方典籍失载，所以历来

① 这同苏州府学情形相似。《（洪武）苏州府志》卷十二“府学”条记：“按：《祥符图经》有至圣文宣王庙，在子城西南，未言有学。”“景祐初，范公仲淹来典乡郡，叹庠序之未作，因州人朱公绰等所请，上之于朝。二年，诏苏州立学，仍给田五顷，乃割钱氏南园之一隅以创焉。”明洪武年间刻本。

存在争议。如明赵永言《重修常熟县儒学之记》碑说："常熟儒学，在县治东南一里，始于宋之庆历，左庙右学。"① 这大概是以庆历年间朝廷诏令各地建学为据而论。但多数人还是认同宋人的看法，即以县学旧屋梁上题有"至和"字样，断为至和年间建成。南宋魏了翁是使"蜀人尽知义理之学"的理学家，历任礼部尚书等，在宋端平三年（1236）应常熟知县王爚之请，撰《重建学宫记》言："常熟县学之始，图乘放失，仅有屋梁，书至和纪年，余无所考。"② 由此断定常熟学宫建于北宋仁宗至和年间（1054—1056）。《至正重修琴川志》"庙学"条采用了魏了翁的论断（其中有"详见临邛魏枢密了翁记"言），认同常熟县学"非庆历有诏，逮至和始创学"的结论。若无新的史料发现，这是我们能够接受的常熟县学的始创时间。③

常熟文庙建于宋祥符之前，而常熟县学始建于宋至和年间，可见其历史悠久。"常熟县学，在县东南二百步，夫子庙居其中"，这就是常熟夫子庙与常熟县学结合构成的"庙学"，其规制始创于至和年间。虽然因庙设学、庙学结合作为传统自古就有，但常熟庙学的建立却是有着特定的社会文化背景。这就是《至正重修琴川志》所说的"庆历有诏"，具体说就是宋仁宗的"庆历新政"。庆历三年（1043），宋仁宗任命范仲淹为参知政事推行改革。范仲淹基于宋代"不教而择人"的科举弊端，在《答手诏条陈十事》中，明确提出"复古兴学校，取士本行实"的主张。庆历四年（1044）三月，宋仁宗下诏："诸路州、府、军、监，除旧有学外，余并各令立学。"④ 要求全国州县仿苏州文庙建立学校，强调各州、府、军、监皆要建

---

① ［明］赵永言：《重修常熟县儒学之记》，见陈颖主编《常熟儒学碑刻集》，苏州大学出版社 2017 年版，第 57 页。

② ［宋］魏了翁：《重建学宫记》，见陈颖主编《常熟儒学碑刻集》，苏州大学出版社 2017 年版，第 7 页。

③ 虽然断定常熟文庙建于宋至和年间，但《至正重修琴川志》所记庙学的事迹则始于"淳熙十年（1183）"："淳熙十年，令曾棨加葺，名讲堂曰进学。"其间相隔约 130 年，史志所记仅"大成殿额乃宣和颁降"，其余文庙事迹缺记。我们从明《常熟县儒学志》（常熟市图书馆藏本，下文所引此书皆为此版本，不另注）中又找到一条事迹："宋徽宗政和六年赐祭器一副"。宋徽宗政和六年即公元 1116 年，常熟文庙受赐祭器一副。

④ 苗书梅等点校：《宋会要辑稿·崇儒》，河南大学出版社 2001 年版，第 82 页。

立官学，让有真才实学的先生前往官学教学，而应试士子须在官学听读一定时日才能参加科举。[①] 于是，各地纷纷奉诏建学，地方官学大量涌现。官学如何举办？早在宋景祐二年（1035），苏州知府范仲淹在南园旧地创立文庙（郡学）时，首创将官学与祭孔庙堂合为一体的左庙右学格局，并邀胡瑗担任首任教席，开设经义与治事两斋，推行教育改革。后范仲淹入朝，即推荐胡瑗担任国子监直讲，同时诏令天下州县推广胡瑗教法，于是苏州郡学成为各地学府的楷模。“天下郡县学莫盛于宋，然其始亦由于中吴，盖范文正以宅建学，延胡安定为师，文教自此兴焉。”[②] 这就是常熟庙学建立的社会文化背景。虽然常熟逮至宋至和年间始创县学，但仍然是对“庆历有诏建学”的直接回应。

宋至和创办县学以后四十年，投身南宋理学大家陆九渊门下的孙应时到常熟任知县，到任就到文庙拜谒，有著名的《常熟县到任谒庙文》。谒庙文曰：“窃迹此邦，实惟圣门高弟言游之故里，古今辽邈，风化方传。某受县之始，祇见学宫，心不敢忘，惧力不足，圣贤临鉴，尚佑启之。”[③] 三年后离任返乡，孙应时有《去任辞庙文》。这说明，地方官员严格遵循朝廷到任“先谒庙后从政”“到官先视学”的规矩，同时也说明，常熟文庙（县学）创建后运行正常，在地方发挥着特殊的社会教化功能。

据常熟地方文献记载，自宋至和年间至宋端平年间的180多年间，常熟官员对文庙（县学）多次进行修建和形制调整：宋淳熙十年（1183），常熟知县曾棨主持文庙增葺，建讲堂额题“进学”。宋绍熙五年（1194）[④]，常熟令叶知几改“进学”为“明伦”，堂匾为文公朱子书。又立九斋，曰崇德、时习、好谋、朋来、利仁、隆礼、育英、守卓、隆德。后又改四斋，

① 《宋史》：“乙亥，诏天下州县立学，更定科举法。”中华书局1977年版，第217页。

② ［元］郑元祐：《学门铭》，见《（同治）苏州府志》卷二十六，清光绪九年（1883）刻本。

③ ［宋］孙应时：《常熟县到任谒庙文》，见［清］邵松年辑《海虞文征》，广陵书社2017年版，第383页。

④ 《至正重修琴川志》作“绍熙元年”即1189年，有误，因叶知几于绍熙四年（1193）至庆元二年（1196）在常熟任知县。此据《重修常昭合志》（凤凰出版社2021年版）作“绍熙五年”即1194年。

曰尚志、尚德、尚贤、尚文。宋庆元二年（1196），知县孙应时到任，第二年在明伦堂东偏建言子专祠，并首次率众公祭，理学家朱熹应约撰《平江府常熟县吴公祠记》。宋开禧三年（1207），知县叶凯又修学以训民，学校为之一新。宋宝庆元年（1225），常熟知县惠畴认为仅有言子专祠祭祀而无学斋，只供景仰崇祀，未备教学功能，于是更建于学之东门庑，把原含庭三楹的小学扩大数十倍，使言子祠宇和生员斋舍兼备，达到三十楹，初展祠学一体的格局。

宋端平元年（1234），王爚赴常任知县，有感于常熟文庙"卑陋湫隘，积久滋弛，日惟覆压是惧，且庙处于学，并杂喧溷"①，于是仿苏州府学形制②，因故址辟而新之，总为屋百二十楹，加于旧者几半，而高闳壮丽则非旧所可仿佛。重建始于端平二年（1235）冬，竣事于明年之秋。当年八月丁亥，释奠于新宫。魏了翁《重建学宫记》记录了新建文庙格局：

> 以孔庙居左，庙之南为大门，北为言游之祠。又东北为本朝周子、张子、二程子、朱文公、张宣公之祠。以明伦堂居右，东西为斋庐四以馆士。为塾二，东以储书，凡祭器、祭服藏焉；西以居言氏之裔。通为屋百有二十楹，而为垣以宫之。③

在此格局中，引人注目的是在西斋设立"象贤斋"，聚言氏家族子弟而教之，为此，兵部侍郎袁甫撰《常熟县教育言子诸孙记》予以肯定。王爚重建文庙，调整布局，扩大规模，又"增置学粮至千斛，训导课程，秩然有序。学之庶事，于是毕举，而讲学修身所望于学者，则甚切矣"④。这里所说的是，不仅文庙的建筑硬件，而且文庙的教育庶事，均仿照苏州府学，

---

① ［宋］孙应时、［宋］鲍廉、［元］卢镇：《至正重修琴川志》，方志出版社2013年版，第6页。

② 苏州文庙建于北宋景祐二年（1035），为范仲淹任知州时创建，其形制是"左为广殿，右为公堂，泮池在前，斋室在旁"，即左庙右学，将官学与祭祀合为一体。苏州文庙坐北朝南，中轴线上依次建有棂星门、状元桥（泮池）、大成门、大成殿。大成殿以神龛方式供"大成至圣文宣先师孔子及四配十二哲神位"。

③ ［宋］魏了翁：《重建学宫记》，见陈颖主编《常熟儒学碑刻集》，苏州大学出版社2017年版，第7页。

④ ［宋］孙应时、［宋］鲍廉、［元］卢镇：《至正重修琴川志》，方志出版社2013年版，第6页。

庶事毕举。这充分表明，王爚于端平二年（1235）重建常熟学宫，继承了范仲淹、胡瑗的兴学传统，其对于常熟文庙的发展之功犹如范、胡之辈，应该得到人们的尊崇。

有宋一代，常熟文庙自始创到形制初步完备，成为文庙沿革发展的一个重要阶段。

一是规模扩大。虽然常熟在宋至和年间建立县学，夫子庙居其中，体现了庙学合一体制，但地方文献中多次出现“卑狭”“卑陋湫隘”的表述，可见其规模较小，设施不够完备。因此，数代常熟知县通过修建、扩建，终于到宋末将文庙的规模扩大，呈现高闳壮丽新貌，又“增田四百亩有奇，岁助公养之费”①，文庙祭祀、县学教育的条件获得改善。

二是庙学一体。在扩建和重建时，仿效苏州府学形制，突出了“学”，如建讲堂曰明伦，堂前东西列号舍，增建学斋馆士，改革训导课程，学之庶事毕举，拿王爚的话说，“今且一新矣，东庙西学，前殿后祠，奠荐攸序，既顺且严”②。这使得常熟文庙体制获得更新，功能得到彰显，符合朝廷设学改制的精神。这种庙学并茂的规制，使县学又被称为庙学。

三是祠学庙学参立。孙应时在文庙建立言子专祠，特祀先贤言子，王爚又设象贤斋教育言氏裔孙。这就在常熟文庙中设立了祠学，形成了庙学和祠学参立的格局。这种格局得到后世继承，成为常熟文庙形制的重要特色。宋咸淳六年（1270），苏州知府在苏州城内武状元坊建立学道书院，后又在院中建言子祠，同样形成了祠学一体规制。

---

① ［宋］魏了翁：《重建学宫记》，见陈颖主编《常熟儒学碑刻集》，苏州大学出版社 2017 年版，第 7 页。

② ［宋］袁甫：《常熟县教育言子诸孙记》，见陈颖主编《常熟儒学碑刻集》，苏州大学出版社 2017 年版，第 17 页。

元代：常熟文庙修建

元代初年，宰相耶律楚材提出“以佛治心，以儒治国”的主张，元朝出现尊儒重文的局面。元以儒治国与州县文庙的关系有二。一是尊儒。元成宗即位，即诏令崇奉孔子，加封孔子为“大成至圣文宣王”。仁宗时以宋儒从祀孔子庙庭。文宗遣臣至曲阜代祀孔子，又诏修孔庙，建颜回祠。明宗加封孔子父母及诸弟子。二是重学。元仁宗设立科举法，规定中式者可选聘为官，开始以经义取士，程朱理学官方地位确立。忽必烈接受姚枢“立学校以育材”的建议，任命许衡为国子监祭酒，使贵族子弟接受儒学教育，后又设蒙古国子监，选拔蒙古族子弟接受儒学教育。元朝要求各路、府、州、县普遍设立学校、书院，推行儒学教育，培养理政人才。以上两者正好对应文庙的祭祀功能和教育功能，常熟文庙由此获得新的发展动力。元常熟文庙戟门前有一块圣谕碑，内容分为两部分。一是中统二年（1261）所颁《元世祖圣旨》：“中统二年内钦奉皇帝圣旨节该宣圣庙，国家岁时致祭，诸儒月朔释奠，宜恒令洒扫修洁。今后禁约诸官员、使臣、军马，无得于庙宇内安下，或聚集、理问词讼及亵渎饮宴，工匠官不得于其中营造，违者治罪。”二是至元二十五年（1288）内钦奉圣旨：“据尚书省奏，江淮等处秀才乞免杂泛差役事，准奏。今后在籍秀才，做买卖纳商税，种田纳地税，其余一切杂泛差役并行蠲免。所在官司，常切存恤。仍禁约

《元世祖圣旨碑》，此碑原在常熟文庙戟门右侧。

《加封大成至圣文宣王诏碑》，常熟州知州韩居仁书额，教授唐泳涯等立。碑原在常熟文庙戟门外。

使臣人等，毋得于庙学安下，非理搔扰。钦此。”另一块是元大德十一年（1307）所颁《加封大成至圣文宣王诏》碑：“上天眷命，皇帝圣旨。盖闻先孔子而圣者，非孔子无以明；后孔子而圣者，非孔子无以法。所谓祖述尧舜，宪章文武，仪范百王，师表万世者也。朕纂承丕绪，敬仰休风，循治古之良规，举追封之盛典，加号大成至圣文宣王。遣使阙里，祀以太牢。于戏，父子之亲，君臣之义，永惟圣教之尊；天地之大，日月之明，奚罄名言之妙。尚资神化，祚我皇元。主者施行。”这体现了朝廷尊儒重学国策在常熟文庙的落地。

虽然元代社会动荡，但常熟文庙平稳发展。元初常熟设立学正。元贞二年（1296），常熟县升为州，县学升为州学，改设教授，又设教谕、训导、儒学司吏多名。至大四年（1311），有学童五十余人，日给师生二膳。常熟文庙建筑也获得了较好的维护：

至元二十九年（1292），邑人杨麟伯捐资修文庙。阎复有《平江路常熟县重修文庙之记》：“常熟有杨公麟伯，睹庙学缺坏，乐输私帑，

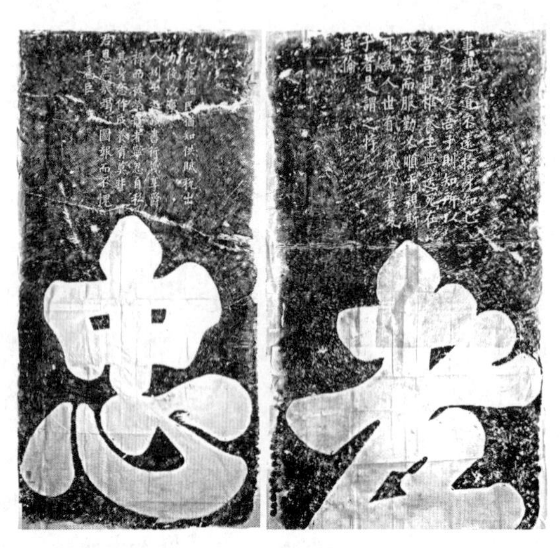

文天祥《忠字碑》和《孝字碑》，元刻，原分别在常熟文庙礼门东、礼门西。

为崇饰之。圣殿贤庑，门墙幄座，以至吴公、宋诸儒祠宇，绘塑丹雘，粲然复新。”①

大德七年（1303），卢克治出任知州，以为学校风化之原，政教所系，春秋祭祀，朔望拜谒，未尝少懈。他重视文庙建设：“至如殿庑从祀诸贤遗像，未称尊崇之意，而易以缣素。祭器杂用陶瓦竹木，参错不齐，则铸铜为之。言子废集则重新锓梓，学田湮没则严加核实而增羡之。”②

至大四年（1311），知州韩居仁议葺文庙，得到乡人响应。邑人杨应顺、盛琦及曹南金等助修。儒学教授唐泳涯记曰：“自仪门至礼殿，靡一不葺，阅四旬而后毕。”“众工具兴，役夫咸集，悉撤旧蔀，更换之陶瓦，视昔增什之四，榱桷朽腐，易以坚壮，楶棁倾挠，更以端劲，绸缪牖户，涂塈垣墉，黝垩相辉，丹碧交绚，由内及外，焕然为之一新。”“抑此邦为言游故里，文学之士代不乏人，矧今庙庭整肃，黉舍宽洁，蹈德咏仁，绰有余地。”③

陈基《常熟州修学记》碑，原在常熟文庙礼门左。

至正二十二年（1362），知州卢镇发动民众又修文庙，始筑石堤，又定宫墙。陈基撰记：“凡前人之所已葺而不能不圮阙，与未及修而在所不能容已者，宜其急缓而次第之，内而礼殿论堂，旁而两庑斋舍，外而棂星门、学门、戟门，与夫丹阳公洎后土氏之有祠、三贤之有堂、采芹之有亭，小大毕举，又新筑石堤学宫之南而树墙其上，高七尺，修三十丈，用钱若干缗，皆捐己俸而学廪无所与。”“工既讫功，侯率

① ［元］阎复：《平江路常熟县重修文庙之记》，见陈颖主编《常熟儒学碑刻集》，苏州大学出版社2017年版，第29页。

② ［元］周驰：《常熟知州卢侯生祠记》，见陈颖主编《常熟儒学碑刻集》，苏州大学出版社2017年版，第33页。

③ ［元］唐泳涯：《平江路常熟州重修庙学之记》，见陈颖主编《常熟儒学碑刻集》，苏州大学出版社2017年版，第35页。

同僚以时殿谒，献飨有容，师弟子员教养有所，士民具瞻。”①

明吴元年（1366），常熟知州吕熙再修文庙。杨维桢撰记：“自元年六月朔起，工讫于秋九月，内而圣殿□堂奥室，外而棂戟诸门，旁而两庑斋舍、庾藏厨传、丹阳公祠、后土，三贤有堂，采芹有亭，奏乐有轩，咸一新之。冬十月朔，侯既率僚佐及邦之一二庶老，行释奠礼竣事。”②

由于地方官员重视，故常熟文庙创立四百余年，随坏随葺，其格局仍旧贯也。明初赵永言记：“左庙右学，庙前两庑，庑前有戟门，戟门之南为灵星门，东为神厨，西为刑牲房，庙后吴国言公祠。学内外二门，中凿为泮，伐石为梁，而架之以木。明伦有堂，堂之两旁为斋，各虚四楹。斋上下又各连六楹，为诸生讲肄所。堂后有寝，泮左为库，右则张尉旭之祠也。”③ 元代文庙的多次修葺，对于维持文庙活力形象、发挥文庙文教功能的作用不容小觑。

明代：常熟文庙定制

明代确立了“治国以教化为先，教化以学校为本”的文教政策，德治尊儒崇文。洪武十五年（1382），朱元璋谕礼部尚书刘仲质：“孔子明帝王之道，以教后世，使君君臣臣父父子子，纲常以正，彝伦攸序，其功参于天地。今天下郡县庙学并建，而报祀之礼止行京师，岂非阙典？卿与儒臣其定释奠礼仪，颁之天下学校，令以每岁春、秋仲月通祀孔子。”④ 随后，朝廷颁布谕旨，构建各地文庙新的祭祀体系和运行体制。改革文庙体制政令

① ［元］陈基：《常熟州修学记》，见陈颖主编《常熟儒学碑刻集》，苏州大学出版社 2017 年版，第 41 页。

② ［元］杨维桢：《重建学宫碑》，见陈颖主编《常熟儒学碑刻集》，苏州大学出版社 2017 年版，第 291 页。

③ ［明］赵永言：《重修常熟县儒学之记》，见陈颖主编《常熟儒学碑刻集》，苏州大学出版社 2017 年版，第 57 页。

④ 转引自徐庆文《历代帝王评儒辑录》，山东大学出版社 2019 年版，第 142 页。

引发各地州县文庙体制变革，这种变革自明初开始，至弘治年间初步完成。

常熟文庙在南宋端平年间重建以后，其体制到明初没有重大变化。入明后的百余年间，常熟文庙同全国同步，逐步确立了新的祭祀体系和布局形制，其中关涉文庙体制变革的有五个方面。

一是移建言子专祠。宋庆元三年（1197），知县孙应时初建言子祠于明伦堂东，宝庆年间，知县惠畴更建于学东，端平二年（1235），知县王爚移建文庙后。明成化二十二年（1486），言子祠复移建于文庙东，正殿三楹，两庑以范仲淹、张洪、言信、吴讷、徐恪、周木从祀。内阁首辅杨一清撰《常熟县重建吴公祠记》，具体记载了言子祠重建过程：

> 成化乙巳冬，监察御史铅山胡君汉按节三吴，过常熟，祗谒先圣，退谒乡先贤吴公子游祠。祠出礼殿之后，隘陋弗展，君顾瞻轚咨，乃进苏州府同知华容毛君瑄曰：“吴公大贤，常熟巨邑，维祠堂僻弗称，殆非所以崇明德、厉风教也，盍相与撤其旧而新是图?”毛君曰：“诺。”爰率诸博士弟子，度地于学之东偏，遂承檄任其事。然本以义举，不欲劳民力。时教谕天台张景元捐俸首事，邑之士民尚未丕应。无何，兰江祝君献起进士，为邑令，用君意劝诱属人，闻者风动，共佽助之，以后为耻……乃卜吉庀事，命义官孙芃、周棠董其役，隆栋厚础，既矗既安，堂室中严，门庑森列，经始于丙午春三月，至次年秋九月讫功。议者犹病祠前地迫，义官赵璧市民居以广之。由是宕然开朗，视旧观不啻数倍。①

这次言子专祠移建的意义是：移至庙东自成轴线，扩大了空间规模，形成了常熟文庙南、中、北三条轴线，三大建筑群落，即中为庙，西为学，东为言祠。常熟文庙空间布局结构发生重大变化，充分体现了常熟对言子的极大尊崇，形成了常熟文庙独具特色的文化景观。

二是乡贤、名宦两祠分设。常熟文庙较早设祠祭祀先贤（含乡贤、名

---

① ［明］杨一清：《常熟县重建吴公祠记》，见陈颖主编《常熟儒学碑刻集》，苏州大学出版社2017年版，第73页。

宦），如宋元间就在文庙土地祠祭祀唐县尉张旭、建生祠祀宋知县王爚。端平年间重建学宫，建六先生祠，祭祀先贤。元修学碑记中多次出现“三贤堂”的概念。元至元三十年（1293），阎复在《平江路常熟县重修文庙之记》中提及“贤庑”和“宋诸儒祠宇”，说明其时常熟文庙祭祀先贤成为常态。明代从洪武到弘治，推动国家规范祭祀体系建立，推动县学中建立乡贤、名宦分祠祭祀体制。洪武二年（1369），明太祖诏郡县访求应祀神祇、圣帝明王、忠臣烈士、久有功于国、遗爱及民者，载诸祀典。① 第二年又令天下学校各建先贤祠，左祀贤牧，右祀乡贤，春秋仲月附祭庙庭。正德、嘉靖年间，全国推进由先贤祠的“同堂合祀”发展为“两祠分祀”，即文庙设名宦、乡贤两祠于宫门左右。常熟文庙也有个由先贤祠祭祀到名宦、乡贤同堂祭祀再到名宦、乡贤两祠分祀的过程。据文献记载，明洪武八年（1375），教谕傅著建先贤祠于吴公祠东，祀范仲淹、胡瑗和王爚；永乐二十二年（1424），知县傅玉良重建先贤祠于学门西，宣德八年（1433），教

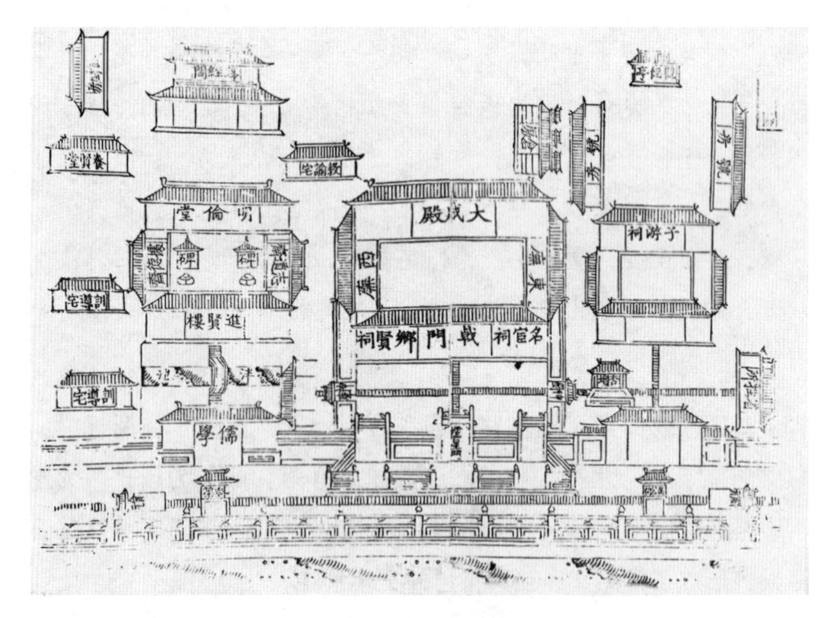

明弘治年间常熟学宫总图（载《（弘治）常熟县志》）

① ［明］李之藻：《泮宫礼乐疏》卷九《名宦乡贤祠祭仪疏》，见《四库全书》第65册，上海古籍出版社1987年版，第301页。

谕罗汝宽、县丞李子廉、主簿郭南等修葺。弘治十三年（1500），知县杨子器重修庙学，杨守阯撰记有言："重建礼殿五间，东西两庑各七间、戟门三间，左乡贤祠、右名宦祠各一间。"① 由此乡贤祠、名宦祠分设。杨子器又历稽常熟乡贤、名宦所当祀者，分祀于乡贤祠和名宦祠。后文庙多次修葺，但两祠分设始终如一。如嘉靖三十四年（1555）重修，王铁《重修儒学碑》说："自大门而礼殿、经阁、堂庑、斋庐，暨言公、名宦、乡贤诸祠，凡榱题楹桷之朽蠹者更之，瓦甓石栏之倾移者正之，号房废圮者营造之，丹碧漫漶者鲜明之。越三月竣事。"② 嘉靖三十七年（1558）再修，"自正殿、二祠、庑宇、戟门、亭坊、经阁、贤宦诸祠，以及师生肄业会馔之堂、号房厢库、墙垣石阑，靡不易朽以材，易移以正，易故以新，易危以安"③。

三是新建启圣祠。南宋洪迈提出，自唐以后十哲坐祀庙堂，后又形成四配，"然颜子之父路（颜路）、曾子之父点（曾点），乃在庑下从祀"，子处父上，不合"三纲五常"。经过长期争论，嘉靖皇帝接受大学士张璁建议，诏令全国文庙建立"启圣祠"。中奉启圣王叔梁纥（孔子父），东为先贤颜路（颜子父）、孔鲤（子思父），西为先贤曾点（曾子父）、孟孙氏（孟子父）。东庑为先儒程珦（程颢与程颐父）、蔡元定（朱熹师），西庑为先儒朱松（朱熹父）。万历二十三年（1595），周敦颐之父周辅成从祀。常熟于嘉靖初建立启圣公祠，邑人陈察撰《常熟县儒学创建启圣公祠记》有记："祀启圣公，而以孔鲤、颜、曾、孟子及宋程朱三大儒暨蔡季通之父配享。百官六服，丕承德式。"④

---

① ［明］杨守阯：《常熟县学重建先圣庙记》，见陈颖主编《常熟儒学碑刻集》，苏州大学出版社 2017 年版，第 93 页。

② ［明］王铁：《重修儒学碑》，见陈颖主编《常熟儒学碑刻集》，苏州大学出版社 2017 年版，第 299 页。

③ ［明］沈应魁：《重修常熟县学记》，见陈颖主编《常熟儒学碑刻集》，苏州大学出版社 2017 年版，第 125 页。

④ 陈察《常熟县儒学创建启圣公祠记》："常熟，古吴名邑也。今兹幸逢是盛，淳安徐濙奉行建立，迁秩；平湖冯汝弼承厥乏，拟备祭器，未成而去官。泽洲孟颜继至，曰：'吾事也。'爰相厥成。"经查地方文献，徐濙来常任知县是嘉靖九年（1530），冯汝弼来常任知县是嘉靖十六年（1537）。这是常熟文庙启圣祠建立的具体时间。以上碑记见陈颖主编《常熟儒学碑刻集》，苏州大学出版社 2017 年版，第 119 页。

四是调整文庙空间布局。在移建言祠、两祠分设和新建启圣祠期间，常熟文庙有过多次扩建过程，形制也有变更。第一次是正统元年（1436），知县郭南重修庙学，至六年（1441）次第以成。教谕赵永言记："东贸射圃，得地若干亩，西贸膳所廨宇，又得地若干亩，正东南故宇一区，存旧圃为学之蔬畦……彻其两斋，拓其址，构以重屋，工倍蓰于昔。于是观颐有堂，学官有居，习射有圃，观德有亭，易库址以建储庤，置肃宾处敬，为致斋之所。"① 第二次是弘治十三年（1500），知县杨子器重建文庙。杨守阯有记："庙庑之侧，旧有仓，徙而之他，以其地充拓庙址，东西增四丈六尺，南北增一丈八尺，筑其址高一丈五尺，重建礼殿五间，东西两庑各七间、戟门三间，左乡贤祠、右名宦祠各一间，棂星门如戟门之间，门左有隙地为杏坛。其东子游庙，后观德亭，前为斋舍，左右各十八间。其西明伦堂，右及仪门之右为训导宅，前后各一所。泮池之东为礼器之库，其西为廪食之仓，即前所徙置者。至于学之堂斋及诸廨宇，皆葺其旧而焕然一新。"② 第三次是嘉靖三十六年、三十七年（1557—1558），巡按御史尚维持重修庙学。沈应魁有记："鸠工庀役，鳞集麇至，自正殿、二祠、庑宇、戟门、亭坊、经阁、贤宦诸祠，以及师生肄业会馔之堂、号房厢库、墙垣石阑，靡不易朽以材，易移以正，易故以新，易危以安，圮阙者增，漫漶者鲜，绚然霞辉，奕然岑耸。"③

五是加强文庙内涵建设。万历三十七年（1609），知县杨涟又修建文庙，"捐俸金，散锾金，鸠工抡材，旧之饬而新之图"。除修建殿宇外，重在加强文庙的内涵建设。顾宪成有《重修常熟县学尊经阁并厘复祀典创置学田记》，具体记载了杨子器建设文庙的情形："为之修尊经阁，钦圣制也；为之厘祀典，妥神灵也；为之置学田，优士养也；为之搜群籍，崇文教也；

① ［明］赵永言：《重修常熟县儒学之记》，见陈颖主编《常熟儒学碑刻集》，苏州大学出版社 2017 年版，第 57 页。

② ［明］杨守阯：《常熟县学重建先圣庙记》，见陈颖主编《常熟儒学碑刻集》，苏州大学出版社 2017 年版，第 93 页。

③ ［明］沈应魁：《重修常熟县学记》，见陈颖主编《常熟儒学碑刻集》，苏州大学出版社 2017 年版，第 125 页。

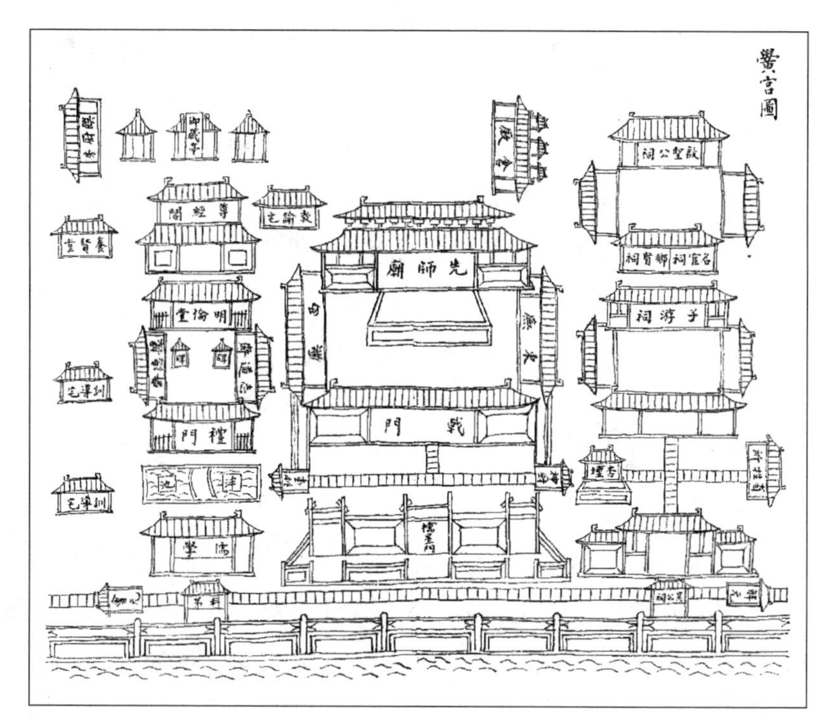

明崇祯年间常熟学宫图（载《（崇祯）常熟县志》）

为之设义师，广陶育也。宫墙之间，礼备乐和，烂焉生色。”① 这里涉及文庙的殿宇、藏书、学田、祀典、典籍、师资等方面的建设，为常熟文庙的健康发展奠定了基础。

明万历间，杨涟组织县学教谕、训导和生员，爰采文学掌故，编就《常熟县儒学志》。这是自明以来国家谕诏建立文庙新体制的成果，也是常熟儒学发展到万历年间的真实记录。《常熟县儒学志》共八卷十八目：卷之一，殿宇志、崇圣志、神位志；卷之二，祭仪志、祭器志、乐器志；卷之三，乐舞志、饮射志、官师志、廪禄志；卷之四，学田志；卷之五，书籍志、名宦志、乡贤志、进士志；卷之六，乡举志、岁贡志；卷之七，碑文志上；卷之八，碑文志下。杨涟在《修海虞学志序》中明确地说修学志是

① ［明］顾宪成：《重修常熟县学尊经阁并厘复祀典创置学田记》，见陈颖主编《常熟儒学碑刻集》，苏州大学出版社 2017 年版，第 144 页。

“要以征往昭来”①。翁宪祥《常熟县学志序》说：“为卷凡八，为目凡十有八，郁乎备哉。”“夫志者，志也；学志者，志学道也云尔。不闻学道之说于言公乎？君子则爱人，小人则易使也。小试之武城而弦歌发响，盖至于今，为循良榜样。夫杨侯而志学道，亦既迹言公之治武城者，还治言公乡矣，其无亦有牛刀之慨乎哉？予曰：否否，本是学也达之，文学兴而道化翔涌。夫宰天下，犹之宰一邑也。是所以志也。”② 这就把《常熟县儒学志》的编撰意义和价值说得十分显豁。杨涟等纂修《常熟县儒学志》期间，形成了多篇序跋记事。杨涟《修海虞学志序》、李维桢《常熟县儒学志序》、王穉登《常熟县学政志序》、翁宪祥《常熟县学志序》、钱谦益《常熟县学志序》、李维柱《学志后序》《学志发端》、顾宪成《重修常熟县学尊经阁并厘复祀典创置学田记》、李维桢《常熟县重修儒学尊经阁并厘复祀典创置学田记》，以上九篇以及《助刻姓氏》，合计十篇，共刻一石昭世，统称《海虞学志碑》。此碑原在邑学明伦堂。

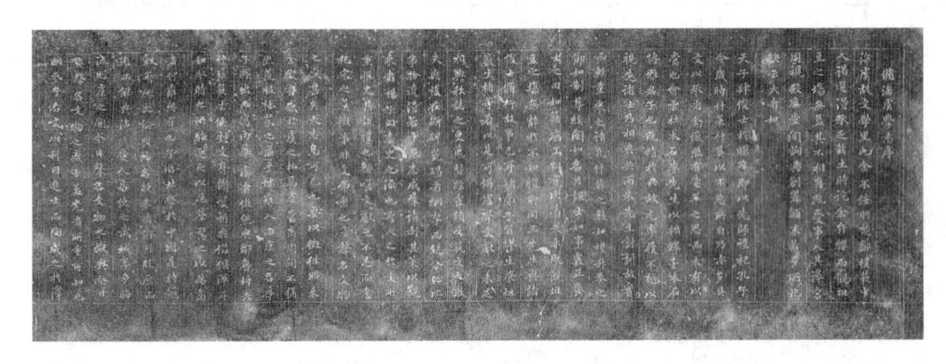

《海虞学志碑》（局部），此碑原在常熟文庙明伦堂。

① ［明］杨涟：《修海虞学志序》，见陈颖主编《常熟儒学碑刻集》，苏州大学出版社 2017 年版，第 154 页。

② ［明］翁宪祥：《常熟县学志序》，见陈颖主编《常熟儒学碑刻集》，苏州大学出版社 2017 年版，第 151 页。

清代：常熟文庙兴盛

清人入关之前，明确“为国之道，以教化为本，移风易俗实为要务”①。清顺治二年（1645），孔子诏封为大成至圣文宣先师。在天下渐定以后，清朝统治者制定了“兴文教，崇经术”的国策，实行“右文之治”。康熙皇帝制定和实行了“尚德缓刑、化民成俗”的重教政策。清承明制，在尊崇儒学教化、实行科举取士的推动下，各地文庙获得重要发展。据统计，清末全国的府、州、县均设庙学，数量达一千七百六十余处。清代常熟文庙在明代完备建筑形制、厘正祀典礼仪、修复大成雅乐、增置学田祭田、编定学志的基础上，获得了稳定健康的发展，并在祭祀、养士方面取得了卓越

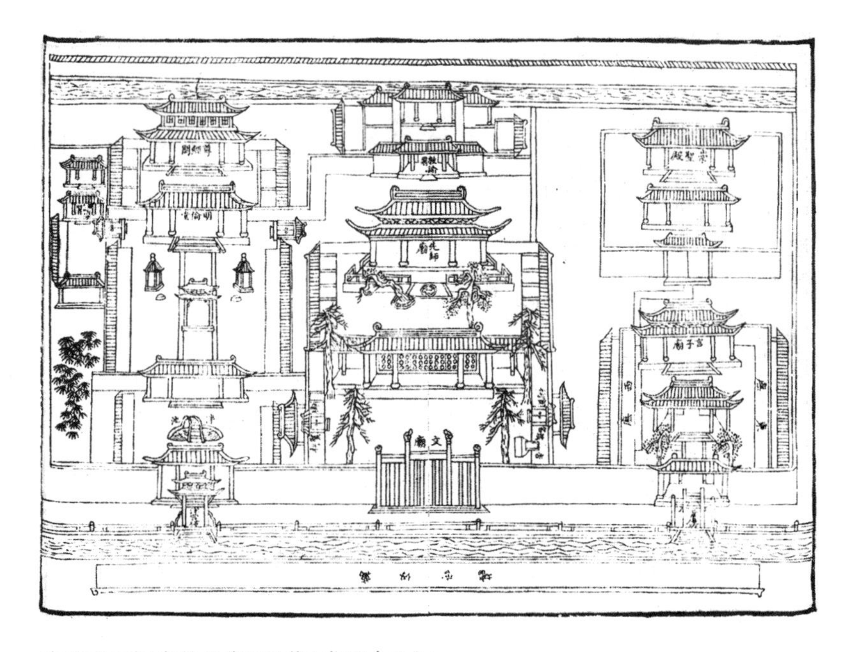

清乾隆年间常熟学宫图(载《常昭合志》)

① 《太祖高皇帝圣训》卷三，乾隆四年（1739）刻本。

的成就，成为文庙历史上的一个发展兴盛时期。清代，常熟文庙祭祀活动正常，春秋仲月上丁，地方官谨遵祀典致祭。雍正四年（1726），常熟县析县东境设置昭文县，两县共城，并共用常熟文庙，每年的祭祀活动由两县轮值。自唐末至明清，孔庙祭祀列为国家祀典中的“中祀”（宋绍兴年间曾升为“大祀”，但庆元年间又改归“中祀”），光绪三十二年（1906）后升格为“大祀”，把文庙祭祀与祭天地、祭太庙、祭社稷等同，规格达到最高。《重修常昭合志》记：“光绪三十二年，升大祀，舞用八佾”，“拓建庭墀石栏，备八佾舞池”。①②

在清代，常熟文庙祭祀的重大事件是朝廷派员赴常祭祀言子。乾隆十六年（1751）二月，皇帝特遣刑部左侍郎钱陈群诣庙致祭；乾隆二十二年（1757）二月，皇帝特遣散佚大臣副都统懋烈伯李境诣庙致祭；乾隆二十七年（1762）二月，皇帝特遣礼部侍郎程景伊诣庙致祭；乾隆三十年（1765）二月，皇帝特遣礼部侍郎程严诣庙致祭；乾隆四十五年（1780）二月，皇帝特遣内阁学士兼礼部侍郎嵩贵诣庙致祭；乾隆四十九年（1784）三月，皇帝特遣兵部侍郎玛兴阿诣庙致祭。皇帝遣员代祭，这是一种极高的规制。前两次致祭有御制祭文存世（常熟墓有祭文亭，常熟文庙有祭文碑）。如第一次祭文：

维乾隆十有六年，岁次辛未二月，己巳朔，越二十一日己丑，皇帝遣经筵讲官、刑部左侍郎钱陈群致祭于先贤言子之神曰：

维先贤言子，灵萃勾吴，道成东鲁。赞成麟笔，首圣门文学之科；小试牛刀，布下邑弦歌之化。周旋裼袭，群推习礼之宗；品藻端方，允

① 《重修常昭合志》，常熟市地方志编纂委员会办公室点校，凤凰出版社 2021 年版，第 305、304 页。

② 关于“舞用八佾”：南朝宋元嘉中，从裴松之议，舞用六佾，设轩悬之乐；唐玄宗开元二十七年，诏祀先圣乐用宫悬，舞用六佾；明洪武二十六年颁大成乐于天下，舞用八佾；成化十二年，从周洪谟议，增笾豆为十二，佾舞为八；嘉靖九年，改正先师祀典，乐三奏，舞六佾；光绪三十二年，升大祀，舞用八佾；宣统元年，礼部遵旨奏复，文庙大祀典礼，祭孔升为大祀，崇圣祠增牛一太羹一，大成正殿加笾二豆二，文德之舞八佾，并增武舞，旧制承祭官由左门入，今改为右门入，终献后不致福胙，并无谢福胙九叩礼。

> 副得人之问。殿庭俎豆，班十哲以同尊；庙祀枌榆，阅千秋而在望。朕省方时迈，览古兴怀。问俗武城，信学道之遗风足尚。敷文南国，溯人材之教泽所渐。用遣专官，虔申告奠。苾芬在列，尚翼格歆。尚飨。①

常熟历来尊言学贤，乾隆皇帝派员赴常致祭，高度评价言子的历史贡献，表达对于言子的崇敬，常熟文庙的祭祀地位和规格由此得到提高。

明清两代是常熟地区科业鼎盛兴旺的时期，地方官员和士人往往把这与常熟文庙的教泽联系起来。这是因为，明清两代都实行“科举必由学校”的体制，参加乡试的士人须是官办学校的生员，地方官学的优秀生可以报送到京师国子监读书，而国子监的生员有的可以直接参与科举，有的可以授予官职。在这种科举取士制度下，地方文庙就成为传承地方文脉、培养地方俊才的重要场所。因此，常熟地方官员和士人极其重视文庙的学脉、文脉通畅。乾隆四十二年（1777）八月二十四日，常熟、昭文两县士绅具详上府，提出重建学宫，修整泮宫，主旨是“学制复旧”。其缘由主要是乾隆二十三年（1758），昭文县前训导朱傅远倡议：文庙棂星门外，东西通衢，南临城河琴水，隔河原筑大照墙一座，复于棂星门外街心中间又仿照墙筑立短墙一座，约高五尺。即于墙旁两头设立木栅，凡往来行人须从短墙外临河旁岸边行走。街道既不宽舒，规模更觉狭隘。常熟、昭文两县士绅认为，短墙阻塞水源，自建立之后，常熟科甲渐稀，因此心存疑虑，深感不安，提议在修理泮宫时撤去栅墙，恢复原有学制面貌，使得学前规模复得宏敞，水源不致隔塞，地方文脉通畅流长。当时常熟和昭文两县官员，包括江苏粮巡道苏凌阿等即“应俯如所请，以协舆情而符体制”，批复同意“将添设墙栅尽行撤去，敬谨修葺具报”。地方士绅、官员和生员等数十人纷纷解囊捐款，集资整修，并由言氏 75 世孙言如泗督修，岁次丁酉（1777）孟冬完工。记述这次学制复旧缘由和捐款事项的，有《学制复旧重新原案》刻碑，立于文庙戟门内。虽然风水之说存疑，但重要的是，它表明清代常熟自上而下普遍重视地方学脉、文脉的传承，而这对于常熟文庙的发展意义重大。

---

① ［清］言如泗：《言子文学录》，广陵书社 2019 年版，第 9–10 页。

清代常熟县学生员名额增加，尤其是析县以后增广生员较多，雍正年间另有恩贡21次计名额140名[1]。清代常熟、昭文举业鼎盛，俊才济济。

自明万历年间至清末，常熟文庙的基本格局没有改变，但修建事业始终没有中断，不仅随坏随葺，且时有局部的新建或扩建。大致包括三个阶段。

常熟析县之前。顺治十年（1653），知县郭保之、教谕骆士愤重修启圣公祠，县大夫及荐绅之贤者捐资，张懋忠撰记。顺治十二年（1655），提学佥事张能鳞视学三吴，以敦教善俗为己任，尤以修学为第一义。常熟文庙兵燹之余，倾圮尤甚，在张能鳞倡导下，多士乐从修葺，经营不半载，即功用告成。康熙四年（1665），里人孙德基输地，重筑屏墙。六年（1667），海防同知鲁超捐俸重修尊经阁，得到了地方官员合力佽助，鸠材聚工，阅岁告成。十八年（1679），粮储道刘鼎、知县林象祖重修大成殿。二十五年（1686），知县杨振藻、教谕程孟、训导张铨重建明伦堂。三十五年（1696），知县陶濅再修明伦堂，盛尔侯、张榕撰记。四十四年（1705），邑人蒋陈锡修尊经阁。四十九年（1710），知县章曾印、训导洪力行重修明伦堂。连续的维修，使得经历战乱的常熟文庙恢复了元气，正如张能鳞所叙："今入其庙，见夫栋梁基构，崇隆而坚固也，可以知修之有本矣；檐楹榱桷，鸟革翚飞，可以知修之有章矣；不支公帑，不役细民，工力自足，可以知四端在我，求则得之，不少欠阙。"[2]

常熟析县以后。常熟、昭文两县中分其城，而庙学仍合，两县合作数次大修。乾隆二十八年（1763），邑人屈成霖、言如洙等重修，李因培撰记。庙则大成殿而两庑，而戟门、棂星门，学则尊经阁，而明伦堂、教谕训导之署、礼门坊表，欹倾者正之，腐败者撤材而新之。先时，启圣祠垣地为居民所占，而明伦堂左右旧有斋舍，皆夫役所盘踞。乃厘旧址，杜民占之私侵，助夫役之金而令迁焉，更葺斋舍，东曰博文，西曰约礼。又疏浚庙前河道。小大毕举，凡用白金四千有奇。乾隆四十二年（1777），士绅

① 《重修常昭合志》，常熟市地方志编纂委员会办公室点校，凤凰出版社2021年版，第310页。

② ［清］张能鳞：《重修常熟县儒学碑记》，见陈颖主编《常熟儒学碑刻集》，苏州大学出版社2017年版，第179页。

具详上府，捐资重修棂星门、泮宫牌坊、学门、仪门、碑亭等，学制复旧充新，由言如泗督修。乾隆四十六年（1781）七月，风潮摧拉，栋宇折损，敝漏更增，常熟邑侯黄元燮捐俸，接任邑侯费志学、昭文邑侯王锦，两学广文江上峰、奚世麟，同心整理，常昭绅士咸竭绵力，邑士绅言如泗等身兼董事，助襄其成。在数次大修之间，还有宫墙、棂星门、尊经阁、礼门甬道、大成殿等重修项目。

咸丰十年（1860），常熟文庙遭兵乱蹂躏，惟明伦堂、泮宫坊无恙，尊经阁毁其半，余皆荡然。同治九年（1870），巡抚丁日昌拨万缗兴建大成殿，并明确“其他颓废者，劝邑人集资修造，俾复旧观”，当时常熟邑侯沈伟田、继任者沈锡华，昭文邑侯梁蒲贵、代理者张沇清均承丁公命，发动邑人捐资修建。① 这是文庙浴火重生的重建，是邑人同心协力的重建，是在遭受战乱后赓续文脉、重振文运的重建。杨泗孙撰记如下：

> 我邑文庙遭粤匪蹂躏，惟明伦堂、泮宫坊无恙，尊经阁毁其半，余皆荡然。同治九年，巡抚丁公饬牙厘局拨万缗兴建大成殿，余属邑人集资修造，俾复旧观。于是常、昭两邑侯承丁公之命，遴选绅董，庀材鸠工，始于是年六月，迄于次年正月，大成殿工竣。殿之毁也，以火，发其磉，大者立方三尺许，椎击之冰解，乃使采石金山，大小如之。求大木于沪，得洋木曰铁超，文理坚致，以为栋柱，他材皆采西木。砖瓦购于陆墓镇，疏脆不堪用，用其良终不如旧者。邑人睹大成殿之成也，皆愿兴复他所，凡出资六千余缗，有独任一役者，有共任一役者。于是两庑、崇圣祠、戟门、棂星门、尊经阁、乡贤祠、名宦祠、巫公祠、张公祠，暨万仞宫墙、沿塘石阑，以次修治。十年二月，各工告成，春秋设奠，礼仪乃备。又浚玉带河，出瓦砾，种树木，复建礼器库，置储礼乐器。某时读礼于家，乐与士大夫从事于其间也。

---

① 《恢复常熟文庙记略》，见《常熟文庙丁祭沿革记略》，常熟博物馆藏本。下文所引此书皆为此版本，不另注。

谨识其颠末如此。①

同治十一年（1872），两江总督曾国藩拨款，修建吴公祠。经过大规模重建，具有近千年历史传承的常熟文庙在经历了战乱以后，终于大致恢复旧貌而进入新的历史时期。

根据《重修常昭合志》记载，清代常熟文庙形制如下：左为先师庙，夹以两庑。大成门（戟门）凡三座，左一室为土地祠，折而东有神厨门；右一室为祭器库，折而西有神库门，庭东偏为名宦祠，西偏为乡贤祠，东南有杏坛，中为神路，南抵棂星门。前有台，甃石为栏，栏外为官街，街外沿堤俱石栏，河外影墙一带绕之。右为明伦堂，堂后有尊经阁。阁后碑亭凡三座，堂前东西列号舍。东斋曰博文（旧名志道），西斋曰约礼（旧名据德），各八间，训导居之，为诸生肄业之所。墀下有碑亭二，左右各一，井亭二，清初井存亭废。中树塞门，外礼门三楹，临泮池，池南为学门（匾曰儒学），科第坊与之对峙，隔河有屏墙，跨于街者，东西各有坊，曰兴贤，曰育俊。旧有六先生祠，在文庙东，先贤祠，在学门西，二祠明时废圮。会馔堂，在尊经阁右，馔厨房，在会馔堂西。养贤堂，在明伦堂右，奎文阁，在启圣祠右。学仓在礼门西，神库在大成门西北，神厨在吴公祠东。增设号舍，在学左旧射圃后。今庙制大略如旧，正殿五间，重檐四起，上覆黄瓦，外设重墀。② 如果说清末标志着中国封建王朝的结束，那么，以上记载则保留了常熟文庙在中国封建王朝结束时的基本面貌，其文献价值弥足珍贵。

清末至今：衰败与复兴

“十九世纪与二十世纪交点之一刹那倾，实中国两异性之大动力相搏相

① 《重修常昭合志》，常熟市地方志编纂委员会办公室点校，凤凰出版社2021年版，第304页。

② 《重修常昭合志》，常熟市地方志编纂委员会办公室点校，凤凰出版社2021年版，第304–305页。

射，短兵紧接，而新陈嬗代之时也。”① 这种由中西文化、新旧思想博弈而造成的社会大动荡、大变革，深刻影响到文庙的发展格局。1900 年前后，有几大事件值得提及。第一，1895 年，在中日甲午战争中，洋务派苦心经营的中国新式陆海军溃败，“四万万人齐下泪，天涯何处是神州？”谭嗣同喊出了中国有识之士的悲愤。第二，1898 年，维新派发动变法维新，“废除八股、兴办学校”是重要内容，康有为提出一套“兴学至速”的办法，主要是“书院改学堂”“庙产兴学”，各地新学快速发展。第三，1904 年，清政府颁布了首个近代学制“癸卯学制”，1905 年正式废除科举制度，随即小学废止读经，“庙学合一”的传统教育体制崩溃。第四，1911 年，革命派发动辛亥革命，推翻了清王朝，建立中华民国，随后制定了具有资产阶级共和国性质的《中华民国临时约法》，推行充满民主共和精神、废除封建陋习的革新措施。

在此背景下，文庙传统体制发生了深刻变化，由原来的庙学合一发展为庙学分离。由于科举制度的废除、西式学堂的兴起，文庙作为传统官学的职能开始剥离。文庙的另一职能即祭祀存留成为无法绕开且时常引起争论的社会问题。废除科举的第二年即 1906 年，学部提请祭孔由中祀升为大祀，慈禧太后准奏。清廷此举是对病危之体注以强心剂，试图以“孔子之教”助“帝王之政”。民国初年有文庙祭祀存留两种相反的观点，在以后思想界尊孔与反孔的反复纠缠中，文庙祭祀功能有所弱化，又在一定时段得以保留。民国三年（1914）八月，袁世凯准颁《民国礼制》七种，包括《祀孔典礼》一卷，由政事堂礼制馆遵照通行。该卷定以阴历春秋两丁为祀孔日，仍从大祀，礼节、服制、祭品与祭天一致，并规定京师由大总统主祭，地方文庙由该地正官主祭，孔子生日则听各地习惯，自由致祭。1923 年，江苏省督军齐燮元和省长韩国钧，接受地方孔教会筹修文庙的建议，要求“各县文庙，如有渗漏倾颓者，自应会同地方士绅，筹款兴修，有兵

① 梁启超：《〈清议报〉一百册祝辞并论报馆之责任及本馆之经历》，见陈书良编《梁启超文集》，北京燕山出版社 2009 年版，第 140 页。

队及学生寄居者，亦应设法迁让”①。同年，公布了江苏省文庙年度预算，列出了文庙总董、乐舞的俸薪，春秋祭祀费用，修复祠牌神龛陈设费用等。这在一定程度上推动了地方文庙祭祀功能的发挥。以上是庙学分离的基本情况，反映了文庙沿革中的重大变革。

今上御極之一載邑人士以齋壇舊規敝陋爲列不
敷分布爰議集貲改築他如舞器舞服詳稽禮
制無者製之敝者新之　殿廡有勳損擇要而
修葺之祀位有漫缺攷證而究補之越明年上
丁春祭度數聲容燦然畢備蓋歟不期而集工
不迫而赴良由尊崇
聖教心理皆同行乎自然成樂趣事既竣裒錄集貲
姓氏及工作支出之數勒石以昭大信由是彬
彬禮樂允爲吾邑之光而慶斯文之盛焉捐貲
姓氏詳載徵信錄共收捐洋捌百陸拾柒元叁
角伍分正各項開支共支洋捌百陸拾伍元叁
角伍分正淨存洋兩元另露臺架子
紅油工料計洋叁拾元正願復興漆作捐助也
迨至宣統三年辛亥九月民軍蒞虞常昭
兩縣合併爲常熟一縣翌年民國成立改
元民國元年各廢
聖廟世變後各省春秋丁祭典禮不舉乃至民國三
年　內務部總長朱公啟鈐謹遵
大總統令遵議擬訂祀
孔典禮祭冠祭服文政事堂禮制館通行遵照各省
一體辦理是年始恢復祀
孔民國肇始適用陽曆惟崇祀
孔子乃因襲歷代之舊典議以夏曆春秋兩丁爲祀
孔之日仍當大祀其禮節祭冠祭服祭品當與祀
天一律京師
文廟應由
大總統主祭各地方
文廟應由　長官主祭如有不得已之事故得於臨
時遣員恭代其他關學首日
孔子生日仍聽各從習慣自由致祭不必特爲規定
等語祀　孔典禮並祭祀冠服制　內務部
謹呈爲遵議擬訂典禮祭冠祭服呈請

《恢复常熟文庙记略》影印（局部）（载民国《常熟文庙丁祭沿革记略》）

1916年常熟文庙内校园一角(载《常熟市实验小学志》)

清末民初，常熟文庙内有两所学校。学宫后部为明德初等小学，清光绪三十三年（1907）由邑人袁寿康、赵宗典等发起筹组，民国后改为海虞市立第三初等小学，校址初在文庙宾兴局，后移至礼器库、尊经阁，校门西向。前部明伦堂及部分斋房为海虞市立女子初等小学，其前身是襄和女校，于1912年创立，1914年由小塔前节孝祠迁来，后更名为海虞市立初等小学。1927年，海虞市建制撤销。1928年，海虞市立第三初等小学和海虞市立初

① 《常熟文庙丁祭沿革记略》，常熟博物馆藏本。

等小学合并，建立常熟县第一学区学前小学，归县教育局管理。以后校名数度更改，但基本以“学前小学”名之。1981 年，江苏省教育厅选定 94 所小学作为小学教学改革实验基地，学校为其一，更名为常熟县实验小学。新中国成立之前校址变动情况：1928 年，校舍包括明伦堂、尊经阁及斋房等东西轴线主体房屋。

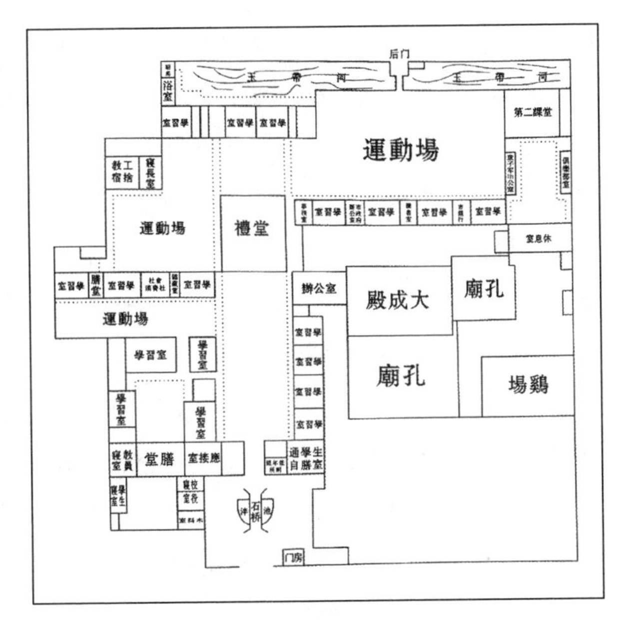

1935 年常熟学前小学校舍平面图（载《常熟市实验小学志》）

明伦堂为礼堂，斋房、尊经阁为教室，泮池西侧仆役室为幼稚园，明伦堂东侧为操场。其后不久，又扩用崇圣祠。校舍平面呈一曲尺，占地 15 亩。1947 年拆尊经阁，于原址改建三间平房，崇圣祠前两侧厢房改成两间教室。1962 年，拆去崇圣祠，填平玉带河，建教室五间，与原尊经阁旧址三间相接。1965 年，拆去明伦堂，在原址上改建大礼堂。1965 年，拆去孔庙大成殿，并将大成殿后半部的地基划归学校，学校让出原崇圣祠前部分地基。该校将“崇德尚文”作为校训，接续常熟文庙的历史文化传统，文庙的文化教育传统转化为现代学校教育的办学资源。

常熟文庙的祭祀孔子及先贤的活动，在民国期间得以保留，不仅有春秋丁祭，还有月朔释菜之礼和望日上香之礼①。宣统元年（1909），诏令改祭孔为大祀，舞用八佾。宣统二年（1910），常熟文庙克服困难，拓建月

① 民国年间的《常熟文庙丁祭沿革记略》，有月朔释菜之礼和望日上香之礼的记载，明确根据清代《文庙祀典考 · 仪礼》进行。

台，确保第二年春仲月丁祭舞启用八佾。民国二年（1913），常熟即按国民政府通知，正常实施春秋两祭，祭祀对象是大成殿、两庑、崇圣祠中的先圣、先师、先贤、先儒。每年的丁祭由县政府主管，地方孔教会支会负责，提前成立专门小组筹备，明确经费，安排人员，召集会议，落实任务①。其祭祀礼仪，则参照清代邑人庞钟璐之《文庙祀典考》所记礼制，由县长诵读丁祭祝文。丁祭日期沿用阴历，常熟其他相关庙祠同文庙丁祭同日祭祀。文庙丁祭经费紧张，时有地方士绅资助。民国二十八年（1939），国民政府明确文庙祀孔恢复乡贤祭典。常熟文庙即修葺名宦、乡贤祠堂，整理礼器，开列名单，梳理礼制，当年丁祭同时祭祀名宦祠和乡贤祠。民国二十六年（1937），常熟遭到日机轰炸，炮弹直接落在文庙院内，当年无法举行丁祭，翌年即恢复丁祭。② 常熟文庙春秋按礼丁祭，得到了上级部门的充分肯定，不时发来贺信或贺电表彰。这种努力，使得常熟文庙祀典在极其艰苦的条件下得以坚持。

新中国成立以后，由于庙内学校规模不断扩大，所以建筑多有拆建，加上文庙东轴线另有工厂迁入，所以20世纪末的常熟文庙，中轴线上仅存文庙戟门和东西两庑，东轴线上仅存言子专祠，西轴线上仅存邑学泮池。前两者合为省级文物保护单位。进入新世纪后，常熟市政府决定复建文庙。2003年，原学前小学（后更名为实验小学）整体迁出，常熟市教师进修学校暂用。2007年，虞山经编织带厂搬出。2013年，常熟市教师进修学校整体迁出。

经过前期论证，常熟市政府于2008年启动文庙复建一期工程，2013年启动文庙复建二期工程，到2016年竣工，两期工程历时八年，复原和修缮

---

① 常熟博物馆至今保存有《常熟文庙丁祭沿革记略》《民国四五六年会议祭孔记录》《关于丁祭手折及零星资料》《文庙舞台征信录》等文献原稿，为1992年常熟市文物管理委员会移交至常熟博物馆。

② 《常熟文庙丁祭沿革记略》载：民国二十七年（1938）八月，苏省府令各县恢复本届秋丁，决定于十月二日（阴历八月初九）举行秋季祀孔，县公署奉令后特组织祀孔筹备委员会，函请邑人士十一人为委员会，共商相关事宜。议决牲牢暂照省，文庙规定牛一羊一豕一，其香烛祭品制帛等项遵照。

2016 年常熟文庙复建后的航拍图

了近 20 座精品传统建筑。复建后的常熟文庙占地面积 12700 平方米，建筑面积约 3000 平方米，由东、中、西三个既相互连贯又相对独立的区域组成。随后，文庙又实施了周边环境综合整治工程，项目涉及范围约 11100 平方米。焕然一新的文庙在 2016 年 9 月 28 日向公众开放，同日举行文庙修复启用暨丙申祭孔大典，主要礼仪有开庙仪式、乐舞告祭、恭读祭文、行鞠躬礼等，所有礼仪做到“必丰、必洁、必诚、必敬”。这是常熟文庙发展史上的又一文化盛典。

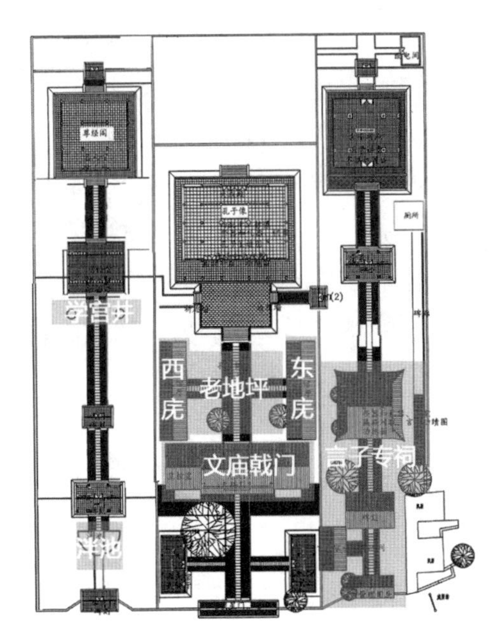

2016 年常熟文庙复建后的平面图

常熟文庙在复原修缮过程中，无论是在古建施工、文物保护还是在布展设计、园林绿化方面，处处体现了精益求精的理念，从而让历经千年沧桑的常熟文庙得以重生。复建后的文庙，既凸显了常熟历史文化名城的底蕴，也成为精致常熟文化的高地。常熟文庙复建以《中华人民共和国文物保护法》为据，尊重历史文物建筑的真实性、可识别性、可逆性，严格依据清代常熟文庙的平面布局，遵循三条轴线的空间布局特征。如大成门是省级文物保护单位，维修中遵循不改变文物原状的原则，使用原材料原工艺进行施工，所有梁架均利用古代遗留下来的木构件修缮而成。在修缮时，发现了宋、明、清不同时代的木结构，经过查阅资料和专家论证，按照其原来位置和形制把木结构恢复起来，修补增添，最大程度地恢复其原来的面貌。从这些梁架当中就可以看到文庙的历史变迁，现大成门上有宋代斗拱，也有明清两代修缮的梁枋。原址复建的大成殿是文庙的主体建筑，五开间，面积约 300 平方米，屋顶为重檐歇山顶，高 19. 3 米，鎏金龙吻高 2. 1 米，脊中有“至圣先师”四个鎏金大字。大殿中最为醒目的是中间两根香樟木金柱，高达 14. 3 米，柱径达 0. 9 米。如此粗的金柱，工匠光用斧子砍削出一根木料就得花费半月工夫。架于大成殿正中大梁上的金色藻井为八角木结构，高约 1. 6 米，下部直径约 4. 7 米，顶部为贴金莲花，斗拱出跳采用风头昂贴金，整个建筑结构钩心斗角，繁复异常。藻井用料全为进口楠木，仅安装就花了一个月的时间。大成殿上下檐使用了 154 朵斗拱，这些斗拱不仅硕大，而且做法繁复，其设计施工都严格遵照北宋时期《营造法式》中的形制进行，完工后的建筑出檐深远，整体庄严肃穆，古朴大方。常熟文庙修复工程荣获 2019 年度中国风景园林学会科学技术奖（园林工程奖）金奖。

常熟文庙的空间布局

常熟文庙的选址

常熟文庙的整体布局

常熟文庙的空间美学

象征意义的文化空间

文庙是中国古代祭祀孔子的场所，也是中国古代传播儒学的官学，因此它同地方的文脉和文运密切相关。孔庙与学宫的结合，使得庙学成为一个地方的文化地标，在各地的府境或县境图中，每座城市都以儒学（孔庙）作为主要标志物。① 同时，庙学又是我国传统社会最具文化特征的传统建筑系统，其选址、形制、布局都要遵循传统的天人合一思想和儒家的礼制伦理思想，从而成为传统文化思想的外显形态和士人们的精神寄托。

据常熟存世的早期县志《至正重修琴川志》② 记载，常熟庙学一体的文庙，始建于宋仁宗至和年间（1054—1056），位置在县东南二百步，夫子庙居其中，大成殿额乃宣和中颁降。虽然在以后的历史进程中，常熟文庙的规模、形制和布局多有变化，但其庙址未有根本变化，其庙制始终坚守着中国传统礼制建筑规制，体现出儒家思想文化及其教育理想，符合天人合一的中国传统哲学思想。

---

① 常熟元代《至正重修琴川志》有“县境之图”，在有限的几个建筑标示中，就有“大成殿”和“儒学”；明《（弘治）常熟县志》附图九幅，其中就有文庙总图。明末《（崇祯）常熟县志》附图中有“黉宫图”“黉宫新图（一）”“黉宫新图（二）”三幅。由此可见文庙在常熟城的特殊地位。

② 常熟最早纂修的县志是《琴川志》，由北宋庆历年间知县孙应时首修。琴川即常熟之别名。元至正年间的《至正重修琴川志》注“又别名琴川”曰：“县治前后横港凡七，皆西受山水、东注运河，如琴弦然。今仅有一二通流，余皆堙塞。或云五浦注江，亦若琴弦。或又云取言游弦歌之意，然弦歌乃武城事，于此言之，则成附会矣。”方志出版社 2013 年版，第 2 页。

常熟文庙的选址

宋景祐元年（1034）六月，范仲淹调任苏州。范仲淹深谙“学校，王政之本”的思想，认为“致治天下，必先崇学校”①。因此，他到任后积极筹建苏州郡学。经四处访视，相中南园（五代吴越广陵王钱氏家府旧址）旁边的一块土地，此地与名园沧浪亭相望，地势高爽，风景优美。他延请阴阳师相地，“既卜筑而将居焉，阴阳家谓必踵生公卿”，但范公认为，“吾家有其贵，孰若天下之士咸教育于此，贵将无已焉”②。于是，上奏朝廷请办郡学，把已购拟作私宅之地献出，迁苏州城东南的文宣王庙至南园一隅，创立了“左为广殿，右为公堂，泮池在前，斋室在旁”的郡学，苏州文庙由此建立。这一形制继承了《周礼》“左祖右社”的礼制，将庙与学在建筑空间上并列呈现，形成了“左庙右学，庙学合一”的建筑形制。

建立文庙是地方重大事件，其选址必然郑重审慎。而常熟文庙又是仿苏州郡学而建，因此范仲淹所建苏州郡学，对常熟建立县学并迁文宣王庙形成新的文庙影响甚大，这也就是常熟文庙长期祭祀范仲淹、胡瑗的一个重要原因。可惜的是，常熟庙学一体的文庙选址没有留下具体的文字记载，因此我们只能根据现址周边环境进行大致的解说。

常熟文庙方位在城市东南

《至正重修琴川志》前附有“县境之图”，为南宋宝祐年间（1253—1258）的县城图。由此常熟留存最早的县城之图中可知，常熟县城在虞山东麓，所谓“十里青山半入城”。图中标示不多的建筑中，首先突出了县治衙门，其次就是突出了文庙儒学。这一方面证明了文庙是常熟城市的标志

---

① ［宋］范仲淹：《代人奏乞王洙充南京讲书状》，见《范仲淹全集》，四川大学出版社2007年版，第429页。

② ［宋］楼钥：《范文正公年谱》，见《范仲淹全集》，四川大学出版社2007年版，第880页。

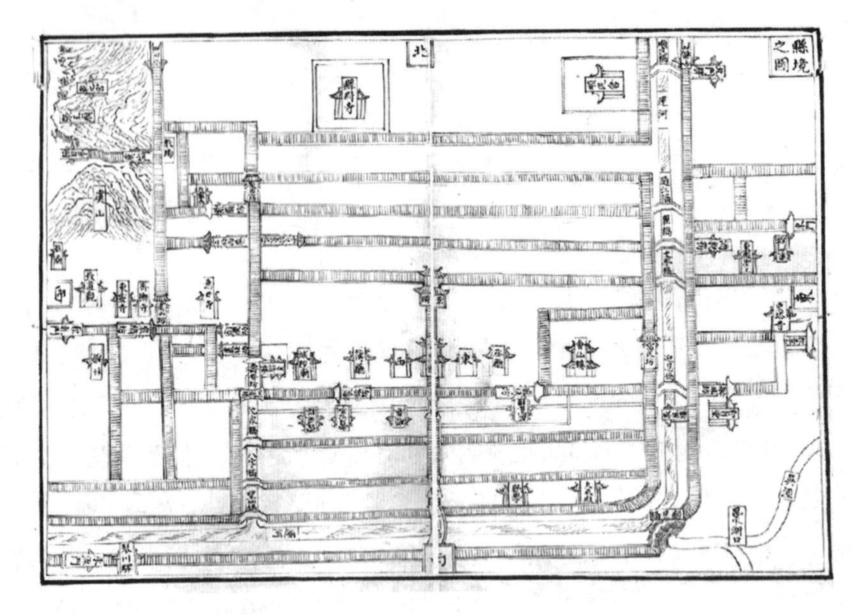

南宋宝祐年间常熟县城图（载《至正重修琴川志》）

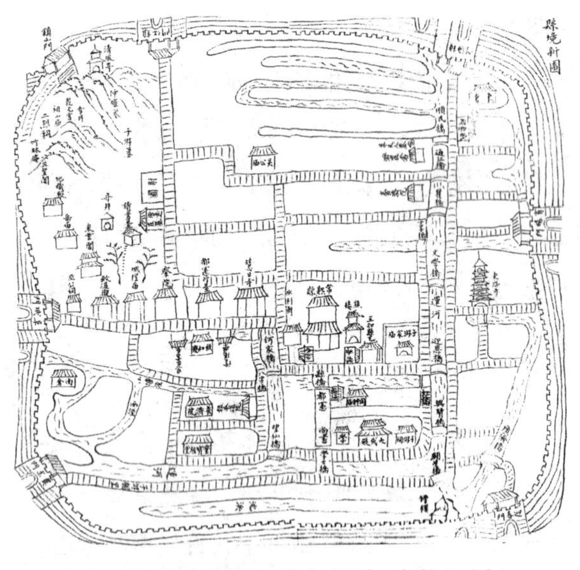

明崇祯年间常熟县境新图（载《（崇祯）常熟县志》）

性建筑，在整个城市建筑中处于特别重要的地位；另一方面指示了常熟文庙所在位置，即城市的东南方向。文庙是文化的符号、文运的象征，在笃信“地灵”与“人杰”相辅相成的传统观念中，修建文庙乃是“兴地脉”和“焕人文”的重要举措，因此要择风水和谐之吉地建筑。风水理论是我国先民在漫长的生存活动实践中总结出的一套完整的人与自然和谐的规律。古人认为，修建文庙不仅是在尊孔，而且也是在祈求文运，体现着人们对文化昌盛的期待，因此需要注重其在城市中的方位。《阳宅三要》有言："阴阳之理，自古攸分；二者不和，凶气必至。故公衙务要合法，而庙亦不可不居乎吉地……文庙建艮、甲、巽三字上，为得地。庙右宜高耸如笔如枪，庙左宜空缺明亮，一眼看见城上之文阁奎楼，大利科甲。"① 在此表述中，甲为震，东方；艮为东北；巽为东南。按照风水理论，南方属丙丁火，具有炎热向上的特性；东方属甲乙木，具有生发、通达的特性。东南是日出之地，是城市中日照时间最长的方位，是一个生机勃发、欣欣向荣的方位，寓意着朝气和昌盛，文风兴盛，适合兴建文化建筑。唐太宗时天下大建孔庙，注重其丰富的文化内涵，即充满文德意象，而朝气蓬勃的东南被认为是建立孔庙最得体的位置。除历史特定原因外，各地孔庙的位置普遍建在城市的东南。有资料表明，常熟士人宋代就有文化建筑位于东南方位的观念。如宋绍兴年间，王伯广为常熟公廨宣风楼撰记时即言："《易》于巽，其象为风，其位为东南，其时为长，养万物。"② 这是邑

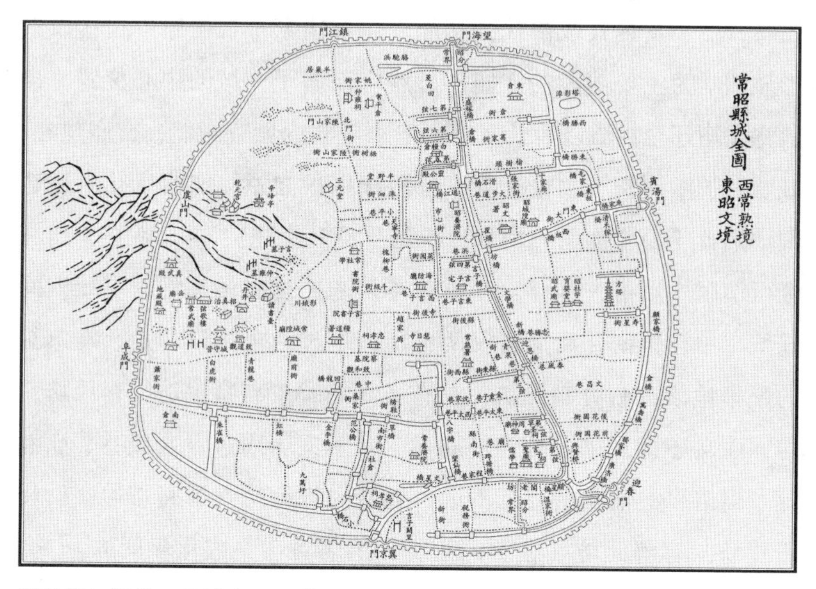

清乾隆年间常昭县城全图（载《常昭合志》）

① ［清］赵玉材：《四库存目青囊汇刊（十二）：阳宅三要》，宋政隆点校，华龄出版社 2020 年版，第 72 页。

② ［宋］王伯广：《宣风楼记》，见［清］邵松年辑《海虞文征》，广陵书社 2017 年版，第 249 页。

人文教建筑选址的自觉意识。而常熟文庙选址正是位于城市东南，不仅在宋代如此，即使到了明清时期，从《(崇祯）常熟县志》提供的《常熟县境新图》和乾隆年间的《常昭合志》提供的《常昭县城全图》来看，文庙始终处于常熟城市的东南方位。明宣德九年（1434），杨荣在《常熟县重修庙学记》中说："学在县治东南，其地隆然以高，宏然而敞。"① 从《至正重修琴川志》所附当时常熟县城图看，文庙选址恰是城的东南方向，临近常熟城墙和护城河，虞山在其西北方向，自身距离东城行春门、南城承流门不远，符合文庙一般选址原则。

常熟文庙位置是闹中取静

建筑选址往往会根据其功能而定，就文庙来说，出于治世宣教、祠庙祭祀和学校教育等方面的考虑，往往会安排在城市空间布局的核心，贴近百姓民众，便于发挥其政治社会功能。而且儒家重视中庸中道，以崇祀孔子、彰显儒学为主要功能的文庙，自然应该居于一城的中心位置。自北宋初各地将文庙迁至内城以后，文庙一般都建在内城。当然，文庙建在内城，外有城墙和护城河护卫，也有着以备防守保护之意。如曲阜孔庙迁建时就考虑到"后此千百年而有外侮焉，于是乎庶几无患矣"②。常熟文庙在内城的位置可谓闹中取静。从《至正重修琴川志》之县境图看，宋元期间常熟县治在城市中心偏南，离文庙仅两百步，走过两个街口即是。常熟县治处城市的繁华地段，右有制锦坊，左有飞鸟坊，东有富民坊、春风坊，南有兴贤坊，而文庙即居兴贤坊左，故名。常熟文庙周边有金驼巷、庙巷、白家巷等，离南北中轴线主干道不远，到城内各地均有道路贯通。后代围绕着文庙建坊，有解元坊（在学门东街，旧名育俊，成化年间立）、会元坊（在学门西街，旧名典贤，成化年间立）；兴贤坊（在学西，旧名学道，王

① ［明］杨荣：《常熟县重修庙学记》，见陈颖主编《常熟儒学碑刻集》，苏州大学出版社2017年版，第53页。

② 转引自沈旸《东方儒学——中国古代城市孔庙研究》，东南大学出版社2017年版，第240页。

爚改今名)、科第坊（在儒学街南，与学门对，成化五年立)①，这就建构起一个具有儒学氛围的文化片区。街巷蜿蜒曲直，连接里外；河水川流不息，贯通南北。面河临街的地理位置，使得到此片区域的陆路与水路便捷可行，四通八达，极富江南水乡特色。在当时的历史条件下充分考虑交通可达性，是科学合理的选择。而文庙的闹中取静，还指建在城市核心位置的文庙，由于教育和祭祀的功能，四周都建有高大的围墙以阻隔市嚣。尽管如此，随着城市人口的增加，内城往往愈益嘈杂。常熟文庙也有此种烦恼。明万历间教谕许成器在《新建屏墙记》中说，"海虞学嵌琴川七弦中，故以风气胜"，"吴之人文甲县宇，畴非起家于其所施之址哉?"许成器在肯定文庙选址基础上，又面对现实提出："惟是门当阛阓，虽一衣还水，为封畛，然刓缺嵚仄，辙椟盱衡，重以袒亵之服，喧豗之声，一无所屏，毋论倚席者、鼓箧者之出入于斯，心厌之久。即形家法且无当焉。"这就是说，文庙南门面对街道，以河为界，周围及对河喧豗之声一无所屏，使人心生厌烦。于是，他提出建造屏墙以隔、"以人力补天工"的设想。这得到了地方士绅的认可，他们捐地捐金，即在庙门之对河建造屏墙，种植银杏（至今尚存），人们环桥门而视，咸啧啧颂。许成器肯定地方士绅此举为"仁义"，认为"实其仁义之自性植者，发于一念之真至而不容已"②。明清两代，常熟士绅多次维修或重建屏墙，如康熙四年（1665）里人孙德基仗义捐地，重筑屏墙。通过文庙隔河屏墙的建造，以人工弥补天然缺陷，仍然体现对选址闹中取静的追求。

常熟文庙借用了城中活水

"问渠那得清如许，为有源头活水来"，说出了多读书、开新源的道理。古代地方文庙选址，重视利用城中河渠，或将活水引入泮池，或毗邻河渠

---

① 据《（弘治）常熟县志》和《常熟县儒学志》所记。

② ［明］许成器：《新建屏墙记》，见陈颖主编《常熟儒学碑刻集》，苏州大学出版社2017年版，第303页。

之北，以期学宫书生不断汲取新知，也期学宫才俊培养源源不断。这在常熟文庙选址中得到充分的反映。常熟文庙前面隔着街道即琴川河（运河），活水流淌，沟通内外。清陈揆《琴川志注草》：“《卢志》曰，前临运河。《姑苏志》曰：河东西俱通潮，朝夕会于学门。”① 琴川河（运河）是常熟城内重要河流，“运河东出落星港，锁其口者曰显星桥，宋庆元三年孙应时建。相传星坠港中，化为石，石大数十围，不测其根。西逾学门有跨塘桥，以其跨于运河也。初名信义，淳熙十年，令曾棨重建，改名琴川，参军曹纬记曰：琴川去京畿八驿而近，境大壤平，舟车走集，东吴之望邑也。东吴泽国，千泾万渎，悠然逝溃。然上而皆滞于三江，浮于震泽，萦带而下，至琴川分为五浦，而后入于海，其经络于阛阓之间，旁注而侧出者乃其一也。旧有桥曰‘跨塘’，凡迎肃朝廷之命令，接劳四方之宾客，摩肩总辔，憧憧于逵路者，莫不由斯”②。由此可见，常熟城内的琴川通江达海，成为常熟这一城市的主要标志。而文庙紧挨着琴川，则是大有深意的选址，体现了官员和士人对于地方文运通畅的美好期望。其周边的显星桥、落星港、跨塘桥、信义桥等，都有着深厚的文化意蕴，体现了地方文化特色。因此，许成器用“以风气胜”来予以描述，清乾隆年间地方士绅所撰《学制复旧重新原案》的描述是：“棂星门外，东西通衢，南临城河琴水……”③ 乾隆年间《常昭合志》的描述是：“（文庙）地在常邑境内东南五图，俗名学前街，前临琴水，兴贤桥之西，跨塘桥之东，琴水自西南趋东，绕于学前而出小东门之水门。庙学后有玉带河，环绕而南，达于琴河。河之南岸，树屏墙。”④ 这一选址在历史上颇得好评，甚至认为常熟科业鼎盛、文脉绵长与此临河选址有关。清乾隆二十三年（1758），在常熟所析之昭文县训导朱傅远的倡议下，在文庙隔河屏墙基础上，又在棂星门外街心中间，仿照墙

① ［清］陈揆：《琴川志注草》，见陈其弟点校《吴中小志五编》，广陵书社 2022 年版，第 202 页。

② ［明］龚立本：《（崇祯）常熟县志》，凤凰出版社 2021 年版，第 45 页。

③ 《学制复旧重新原案》，见陈颖主编《常熟儒学碑刻集》，苏州大学出版社 2017 年版，第 243 页。

④ ［清］言如泗：《常昭合志》卷四，清乾隆五十八年（1793）刻本。

筑立短墙一座，约高五尺，并于墙旁两头设立木栅，凡往来行人须从短墙外临河岸边行走。结果街道既不宽舒，规模更觉狭隘。乾隆四十二年(1777)，常熟、昭文两邑士绅经过踏勘，发现短墙阻隔水源，自建立之后两邑科甲渐稀，因而心存疑虑。于是即向县移牒，提出在修整文庙泮宫时，撤去栅墙，恢复文庙旧制，如此，“规模复得宏敞，水源亦不致隔塞”。结果地方官员“仰即如详，会同绅士，将添设墙栅尽行撤去”。两邑士绅捐资重修棂星门、泮宫牌坊、儒学大门、仪门、碑亭、街道等处工程。两邑士绅把此举称为学制复旧，即打通河道阻塞，恢复文庙借用城中活水之初衷。① 这反映了水源通畅对于常熟文庙的重要性，也揭示了常熟文庙选址临河的意义。

文庙作为学庙合一的礼制建筑，在选址上需要考虑很多因素。但择风水和谐之吉地、居城市布局之中心和借城中河湖之活水，是基本的也是普遍采用的原则，它分别体现着堪舆形学的影响、礼制思想的指导和对自然环境的利用。这反映了中华文明发展所根据的自然科学和社会科学相佐的综合规律特征。常熟文庙选址较好地遵循着这些普遍性原则，达到了多个因素的完美结合，体现了儒家天人合一的思想，彰显了文庙的社会政治功能，同时又寄托着人们对于地方文脉传承、文运亨通的美好期望。因此，常熟文庙在宋代选址建立以后，虽历千年而固守不变，始终是常熟城市重要的地标性建筑群落。

常熟文庙的整体布局

“古典建筑形式那种整齐一律、对称均衡，具有和谐的比例关系和韵律、节奏感，各组成部分衔接得巧妙、严谨，真可谓添一分则多，减一分

① 此事见《学制复旧重新原案》碑，此碑原在邑学戟门内，现存文庙碑廊内。陈颖主编《常熟儒学碑刻集》(苏州大学出版社 2017 年版)，收录此碑拓片。

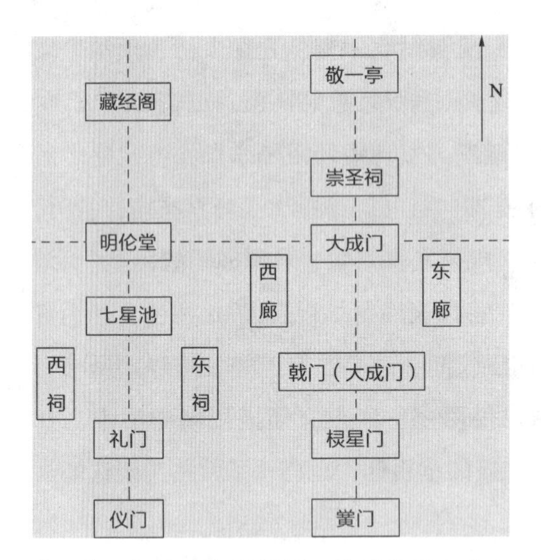

庙学合一的苏州文庙规制（载《苏州文庙研究》）

则少，从而到达天衣无缝的境地！这都说明建筑家在追求完美的创造中，既受到自然的启示，又灌注了心灵的创造，从而体现出艺术创造上的主观与客观的统一。”① 作为正统的官方礼制建筑的文庙，其整体布局即形制无疑具有规范性和经典性。一般而言，地方庙学的整体空间布局受到曲阜孔庙的影响，其性质和形制具有相同相通之处，但也存在一些重要差别。差别首先表现在功能上。曲阜孔庙是孔子的本庙，是孔氏后裔和国家奉祀的“祖庙”，主旨是标榜尊儒重道，具有鲜明的政治象征意义；地方文庙的特点是庙附于学，庙是学的信仰中心，学是庙的存在依据，设庙目的主要在于推广儒家教化。由于功能性质不同，其具体形制也就存在差异。其次表现在等级上。全国各地文庙具有严格的等级形制，曲阜孔庙是各地孔庙的本源，地方文庙形制依其而建，但等级相对要低。曲阜阙里孔庙九进院，地方孔庙分为府、州、县三级，县级文庙一般为三进院，平面规整，以纵轴线为主，横轴线为辅，整个建筑均衡对称、和谐、协调。同时，在同级文庙中，因为经济财力、重视程度的不同，其建筑规模和形制可能也会存在差别，即使同一地方的文庙，在不同历史时期，其建筑规模和形制特征也会存在差别。

常熟文庙的整体布局形制既有一般学庙的共同特征，也有异于一般学庙的自身特色，而且在千年历史沿革中呈现出差别性特征。常熟文庙始建以后，历朝历代都有修建，有些属于修葺性的，无关布局形制，也有些属

① 转引自彭一刚《建筑空间组合论》（第二版），中国建筑工业出版社 1998 年版，第 34 页。

于重建性的，事关布局形制。其中关涉整体布局形制调整、建立新的形制的修建有以下三次。

一是南宋后期，知县王爚重建庙学，形成常熟文庙初制。南宋端平二年（1235），王爚因故址主持县学重建。重建后的县学形制是：

> 端平初，邑令王爚以其卑陋湫隘，积久滋弛，日惟覆压是惧，且庙处于学，并杂喧溷，尤非所以尊事先圣，乃因故址辟而新之。仿郡庠之制，东为庙，庙之前为殿门，又前为棂星门，两庑绘从祀，徙吴公祠于殿后，东建六先生祠堂（濂溪周先生、横渠张先生、明道程先生、伊川程先生、晦庵朱先生、南轩张先生）。西为学前，为学门中横经，乃曰明伦。东西两庑，各列职事位序于其旁，次为隶业之斋，凡六：曰志道、据德、依仁、游艺，曰稽古（藏祭器、祭服、官书），曰尚贤（即小学也，专以教育言氏子孙，别为廪给，详见四明袁尚书记）。明伦堂后为直舍、斋庐暨庖廪，器具增造悉备，总为屋百二十楹，加于旧者几半，而高闳壮丽则非旧所可仿佛也。①

这次新建不仅扩大了规模，而且重构了形制，初步确立了常熟文庙的规范形制，这种形制就是当时重建的吴公祠上梁之文曰："自东自西，两严庙学之制；在前在后，兼妥师友之灵"。其所谓"自东自西"，是指东庙西学，严格了庙学之制；"在前在后"，是指徙吴公祠于礼殿之后，前殿后祠，理顺了庙祠关系。这种新的形制历元迄明，凡数百年而仍旧贯也。这对于常熟文庙的发展至关重要，因此王爚离开常熟后人们为之在文庙建立生祠。明洪武八年（1375），常熟县学傅著等在文庙建先贤祠，祀范仲淹、胡瑗和王爚，显然这是彰表王爚效仿苏州郡学、重建常熟学宫的历史性功绩。

二是明弘治年间，知县杨子器重建文庙，形成常熟文庙定制。明代洪武以后，朝廷尊儒重学，推进文庙重构国家祭祀体系。常熟文庙多次重修，

① ［宋］孙应时、［宋］鲍廉、［元］卢镇：《至正重修琴川志》，方志出版社 2013 年版，第 6 页。

并逐步建立起了名宦祠、乡贤祠、启圣祠等。成化二十二年（1486），巡抚御史胡汉命知县祝献、教谕张景元复移吴公祠于文庙东，理由是“吴公大贤，常熟巨邑，维祠堂僻弗称，殆非所以崇明德、厉风教也，盍相与撤其旧而新是图？”① 在此基础上，弘治十三年（1500），知县杨子器主持重建常熟文庙，调整布局形制，使之面貌焕然一新。杨守阯撰记具体叙述。后嘉靖、万历初又有局部修建，到万历三十八年（1610）知县杨涟主持编《常熟县儒学志》时，就收入了旧学宫总图和新学宫总图，并附四张详图，分别是《先师庙图》《子游祠图》《启圣公祠图》《明伦堂图》，即文庙新制后三条轴线上的主要建筑详图。其《殿宇志》具体记载了文庙新制的主要建筑及方位关系：

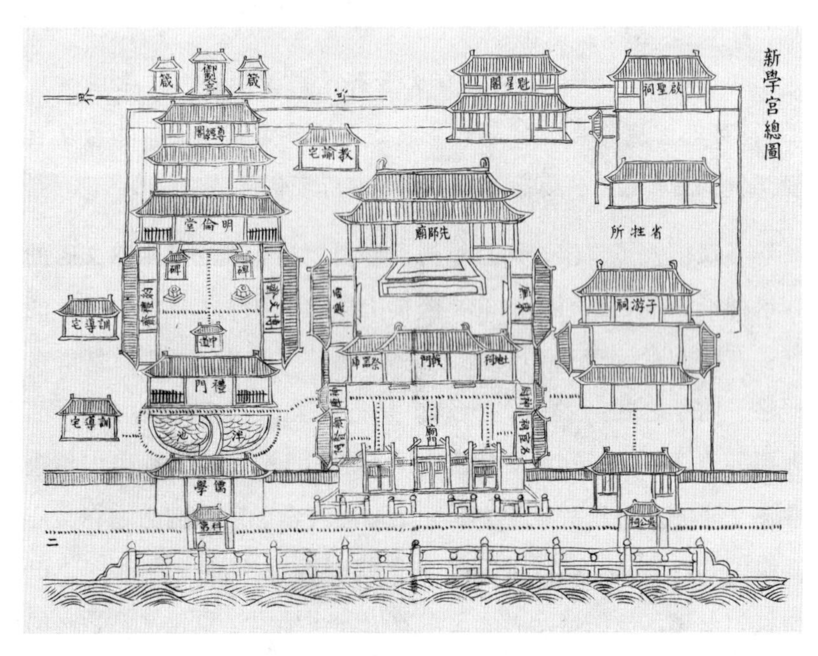

明常熟新学宫总图（载《常熟县儒学志》）

关于先师庙系列：先师庙，明伦堂东，子游祠西，旧名大成殿；东庑，

① ［明］杨一清：《常熟县重建吴公祠记》，见陈颖主编《常熟儒学碑刻集》，苏州大学出版社 2017 年版，第 73 页。

在先师庙东，有门通启圣祠、省牲所；西庑，在先师庙西；戟门，在先师庙前，后列碑十座；土地祠，在戟门左，祭器库，在戟门右；名宦祠，在戟门东侧面西；乡贤祠，在戟门西侧面东；庙门，在戟门前；杏坛，在戟门之东，神厨门外；学仓，在先师庙东北。

关于吴公祠、启圣祠系列：子游祠，在先师庙东，弘治三年，御史胡汉按节视学，改建于先师庙东，别为门以出，庙宇轩豁，规制大备；东夹室，在子游祠东；西夹室，在子游祠西；祠门，即子游祠之外门；牌坊，与祠门相对，颜曰“吴公祠”；启圣祠，在先师庙东，子游祠后；奎星阁，在启圣祠右；省牲所，在启圣祠前，子游祠后。

关于县学系列：明伦堂，在先师庙西；博文斋，在明伦堂之东偏；约礼斋，在明伦堂之西偏；东碑亭，在明伦堂东之前；西碑亭，与东碑亭对；井亭，在碑亭前，东西各一座；泮池，在礼门前，形如半月，上建石梁；学门，在泮池前，颜曰“儒学”；尊经阁，在明伦堂后；御制箴碑亭，在尊经阁后间一小河；会馔堂，在尊经阁右；教谕宅，在明伦堂左旁，尊经阁东；训导室，在明伦堂西。

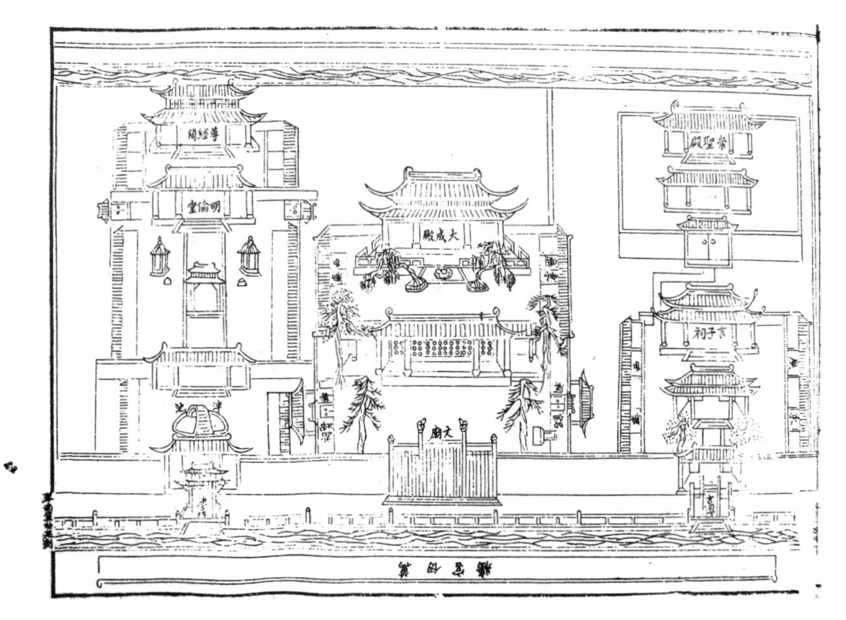

清末常熟文庙图（载《常昭合志》）

由此可见，新建后的文庙，分为三条轴线，主要建筑分别是先师庙、子游祠和明伦堂，通过中门沟通，分别有庙门、祠门和学门进入。新的建筑布局，不仅扩大了文庙的规模，而且新构了文庙形制。这就是在原来左庙右学的基础上，在庙东增加了祠学，形成了中庙西学东祠的格局，三条南北贯通轴线分别有着相对独立的建筑群落。而所增加者主要是子游祠系列，这体现了常熟对于先贤言子的尊崇，从而显示出常熟历史文化的重要特色，这在全国来说是独一无二的。这一新的形制成为常熟文庙定制，在明清两代得以延续保存。虽然清代对文庙多有修建，甚至咸丰年间遭兵乱摧毁而重建，但也仅仅是局部变动，基本形制未有改变。

三是进入21世纪后重建，形成了常熟文庙新制。2008年，常熟市政府启动文庙新建工程，经过八年两期工程建设，在2016年9月重新对外开放。复建后形成的文庙新制延续了明清两朝固有的布局形制，三条轴线的复原修缮情况如下：

中为庙，原址复原了棂星门、名宦祠、乡贤祠、东西庑、大成殿，修缮了戟门。

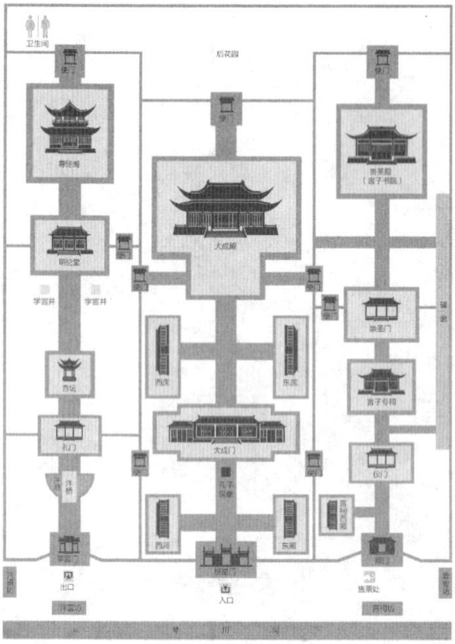

西为学，原址复原了学宫门、杏坛、明伦堂、尊经阁，修缮了泮池、泮桥。

东为祠，复原了崇圣门（启圣祠外门）、崇圣殿（启圣祠），修缮了言子专祠。

这实际上是明清常熟文庙建筑复原的简易版，我们称其为“新制”。其价值在于：复原了常熟文庙的主要建筑，保存了常熟文庙的三条轴线，使得常熟文庙形制得以传承。

复建后的常熟文庙平面导览图

综上所述，常熟文庙自宋始创

以后始终固守庙学合一的体制，但其建筑布局形制则有个变动演进过程，演进线索是：由庙学混杂到左庙右学，再到中庙西学东祠三条轴线。其中最为重要的是南宋后期的初制和明代中期的定制，尤其是明代中期定制，上承前代形制传统，下启后代形制特征，尤为重要。

唐贞观四年（630），太宗诏令各州县学皆作孔子庙，宋代设置文庙成为普遍现象。据《祥符州县图经》，常熟文庙在县南五十步，可见夫子庙其来旧矣。这应该是单独祀孔之庙，其具体形制不详，因此最早的常熟庆元《琴川志》略不及之，元代《至正重修琴川志》也说“学宫之制未详”。

宋庆历至和年间于现址建立县学，并迁夫子庙居其中。此后虽然庙学一体，却是“庙处于学，并杂喧溷”，这一形制持续时间近两百年，直到王爚“辟而新之”，建立新的文庙形制。新的形制特点即仿郡学的左庙右学、庙学一体的空间组合，形成分别以大成殿院落为核心的祭祀建筑群与以明伦堂院落为中心的县学建筑群并置的庙学建筑群体空间。“左庙右学”是地方文庙定型后的正规布局。由于儒家思想以中、以左为尊，因此在标准的“庙学并置”体系中，建筑群在空间分布上多为前庙后学或左庙右学的格局，即在坐南朝北的布局中，学署建筑通常位于庙祀的北侧或西侧。① 苏州文庙广殿在左，公堂在右，前有泮池，旁有斋室。常熟文庙仿效这一空间组合形制，“左庙”包括同祭祀相关的建筑群，“右学”则包括同学署相关的建筑群，两者相对独立又合而为一，组合起来担负着文庙祭祀和教育的社会职能。常熟文庙“左庙右学、庙学一体”的空间形制维持了两百五十多年。

明成化年间迁吴公祠和弘治年间重建文庙后，常熟文庙就形成了中庙西学东祠三条轴线、三个群落的空间布局，体现了庙学一体、祠学一体和

---

① 受地方传统、行政配属、相关建筑植入等因素影响，大江南北的文庙布局以“左庙右学”为主，但也有不同的庙学组合模式：“右庙左学”，上海文庙如是布局，学与庙左右并行；“中庙左右学”，如云南建水文庙，庙在中，西为府学，东为州县学；“前庙后学”，南京夫子庙、江阴文庙即如是布局；“一庙两学”，甘肃庆阳文庙，庙在右，县学在前，府学在后。此外还有“庙学分离”等模式。

祠学、庙学参立并茂的全新格局。其"中庙"的建筑包括庙门、先师庙、东西庑、戟门、乡贤祠、名宦祠等;"西学"包括学门、明伦堂、斋室、泮池泮桥、东西碑亭、尊经阁等建筑;"东祠"则包括祠门、子游祠、东西夹室、崇圣门、崇圣祠等建筑。这既体现了全国文庙布局的基本特征,也体现了常熟文庙布局的地方特色。这一空间布局形制延续至今,已经有五百多年的历史。这种空间布局体现了邑人对先贤言子的尊崇。常熟文庙建立新的空间布局以后,邑人沈应魁这样描述:"巍然素王,南面屹立,配以十哲,七十子列两庑,而诸儒从焉。北有启圣祠,以示追崇;东有言公祠,以表专设。庙栋翚飞,宫墙带绕,而讲堂西峙,义在明伦。"[①] 此处把文庙的全新布局说得极其清楚,即中为先师庙,巍然素王,南面而立;北有启圣祠,以示追崇,报德报功;东有言子祠,以表专设,景行之意;西有明伦堂,传播儒学,义在明伦。这说明常熟文庙体制达到了完备的程度。

常熟文庙的空间美学

在历史的演进中,文庙逐步发展成为诸多建筑组合的复杂系统,其功能多元化更是使得其空间组合变得异常复杂。"左庙右学"或"中庙西学东祠",这仅是其整体布局构形的宏观原则,解决的也只是依据功能实施空间分区和组合一体的问题。而真正解决文庙建筑空间组合问题还需考虑两个方面:一是"形制"之"制",即它是一种儒家礼制的经典建筑,需要考虑建筑礼制及其背后的儒学思想,它显示的是文庙空间布局的思想意义;二是"形制"之"形",即它是一种面向公众的文教建筑,需要考虑大众审美及其欣赏接受,它显示的是文庙空间布局的审美意义。以上两者既有区别,又有联系,是研究文庙建筑空间组合的两个重要问题。

① [明] 沈应魁:《重修常熟县学记》,见陈颖主编《常熟儒学碑刻集》,苏州大学出版社2017年版,第125页。

先说后一问题，即文庙的空间美学。下面具体分析常熟文庙定制布局的空间组合美。

常熟文庙定制在空间组合上有一条横轴线和三条纵轴线。横轴线即庙之大成殿、学之明伦堂和祠之子游祠，三者基本构成直线横轴线，然后以三座主体建筑为中心向南北方向延伸纵轴。纵轴线为主对称轴，将整个文庙分为三个部分，西为“学”的建筑系列，中为“庙”的建筑系列，东为“祠”的建筑系列，横轴线为次对称轴，将文庙的前导空间和后续空间隔离开来。纵横两条轴线相辅相成，统领所有单体建筑。这充分体现了“择中对称”的审美思想：

> 中国宫室，多为一层平房，欲加其数，则必须纵横皆增，使无违乎均齐对称之势。凡正殿之高旷，东西厢之排列，回廊之体势，院落之广狭，台榭之布置，以及一切装饰物之风格，虽万有不同，而要以不背乎均齐对称之势为归。①

“择中对称”符合儒家的礼制思想和审美理想。《礼记》首次从理论上概括传统建筑群中轴线对称布局的思想和美学意义：“中正无邪，礼之质也。”②“辨方正位”，以“中”为尊是礼制的要求，而纵横对称均齐则属于审美的范畴。文庙以大成殿为中心，追求在“向心内聚”的基础上达到和谐统一。庙中所有建筑首先着眼于总体布局，其次才考虑各个单体建筑的位置，单座的门、楼、殿、庑在群体之中才能显示自身价值。文庙所树立起的形象是国家正教的代表，文人仕途进取的目标，人间伦理关系的标准，因此，文庙的建筑群体与其他宗教的宫观庙祠相比，“中正”“礼制”的特征更加鲜明，理念更加显豁。

按照中轴对称原则，由纵横两轴统领的常熟文庙建筑，其布局的空间组合美学可以从以下四个方面去分析。

---

① ［英］白谢尔：《中国美术》，戴岳译，蔡元培校，商务印书馆 1924 年版，第 34-35 页。
② 《礼记》，崔高维校点，辽宁教育出版社 2000 年版，第 127 页。

东西向度上的对称

东西向度所呈现的面南建筑的正立面，是建筑面向大众的正面形象。其建筑自身空间或建筑组合空间，处处显示出对称的特征。如常熟文庙由庙门进入，就踏上神路，中广一丈五尺，直通戟门，从而形成了一条两边空间对称中轴线。戟门分成左中右三座，又是以中轴线为据对称。戟门东有神厨门，由此通子游祠，戟门西有神库门，由此通明伦堂。戟门左有土地祠，设土地神像，戟门右有祭器库，内贮本学祭器；戟门东侧面西是名宦祠，戟门西侧面东是乡贤祠。通过戟门即来到月台，面对的就是大成殿。大成殿本身就是一个处处充满着对称元素的礼制建筑，烘托出素王的尊贵威仪，令人观之生出“中正无邪”之感。其东是东庑，共七间，内祀先贤澹台灭明子以下四十七位，其西是西庑，共七间，内祀先贤宓子以下四十八位。在西轴线上，明制明伦堂前有东西号舍，中设二斋，礼庭下有二亭，又前有二井，其旁东西则有教谕、训导两廨。以上建筑均通过对称方式进行空间组合。对称建筑组合方式不仅表现在轴线的建筑群内，还表现在轴线之间的建筑空间组合中。具体来说，就是以南北走向的中心轴线为基准，以对称方式组合三条轴线的建筑空间。常熟文庙曾经的“左庙右学”，其实就是通过中轴呈现左右双轴对称格局。后来的三轴布局更是体现着庙之中轴线、祠之东轴线与学之西轴线的对称格局，达到了更高层次的对称整齐境界。就主要建筑的对称来说，即以大成殿为中，明伦堂和子游祠对称，尊经阁与启圣祠对称，以戟门为中，学门与祠门相对，等等。对称的审美取向是整齐均衡，这是中国传统建筑空间布局的审美观，“以多座建筑组合而成之宫殿、官署、庙宇，乃至于住宅，通常均取左右均齐之绝对整齐对称之布局”，“一切组织均根据中线以发展，其布置秩序均为左右分立，适于礼仪之庄严场合”①。这也是常熟文庙建筑空间组合的审美追求。

① 梁思成：《中国建筑史》，百花文艺出版社 2007 年版，第 16 页、第 16–17 页。

南北向度上的序列

对称整齐方式的滥用，会因单调而造成审美疲劳。“艺术的规律是在变化里取得统一，是在参错里取得和谐，是在运动里取得均衡”①。常熟文庙于东西向度重对称的基础上，在南北向度上则重运动变化。逐日崇拜使得中国古人推崇南向而居，文庙建筑一般均南向而筑。从南端门口进入，有个自然行进的序列，这就是文庙的纵轴线。常熟文庙纵轴线上的建筑多有变化，采用“序列”组织建筑空间，在运动变化中取得均衡。这在传统诗学中称为“次第律”，即“诗篇中种种不同的形式作成有秩序排列的规律”，它“是起于秩序底要求的，而他底功能，能使种种形式作成多样的统一，合乎美学上的形式原理”②。次第律同样符合礼制的要求，《礼记·乐记》就有“礼者，天地之序也”③ 的观念。从常熟文庙的中轴来说，其序列分为前导、主体、后部三个部分。前导部分包括照壁、泮池、棂星门等，这部分空间中的建筑相对较低，感觉相对空旷；主体部分包括大成门、大成殿、两庑以及乡贤、名宦祠等，建筑体量明显增大，院落空间明显宽敞；后部主要有崇圣祠（后东移）及其他附属性建筑。其空间组织犹如一首精心构思旋律节奏的乐曲，由序曲、高潮、尾声三个部分组成。文庙是由若干院落组成的建筑群体，按照规制，曲阜孔庙是九进院落，而县城文庙纵轴一般三进，不仅“庙”的中轴，而且“学”的西轴和“祠”的东轴同样也是三进院落。常熟文庙“学”的三进序列是：儒学门至礼门为第一进，礼门至明伦堂为第二进，明伦堂至尊经阁为第三进。“祠”的三进序列是：祠门至中门为第一进，中门至子游祠为第二进，子游祠到启圣公祠为第三进。三条轴线上的数进院落在布局上有序排列，形成渐次递进的空间关系，而三个按照有序次第律组织而成的空间布局，又在新的层次上显示

---

① 艾青：《诗论》，复旦大学出版社 2005 年版，第 6 页。

② 刘大白：《中国旧诗篇中的声调问题》，见《中国文学研究（上）》，上海书店出版社 1991 年版，第 14 页。

③ 《礼记》，崔高维校点，辽宁教育出版社 2000 年版，第 127 页。

了整体和谐性。

建筑群落中的主次

文庙建筑群的建筑类型多样。中国古典建筑类型大致包括楼阁、宫室殿堂、亭廊轩斋观、门阙和桥，可以说文庙的单体建筑涉及了各种类型。如何组织这些不同类型的单体建筑呢？文庙的原则是主次分明，这既关涉到建筑的礼制思想，又关涉到建筑的审美理想。从礼制思想说，礼的核心是尊卑有序，君君、臣臣、父父、子子的社会秩序，在儒家建筑中就体现为主次有别。从审美理想说，就是通过主次的有机调谐，在变化中达到总体的和谐圆满。在常熟文庙建筑群落中，中轴线上的建筑群占地面积最大，建筑体量最大，明显占据着主导的地位，东轴线和西轴线上的建筑群两者对称相当，占地面积和建筑体量相对较小。而在中轴线的建筑群中，自戟门至大成殿的院落最大，南是戟门，东西两侧是两庑，靠北先是宽大的月台，再是高耸的大成殿，大成殿三间二厦，处于至高无上的位置。西轴线上最大的三进院落是明伦堂，前有礼门，东西侧有两斋。东轴线上最大的三进院落是子游祠，前有中门，两侧有东西夹室。尽管如此，两侧的明伦堂和子游祠院落还是要小于大成殿院落，建筑体量也要小于大成殿。如果说大成殿在文庙中属于最高级别的建筑，那么子游祠和明伦堂则属于第二等级的建筑。第三等级的建筑即如名宦祠、乡贤祠、启圣祠、两庑等重要的祭祀建筑，也包括尊经阁、志道斋、博文斋等重要的教育设施，还包括戟门、礼门、棂星门等重要的礼仪建筑，当然还有仓房、神厨、神库、会馔堂等生活设施。第四等级即文化小品，如奎星阁、观德亭、碑亭、泮池、杏坛等。这些不同等级的建筑在横轴重对称、纵轴重序列的统领下，精心布置在合适的位置上，精心设定其合适的体量，精心设计其合适的式样，错落有序地组合成一个主次分明的整体。同一区域的建筑也分主次，如教育建筑群中的建筑，举行重要教育典礼、考校的明伦堂为主，进行具体教育的学斋，具有藏书功能的尊经阁，开展军事体育训练的观德堂等处在次等地位。文庙单体建筑虽然有着全国的定制规格，但也有各地因地制宜的创造，因此文庙也就自然成为各地的文化地标，成为城市的文化圣地，成为地方儒学建筑的博物馆。

空间划分上的圆满

文庙空间布局有个重要特征，那就是追求空间布局的完整或圆满，包括整体空间的圆满（完整）和划分空间的圆满（完整）。这是文庙空间布局最不容忽视的审美特征。常熟文庙重视自身空间的完整性。科第坊在庙学街南，兴贤坊在庙学街西，育俊坊在庙学街东。在庙门与学门交界的地方，有一块过街石碑，高约 2 米，宽约 40 厘米，上书“大小官员军民人等到此下马”，它同牌坊一起，用以标志地界，提醒路人，这里已是向圣人求学闻道的文庙所在。然后是万仞宫墙，为文庙最南的外围墙，围墙左右则有仪路和礼门。整个文庙空间筑有高大的围墙，以此来同喧哗的外界隔离，使之成为一个相对完整的空间。《常熟县儒学志》中还有“影墙一带”的记载：“与庙门对，隔跨塘河，旧有石栏隙地，万历三十八年，邑人太守严澂甃石重建。”历史上，宫墙多次损毁，官员和士绅都及时进行了整修。进入文庙，其整体空间布局在历史上先是左庙右学，后是中庙西学东祠，其本质都是空间的有机分隔，使得县学、孔庙、言祠的空间通过墙体分开，各得其所，成为三个相对独立的完整空间，从而形成中东西三条轴线的建筑群落。每条轴线上则是由若干院落组成的建筑群，各个院落也就成为文庙空间的基本单元。这样，文庙的空间结构就可以描述为：由若干院落南北贯通组成三条轴线分区，三个区域东西连接组合成整体的文庙空间，文庙整体空间通过宫墙与外部空间相对隔离，通过街道、河流和牌坊与社会外部分隔。这种套院式和分区式空间布局，是文庙普遍采用的空间组织方式。这种对空间的围合分隔产生于北方传统的四合院形式，也仿效了皇家宫廷建筑的空间结构，它有效地分隔内外领域，能够体现出空间的内聚性，创造出一种具有静谧氛围、适合沉思、向心内聚的理性空间。套院式布局体现了功能相对完整划分空间的建筑思想，如大成殿院落是一个相对圆满的祭祀空间，明伦堂院落是一个相对圆满的教育空间。常熟文庙多个层次的空间划分，使得各层次空间趋向圆满。这是儒家的天人合一、家国宗法思想在文庙建筑空间布局中的体现。从审美来说，分隔也就是组合。文庙数进相对独立的院落在布局上形成层层关联、渐次递进的组合空间关系，直观地象征了一种复杂而又有序的社会组织网络：一个院落象征一个基本社会单元，功能相关的院落通过通道或门廊连接，形成特定的功能区域，象征更为复杂的社会层级，最终，各功能区又组成整个文庙的建筑群落，展示了儒家重视理性秩序、讲究和合之美的文化内涵。

以上文庙空间布局的“形”制，就其建筑审美来说是对称（均齐律）、有序（次第律）、主次（分等性）和完整（圆满性），这反映着深刻的儒家思想和礼制思想底蕴。就审美来说，它符合儒家的美学思想，而儒家美学思想又接通中国传统美学源头。闻一多在《律诗底研究》中，把中国特有的形式美学概括为均齐、浑括和圆满等。他揭示了民族审美意识的起源：“我们的远祖从中亚细亚东徙而入中原，看见这里山川形势，位置整齐，早已养成其中正整肃底观念”，这种观念的符号即《易经》里的八卦，它表现在哲学、艺术、道德等理想中就是“均齐”。“中国幅员广大，兼占寒温热三带，形形色色的财产，无不毕备。众族杂处，其风俗语言，虽各各不同，然亦非过于殊悬以演成水火不相容之局。在全体上他们是有调和的，但在局部上他们又都能保其个性”，这在审美上就是“浑括”。圆满的感觉是美的必要条件，圆满则觉稳固，稳固则生永久的感觉，然后安心生而快感起矣。我国“在形势上东南环海，西北枕山，成一天然的单位；在物产上，动植矿产备具，不须仰给于人而自赡饱。故吾人尝存满足观念”，于数为百分之百，于形则为三百六十度之圆形，于义则为乌托邦理想；这表现在审美意识上就是“圆满”。闻一多认为，以上中华民族审美意识集中地表现在传统律诗和古典建筑之中，优秀的古典建筑集聚着诸多传统审美意识，处处有个中国式的人格在。① 我们认为，对称同均齐相通，有序、主次同浑括相通，而完整就同圆满相通，文庙建筑空间布局中所循之对称、有序、主

① 闻一多：《律诗底研究》，见《神话与诗》，华东师范大学出版社 1997 年版，第 309-314 页。

次和圆满的美学思想，集中体现了中华民族美学的精髓，处处有着一个中国式的审美人格在，它使文庙成为公众普遍接受的公共文化建筑。

象征意义的文化空间

闻一多在《律诗底研究》中，认为“蕴藉”是中华民族的重要审美意识：“吾人皆知中国人尚直觉而轻经验。尚直觉故其思想，制度，动作，每在理智底眼光里为可解不可解之间，此所谓神秘者是也。”① 这种“蕴藉”同样在古典建筑中表现明显。在分析常熟文庙空间布局美学时，我们拈出了对称、序列、主次和圆满等审美特征，同时也揭示了其中蕴含着的儒家“正”的思想、“序”的思想、“礼”的思想以及“和”的思想。这也是文庙空间布局“蕴藉”的重要方面。除此以外，文庙空间布局另有一重思想意义，那就是通过建筑空间布局传达正统儒家思想，达到教育教化效果。文庙是典型的礼制建筑。孔子的礼制思想（伦理道德、尊卑有序、社会等级等）在建筑设计上是通过平面布局、建筑形制、体量变化、中介空间、色调明暗、装修繁简等方面来体现的。文庙的建筑空间布局，较好地体现了工整、有序、主从分明的设计效果，它不仅是物化具形的物理空间，而且是教化民众的人文空间。当然，其教化主要是通过暗示的方式实现的，而这正是建筑等物化艺术独具的优势。张以诚在《虞山书院志》序中说：“学不在诵读而在此勃然瞿然者也。此勃然瞿然者又必有触而动，故君子欲移天下之心志，必先正天下之见闻，欲正天下之见闻，必先道之以礼乐。如入庙思哀，过阙思敬，哀与敬非吾心，与何待入庙过阙而动也。夫安有宫墙万仞，入其门，升其堂，见宗庙百官之森列，而不敛容易志者。”② 这就是说，景行于前哲，场景触动极其重要，如入庙过阙，都能使君子“勃

① 闻一多：《律诗底研究》，见《神话与诗》，华东师范大学出版社 1997 年版，第 313 页。

② ［明］张以诚：《虞山书院志》序，见《常熟文库》第 28 卷，国家图书馆出版社 2019 年版，第 102 页。

然瞿然者”，达到“移天下之心志”之效。

文庙从群体的布局空间到单体的形制规格，除基本的使用功能外，还承载着强调社会伦理观念的教育教化功能。以下结合常熟文庙空间布局进行具体的分析。

象征中正不偏的轴线空间

“中”即中正，其核心思想在于不偏不倚，强调“过犹不及，以中为尊”。《吕氏春秋·慎势》曰：“古之王者，择天下之中而立国，择国之中而立宫，择宫之中而立庙。”① “尊者居中，对称分布”是中国传统建筑观，它所宣示的是中国传统道德观。儒家思想以中庸为大，强调行事不偏，“中正”也就成为个人品行的道德要求。儒家强调“正身”“正心”“正性”，提倡中正、方正、正直，并认为由个人的正身正心可以发展为正家正国，身立而政立。朱熹在《论语精义》中说：“范曰：‘政者正也，正身而已。未有不正身而可以正家，不正家而可以正国者也。故孝于父母，友于兄弟，施之于家而有政，是亦为政矣，岂必在位乃为政哉？’”② 中庸思想在儒家道德标准中处于最高地位，而达到中庸或中正的关键则是中礼，即以礼制中。《礼记·仲尼燕居》中孔子说过：“敬而不中礼，谓之野；恭而不中礼，谓之给；勇而不中礼，谓之逆。”其弟子子贡追问：“敢问将何以为此中者也？”子曰：“礼乎礼！夫礼所以制中也。”③ 这就说得十分明白，礼就是用来节制行为使之适中的，否则将会是“给夺慈仁”。孔子论说了“礼”与中庸的关系，强调以礼制中就能达致仁的道德境界。文庙空间布局特别重视“中正”，具体来说是按照礼制建筑的要求，通过建筑空间的中轴对称予以体现，同时又以中轴对称的中正来象征并传达中正不偏的儒家道德思想，提示人们正身正心，不偏不倚，端正个人品行，从而由个人的中正达致正家正国、身立而政立之社会治理目标。常熟文庙无论是早期的左庙右学，

---

① ［战国］吕不韦：《吕氏春秋》，［汉］高诱注，上海书店出版社 1986 年版，第 211 页。
② ［宋］朱熹：《朱子全书》第 7 册，上海古籍出版社、安徽教育出版社 2002 年版，第 91 页。
③ 《礼记》，崔高维校点，辽宁教育出版社 2000 年，第 176 页。

还是后来的中庙西学东祠，都以中轴对称来布局建筑，在多层次上体现中正对称思想，完美地传达出了中正不偏的传统道德思想。

强调主次尊卑的宗法空间

传统社会的主流意识强调等级与秩序的理念。等级即尊卑，秩序即有序，尊卑有序是儒家的政治思想和道德伦理。儒家主张通过主次、尊卑的“礼”制，达到明人伦、正纲纪、教化人心、协调社会关系、维护封建统治的目的。儒家又认为，尊卑有序思想在庙堂祭祀场合体现得最充分。《礼记·中庸》引述孔子论武王、周公修庙祭祀之礼时说：“春秋修其祖庙，陈其宗器，设其裳衣，荐其时食。宗庙之礼，所以序昭穆也。序爵，所以辨贵贱也；序事，所以辨贤也；旅酬下为上，所以逮贱也；燕毛，所以序齿也。”① 可见，庙祭可以让人接受贵贱、尊卑、长幼、亲疏等多种教育。文庙是儒家礼制建筑，当然应该充分体现贵贱、尊卑、长幼、亲疏的儒家思想。常熟文庙布局体现着强烈的主次尊卑的宗法思想。从全部建筑来看，大成殿祭祀素王至圣先师，无疑属于第一等级，其体量、高度、色彩、装饰都显示着至高无上的地位；从三条轴线来看，中间轴线建筑是祭祀孔子的空间，处于居中的地位，因为按儒家以中为尊的思想，文庙最核心的建筑均布置在中轴线上，东轴和西轴的建筑相对处于次要地位。而三条轴线上的建筑，又以大成殿、言子祠、明伦堂为主，其他建筑均围绕其铺展，成为更次等级的建筑。大成殿院落主祀空间对象的布置更是集中体现了宗法等级区别：孔子像于大成殿内正中；作为第二等级的“四配”分列孔子两侧；“配祀”十二哲虽位于大成殿内，但不能与孔圣并排，分列东西两壁；而以第四位阶“从祀”的历代先贤、先儒则置于大成殿东西庑内，等级再低一等。而东西两侧人物、牌位的布置，也遵循以左为尊、近孔为尊的礼法。以上空间布局符合古代社会宗法礼教思想，等级森严、礼法严谨的空间布局，具有强烈的象征教化意义，它使得进入文庙的人们随时随处

① 《礼记》，崔高维校点，辽宁教育出版社 2000 年版，第 188-189 页。

感受到礼法的宣示和呈现，领悟到儒家尊卑、长幼、师生、主仆有别的伦理观念，起到明人伦、正纲纪的教育教化作用，最终达到为封建统治阶级维护社会秩序的目的。

体现内审理性的院落空间

自唐以来，各地庙学均以曲阜孔庙为原型，采用院落组群方式，坐南朝北，依纵横轴线组织空间。曲阜孔庙享受皇家九进院落礼制规格，地方学庙则略去圣时门至大成门之间的多进院落，保留三进院落。常熟文庙采用院落方式，把三个轴线空间分隔成八个院落，每个院落相对独立，同时又相互联系。因为堂屋、厢房与围墙所围合的院落能够有效地分隔内外空间，体现出空间上的内聚性和私密性，从而创造了一种具有静谧氛围，适合进入其间者沉思、反省的理性空间。而这一特征契合了儒家思想含蓄、内敛、内省的特点。因此，作为礼制建筑的典型，以合院组织为基本空间组织单元同样具有文化象征意义。文庙的功能就是祭祀和养士，文庙中的先师庙祭祀孔子，而“孔子以道设教，天下祀之，非祀其人，祀其教也”①。文庙中的乡贤祠、名宦祠、子游祠、崇圣祠等祭祀先贤、大儒、名臣、乡贤，出处虽殊，但均“于民彝、世教有功，则不悖于圣人之道，祀之于此，宜也”②。那么何为“孔子之道”或“圣人之道”？明太祖直揭其旨：“孔子明帝王之道，以教后世，使君君、臣臣、父父、子子，纲常以正，彝伦攸序……”③ 同文庙祭祀相对的文庙养士，其功能也是传授孔子之道，主要建筑“明伦堂”即是明人伦之义，直接揭示了明伦堂的功能是讲学论道授业，就是教导士子懂得人与人之间的伦理道德。由此可见，文庙的祭祀和养士均具有鲜明的政治倾向，它是统治集团面向社会教育教化的重要场所，“庙

① ［清］张廷玉等：《明史·钱唐传》，中华书局1974年版，第3982页。

② ［明］章纶：《温州府儒学新立名宦乡贤二祠记》，《见《（光绪）永嘉县志》卷二十三，杭州古籍书店1963年版。

③ 《明太祖实录》，见《钞本明实录》（第二册），线装书局2005年版，第21页。

以尊圣贤，政教之所由出也，学以养士子，政教之所由行也”①。这种“政教”的鲜明倾向渗透在文庙的各个祭祀院落或教育院落之中，无论是祭祀、教学的主体院落，还是祭祀、教育的前导院落，都通过精心设计的建筑空间布局和环境营造，形成一个相对完整的教育教化空间。而院落式空间则便于进入者沉思、自省，脱离世俗社会，进入文化空间，进入心性世界，实现领恶全美，这体现了儒家倡导的内省理性精神。梁漱溟曾用“理性”一词论述先秦儒家思想，认为孔子深爱理性，深信理性。他要启发众人的理性，他要实现一个生活完全理性化的社会，“而其道则在礼乐制度”②。文庙采用院落方式组合空间，就是要求谒者摒弃世俗干扰，沉浸于文化空间，培养仁爱之心，静心向学向贤，以提高自身的道德修养。

任何时代的文化建筑空间形式，必然服从于其时代的正统的文化需求。作为儒家思想传播的圣堂，常熟文庙是地方祭祀孔子与地方儒学教育的中心，它的布局体现了传统社会礼制文化思想，是一种时代文明的象征和儒家文化的象征。它通过一系列具有浓厚礼法象征意味的空间营造，实现了一种政治、文化、社会、宗教的全方位功能整合，使中正不偏、尊卑有序与内审克己的文化思想巧妙地融入建筑空间布局。它以包含着社会的、伦理的、宗教的以及技术的凝固空间艺术形式，体现了儒家礼乐思想和天人合一思想，记录着地方历史文化教育信息，从而成为地方历史文化的精神之花和文明传统象征。

---

① ［明］章纶：《章纶集》，沈不沉编注，线装书局2009年版，第37页。
② 梁漱溟：《中国文化要义》，上海人民出版社2005年版，第98页。

叁

常熟文庙的建筑文化

威仪的中轴线孔庙区

宁静的西轴线学官区

肃穆的东轴线两祠区

精巧的文化小品建筑

完美融合的建筑与环境

从历史进程来看，文庙建筑先后经历了由小到大、由简到繁、由一到众、由家祠到国庙、由阙里到全域、由宗庙到学宫的发展过程，并最终在明清时期达到巅峰。由此，文庙也就有了等级的划分，如国庙、家庙、学庙和村庙等，其中大量是“庙学合一”格局的学庙，也被称为“庙学”“学宫”等。常熟文庙属于颇具特色的县级学庙。

体系完备后的县级庙学的建筑群落，单体建筑多样，空间组合复杂。尽管如此，由于唐宋以后文庙建筑被视为政权统治“道脉所存”的文化象征，所以形成了统一的规制和布局，当然，在总体符合礼制的前提下，各地文庙亦可适度变化。一般来说，孔庙建筑制度相对严格，学宫建筑相对自由。常熟文庙的单体建筑及空间组合合乎这一基本要求。

如同其他县域文庙，常熟文庙在历史发展中，单体建筑和形制常有变动。总体来说，基本建筑逐步完善，变动较少，附属建筑多有变化。常熟文庙的总体布局和形制在明代达到完善的定制阶段，因此，这里所论以明万历年间《常熟县儒学志》所载文庙建筑为基础，适当兼顾之前或之后的建筑及其变动情况。

威仪的中轴线孔庙区

地方孔庙的基本建筑制度是：大成殿居中，前有月台，殿前左右设东西庑，殿前为大成门（戟门），再前为棂星门和万仞宫墙照壁，泮池位于棂星门内外，名宦和乡贤祠位于戟门左右，崇圣祠位于大成殿北部或东北部。地方孔庙只有具备以上建筑，才能算是形制完备。常熟文庙中轴的主要建筑即是如此。常熟文庙孔庙区形制最终确定是在明弘治年间，是一个由意蕴丰富的系列建筑组成的礼祀建筑群，此区域建筑及外场地皆为祭孔仪式服务，具有肃穆的空间氛围特征。进入此区域有着特殊的要求。元代时，常熟文庙戟门右就有宣圣庙禁约碑，规定“今后禁约诸官员、使臣、军马，无得于庙宇内安下，或聚集、理问词讼及亵渎饮宴，工匠官不得于其中营造，违者治罪”①。以下介绍中轴孔庙区域主要建筑，因常熟文庙崇圣祠在大成殿东北，泮池泮桥位于西轴线，所以分别列入东西轴线介绍。

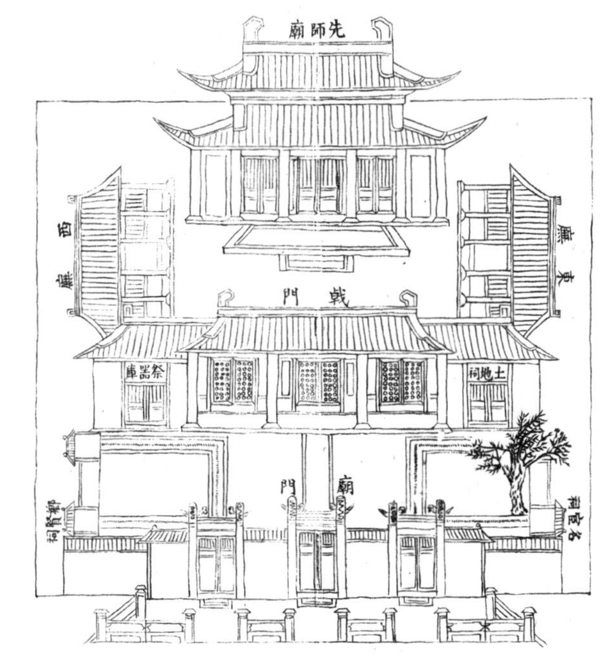

明万历年间先师庙图（载《常熟县儒学志》）

① 《宣圣庙禁约》，见陈颖主编《常熟儒学碑刻集》，苏州大学出版社 2017 年版，第 25 页。

万仞宫墙

此建筑位于孔庙最南端，在中轴线棂星门外（也有同棂星门连成一体的），以青砖红墙为标志，通常与围墙合二而一，成了真正的文庙宫墙，出左右是礼门仪路。其名源于《论语·子张》：“叔孙武叔语大夫于朝曰：‘子贡贤于仲尼。’子服景伯以告子贡，子贡曰：‘譬之宫墙，赐之墙也及肩，窥见室家之好；夫子之墙数仞，不得其门而入，不见宗庙之美、百官之富。得其门者或寡矣，夫子之云不亦宜乎！”① 子贡把孔子学问说成数仞之高，古时七尺为一仞，后人觉得数仞不能算高，就用万仞来作比喻，说明孔子道德学问无比高深，以表敬仰。“夫子之墙”便由此而来。万仞宫墙起源于曲阜孔庙的宫墙万仞，明清时期，各地将“万仞宫墙”置于入口，成为文庙规定形制，它是进入孔庙的序幕。

常熟文庙的万仞宫墙在南端临街，实际上发挥着文庙影壁的功能，在历史上有过多个不同名称。宋端平时，王爚重建学宫，魏了翁撰记中就有言：“通为屋百有二十楹，而为垣以宫之。”② 元至正二十二年（1362），知州卢镇修文庙，陈基撰记曰：“又新筑石堤学宫之南而树墙其上，高七尺，修三十丈，用钱若干缗，皆捐己俸而学廪无所与。”③ 教授干德潜，训导言福孙、卫镐等立石纪念。万仞宫墙以后有过多次修建完善。如清康熙四年（1665），里人孙德基输地，重筑屏墙。乾隆五十七年（1792），士绅言如泗等修理邑学，重拓宫墙。言如泗《常昭合志》云：“东西为庙学，各树屏墙，中错民房七间，堤岸凸出，水不潆抱。乾隆壬子，邑绅捐置民房基地归学，统筑一墙，南岸浚展，观瞻宏敞，仍额曰万仞。计墙高一丈八尺，堤岸高九尺，墙岸基址南北二丈五尺，东西十八丈四尺，合之原基，尚缺

---

① 《论语译注》，金良年译注，上海书店出版社 2009 年版，第 174 页。

② ［宋］魏了翁：《重建学宫记》，见陈颖主编《常熟儒学碑刻集》，苏州大学出版社 2017 年版，第 7 页。

③ ［元］陈基：《常熟州修学记》，见陈颖主编《常熟儒学碑刻集》，苏州大学出版社 2017 年版，第 41 页。

十一丈六尺。清理东西两火弄。勒石公记。”① 是役也，共费工银四百余两。事毕，公记勒石，记题为《万仞宫墙记》，碑在邑学仪门外。道光二十七年（1847），邑人曹秉钧等再购民地增拓宫墙，于其东建文星阁。同治九年（1870），邑人集资修建文庙及万仞宫墙。

棂星门

棂星门是一种牌楼式礼制性建筑，最早是用于大型庙坛祭祀的建筑，移入文庙的时间约在宋景定年间（1260—1264），立于中轴线上泮池和戟门之间，通常为一座四柱三楹的门坊式建筑。“棂星”是天上的文星，主管文才的选拔，主宰科举文运，孔庙第一座大门以此命名，是以棂星喻孔子是天上的星宿，表示尊孔如尊天。后人又将棂星释为“天镇星”，取《龙鱼河图》中“天镇星主得士之庆，其精下为棂星之神”之语，象征孔门英才、文人学士一统于儒学之道。这是文庙特有的建筑形式，这一独特的形制使文庙显得更为庄严。

常熟文庙建立棂星门的时间很早，宋王爚重建文庙时就设棂星门：“仿郡庠之制，东为庙，庙之前为殿门，又前为棂星门。”② 而明代文庙定制，也有明确记载：“前为棂星门，前有台，甃石为栏，栏外为官街，街外沿堤俱石栏，河外影墙一带。”③《常熟县儒学志》卷一

旧时常熟文庙棂星门（载民国时期《常熟指南》）

① ［清］言如泗：《常昭合志》卷四，清乾隆五十八年（1793）刻本。
② ［宋］孙应时、［宋］鲍廉、［元］卢镇：《至正重修琴川志》，方志出版社 2013 年版，第 6 页。
③ ［明］龚立本：《（崇祯）常熟县志》，凤凰出版社 2021 年版，第 108 页。

记为“庙门”：“在戟门前，凡三座，每门与神路相对。弘治十年构台于外，甃石为栏，栏外即大街。”历朝历代都有棂星门修建的记载，它是常熟文庙的一个标志性建筑。清乾隆七年（1742），粮储道李学裕重建棂星门。乾隆二十八年（1763），邑人屈成霖、李因培等重修邑学，包括棂星门。乾隆四十二年（1777），邑人又修棂星门；五十八年（1793），“邑人重修棂星门、泮宫坊”①。咸丰十年（1860），棂星门毁于战火，同治九年（1870），由邑人钱公栋村捐款重建。复建后的棂星门与两侧乡贤祠、名宦祠及北侧戟门之间形成一个院落。

大成门

大成门因大成殿而得名，是通往大成殿的正门。大成门和大成殿有着同样的意思，《孟子·万章下》称“孔子之谓集大成。集大成也者，金声而玉振之也”②，意在喻孔子集古圣先贤思想之精髓，自成体系，后世亦以与“大成”相关的谥号追封孔子。大成门又称“戟门”，宋太祖建隆二年（961），诏庙门准仪立戟十六枚；政和元年（1111），又增加到二十四戟。大成门是礼仪之门，进入者应该衣冠整洁，以表示对孔子的尊敬。在建筑规制上，大成门比大成殿稍低，以三间为多，屋顶形式和色彩一般都与大成殿保持一致，屋面以单檐歇山、悬山为多。大成门一般有三扇，遇重大仪典才开启中间大门。为完整反映孟子对“大成”之意的诠释，戟门除中央大门外，还设有左右角门，东为“金声”，西为“玉振”。大成门的门槛较高，意在提醒人们进门应该小心举措、端正举止，符合圣庙谨严肃穆的气氛。

常熟文庙大成门初建于宋端平三年（1236），明弘治年间重建，“庙自圣贤像以及礼殿两庑、戟门、棂星门，焕然维新”③。《常熟县儒学志》记曰：“在先师庙前，凡三座，前后列碑十座。”《（弘治）常熟县志》有“戟

① 《重修常昭合志》，常熟市地方志编纂委员会办公室点校，凤凰出版社2021年版，第304页。

② ［宋］朱熹：《四书章句集注》，浙江古籍出版社2013年版，第246页。

③ ［明］李杰：《直隶苏州府常熟县重修庙学记》，见陈颖主编《常熟儒学碑刻集》，苏州大学出版社2017年版，第75页。

门”条曰：“凡三座，俱如制，在大成殿之前。宋太祖建隆二年诏，庙门准仪立戟十六枚；徽宗政和元年，增为二十四戟。”① 戟门历代均有修建。戟门左凡一间，内设土地神像（唐县尉张旭曾祀其中），戟门右凡一间，为祭器库，内贮祭器；其形制是东西有边贴，硬山顶，面阔15.3米，进深6.8米，檐高4.45米，立中柱，施前后双步梁，各梁皆作月梁状，曲线柔和，三架梁上有叉手。此一建筑现为省级文物保护单位。

20世纪80年代的常熟文庙大成门（载《常熟老照片》）

名宦祠、乡贤祠

仕于其地而惠泽于民者谓之名宦，生于其地而德业、学行著于世者谓之乡贤。在很长时间里，乡贤、名宦统称先贤，建祠祭祀没有统一规定。明初下诏：“令天下学校各建先贤祠，左祀贤牧，右祀乡贤，春秋仲月亦得附祭庙庭，后乃更名名宦、乡贤。”② 这就是名宦、乡贤的附学祭祀，先是要求在文庙“同堂合祀”，后又要求“两祠分设”，即庙学设名宦、乡贤两祠于宫门左右。乡贤、名宦祭祀附学，是国家对乡贤、名宦祭祀进行的收编改造，使之成为孔庙祭祀延伸出来的附祭，乡贤、名宦也就得以附食圣贤之列。祀名宦，示劝官也；祀乡贤，昭往而训来者也。祀之而必附于学宫，谓素履无愧于名教，故跻之于夫子之门墙。

常熟两祠分设是在明弘治十三年（1500）。知县杨子器重建常熟庙学，

① ［明］杨子器、桑瑜：《（弘治）常熟县志》卷二，广陵书社2016年版，第59页。
② ［明］李之藻：《頖宫礼乐疏》，文渊阁四库全书本，第302页。

开始分设乡贤、名宦两祠于宫门左右："重建礼殿五间，东西两庑各七间、戟门三间，左乡贤祠、右名宦祠各一间。"① 杨子器同时确定了两祠入祀的最初名单。两祠的具体位置，《（弘治）常熟县志》则记为在戟门东西夹室。万历年间《常熟县儒学志》所记是：名宦祠，在戟门东侧，面西，凡三间；乡贤祠，在戟门西侧，面东，凡三间。民国初年的《重修常昭合志》把两祠位置说得更加清楚："大成门，凡三座，左一室为土地祠，折而东有神厨门；右一室为祭器库，折而西有神库门，庭东偏为名宦祠，西偏为乡贤祠。"② 由此可知，名宦、乡贤两祠在弘治年间初建以后，虽然后世多有修建，③ 但空间布局位置始终未变。复建的名宦祠和乡贤祠，位于戟门南即前面的东西两侧，为按制复建，均为三开间硬山顶木构建筑。

东西两庑

大成殿东西两侧的厢房称两庑，两庑与大成殿、大成门一起形成围合空间，是文庙最为重要的院落。两庑是供奉历代先贤先儒的场所，有的只供牌位木主，有的则立有塑像，还有的是人物彩绘。唐诏令孔庙除孔子弟子外，另有二十二人从祀，后代名单多有变化，但大致即孔子七十弟子及历代著名先师先儒，各地文庙均按国家定规。两庑一般为悬山或硬山建筑，面阔通常为单数，地方文庙两庑为五、七、九间不等。

常熟文庙两庑始建时间，据查是在端平年间，即王爚重建学宫之时。《至正重修琴川志》记"两庑绘从祀"④，即彩绘先儒先师于东西两庑。这同宋太祖建隆二年（961）诏文庙门立戟十六、画七十二贤及先儒二十二人像于东西廊之板壁相符。嘉靖九年（1530），厘正文庙祀典，易塑像为木

① ［明］杨守阯：《常熟县学重建先圣庙记》，见陈颖主编《常熟儒学碑刻集》，苏州大学出版社2017年版，第93页。

② 《重修常昭合志》，常熟市地方志编纂委员会办公室点校，凤凰出版社2021年版，第304页。

③ 明嘉靖年间乡贤、名宦两祠维修，王铁《重修儒学碑》、沈应魁《重修常熟县学记》有记。清康熙三十二年（1693），训导盛尔俟重建两祠，《重修常昭合志》有记。咸丰十年（1860），两祠毁于兵乱，同治九年（1870）重建，杨泗孙撰写碑记，《重修常昭合志》有记。

④ 清陈揆《琴川志注草》注"两庑绘从祀"曰："《邓志》曰：旧有宣圣十哲像，淳古渊厚，备肖德容。盖宋名工所为。"见陈其弟点校《吴中小志五编》，广陵书社2022年版，第203页。

主，《常熟县儒学志》有记。弘治十三年（1500），知县杨子器重建庙学，“重建礼殿五间，东西两庑各七间”①。《（弘治）常熟县志》有“东西庑”条：“在大成殿之东西，共十二间。东庑自金乡侯澹台灭明以下五十四位，弘治八年迁议增入宋儒杨时（封将乐伯），位温国公司马光之下；西庑自单父侯宓不齐之下五十五位。”② 常熟文庙两庑形制和祭祀名单后世屡有增减。新世纪复建文庙时，在大成殿东西庑间勘探时发现了老地坪，为青砖铺设，并有中轴道路痕迹。经过古陶瓷热释光年代检测，青砖出自两个年代，一为距今约520年的明代中期，一为距今约830年的南宋时期。这一测定证实了常熟文庙的悠久历史，也证实了南宋端平和明代弘治两次重建的史实。

月台

大成殿前的露台也称月台、佾台、拜台，是古代举行祭孔乐舞仪式的地方，也是地方官员、士绅学子在春秋丁祭时顶礼膜拜的场所。一般而言，月台主要有两种：双层月台和单层月台，地方文庙多为单层月台。“台基是全部建筑的基础，也是中国建筑中一个特征。”③ 大成殿月台的台基、台阶、御路丹陛、围栏等，往往是工匠表现自己艺术水平的所在。

常熟文庙大成殿前也有月台，其台基比大成殿的台基稍低。东、西、南三面有围栏式石栏，面南中间有台阶，东西两侧也有对称台阶，沟通东西轴线建筑。宣统元年（1909），诏令祭孔改用八佾，宣统二年（1910），常熟文庙的月台因之拓展增大。

大成殿

文庙中最重要的核心建筑就是大成殿，它是祭祀孔子和四配十二哲的大殿（明嘉靖以来殿内正中供孔子牌位，两侧为四配牌位，东西壁为十二

---

① ［明］杨守阯：《常熟县学重建先圣庙记》，见陈颖主编《常熟儒家碑刻集》，苏州大学出版社2017年版，第93页。

② ［明］杨子器、桑瑜：《（弘治）常熟县志》卷二，广陵书社2016年版，第59页。

③ 梁思成：《清式营造则例》，中国建筑工业出版社1981年版，第33页。

哲牌位）。其台基在文庙中最高，承托着大成殿的所有光辉。唐玄宗开元二十七年（739）下诏追谥孔子为文宣王，祭祀孔子的大殿也被称为“文宣王庙殿”。宋徽宗赵佶到太学谒孔子，下诏将文宣王殿改称“大成殿”。明嘉靖九年（1530），诏大成至圣文宣王易称至圣先师孔子，改大成殿为先师庙，殿门为庙门。大成殿的建筑和装饰风格威仪肃穆，充分表达了对孔子和儒家学说的褒扬、尊崇。

《常熟县儒学志·殿宇志》记述了明代以前常熟文庙大成殿的修建情形：

> 先师庙，在县治南，明伦堂东，子游祠西，凡三间二厦，旧名大成殿，建于宋至和中，端平元年县令王爚改建，开国伯魏了翁撰记。元皇庆壬辰邑人杨麟伯重修，监郡阎复撰记。至大戊申，知州韩居仁重修，槜李唐泳崖撰记。至正二十二年，知州卢镇重修，天台陈基撰记。国朝宣德九年，县丞李子廉重修，大学士杨荣撰记。正统六年，县令郭南重修，教谕赵永言撰记。成化四年，县令甘泽重修，武功伯徐有贞撰记。弘治八年，巡按刘廷瓒重修，邑人李杰撰记。十五年，县令杨子器重修，吏部侍郎杨守阯撰记。嘉靖三十二年，县丞钮纬重修，县令王铁撰记。嗣后，岛夷倡乱，庙宇残毁，三十七年巡按尚维持重修，邑人瞿景淳撰记。

20 世纪 50 年代的常熟文庙大成殿（载《常熟老照片》）

进入清代以后，大成殿又有多次重修。康熙十八年（1679），粮储道刘鼎、知县林象祖重修大成殿；乾隆二十八年（1763），邑人屈成霖、言如泗等重修大成殿，李因培有记；清末，大成殿毁于战火，同治九年（1870）巡抚丁日昌拨款重建。

南宋时的常熟文庙大成殿，文献记载是三间二厦，具体形制不详。明清大成殿形制符合礼制规范：面阔五大间，人字形大屋顶，重檐歇山顶，黄色琉璃瓦，正脊吻兽，飞檐翘角，天花藻井，彩画装饰，额“大成殿”，外设重墀。现常熟文庙大成殿，是原址原制复建。在复建勘探初期，挖掘到青石磉石、太基等构件，由于磉石基本位于原位，因此根据磉石位置确定设计方案，同时也对原有建筑材料进行有效利用，力求大成殿的形制符合历史原貌。

宁静的西轴线学宫区

同地方孔庙基本建筑制度严格规定不同，地方学宫建筑布局和形制有着较大的自由性，多数学宫都有一条南北向的轴线，布置着同“学”有关的建筑，具体来说就是以明伦堂为中心的学署建筑群。这是一个官办教育养士的特殊空间，所有建筑及其配置都服从于学署的功能。虽然建筑形制较为自由，但在历史发展中也形成了基本的建筑单体，主要包括泮池泮桥、斋舍、明伦堂、尊经阁等，前有儒学门和仪门。一般来说，地方官学只有具备这些建筑，才能算是制度完备。此外，学宫区域还有教谕宅、训导宅、会馔堂、库房、仓房等生活保障设施。文庙的各种建筑或环境均具教育性，“不见于宫阙之壮巍乎？道德之崇宏，品行之端严，视此也！不见乎泮水之洋洋乎？文思之流美，性情之渊涵，视此也！而礼门义路，可以肃视履；先贤名贤，可以动歌思；数仞宫墙，可以示范围；翠柏苍松，可以作气骨……”①文庙的各种建筑和空间布局，既是一个整体的祭祀空间，也是一个整体的教育空间。

下面从常熟文庙学宫的建筑实际出发，着重介绍西轴学宫区域的主要

① 转引自王其亨等《风水理论》（第2版），天津大学出版社2007年版，第80页。

单体建筑。

泮池泮桥

泮池是地方官学的标志。《礼记·王制》载："天子曰辟雍，诸侯曰泮宫。"① 天子讲学的地方叫辟雍，诸侯学府称为泮宫。泮宫为后世郡县文庙学宫的前身。春秋时期鲁僖公兴学养士，在泮水（鲁国一河流名）边建学宫，因此称泮宫。各国诸侯纷纷仿效，凿泮池，修泮宫。《白虎通义·辟雍》有言："辟者，璧也，象璧圆以法天；雍者，壅也，壅之以水，象教化流行也。诸侯曰泮宫者，半于天子宫也，明尊卑有差，所化少也。"早先泮池为方形，到明代就按此普遍改为半圆：诸侯泮宫的东西南三面围以池水，形如半璧，呈半圆状，取玉璧之半之意。一说"诸侯不得观四方，故缺东以南，半天子之学，故曰泮宫"②。泮池上架设的拱桥称为"泮桥"，相传古时科举状元才有资格通过，因此得名"状元桥"。

常熟文庙的泮池位于西轴线学宫门之后，属学宫建筑部分。据明初赵永言《重修常熟县儒学之记》载，常熟文庙泮池始建于宋庆历年间，"学内外二门，中凿为泮，伐石为梁，而架之以木"③。《常熟县儒学志·殿宇志》："泮池，在礼门前，形如半月，上建石梁，池之左旁即祭器库门，由此入大成殿，右旁即训导宅。"元明清三朝皆有修葺。

旧时常熟文庙泮池、泮桥（载《常熟市实验小学志》）

① 《礼记》，崔高维校点，辽宁教育出版社 2000 年版，第 42 页。

② 转引自顾明远主编《教育大辞典》（第 8 卷），上海教育出版社 1991 年版，第 23 页。

③ ［明］赵永言：《重修常熟县儒学之记》，见陈颖主编《常熟儒学碑刻集》，苏州大学出版社 2017 年版，第 57 页。

明正统初始筑石堤，泮池之桥易木以石，教谕赵永言有《重修泮池记》；明成化二年（1466），知县甘泽修庙学，“架泮池之桥”，徐有贞撰《直隶苏州府常熟县儒学兴修记》。据史料记载，桥西侧拱枕石上镌刻“贯道”二字。文庙泮池和泮桥的位置，有在棂星门和大成门之间的，也有在万仞宫墙和棂星门之间的，常熟文庙中则在“学”的轴线上，是进入学门后首先见到的建筑，且始建后位置始终未变。1982 年 11 月 17 日，常熟文庙中的泮池和泮桥被列为县级文物保护单位。

斋舍

斋舍也称学斋，是生员学习和生活的地方，它伴随着文庙创建、发展而建而调整。斋舍一般在明伦堂周围，均以儒学命名，同明伦堂组合构成讲学论道的教育空间。

据史料记载，常熟文庙在绍熙年间立有九斋，即崇德、时习、好谋、朋来、利仁、隆礼、育英、守卓、隆德，后改四斋，曰尚志、尚德、尚贤、尚文。王爚重建庙学，则设六斋，曰志道、据德、依仁、游艺（以上俱以馆士）、稽古（贮祭器、祭服、官书）、象贤（教言氏子孙）。设立象贤斋，是为了聚言子家族子弟，县给赡养而教。袁甫撰《常熟县教育言子诸孙记》，认为这是知礼复礼之举，“言氏子孙藏修其间者，又能夙夜服习，则礼之兴也”，且“于国祚亦有关焉”①。王爚建立六斋，完善了常熟庙学布局。后世重视学斋的建设，可谓随圮随修，地方文献中均有记载。明弘治年间重建文庙形成定制，《（弘治）常熟县志》记为：志道斋，在明伦堂之东偏，据德斋，在明伦堂之西偏。万历年间《常熟县儒学志·殿宇志》记曰：博文斋，在明伦堂之东偏，凡三间，左右号舍共十间，训导居之，为诸生肄业之所；约礼斋，在明伦堂之西偏，凡三间，左右号舍共十间，万历二十四年毁，二十五年县令何节重建。万历年间许成器又修学斋，东斋

---

① ［宋］袁甫：《常熟县教育言子诸孙记》，见陈颖主编《常熟儒学碑刻集》，苏州大学出版社 2017 年版，第 17 页。

曰博文，西斋曰约礼。清末据《重修常昭合志》，文庙仍是两斋，东斋曰博文（旧名志道），西斋曰约礼（旧名据德），各斋八间，训导居之，为诸生肄业之所。

明伦堂

明伦堂是地方文庙中学宫的主要建筑，是讲学的场所，也是孔庙作为学校的佐证。“明伦”出自《孟子 · 滕文公上》：“夏曰校，殷曰序，周曰庠，学则三代共之，皆所以明人伦也。”① “明”就是知晓或明白的意思，“伦”就是做人和明事理的准则，“明伦”即教人知晓做人的道理和明白事理，这是古代儒家学派的基本教育理念。按照文庙规制，古代明伦堂有面阔七间、五间、三间不等，县学的明伦堂一般为三间，建筑式样为单檐，硬山顶或悬山顶。

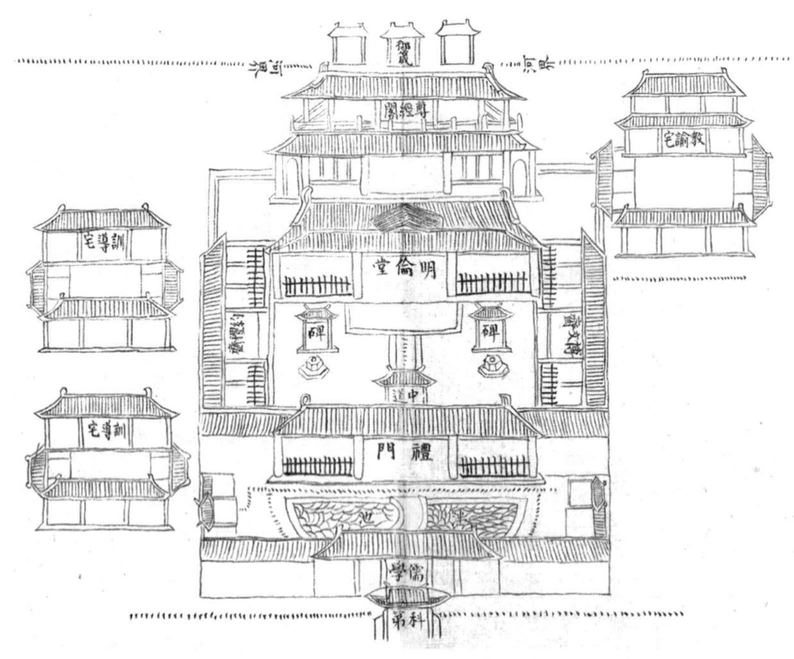

明万历年间常熟文庙明伦堂图（载《常熟县儒学志》）

① ［宋］朱熹：《四书章句集注》，浙江古籍出版社 2013 年版，第 200 页。

常熟文庙明伦堂位于西轴线中间，堂前有抱轩，左右有学宫井两座、碑亭两座，门前左右还有石鼓，显得庄重厚实。三个大开间，悬山顶，屋架梁枋之间设一斗六升斗拱。《(弘治) 常熟县志》记："明伦堂，凡三间，前有抱轩。淳熙中县令曾桑始名讲堂为进学，绍兴中县令叶知几更为明伦堂，至国朝宣德间置卧碑于壁间，以明监戒，左列御史彭勖《教官箴》。"① 堂额为朱熹亲笔。《（万历）常熟县私志》记："左列碑六，右列碑八。左南面，为教谕题名扁，右南面，为训导题名扁。左旁进士乡举题名扁，右旁岁贡题名扁，中额'天开文运'，轩额'大明中天'。左列大鼓，右列大钟，东西号舍，中设二斋，曰志道、据德，今更博文、约礼。其约礼斋一带，万历二十四年毁，二十五年，令何节建，教谕许成器撰记。庭下，碑亭二，井亭二（亭废井存），中树塞门，其中门旧名进贤楼，今更礼门，成化中甘泽建，内外列碑十五。其前为泮池，跨梁其上，池前为学门，榜曰'儒学'。前有科第坊，成化五年立。对河屏墙一带，万历二十一年，上舍徐育德让地筑墙，许成器撰记。"② 具体记载了常熟文庙明伦堂的整体面貌和空间位置，这里的明伦堂是一组与教育有关建筑的总称。民国初年的明伦堂，正中悬挂朱熹书"明伦堂"匾，四周所悬为前清状元、榜眼、探花等所题的匾额。堂有大柱八根，四柱嵌入墙内，四柱直立堂中，墙壁嵌有碑石。

1919 年常熟文庙明伦堂（载《常熟市实验小学志》）

① ［明］杨子器、桑瑜：《（弘治）常熟县志》卷二，广陵书社 2016 年版，第 4 页。
② ［明］姚宗仪：《（万历）常熟县私志》第五卷《叙学》，广陵书社 2016 年版。

尊经阁

尊经阁即藏书楼，是古代学宫建制的重要组成部分，是储藏“六经”、御制诸书及百家子史，供儒家子弟阅读的地方。全国文庙最早的尊经阁，是元延祐二年（1315）常州路总教史埙在学校建立的，用于贮藏图书。此后元政府诏令天下学校都要建立尊经阁以贮书。王阳明在著名的《稽山书院尊经阁记》中，说明了尊经阁收藏“六经”等儒家典籍对于读书士子的意义，认为儒家经典是治国修身的圭臬。尊经阁建筑一般为二至三层，是文庙除大成殿之外的另一个醒目的建筑。

常熟文庙尊经阁在西轴线明伦堂后，凡三间二厦，重檐，高五丈。初建于明正统六年（1441），时任教谕赵永言向县丞陈澄建议说：“郡庠旧有六经阁，吴庠近建藏书楼。本学曩承太祖高皇帝颁降《大明律》等书，暨太宗文皇帝五经四书大全等集，俱置庑下。地土卑湿，塺雨蒸浥，倘得楼阁以藏，庶尽其宜。”此建议得到县丞陈澄赞同，于是“撤堂后寝屋，捐俸为倡，复劝邑人佽助钱米，鸠匠市材，建阁五间二夹室，名曰尊经之阁。时县令郭南公出而归，因出俸米，完其未备”①。吴讷有《常熟县儒学新建尊经阁之记》，原碑立于尊经阁，现存尊经阁西首。尊经阁上下两层，下层北颜曰“端本澄源”，正统十年（1445）教谕王端题，面南颜曰“南华堂”，教谕李维柱题，内列碑一座。“南华堂”之名，取自朱熹《吴公祠记》。清陈祖范有言：“今尊经阁为学宫通名，而南华堂则缘乎言子，他处不得而冒，以有朱子之言也。夫所谓南方得其精华者，盖亦惟经学是谓。”②万历三十八年（1610），知县杨涟捐俸重修，顾宪成、李维桢有记。清康熙五年（1666），海防同知鲁超再次重修，自撰记曰：“（万历间）去今六十余

① ［明］吴讷：《常熟县儒学新建尊经阁之记》，见陈颖主编《常熟儒学碑刻集》，苏州大学出版社2017年版，第59页。

② ［清］陈祖范：《重修尊经阁记》，见陈颖主编《常熟儒学碑刻集》，苏州大学出版社2017年版，第209页。

年，栋桡梁折，几成榛莽。简册之仅存者，尽在风啮雨蠹中。览者增叹。”①于是他与同僚捐俸葺之，阅岁告成。清乾隆十七年（1752），邑人钱飞鹏出资重修，陈祖范撰记曰：“稽旧志，阁有贮书千余卷，岁久残缺，十存五六。阁亦上雨旁风，日就圮坏。师儒弦诵之所，将鞠为园蔬薪刈之场，邦人士共有责焉。”② 清末，尊经阁因战火被毁，后由邑人胡兰枝、钱福棠捐款重建。

御制箴碑亭

唐宋以后，朝廷把地方文庙作为推行教育教化的重要场所，因此皇帝往往直接下诏到庙，地方官府则刻石立碑在庙。这种御碑在文庙大致有两类。一是上谕学规类，是最高统治者倡导儒学、引导舆论、告诫学子的御制碑文，著名者如明太祖的《禁例十二条》、康熙皇帝的《御制训饬士子文》和嘉庆皇帝的《上谕训斥士子》等，都是为规范庙学生员言行而下的诏，具有国家教育法规和学校教育规则的性质；另一是御制告成类，是国家取得重大战争胜利后，到文庙举行告成礼的御制碑记，如雍正帝以青海平定，遂亲制碑文，勒石太学，这就是《御制平定青海告成太学碑》，要求天下文庙，尽皆摹刻树立。这两类碑刻在常熟文庙中多有存在。

常熟文庙在历史上有座专门保存御制碑刻的箴碑亭，在尊经阁后，隔一小河，共有三座。箴碑亭的中亭列御制敬一箴碑一座。明嘉靖五年（1526），世宗亲自作《敬一箴》，并写成《注程颐视听言动四箴》和《注范浚心箴》。《敬一箴》曰：“人有此心，万理咸具。体而行之，惟德是摅。敬焉一焉，所当先务。匪一弗纯，匪敬弗聚。”国子监许某因此建敬一亭，勒石以藏。嘉靖七年（1528）诏令各地文庙加以镌刻建亭以奉，且刊刻宋程颐的《视听言动四箴》和范浚的《心箴》，诏“天下学校准为定制”，作

---

① ［清］鲁超：《重修常熟县儒学尊经阁记》，见陈颖主编《常熟县儒学碑刻集》，苏州大学出版社 2017 年版，第 181 页。

② ［清］陈祖范：《重修尊经阁记》，见陈颖主编《常熟儒学碑刻集》，苏州大学出版社 2017 年版，第 209 页。

为天下士人的座右铭。箴碑亭的左亭列太祖圣谕碑一座，两旁列世宗注视听箴碑；箴碑亭的右亭列世宗注心箴碑一座，两旁列世宗注言动箴碑。明世宗《敬一箴》、范浚《心箴》、程颐《程子视箴》《程子听箴》《程子言箴》《程子动箴》及世宗注文均见明万历年间《常熟县儒学志》。御制箴碑亭亦被称为“敬一亭”，因其供奉敬一箴碑而得名。《（崇祯）常熟县志》有记：“阁（尊经阁）后敬一亭，凡三座。嘉靖时初建。”① 所指就是御制箴碑亭。敬一亭在地方文庙中多见，一般位于学宫最末端高地之上，成为尊经阁的附属建筑。“敬一”，明嘉靖皇帝注解为：敬者，存其心而不忽；一者，纯乎理而无杂。意思即谨慎专一地奉行圣贤之道及诸经之理，就像玉一样纯洁，不能存在错乱的杂念。文庙建立敬一亭，是表示对孔子儒学崇敬之意，具有特定的文化象征意义。

除以上关于“学”的建筑外，还需要补充的是县学的射圃。“射”是古代儒家教育的六艺之一，常熟县学同样重视射的习练，因此有了邑校习射之圃的建设。邑校射圃原在学西三里许、神隍庙东，宋庆元初知县孙应时辟。明洪武八年（1375），建观德亭。正统初因其地去学甚远，在文庙东购地重建。弘治九年（1496），文庙更盖号舍，又迁其县西北三皇庙旧址。嘉靖中，知县徐濙即学西旧书院更为之，知县王叔杲徙之东城下。万历初，知县留震臣改辟虞山东麓，有堂北向，仍曰“观德”，有坊东向。万历三十五年（1607），知县耿橘拓而新之，葺堂曰“圣智”，顾云程有《圣智堂记》。清顺治年间，观德亭废地并入道署圃，遂移置于文学书院东旧察院基。旋废。

文庙内同“学”相关的还有生活设施建筑。据《（万历）常熟县私志》记载，有学仓、会馔堂、教谕宅、训导宅、学库等，这里不再具体陈说。

① ［明］龚立本：《（崇祯）常熟县志》，凤凰出版社 2021 年版，第 108 页。

肃穆的东轴线两祠区

常熟文庙的东轴建筑群包括前后两大部分，前半部分是言子专祠部分，包括言祠石坊、祠门、仪门、正殿，庭右有神厨门通大成殿；后半部分是崇圣祠，包括崇圣门、崇圣殿，庭右有门通魁星阁。这即是“北有启圣祠，以示追崇；东有言公祠，以表专设”①，它是常熟文庙独有的一条轴线建筑群，其中最为重要者即言子专祠。王爚重建常熟文庙时形制仿苏州郡学的“左庙右学”之制，后言子专祠重建，紧邻其东侧，其后再建崇圣祠，组合后自成轴线，形成了三条轴线并列的格局。这是常熟文庙有别于其他文庙的独特之处。

言子专祠

言子入庙建祠始于宋庆元三年（1197），后多次重建，形制多有变化，至明代成化年间重建形成定制。清末言子专祠的重建情况是：咸丰十年（1860）言祠毁于兵乱，同治十一年（1872），总督曾国藩拨款重建。常熟的言子专祠虽为同治年间重建，但秉着“俾复旧观”的原则，是在被毁原祠的基础上再造的，其用料、建造等皆有根有据，梁架古朴大方，用材硕大，四根金柱系楠木制作，保存着明显的宋元遗风。1984年大修之前，其清末重修的主体建筑基本保存良好。据现有档案记载，当时重修只是更换了西面梁架的一只四椽栿及部分斗拱。可以说，建筑基本体现了同治年重建时的原来形制。

清末言子专祠的形制是：临街石坊后为正门即祠门，同治年间重建。前轩为明正德时县令郭南所建。正殿三间，坐南朝北，面阔9.6米，进深

① ［明］沈应魁：《重修常熟县学记》，见陈颖主编《常熟儒学碑刻集》，苏州大学出版社2017年版，第125页。

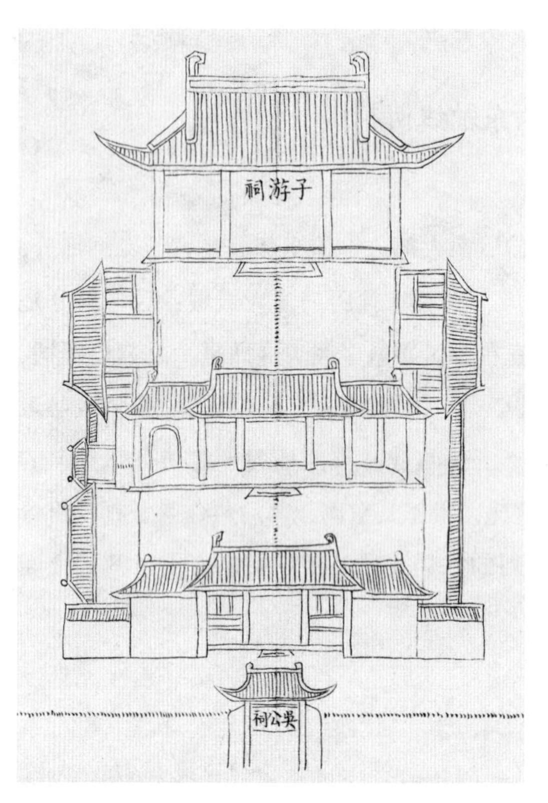

明万历年间常熟文庙言子祠图（载《常熟县儒学志》）

9.7 米，脊高 8.1 米。九架梁八椽栿，单檐歇山顶，呈正方形，屋面举折平缓，翼角起翘，线条饱满，保存宋元形式。言子专祠有独立的祭祀空间，由言子坊—祠门—仪门—正殿组成的空间轴线，独立又完整地营造出庄重的祭祀氛围，整组建筑沿中轴线对称，设立东西两夹室，将西侧紧邻的孔庙及东侧紧邻的民居隔离开来。言子专祠空间布局紧凑、严谨，建筑特征分明，结构合理又具有鲜明的地域特征，是研究江南殿堂建筑的重要实例。

崇圣门

崇圣门是进入崇圣祠的仪门，同时又将崇圣祠区域与言子专祠的礼仪空间分隔开来。崇圣祠旧称启圣祠，是供奉孔子五代先祖的专用祭祀祠。按大明会典，嘉靖九年（1530）皇帝诏天下文庙建立启圣祠，专祀孔子之父叔梁纥，题称启圣公，颜路、曾皙、孔鲤分别为颜回、曾参和子思之父配享。清雍正元年（1723），加封先师孔子五代王爵，并及四配、宋代周程张朱蔡六子之父亲，诏令改启圣祠为“崇圣祠”。常熟文庙于嘉靖初创建启圣祠，含启圣门，邑人陈察有记。启圣门在《常熟县儒学志·殿宇志》中记为“中门”：“中门，即启圣祠之二门，凡三座，颜曰‘启圣祠’，前列碑一座。”启圣门后更名为崇圣门，多次修建。

崇圣祠

崇圣祠是供奉孔子五代先祖的专用祭祀祠堂，一般位于大成殿之北或东北角。设立崇圣祠，是为了教化民众，显示孝道，显亲扬名。北宋大中祥符元年（1008）十一月八日，真宗皇帝驾幸山东曲阜，拜谒孔子和供奉孔子父母的“叔梁纥堂”，命礼官祭奠，并追封孔子父亲叔梁纥为齐国公，母亲颜徵在为鲁国夫人，妻子并官氏为郓国夫人。元至顺元年（1330），文宗加封叔梁纥为启圣王，颜徵在为启圣夫人。封爵级别不断提升，但始终没有祭祀的专祠。直到嘉靖九年（1530）以后，各地文庙奉诏普遍建立启圣祠，雍正二年（1724）又奉诏更名为崇圣祠，供奉孔子先人五代：太祖肇圣王木金父、高祖裕圣王祈父、曾祖诒圣王防叔、祖父昌圣王伯夏、父启圣王叔梁纥。

常熟崇圣祠在文庙东北，即射圃、观德堂旧址。始建于明嘉靖初，陈察撰记：“今上嗣大历服，圣作物睹，一新万几，尤敦三重，博采舆见，爰正吾夫子像，谥尊称先师。又广德心，遍立专祠，祀启圣公，而以孔鲤、颜、曾、孟子及宋程朱三大儒暨蔡季通之父配享。百官六服，丕承德式。”始建过程如下：“淳安徐濙奉行建立，迁秩；平湖冯汝弼承厥乏，拟备祭器，未成而去官。泽州孟颜继至，曰：‘吾事也。’爰相厥成。”其形制是：“其在吾邑者，正位文庙后，鲜原向离，穆清枚实，为楹若干，为工若干，为费若干，主式于礼，神灵其依，笾豆有践，登降有阶，钟鼓有论，燎炬有庭，时谨禋祀，厥成永观。”① 顺治十年（1653），教谕骆士愤建议重修启圣祠，得到知县郭保之支持，同僚及荐绅捐资重修，张懋忠撰记。康熙三十六年（1697），知县陶濮又修，张榕瑞撰记。雍正二年（1724）以后，额曰“崇圣”。乾隆年间又修。嘉庆二十二年（1817），知县刘圭修扩其基址，同治九年（1870）邑人重修。光绪三十二年（1906），升孔子之祀为大

---

① ［明］陈察：《常熟县儒学创建启圣公祠记》，见陈颖主编《常熟儒学碑刻集》，苏州大学出版社 2017 年版，第 119 页。

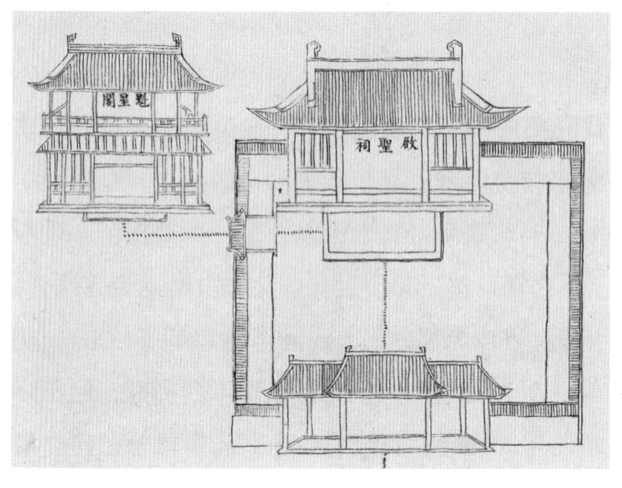

明万历年间常熟文庙启圣祠图(载《常熟县儒学志》)

祀，崇圣祠亦以太牢祀。嗣邑人宗嘉谟、言家鼎，遵定制增建两庑，移五氏神位于中。这是常熟文庙崇圣祠的修建情况，体现了对孔子的尊崇，正如张懋忠所说：“吾夫子迈百王，师万世，后人推尊圣父，与天无极，使地义天经永永炳若日月。”①

精巧的文化小品建筑

除了宫室殿堂、楼阁、门阙以外，文庙还有一类古典建筑，可以统称为建筑小品，包括亭、廊、坛、碑碣、华表等多个品种。这些建筑小品，在文庙建筑群中同样具有环境功能和教育功能。在整体布局中，它不像主要建筑那样有明确规制，在形制上自由灵活，可以作为文庙功能和形象上的补充。一般来说，文庙主要建筑需要符合礼制规范，尤其是祭祀建筑更要显出庄严肃穆，而建筑小品则富有变化，显得活泼灵动。中国古人为学，讲究藏息相辅，张弛有度，主从结合，建筑小品能够体现儒家游息和怡养人性的要求。当然，文庙毕竟是教育和祭祀的圣地，其间的建筑小品必然具有文化意蕴。常熟文庙在历史上也有诸多建筑小品，但在历史行进中多

① ［清］张懋忠：《重修儒学启圣公祠记》，见陈颖主编《常熟儒学碑刻集》，苏州大学出版社2017年版，第177页。

有变化，这里选择数个相对稳定的建筑小品予以介绍。

杏坛

《庄子·渔父篇》曰：“孔子游于缁帷之林，休坐乎杏坛之上。弟子读书，孔子弦歌鼓琴。”① 孔子设教，收弟子三千，授六艺之学，自古以为美谈，后人便将杏坛作为孔子兴教的象征，列入文庙建筑体系。曲阜孔庙最早建立杏坛，后各地文庙多有仿效。明弘治十一年(1498)，知县杨子器重建常熟文庙，建立杏坛，杨守阯撰记：“棂星门如戟门之间，门左有隙地为杏坛。”② 《常熟县儒学志·殿宇志》记“杏坛”：“按旧志在戟门之东，神厨门之外，弘治十一年建，今废。”杏坛位置多有变化，明《（崇祯）常熟县志》记：“杏坛在戟门东南。”③ 从该志所附《黉宫图》中可见，杏坛位置是在东轴线言子专祠的祠门左前。

明代常熟文庙杏坛碑，现存常熟文庙。

观德亭

习射是儒学教育的重要内容，因此文庙一般都会设立射圃。为了同射圃配套，一般都会建立观德亭，其名源自朱熹在《论语集注》中“射以观德”的话。明王守仁有《观德亭记》曰：“君子之于射也，内志正，外体

① 《庄子》，萧无陂导读、注释，岳麓书社 2018 年版，第 308 页。

② ［明］杨守阯：《常熟县学重建先圣庙记》，见陈颖主编《常熟儒学碑刻集》，苏州大学出版社 2017 年版，第 93 页。

③ ［明］龚立本：《（崇祯）常熟县志》，凤凰出版社 2021 年版，第 108 页。

《至圣先师孔子赞并序碑》，此碑原在常熟文庙戟门内。

直，持弓矢审固，而后可以言中。故古者射以观德。德也者，得之于其心也。君子之学，求以得之于其心，故君子之于射以存其心也。”“心端则体正，心敬则容肃，心平则气舒，心专则视审，心通故时而理，心纯故让而恪，心宏故胜而不张、负而不驰。七者备，而君子之德成。”① 常熟文庙的射圃原在学西三里许，其处有观德亭，自宋后约存有四百余年。到明正统初，监察御史彭勖来学视察，到观德亭视射后提出：“圃建于此，学远甚，朔望往复，宁不劳耶？”② 于是在常熟文庙东北购地，重建射圃，并移建观德亭，教谕赵永言撰《学圃记》，并在《重修常熟县儒学之记》中说：知县郭南重修庙学，“于是观颐有堂，学官有居，习射有圃，观德有亭”③。明嘉靖初，知县徐潨在文庙东建崇圣祠，占用射圃和观德亭的土地，射圃和观德亭易地重建，后多有变迁。

东西碑亭

碑亭是文庙中常见的建筑小品，如曲阜孔庙中有15座碑亭。明代常熟文庙在明伦堂前东西各有碑亭一座。东碑亭内列徐有贞撰《直隶苏州府常

① ［明］王阳明：《王阳明全集》（一），中国画报出版社2016年版，第278页。

② ［明］赵永言：《学圃记》，见陈颖主编《常熟儒学碑刻集》，苏州大学出版社2017年版，第292页。

③ ［明］赵永言：《重修常熟县儒学之记》，见陈颖主编《常熟儒学碑刻集》，苏州大学出版社2017年版，第57页。

熟县儒学兴修记》，叙述了成化年间县令甘泽修学经过，并阐发了言子之学之道。西碑亭内列李杰撰《常熟县儒学进士题名记》，下附各科邑士之中式者姓氏履历等。民国初的《重修常昭合志》中还有“墀下有碑亭，左右各一”的记载。明弘治年间，县令杨子器刻天文图和地理图碑，立于大成门前左右，明正德元年（1506），邑令计宗道因图磨灭重刻，立于礼门左右。计宗道在跋中曰：“吏部考功大夫杨先生名父尝令吴之海虞，树碑宣圣庙戟门，左图天文，右图地理，拓者甚众，日就磨灭。予命工重镵之石，用彰

明知县杨子器立《天文图并跋碑》，原在常熟文庙礼门左。

明知县杨子器立《地理图并跋碑》，原在常熟文庙礼门右。

不朽。”① 两图具有较高的文化史和科技史价值。《地理图》是明代全国舆

① ［明］计宗道：《地理图并跋》，见陈颖主编《常熟儒学碑刻集》，苏州大学出版社 2017 年版，第 105 页。

图的代表作，对后世地图绘画影响较大。《天文图》仿照苏州宋代《天文图》，并根据《甘石星经》《巫咸星经》和《宋史·天文志》，修正了苏州宋代《天文图》的一些缺误，在天文学史上具有重要价值。

井亭

常熟儒学明伦堂前有两口水井，均青石正八角井栏。西井上部阔 0.6 米，测深 4.2 米，栏高 0.44 米，孔径 0.32 米，每边等长 0.28 米。井栏镌有“化龙”二字。东井上径阔 0.6 米，测深 4.3 米，栏高 0.45 米，孔径 0.32 米，每边等长 0.27 米。井水清冽，常用不竭。两井上面曾建有井亭两座，后废。在文庙礼制建筑中，水井不仅具有实用功能，而且具有象征意义。所谓“仁者乐山，智者乐水”，洁净的流水也被视为具有荡涤心灵的妙用。常熟文庙两口水井并建以井亭，兼顾象征、观赏、风水、实用等多种功能。因此，《（崇祯）常熟县志》、万历《常熟县儒学志》等均有记载。民国初《重修常昭合志》记曰，东斋曰博文，西斋曰约礼。墀下有碑亭，左右各一，井亭二，清初井存亭废。①明伦堂前的水井，在历史上也被称为“县学井”或“学宫井”。

南宋常熟学宫井图，现存常熟文庙。

奎文阁

文庙大多建有魁星楼或文昌阁或奎文阁，表达祈求积聚文风的愿望，常熟文庙同样建有奎文阁。奎文冠阁名，是依据古书所记“奎星”而来。奎，星宿名，“奎星屈曲相钩，似文字之画”，因此古人认为它主文运和文

① 《重修常昭合志》，常熟市地方志编纂委员会办公室点校，凤凰出版社 2021 年版，第 305 页。

章。在学子心目中，魁星具有至高无上的地位。据《常熟县儒学志·殿宇志》记，“（启圣祠）庭右有门通魁星阁”。又记，奎文阁在启圣祠右，上下凡六楹，与祠相并，由祠之庭右一门入其地即旧学仓。明嘉靖间教谕松溪真学改为阁，上设魁星像，下列碑一座。万历间知县杨涟重修，教谕李维柱改匾曰“聚奎阁”，下列碑一座。《（万历）常熟县私志》亦有记载。《重修常昭合志》有记：“（道光）二十七年，邑人曹秉钧等再市民地增拓宫墙，其东建文星阁。”① 松溪真学为建阁撰有《奎文阁题名记》，强调其兴建是官民自发捐资而成，“尚冀发科者续之于后，以赡厥祀，俟修厥敝，庶妥圣裕文以无穷也”②。松溪真学还在题记中从堪舆学角度说明，在文庙东北方向建阁，能够塞虚蔽风，起到圣庙护背、文运亨通的聚奎之效。

玉带河

在常熟文庙尊经阁后，有一条小溪，名玉带河，向东流过崇圣祠，再注入琴川河。此小溪河水清澈，把尊经阁与御碑亭分开，溪上有小桥，是学子休闲、读书的好地方。历史上，文庙多次整修玉带河一带，河后不远处是围墙，外与周神庙弄为界，东侧也有围墙，墙外有弄，宽约 2 米，与民房相邻，称“火弄”，以备火灾之用。

除以上建筑小品外，常熟文庙还有一些富有特色的小品，同教谕、训导斋舍结合。如“三友堂”，陈纶撰《三友堂记》，此碑树于礼门外训导斋内；如“留竹堂”，邓韨撰《留竹堂记》，此碑树于教谕宅内；如“双桂堂”，周光宙有《双桂堂记》，此碑树于训导宅内。③ 这些建筑小品成为庙学教谕、训导人格的表征，同样具有教育启示作用。

---

① 《重修常昭合志》，常熟市地方志编纂委员会办公室点校，凤凰出版社 2021 年版，第 304 页。

② ［明］松溪真学：《奎文阁题名记》，见陈颖主编《常熟儒学碑刻集》，苏州大学出版社 2017 年版，第 300 页。

③ 见明龚立本编次《（崇祯）常熟县志》：“（教谕）陈德者，植竹于堂，曰‘留竹堂’，训导白煌葺‘双桂堂’，（训导）陈伦建‘三友堂’，俱有声嘉靖中。”（陈伦即陈纶）凤凰出版社 2021 年版，第 175 页。

完美融合的建筑与环境

文庙通过具有浓厚礼法象征意味的空间营造，实现政治、文化、社会、宗教的全方位功能整合，通过空间带动仪规，借助仪规形成体验，达到教育教化的作用。其教育教化性，不仅表现在空间布局、建筑形制方面，还表现在自然环境和人文环境的融合方面。

建筑与道路组织

道路组织建构环境框架。文庙东、中、西三个区域分别有庙门、祠门和学门作为由南向北的正门，入门以后沿轴线次第进入各进建筑，内部少用横向道路，三个区域通过中门沟通。在三条轴线纵向道路中，庙区“神路”最为宽阔，中广一丈五尺，左右各广一丈二尺，相对而言，另外两条纵向道路较窄。入口本应辟为文庙正门，因古代礼俗约定，无论何地文庙都应由当地当朝状元祭孔后方可修建正门，因此正门所在位置只能由万仞宫墙取代。围绕官学标志的泮池，又衍生出相关礼仪线路。依明清旧制，士子若乡试中举则要举行绕池一周的仪式，追念先师孔子，同时为之后的贡试、殿试祈福；若高中状元，则有资格从中央泮桥上跨池“入泮”，而旁人则只能绕池而过，此与棂星门“状元不出，正门不开”的讲究一致。此外，棂星门后大成门也由正门与侧门构成，平日只开侧门，只有在祭孔时正门方启。这些道路组织均与建筑的中正、尊卑思想契合。神路铺装一般使用青砖，但不同部位的铺法等级不同。中轴道路与两侧场地铺法均有不同，道路为“席纹”铺设，场地为“一”字平铺。道路变化又是与主体建筑的规格等级相协调的。

常熟文庙宋代地坪呈现图

常熟文庙明代地坪呈现图

建筑与碑刻配置

常熟文庙除建有御制箴碑亭、东西碑亭外，还有大量碑刻散落在各建筑周围或内部，它们作为环境因素与相关建筑融合一体。这些碑刻大致分为两类：一是叙述建筑的相关事迹，保留建筑沿革的历史信息；二是阐发建筑的思想意义，加重建筑的文化意义。因此，特定碑刻也就成为对应建筑文化的组成部分，共同组成了特定的文化传播空间。这里以明万历《常熟县儒学志》所记碑刻为例，以见碑刻与建筑的融合。明伦堂是文庙教育的重要场所，也是碑刻树立较为集中的场所。首先就是卧碑，为彭勖的教官箴，其左列碑六座，其右列碑八座；左面南一匾为教谕题名，右面南一匾为训导题名；左旁面西匾为进士乡举题名，右旁面东匾为岁贡题名。轩下有五匾，面南者曰“天开文运”，面西者曰“会元”曰“榜眼”，面东者曰“解元”曰“经魁”。这些碑刻都与明伦堂功能相关，成为明伦堂建筑的延伸部分。此外，会馔堂有明黄体勤撰《重建会馔堂记》碑；戟门前后列碑十座，多为重修庙学碑记；言子专祠内列碑三座，为修建言祠记碑，右列碑一座，即傅著《子游像赞并序》碑，左列碑两座，即张洪《学道书院记》和李贤《重修吴公祠堂记》碑；启圣祠二门，列碑一座，即陈察《初建启圣公祠记》碑；言子专祠二门，前后列碑四座；尊经阁南华堂，内列碑一座；奎文阁，下列碑一座，即松溪真学《奎文阁题名记》碑；教谕宅内有碑一座，训导宅内有碑两座。以上碑刻与建筑融合，或内或外，或左或右，或前或后，相得益彰。

建筑与题额楹联

题额楹联是各地文庙建筑的重要组成部分，它在形式上具有装饰性，在内容上呈现点睛性。楹联和匾额一般均由名人撰题。汉代以后，历代王朝尊儒重教，这就有了皇帝亲自为文庙题额的传统。清末常熟文庙大成殿中悬清代帝王的九块匾额和两副对联。其所题匾额如下：清圣祖康熙御书“万世师表”（1702 年），出自元成宗语，大德十一年（1307）成宗加封孔子“大成至圣文宣王”，诏书中有“师表万世”语，盛赞孔子教化，可永为人师的表率；世宗雍正御书“生民未有”（1723 年），《孟子》有语：“自有生民以来，未有孔子也。”① 强调孔子的影响前无古人，超越前贤；高宗乾隆御书“与天地参”（1738 年），《中庸》有言：“立天下之大本，知天地之化育。”② 强调孔子的精神与天地并立；仁宗嘉庆御书“圣集大成”（1796 年），《孟子》曰：“集大成也者，金声而玉振之也。金声也者，始条理也；玉振之也者，终条理也。始条理者，智之事也；终条理者，圣之事也。”③ 强调孔子是一位集前代成就于一身的圣人；宣宗道光御书“圣协时中”（1821），《孟子》有语：“伯夷，圣之清者也；伊尹，圣之任者也；柳下惠，圣之和者也；孔子，圣之时者也。”④ 赞美孔子是最合时宜的人；文宗咸丰御书“德齐帱载”（1851 年），肯定孔子之德如天地覆载、与天地并列；穆宗同治御书“圣神天纵”（1862 年），强调孔子成为圣人是“天”造成的，即“天纵之将圣也，又多能也”；德宗光绪御书“斯文在兹”（1875 年），《论语》曰：“文王既没，文不在兹乎？天之将丧斯文也，后死者不得与于

---

① ［宋］朱熹：《四书章句集注》，浙江古籍出版社 2013 年版，第 183 页。
② ［宋］朱熹：《四书章句集注》，浙江古籍出版社 2013 年版，第 32 页。
③ ［宋］朱熹：《四书章句集注》，浙江古籍出版社 2013 年版，第 246 页。
④ ［宋］朱熹：《四书章句集注》，浙江古籍出版社 2013 年版，第 245-246 页。

斯文也。”① 强调我国人文精神由孔子发扬光大；宣统御书“中和位育”（1909年），称颂孔子的中庸之道。② 此外，在言子专祠中，悬挂着两块皇帝专为言子所撰的题额，一是圣祖康熙四十四年（1705）南巡，御书“文开吴会”额，一是高宗乾隆十六年（1751）南巡，御书“道启东南”额，这是对言子历史贡献的充分肯定。

建筑与植物配置

文庙是传播儒学的场所，绿色植物直接体现着儒家的比德观念，也体现着文庙建筑与环境的融合。常熟文庙屡有植树的文献记载，如咸丰十年（1860），文庙大部分毁于兵乱，同治九年（1870）以后重建，主要款项来自邑人所捐，但修复工程完成后，还是“浚玉带河，出瓦砾，种树木”③。从历史记载看，常熟文庙的绿植以松柏为主，取其四季常青之意。到民国年间，文庙内尚存古银杏8株，枝茂叶盛，诉说着历史沧桑和文庙盛衰。其碑记《双桂堂记》《留竹堂记》同样显示着教谕、训导的高洁文化品格。陈纶《三友堂记》记训导斋植松、梅、竹，说这是“效古人托物自规之意，爰择万卉之中而得三友焉。于松，吾取其贞且劲也；于竹，吾取其贞且洁也；

常熟文庙400年以上树龄的银杏树

① ［宋］朱熹：《四书章句集注》，浙江古籍出版社2013年版，第87页。

② 大成殿还有“道洽大同”匾额，出自民国大总统黎元洪之手。民国六年（1917），教育总长范源濂将北京孔庙中清代所有皇帝的匾取下移交当时的历史博物馆，改悬“道洽大同”匾。1984年又全部重新挂上。

③ 《重修常昭合志》，常熟市地方志编纂委员会办公室点校，凤凰出版社2021年版，第304页。

于梅，吾取其贞且芳也”，他还认为“天下之物，有玄理焉，览之可以怡畅至情，感之可以聿修懿行。此堂成而植三友于庭之意也”①。可惜的是，常熟文庙的绿植没有留下完整的资料，后又在特定年代遭到毁灭性破坏，所以无法在此具体描述。

建筑与外表颜色

文庙墙面或屋顶多用红色和黄色，最有特色的就是建筑物上覆黄瓦，周边红墙。传统建筑按照周易及阴阳五行之道来修建，故有上栋下宇、红砖黄瓦的风格。上栋下宇，为“大壮”卦象，上震下乾，雷鸣于天，四阳两阴，阳气盛壮，万物生长，蒸蒸日上，意为四阳盛壮，积极有所作为。红色黄色，为五行相生之象，即赤火与黄土相生。钦定的《白虎通义·德论》里，在五行关系中特别突出了“土居中央”的地位：“木非土不生，火非土不荣，金非土不成，水非土不高。”封建统治者认为中国居“天下之中”，正与土德相应，黄色居五行之中位，象征吉祥尊贵、至高无上，所以视黄色为中央之色、帝王之色。在周易中，黄色象征中土，得“中”则称为吉，这种思想贯穿周易之中。这种建筑装饰颜色与建筑形制完全相融相适，共同体现了儒家的中正、中位、尊卑思想，达到了建筑和环境在内在精神上的和谐。

① ［明］陈纶：《三友堂记》，见陈颖主编《常熟儒学碑刻集》，苏州大学出版社 2017 年版，第 307 页。

肆

常熟文庙的丁祭礼制

丁祭的对象和位次

丁祭的祝文和祭品

丁祭的主祭和程序

丁祭的乐舞

“凡治人之道，莫急于礼。礼有五经，莫重于祭。”① 重视祭祀是中华文明的重要部分，体现了天人合一的思想。文庙之建，最初即是奉祀孔子，大成殿是供奉和祭祀孔子的主要空间。文庙在历史发展中形成了多种祭祀礼仪制度，其中最重要也是最基本的是丁祭，即每年春秋二祭孔子，均在仲月上丁，这是中华民族为崇敬和怀念先师孔子及历代圣哲贤儒而举行的隆重祀典。在中国传统社会里，祭孔子与祭天地、祭太庙、祭社稷等同，均被称为“国之大典”②。文庙祭孔，是文庙社会功能的主要内容，是中国传统文化的组成部分。

常熟文庙始建就奉祀孔子，后来庙学合一，把尊师重教的祭孔与科举养士的教育融合起来，在地方发展中成为一个具有标志性的文化教育中心。而文庙的春秋丁祭，历经千年而始终不辍，一直延续到民国时期。我们通过历史上常熟文庙丁祭仪礼的考察，可以更好地了解常熟尊师重教的历史传统，了解常熟文化传承的历史经验。

---

① 《礼记》，崔高维校点，辽宁教育出版社 2000 年版，第 165 页。

② 《旧唐书·职官志》称：“凡祭祀之名有四：一曰祀天神，二曰祭地祇，三曰享人鬼，四曰释奠于先圣先师。”中华书局 1975 年版，第 1831 页。

丁祭的对象和位次

"凡始立学者，必释奠于先圣先师，及行事，必以币。"① 这是学校祭祀孔子的渊源，体现了中华文明尊师重教的传统。晚年的汉高祖刘邦，于在位最后一年（公元前 195 年）路过鲁国故地曲阜时，"以太牢祠焉"②，开国君祭祀孔子之先河。东汉光武帝五年（29），皇帝遣官祭孔，史曰："幸鲁，使大司空祠孔子。"③ 阙里孔子之祀始被纳入国家管理体系。明帝永平二年（59），"郡、县、道行乡饮酒于学校，皆祀圣师周公、孔子，牲以犬"④。这是在阙里家庙外祭孔的最早记录。魏晋南北朝时期，孔子之祀纳入太学。北齐制春秋二仲释奠于先圣，这是丁祭的雏形；隋制国子寺每岁以四仲月释奠，州县学则以春秋二仲月释奠，此丁祭之始；唐玄宗开元二十八年（740），诏祭以春秋二仲月上丁。"祭时用仲者，以四时之正也。日用丁者，取阴火文明之象也。或谓以丁居戊己之前，圣人功侔于天，宜先地以行礼，故于丁日祭先师，戊日祭山川，己日祭社稷。"⑤ 祭祀是"教之本"，推动各地庙学春秋仲月丁祭，就是发挥祭祀的教育教化功能。文庙祭祀孔子，延续到民国时期。1914 年 8 月，民国政府颁发了《民国礼制》多种，"祀孔典礼"为其中之一，规定"夏历春秋两丁为祀孔日，

先圣孔子真像(载《常熟县儒学志》)

---

① 《礼记》，崔高维校点，辽宁教育出版社 2000 年版，第 7 页。
② ［西汉］司马迁：《史记·孔子世家》，中华书局 1982 年版，第 1946 页。
③ ［南朝宋］范晔：《后汉书·光武帝纪上》，中华书局 1973 年版，第 40 页。
④ ［南朝宋］范晔：《后汉书·礼仪志上》，中华书局 1973 年版，第 3108 页。
⑤ ［明］姚宗仪：《（万历）常熟县私志》卷五《叙学》，广陵书社 2016 年版。

从大祀”。

《常熟县儒学志》明确文庙的祭期是：“每岁春秋二仲月上丁行礼，启圣祠同”，子游祠、名宦祠、乡贤祠“俱下丁行礼”，“按其月用仲，时之正也，其日用丁，丁为阴火文明之象也”。这是常熟文庙每年春秋仲月举行丁祭的日期和时辰。常熟文庙春秋丁祭在历史上赓续不辍①。资料显示，民国三年（1914）全国恢复礼孔。民国肇始遵用阳历，惟祭祀孔子乃因袭历代之旧典，议以阴历春秋两丁为祀孔之日，仍崇大祀，其礼节、祭冠、祭服、祭品，当与祀天一律。常熟文庙遵照执行，仍行每年春秋仲月上丁祭祀孔子大礼。② 民国二十六年（1937），日军屡次轰炸常熟，文庙中弹，弹坑深丈许，建筑受破坏，当年秋天丁祭无法举行，但在战事西移的第二年，常熟文庙即克服种种困难，恢复文庙丁祭，③ 并在抗战艰难岁月中苦苦坚持。

春秋丁祭有着严格的整套礼仪制度。“（洪武）十五年，新建太学成……遣官致祭。帝既亲诣释奠，又诏天下通祀孔子，并颁释奠仪注……十七年敕每月朔望，祭酒以下行释菜礼，郡县长以下诣学行香。”丁祭首要的礼制是祭祀对象即神位，“天下文庙，惟论传道，以列位次”④。文庙祭祀对象众多，如先圣、先师、先贤、名宦、乡贤等。这些对象的选择，体现着某种价值取向。如先圣、先师，是指“制作礼乐以教后世者”及“承先圣之所作以教于大学者”⑤，先贤先儒，则是历代在儒学理论创发和弘扬方面做出重大贡献者，而文庙其他祭祀对象，则是由于他们身上凝聚、体现了儒家的伦常品质。进入文庙祭祀的对象，无论是圣人还是贤者，都已经

---

① 常熟史志屡有举行丁祭的记载。如陈三恪编《海虞别乘》载：“（万历）三十七年己酉，杨公涟为邑令时，仲秋丁祭，殿西鸱吻上，腾异光丈许，其色青红。次年，钱公谦益以探花及第。”上海科学技术文献出版社 2018 年版，第 48 页。

② 见《常熟文庙丁祭沿革记略》，常熟博物馆藏本。

③ 《常熟文庙丁祭沿革记略》有记：民国二十七年七月，苏省令饬各县恢复本届秋季丁祭，决定于十月二日（即阴历八月初九日）举行祀孔，由我邑组织礼孔筹备会共同讨论，当经议决祭孔，演祭先一日下午二时，正祭十月二日上午六时。议决牲宰暂照省文庙祀礼规定，牛一羊一豕一，其香烛祭品制帛等项，参照民国十六年春仲丁祭敬谨先期备办。

④ ［清］张廷玉等：《明史·礼志四》，中华书局 1974 版，第 1296-1297 页。

⑤ ［清］孙希旦：《礼记集解》，中华书局 1989 年版，第 560 页。

成为道德的载体，道统的象征。

文庙祭祀中的神位有明确规定性，各地文庙祭祀对象选择遵循礼制规定。《常熟县儒学志》中的《神位志》序说：“要皆有意义，弗可紊也。”“莫不以次排比，无相夺伦，真足垂宪万世哉。”① 文庙丁祭对象由朝廷规定，而朝廷的规定逐步完善，所以常熟文庙祭祀对象前后有变化。这里以明万历间《常熟县儒学志》所记为基础，兼及前后变化和来龙去脉的交代。

大成殿的神位次

大成殿是文庙中祭祀孔子和四配十二哲的大殿。其神位次序排列是“巍然素王，南面屹立，配以十哲，七十子列两庑，而诸儒从焉”②。万历年间《常熟县儒学志》所记的大成殿祭祀的神位次序是：

> 正位是至圣先师孔子位，面南居中；
>
> 东配复圣颜子（名回，字子渊）位、述圣子思子（名伋，字子思）位；
>
> 西配宗圣曾子（名参，字子舆）位、亚圣孟子（名轲，字子舆）位；
>
> 东哲先贤闵子（名损，字子骞）位、先贤冉子（名雍，字仲弓）位、先贤端木子（名赐，字子贡）位、先贤仲子（名由，字子路）位、先贤卜子（名商，字子夏）位；
>
> 西哲先贤冉子（名耕，字伯牛）位、先贤宰子（名予，字子我）位、先贤冉子（名求，字子有）位、先贤言子（名偃，字子游）位、先贤颛孙子（名师，字子张）位。③

---

① 在神位对象的称呼上，孔子为“至圣”，其下分为四个层次：领圣字衔，如亚圣孟轲；领哲字衔，如十哲；领贤字衔，十哲以下，凡及门弟子皆称先贤某子；领儒字衔，凡非及门弟子，均冠此衔。

② ［明］沈应魁：《重修常熟县学记》，见陈颖主编《常熟儒学碑刻集》，苏州大学出版社2017年版，第125页。

③ 明嘉靖九年（1530），厘正祀典。四配为复圣颜子，宗圣曾子，述圣子思子，亚圣孟子。十哲以下，称先贤某子，左丘明以下，称先儒某子。制木为主，撤塑像。府、州、县俱重壁掩像。见《（万历）常熟县私志》卷五《叙学》，广陵书社2016年版。

从鲁哀公称孔子为尼父起，历代统治者不断为其加封。嘉靖元年（1522），采纳学士张璁建议，朝廷正式明确“圣号称至圣先师，不称王，称庙不称殿，用木主，废塑像”① 的规范。嘉靖九年（1530）定孔子木牌位，高二尺三寸七分，阔四寸，厚七分；座子长四寸，厚三寸四分。朱地贴金字。四配木主牌位，高一尺五寸，阔三寸二分；座子高二寸八分，长四寸，厚三寸二分。赤地写墨字。十哲、七十二贤牌位，高一尺四寸，阔二寸六分；座子高二寸六分，长四寸，厚二寸。赤地写墨字。根据以上诏令，常熟文庙由教谕李维柱经手，发壁撤像，葬虞仲冈头，并制木为主。②

康熙御制《四配赞碑》，此碑原在常熟文庙戟门内。

在文庙祭祀等级中仅次于孔子的四位配享者，被称为四配。颜回于三国时获得了配享地位；第二位进入配祀的是曾参，唐总章元年（668），赠颜回太子少师，赠曾参太子少保，同列配享；南宋咸淳三年（1267），封孔伋为沂国公，尊称为子思子，升为配享。宋元丰七年（1084），诏封孟轲为邹国公，配祀于孔庙。金大定十四年（1174），诏准邹国公孟轲塑像于孔子像右侧，和左侧颜回一起配祀。元延祐三年（1316），御史中丞赵世延上言朝廷，明确全国文庙以四配祀于大成殿。

① ［明］查继佐：《罪惟录》，浙江古籍出版社 1986 年版，第 667 页。

② 见《重修常昭合志》卷九《学校志》，常熟市地方志编纂委员会办公室点校，凤凰出版社 2021 年版，第 302 页。

至顺元年（1330），四人都加封为“公”。明嘉靖九年（1530），取消四配封号，改称复圣颜子、宗圣曾子、述圣子思子、亚圣孟子。在配祀方位上，颜回和孔伋居孔子东（左面），曾参和孟轲居孔子西（右面）。或分列左右，或东西相对，这多由大成殿的空间条件而定。这是文庙从祀的第一等级。

作为文庙中从祀的第二等级即十二哲，其人选最早来自孔门四科十哲。唐开元八年（720），朝廷同意以四科弟子从祀孔子，因为颜回已经升为配享，所以就补充了曾参，确立了文庙十哲从祀。南宋度宗诏以四配后，因曾参升为四配，即增补颛孙师列入十哲。从此，直到清康熙年间，十哲从祀名单和位置始终未变。康清熙五十一年（1712），增补宋朱熹祀孔子（这是唯一不是与孔子同时代的人而升为哲的），清乾隆三年（1738），升有子位居朱熹之上。至此，配享祭祀的十二哲固定于文庙大成殿。据民国《常熟文庙丁祭沿革记略》所记，民国丁祭时常熟文庙大成殿祀位图是：正位，至圣先师孔子；东配，复圣颜子位、述圣子思子位，西配，宗圣曾子位、亚圣孟子位，东哲，闵子位、冉子位、端木子位、仲子位、卜子位、有子位，西哲，冉子位、宰子位、冉子位、言子位、颛孙子位、朱子位。

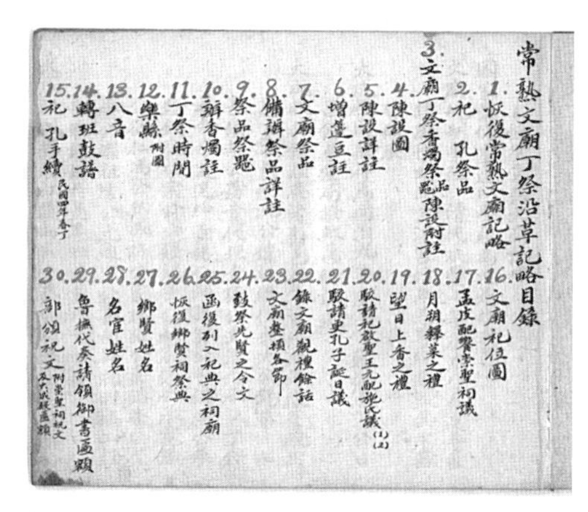

常熟文廟丁祭沿革記略目錄
1. 恢復常熟文廟記略
2. 祀孔祭品
3. 文廟丁祭香燭祭品籩陳設附註
4. 陳設圖
5. 陳設詳註
6. 增籩豆註
7. 文廟祭品
8. 備辦祭品詳註
9. 祭品祭籩
10. 辦香燭註
11. 丁祭時間
12. 樂縣 附圖
13. 八音
14. 轉班鼓譜
15. 祀孔手續 民國四年秋丁
16. 文廟祀位圖
17. 孟皮配饗崇聖祠議
18. 月朔釋菜之禮
19. 望日上香之禮
20. 駁請祀啟聖王元配施氏議 (1)(2)
21. 駁請吏孔子誕日議
22. 錄文廟觀禮餘話
23. 文廟整頓各節
24. 致祭先賢之令文
25. 函復列入祀典之祠廟
26. 恢復鄉賢祠祭典
27. 鄉賢姓名
28. 名宦姓名
29. 魯撫代奏請頒御書匾額
30. 郡縣祝文 附崇聖祠祝文 及大成殿匾額

民国时期《常熟文庙丁祭沿革记略》目录（常熟博物馆藏本）

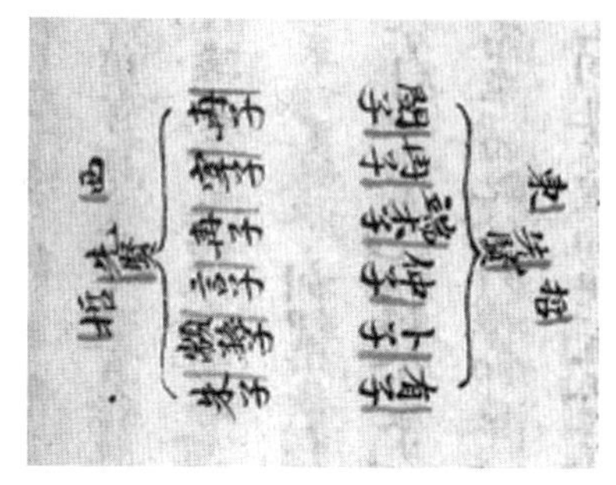

民国期间常熟文庙大成殿十二哲祀位图（载民国《常熟文庙丁祭沿革记略》）

两庑的神位次

东西两庑是大成门和大成殿间大院的东西两侧厢房，这是祭祀供奉历代先贤先儒的场所。在文庙中，先贤先儒是第三等级的从祀者。先贤以明道修德为主，多为孔子的弟子，也有孟子的弟子如万章等。宋理学名家周敦颐等由于对儒学的突出贡献，也进入先贤祠。先儒则以传经授业为主，多是历朝历代有名的儒学名家，如董仲舒、王阳明等。

万历年间常熟文庙东庑的神位自澹台灭明至王守仁共49位，西庑自宓不齐至胡居仁共48位。《（万历）常熟县私志》所列出两庑从祀名单如下：①

东庑四十九位：

澹台子（灭明，字子羽）、原子（宪，字子思）、南宫子（适，字子容）、商子（瞿，字子木）、漆雕子（开，字子若）、樊子（须，字子迟）、公西子（赤，字子华）、梁子（鳣，字叔鱼）、冉子（孺，字子鲁）、伯子（虔，字子析）、冉子（季，字子产）、漆雕子（哆，字子敛）、漆雕子（徒父，字子文）、商子（泽，字子秀）、任子（不齐，字子选）、公良子（孺，字子正）、奚容子（点，字子晳）、颜子（祖，字子襄）、句子（井疆，字子野）、秦子（商，字子丕）、荣子（旂，字子祺）、左子（人郢，字子行）、郑子（国，字子徒）、原子（元，字子籍）、廉子（洁，字子庸）、狄子（黑，字哲之）、孔子（忠，字子蔑）、公西子（点，字子上）、秦子（非，字子之）、申子（枨，字子续）、颜子（哙，字子声）、左氏（丘明）、伏氏（腾）、高堂氏（生，字升平）、后氏（苍）、董氏（仲舒）、王氏（通，字仲淹）、欧阳氏（修，字永叔）、周氏（敦颐，字茂叔）、程氏（颐，字正叔）、张氏（载，字子厚）、杨氏（时，字中立）、李氏（侗，字愿中）、朱氏（熹，字仲晦）、张氏（栻，字敬夫）、蔡氏（沉，字仲默）、许氏（衡，字仲平）、陈氏（献章，字公甫）、王氏（守仁，字

① 这里用《（万历）常熟县私志》的记载名单。该志明确地说："按两庑诸贤儒位，与学志不同。今依阙里志及吾学编，详加考正，左右先后，各无混乱云。"这里的"学志"即《常熟县儒学志》。见《（万历）常熟县私志》卷五《叙学》，广陵书社2016年版。

伯安）。

西庑四十八位：

宓子（不齐，字子贱）、公冶子（长，字子长）、公皙子（哀，字季次）、高子（柴，字子羔）、司马子（耕，字子牛）、有子（若，字子有）、巫马子（施，字子期）、颜子（幸，字子柳）、曹子（恤，字子循）、公孙子（龙，字子石）、秦子（祖，字子南）、颜子（高，字子骄）、穰子（驷赤，字子徒）、石子（作蜀，字子明）、公夏子（首，字子乘）、后子（处，字子里）、公肩子（定，字子中）、邬子（单，字子家）、罕父子（黑，字子索）、公祖子（句兹，字子之）、县子（成，字子祺）、燕子（伋，字子思）、颜子（之仆，字子叔）、乐子（欬，字子声）、叔子（仲会，字子期）、邽子（巽，字子钦）、公西子（舆如，字子上）、施子（之常，字子恒）、陈子（元，字子禽）、琴子（牢，字子开）、步子（叔乘，字子车）、公羊氏（高）、穀梁氏（赤）、毛氏（苌）、孔氏（安国，字子国）、杜氏（子春）、韩氏（愈，字退之）、胡氏（瑗，字翼之）、程氏（显，字伯淳）、邵氏（雍，字尧夫）、司马氏（光，字君实）、胡氏（安国，字康侯）、罗氏（从彦，字仲素）、吕氏（祖谦，字伯恭）、陆氏（九渊，字子静）、真氏（德秀，字希元）、薛氏（瑄，号敬轩）、胡氏（居仁，字叔心）。

历代先儒配享始于唐太宗李世民，他诏左丘明等22人配祀宣父庙堂；先贤从祀始于唐玄宗李隆基，开元二十七年（739），赠七十子爵号，天下始并从祀；宋元两朝又多次增加从祀人物。到了嘉靖九年（1530）厘正祀典，皇帝与臣子对于先贤、先儒逐一进行德行考核，罢免了多人。以上万历年间的从祀名单，就是这次厘正祀典后的结果。清雍正二年（1724），雍正命廷臣考议文庙中从祀的先贤先儒，“先儒从祀文庙，关系学术人心。典至重也，宜复宜增，必详加考证，折衷尽善，庶使万世遵守，永无异议”①。

① 徐文庆：《历代帝王评儒辑录》，山东大学出版社2019年版，第315页。

三个月以后，新的名单出台，包括清朝进入文庙受祀第一人陆陇其。到了清乾隆六年（1741），礼部颁布《文庙正殿两庑位次图式》。乾隆十八年（1753），东西庑从祀的先贤达到77人，从祀的先儒达到46人。以后又有增祀，到了民国八年（1919），曲阜孔庙两庑从祀先贤是79人（东庑40人，西庑39人），从祀先儒是77人（东庑39人，西庑38人）。这种持续的变动，直接影响到常熟文庙从祀名单的确定。如民国时期《常熟文庙丁祭沿革记略》就有如下的记载：（常熟）文庙从祀先贤先儒神位次序，以京师太学成式，通行直省、府、县遵照书题，按东西先后次序安设。

崇圣祠的神位次

明嘉靖九年（1530），大学士张璁奏："先师祀典，有当更正者。叔梁纥乃孔子之父，颜路、曾皙、孔鲤乃颜、曾、子思之父，三子配享庙庭，纥及诸父从祀两庑，原圣贤之心岂安？请于大成殿后，别立室祀叔梁纥，而以颜路、曾皙、孔鲤配之。"① 这就是说：作为父亲的叔梁纥，还有颜路、曾皙、孔鲤，没有专祠祭祀，只在两庑从祀，而其儿子孔子、颜回、曾参和孔伋却在大殿里，这不合礼法。于是，嘉靖皇帝下诏天下文庙建启圣祠，奉祀孔子的父母，并以颜路、曾皙、孔鲤等配享。启圣祠之命名，是因为元至顺元年（1330）孔子父亲被封为启圣王，母亲被封为启圣王夫人。因此，启圣祠是供奉孔子先祖的专用祭祠。根据明代启圣祠祭祀定制，万历年间《常熟县儒学志》所记文庙启圣祠祭祀的神位是：

正位启圣公孔氏（叔梁纥，孔子父）神位；

东配先贤颜氏（名无繇，字路，颜回父）位、先贤孔氏（名鲤，字伯鱼，孔伋父）位；

西配先贤曾氏（名点，字皙，曾参父）位、先贤孟孙氏（名激，字公宜，孟轲父）位；

东从祀先儒周氏（名辅成，敦颐父）位、先儒朱氏（名松，字乔

① ［清］张廷玉等：《明史·礼志四》，中华书局1974年版，第1298页。

年，朱熹父）位；

西从祀先儒程氏（名珦，颢、颐父）位、先儒蔡氏（名元定，字季通，蔡沉父）。

孔子是至圣大成先师，其成长绝非父亲叔梁纥一代所能积累起来的，因此雍正二年（1724），追封孔子先世五代为王爵。五世祖木金父公为肇圣王，高祖祈父公为裕圣王，曾祖防叔公为诒圣王，祖伯夏公为昌圣王，父叔梁纥公为启圣王，启圣祠改名为崇圣祠。[①] 雍正二年（1724），张载之父张迪从祀。咸丰七年（1857），孔子之兄孟皮配享。文庙中的“人伦”与“道统”冲突基本解决，文庙成为前殿明道，后殿明伦，国庙与家庙一体的祭祀场所。

子游祠的神位次

子游祠是建于文庙里的言子专祠，供奉“南方夫子”言偃。常熟人称言子为“吴公”“先师”等，更多时则视言子为乡贤。因此在文庙中，曾把常熟先贤巫咸父子和其他乡贤祀于言祠的东西夹室。后文庙建立乡贤祠，就把宋儒移出。万历三十五年（1607），知县耿橘建虞山书院，又把部分乡贤移出。万历年间的《常熟县儒学志》记载言子专祠的祭祀神位次是：

正位先贤言公之神；

两庑吴思庵讷、张止庵洪、徐主一恪、周勉思木。

与此同时，同城的虞山书院建有言子祠堂，陪祀者均为常熟乡贤或名宦，名单是：昭明太子萧统、县令孙应时、邑人张洪、吴讷、徐恪、桑悦、周木、邓韨、朱召和邹泉。

乡贤祠的神位次

明朝初年，朝廷提出在文庙建立乡贤祠，附庙学祭祀乡贤，并明确乡

① 据民国《常熟文庙丁祭沿革记略》记，民国丁祭崇圣祠正位是：肇圣王木金父（中），裕圣王祈父（左）、诒圣王防叔（右）、昌圣王伯夏（次左）、启圣王叔梁纥（次右）。

贤祀典制度。于是州县庙学普遍设立乡贤祠，春秋仲月附祭孔庙。常熟文庙亦如此。弘治九年（1496），杨子器历稽乡贤所当祀者，祀商相巫咸于西夹室，宋陆绾、钱观复、钱佃、周容、冷世光、崔敦诗、周虎、丘岳、陈元大、钱俣列吴公祠西壁，明黄钺、张洪、吴讷列吴公祠东壁。弘治十三年（1500），杨子器重修庙学，充拓庙址，建立乡贤祠。据《（嘉靖）重修常熟县志》记，其乡贤祠祭祀对象是：

> 商贤臣巫公咸子贤；宋和州防御使周忠惠公虎，尚书职方郎中赠中散大夫陆公绾，朝散郎赠金紫光禄大夫钱公观复，江西路转运副使中奉大夫钱公佃，孝子周公容，殿中侍郎御史冷公世光，翰林院权直赠中奉大夫崔公敦诗，龙图阁学士封东海郡侯丘公岳，温州府儒学教授陈公元大，福建路提举朝请郎钱公俣；明工科给事中黄公钺，翰林院修撰止庵张先生洪，都察院作副使御史谥文恪吴公讷。①

这应该是首批乡贤祠祭祀的名单。

明嘉靖中，移地新建先贤巫公祠，专祀巫咸及子贤（商代先贤巫咸及子贤不再附庙祭祀）。后常熟文庙乡贤祠祭祀名单又有所扩充，到万历年间，《（万历）常熟县私志》（1617年）和《常熟县儒学志》（1610年）所记均为51名，其神位的位次如下：

> 宋：周容、陆绾、翟汝文、钱观复、冷世光、钱俣、钱佃、崔敦诗、周虎、丘岳、王万、陈元大；
>
> 明：黄钺、张洪、吴讷、鱼侃、程式、章格、程宗、杨集、徐恪、桑瑾、李杰、瞿俊、陈喆、陈易、沈海、周木、王宗锡、卢翊、丁仁、时中、蒋钦、陈播、王槐、唐天恩、陈察、邹武、陈寰、王舜渔、陈逅、邓韨、钱泮、严讷、瞿景淳、陈瓒、邵圭洁、陆一凤、赵用贤、蒋以忠、王之麟。②

---

① ［明］邓韨：《（嘉靖）重修常熟县志》卷四，广陵书社2016年版。

② 见《常熟县儒学志·乡贤志》，常熟市图书馆藏本。

明万历年间以后，常熟乡贤祠入祀名单不断增加。民国初编纂的《重修常昭合志》记录了自宋至清末入祀乡贤祠的乡贤名单，共105人。名单如下：

宋：周容、陆绾、翟汝文、钱观复、冷世光、钱俣、钱佃、崔敦诗、周虎、王万、丘岳、陈元大、王坚、王安节；

元：褚不华、褚伴哥；

明：黄钺、张洪、卫浩、吴讷、鱼侃、程式、邓彦章、张懋、章格、程宗、杨集、桑瑾、陈易、李杰、徐恪、桑悦、沈海、瞿俊、陈喆、周木、王宗锡、时中、卢翊、陈播、王槐、蒋钦、唐天恩、丁仁、陈察、张文麟、邹武、丁奉、陈寰、邓韨、王舜渔、陈近、张文凤、钱泮、严讷、瞿景淳、邵圭洁、陆一凤、查光述、陈瓒、严澂、瞿汝稷、王嘉言、蒋以忠、赵用贤、陈国华、王之麟、陈禹谟、翁宪祥、陆重科、徐待聘、宋懋中、顾大章、龚立本、魏浣初、许士柔、王梦鼎、王梦鼒、杨彝、孙永祚、赵士春、蒋棻、归起先、钱永达、项志宁；

清：钱朝鼎、王曰俞、王澧、李临、蒋伊、周庆曾、翁叔元、归允肃、汪惟时、汪锡爵、席启寓、程云蛟、严虞惇、归宗敬、蒋廷锡、蒋溥、归宣光、陈祖范、张敦培、张大镛。①

民国二十八年（1939），常熟县根据苏省民政厅通知，于当年仲秋上丁恢复乡贤祠祭典，所设乡贤神位也是105位。

名宦祠的神位次

明代，名宦附学祭祀成为普遍性的制度。清人有言："前明之制，凡郡县乡贤名宦，各附祀于学宫，守令岁以春秋二仲率官属行礼，礼典綦重矣。"② 常熟于明弘治十三年（1500）建立名宦祠，杨子器历稽所当祀者入

---

① 《重修常昭合志》，常熟市地方志编纂委员会办公室点校，凤凰出版社2021年版，第308页。

② ［清］宋荦：《与邵子昆学使论乡贤名宦从祀书》，见《西陂类稿》卷二十九，四库全书本。

祠。万历年间《常熟县儒学志》所记名宦祠祭祀的神位是14位：

> 南朝宋：何子平；唐：张旭；宋：孙应时、王爚；元：孔文贞、卢克治；明：李彰、柳敬中、杨子器、秦礼、王纶、刘文诏、王铁、黄嘉宾。

这份名单中，张旭为县丞，刘文诏为教谕，其余均为县令。名宦祠祭祀名单后世不断增加，清代末年文庙祭祀名宦神位是47位，民国时期常熟文庙祭祀名宦名单则为33位。①

丁祭的祝文和祭品

丁祭，是官方自上而下推行的祭祀制度，体现了统治阶级治国理政的政教思想。其导向不仅体现在祭祀对象的选择方面，而且体现于祭祀过程的各个环节。这里先说丁祭中的祝文和祭品。《礼记·曲礼》说："祷祠祭祀，供给鬼神，非礼不诚不庄。"② 这就明确了祭祀中的祷辞即祝文和供给即祭品，需要通过一定的礼仪礼制体现出庄诚。通过庄诚的礼仪、仪品等，营造出一种庄严肃穆的场景，使人对先圣、先师、先贤、先儒等供祀对象的崇敬之情升华为一种神圣体验。祝文和祭品需要提前准备，传统的做法是：正祭前三日开始斋戒，前二日书写祝版上的祝文③，前一日宰好牲畜制作祭品、整理祭器。

丁祭的祝文

祝文是祭祀飨神之辞。明徐师曾定位祝文曰："按祝文者，飨神之词

---

① 见《常熟文庙丁祭沿革记略》，常熟博物馆藏本。

② 《礼记》，崔高维校点，辽宁教育出版社2000年版，第1页。

③ 丁祭祝文并不固定，所以需要书写。如民国四年（1915），常熟知县赵黻鸿致祀至圣先师孔子的祝文："先师德参化育，道贯古今，集群圣之大成，炳前知以垂宪。天下为公，中国一人之量；生民未有，六经千载之心。循宫墙而瞻富美，入室升堂；隆俎豆而奉馨香，先明后法。"这里的"天下为公"就有时代气息。

也……考其大旨有六焉：一曰告、二曰修、三曰祈、四曰报、五曰辟、六曰谒，用以飨天地、山川、社稷、宗庙、五祀群神，而总谓之祝文。”① 文庙春秋丁祭飨神的祝文重在赞颂诸神的精神和德行。常熟文庙春秋丁祭的各个庙祠祝文，现据《常熟县儒学志》转述如下。

先师庙祝文：

维某年岁次某甲子某月某甲子朔某日某甲子，苏州府常熟县知县某敢昭告于至圣先师孔子之神曰：维师德配天地，道冠古今，删述六经，垂宪万世，今兹仲春（秋），谨以牲帛醴斋、粢盛庶品，式陈明荐，以复圣颜子、宗圣曾子、述圣子思子、亚圣孟子配尚飨。

启圣祠祝文：

（前同）启圣公之灵曰：维神笃生圣，嗣为万世，帝王之师，功德显著，今兹……以先贤颜氏、先贤曾氏、先贤孔氏、先贤孟孙氏配尚飨。

子游祠祝文：

文学名科，礼乐为教，儒风聿兴，佑启后人（余同前）。

名宦祠祝文：

德在当时，泽垂后世，流风余韵，万古仰思（余同前）。

乡贤祠祝文：

乡邦俊彦，后学斗山，风教敦俗，时祭是虔（余同前）。

以上祝文的共同特点是：重在颂扬和赞美受祀者的丰功伟绩、思想影响和人格影响，阐明受祀者受到供祀的原因，使祭祀的意义超越对具体对象本身的崇拜，上升为对受祀者提出的价值观念和践行的道德规范的认同。丁祭祝文在祭祀活动中起到画龙点睛的作用，它将祭礼的主旨、意义点出，

---

① ［明］徐师曾：《文体明辨序说》，人民文学出版社 1962 年版，第 155-156 页。

充分凸显了文庙春秋丁祭先圣、先贤、先师、先儒的教育教化功能。

丁祭的祭品

祭品，指祭奠或祭祀中的物品，是对神明、祖先的献祭。丁祭中的祭品，主要是指供神飨用的食品，且主要是动植物类食品。其品种、数量、释造和摆设都有明确的礼制规定，甚至直接由朝廷规定。就祭品来说，汉明帝时规定："行大射之礼。郡、县、道行乡饮酒于学校，皆祀圣师周公、孔子，牲以犬。于是七郊礼乐三雍之义备矣。"[①] 到了晋朝，则升为"以太牢祠孔子""备三牲以祀孔子"[②]。三牲分为大三牲（牛、羊、豕）和小三牲（猪、鱼、鸡），以"太牢"祭则是用大三牲，太牢祭是古代最大的献礼。祭品规定需要严格执行，若有疏忽则为非礼。清代为了整饬释奠礼仪，鄂尔泰参照江南文庙规则，在《丁祭教》中确立了八项原则，要求各地严加执行，其中关于祭品的是："祭牲祭品皆有定额，一豆一笾，罔可缺遗……各官俱须先三日亲至学，视牲牷如法，然后稽其数，使人牧之，以待先一夕亲割。吏虽奸，其何所施乎？"[③] 这是因为，奉献祭品所表达的是行礼者内心的真诚与崇敬之情，即《礼记·祭统》所谓的"贤者之祭也，致其诚信与其忠敬"[④]。明万历年间的《常熟县儒学志》记载常熟文庙丁祭主要祭品是：帛，香，烛，酒，羊，豕，鲜鱼，鹿，兔，黍，稷，稻，粱，形盐，薨鱼，桃，枣，栗，榛，菱，芡，韭菹，菁菹、芹菹，笋菹，醓醢，鹿醢，兔醢，鱼醢。

这些食品的物释并造法也有明确的规定，对此《常熟县儒学志·祭仪志》也有具体介绍。如：

> 太羹，用淡牛肉汁，如无即用肉汁。按，《郊特牲》云：太羹不

---

① ［南朝宋］范晔：《后汉书·礼仪志上》，中华书局1965年版，第3108页。

② ［唐］房玄龄等：《晋书·礼志上》，中华书局1959年版，第599页。

③ 《（乾隆）贵州通志》，见《中国方志集成·贵州府志辑3》，巴蜀书社2006年版，第276-277页。

④ 《礼记》，崔高维校点，辽宁教育出版社2000年版，第165页。

和，贵其质也。太羹者，即太古煮肉汁不用盐梅调和，后世存古礼，故致之。

薧鱼，鱼之干者，临时用温水洗净用。按，薧鱼曰商祭。薧者，干也；商者，度也。商度其燥湿之宜以为用也。

稷，滚汤涝起。按，稷曰明粢。注云：稷，粢也。明则足以交神，故谓之粢盛。

韭菹，用拣净韭菜，切去本末，取中段用。按，礼祭宗庙，韭曰丰本，取其根本，丰盛也。

释造完成的祭品的摆放更是有着明确规定。据《常熟县儒学志·祭仪志》记载，明万历年间常熟文庙祭品物数："每年春秋二次，原编祭祀银共八十一两九钱八分八厘。旧每年止用银五十九两七钱四分八厘。今万历三十八年知县杨请详增复。"其祭品物数为：

文庙四配十哲两庑：共酒米九斗，共帛九匹，鹿一只，共大羊三口，共大猪七口，共兔十一口，共鲜鲤鱼七十斤，共薧鱼二十六斤，共桃枣栗三色九十九斤，共榛子一斤八两，共芡实一斤八两，共菱米二斤，共黍稷稻粱三斗六升，共芹韭菹菜三十二斤，共笋菹二斤，共醢肉六斤，共醢鱼二十斤，共盐一十六斤，共火柴三百斤，共炭三十斤，共醋六斤，共酱六斤，共赤曲二升五合，共莳罗茴香十二两，共花椒一斤八两，共芸香一斤五两，共柏香三十八炷，共降香四十炷，共末香二斗五升，共牙香五斤，通宵烛油十四斤，备烛油十四斤，中烛十七斤八两，白占一斤十五两，庭燎柴四个，白糖八两，净巾抹布十二方。

启圣祠：帛七匹，小羊一口，小猪二口，兔一口，醢肉一斤八两，醢鱼一斤，黍稷稻粱四升，桃枣栗共二斤，榛子一斤，笋菹一斤八两，芡实一斤，菱米一斤，鲜鲤鱼三斤，庭燎二个，柏香二炷，盐一斤，净巾抹布二方，油烛一斤八两，酒米二升，火柴四十斤，芹韭菜菹共六斤。

先圣祭品陈设图

东西配祭品陈设图

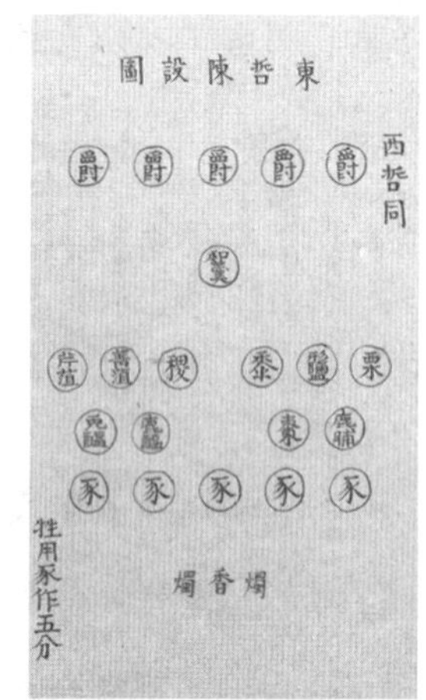

东西哲祭品陈设图

东西庑祭品陈设图

启圣祠祭品陈设图

明万历年间常熟文庙丁祭祭品陈设图（载《常熟县儒学志》）

子游祠：帛一匹，大羊一口，大猪一口，代兔鸡一只，黍稷稻粱二升，桃枣栗一斤，芹韭菜三斤，醢肉八两，薹鱼八两，盐八两，柏香一炷，酒米一升，净巾抹布二方，烛三斤，火柴五十斤。

乡贤祠：帛一匹，小羊一口，小猪一口，黍稷稻粱四升，桃枣栗八斤，芹韭菹菜四斤，醢肉二斤，薹鱼二斤，柏香一炷，油烛一斤，酒米一升，净巾抹布二方，火柴五十斤。

名宦祠：同乡贤祠。

祭器祭品数量和陈设的仪礼规定后多有变化。清代文庙春秋二仲丁祭的祀典礼仪，俱载入邑人庞钟璐的《文庙祀典考》。民国时期常熟丁祭的祀礼，则根据北洋政府在 1914 年制定的《民国大总统祀典礼令》。如祀孔典礼并备办牲牢祭品、香烛等项祭费，奉内务部规定百元，不可丝毫溢出，至于牲牢整备，牛二，羊十四，豕十四，香烛祭品等仪注，则沿用前清旧习。[①] 民国时期的《常熟文庙丁祭沿革记略》注明：祭祀所用香烛、祭品、祭器数量和陈设，依据清光绪戊寅年（1878）庞钟璐奏进《文庙祀典考》卷首第三页“文庙陈设图”进行。因宣统元年（1909）至圣先师已经升为大祀，正位加笾二，加豆二，崇圣祠正位增牛一、太羹一，加笾二，加豆二。

丁祭的主祭和程序

因为祭孔礼制是从周代祭祀之礼演变而来的，所以大致都有迎神、初献、亚献、终献、撤馔、送神等六个部分。在中国传统社会里，文庙丁祭得到统治者的高度重视，具体体现就是新招迭出，仪礼规格不断提升，仪式趋向繁复。其重要原因，即如明宪宗皇帝所说：“自孔子以后，有天下者无虑十余代，其君虽有贤否、智愚之不同，孰不赖孔子之道以为治？其尊崇之礼，愈久而愈彰，愈远而愈盛。”[②] 因为文庙丁祭仪礼所含如此政教意义，因此，它不仅必然会得到最高统治者的重视，而且必然会得到各地官员的重视。

文庙丁祭仪礼，首先就是主祭人的规定。唐贞观二十一年（647），宰相许敬宗等提出，应该由国家对祭祀人员及其角色加以规范，特别是主祭者的身份：“国学释奠，令国子祭酒为初献，祝辞称‘皇帝谨遣’，仍令司

---

① 民国六年（1917）九月一日，常熟县因“文庙丁祭备办牲牢香烛等款项，历届支配不敷”而开会，共同议决：同意在原内务部规定的百元外，每祭再由教育局拨二百元，合计三百元；同时议决：祀孔牲牢，牛仍照逊清间备办二只，羊豕拟酌减，备办羊七豕七，香烛祭品制帛等项亦撙节整备。见《常熟文庙丁祭沿革记略》，常熟博物馆藏本。

② 《御制重修孔子庙碑》，见郑建芳编著《邹鲁石刻楹联荟萃》，齐鲁书社 2016 年，第 220 页。

业为亚献，国子博士为终献。其州学，刺史为初献，上佐为亚献，博士为终献。县学，令为初献，丞为亚献，博士既无品秩，请主簿及尉通为终献。”① 这一建议经唐太宗认可后，遂成定例。此遣官释奠之始，而州县守令主祭亦始于此。明洪武十五年（1382），朝廷颁释奠仪注，规定凡府、州、县学“其祭，各以正官行之，有布政司则以布政司官，分献则以本学儒职及老成儒士充之”②。雍正五年（1727）朝廷又规定：“省会之区，每遇春秋二季，于上丁日督、抚、学政率司、道、府、州、县等官，齐集致祭。如学政考试各府，即于考试处文庙内行礼。至各府、州、县守土正印官，率领各属员，亦于上丁日行礼，毋得简率从事，均照典制遵行。”③ 据此，各地春秋丁祭时，初献、亚献、终献由主政官员担任。民国时期的规定是：京师文庙应由大总统主祭祀，各地方文庙应由长官主祭，如有不得已之事故，得于临时遣员恭代。其他开学首日、孔子生日，听从各地习惯自由祭祀，不特为规定。④ 官员参加祭祀，朝廷还有服装的规定。元代关于“释奠服色”的规定是：“至圣文宣王，用王者礼乐，御王者衣冠，南面当坐，天子供祠。其于万世之绝尊，千载之通祀，宜莫如吾夫子也。窃见外路官员、提学、教授，每遇春秋二丁，不变常服，以供执事，于礼未宜。及照得：汉、唐以来，祭文庙，飨社稷，无非具公服，执手板，行诸祭享之礼……自此以往，拟合令执事官员，各依品序穿公服。外据陪位诸儒，亦合衣襕带唐巾，行释菜之礼，似为相应……凡预执事官员及陪位诸儒，自当谨严仪礼，以行其事……春秋二丁，除执事官已有各依品序制造公服，外据陪位诸儒，自备唐巾，以行释菜之礼。”⑤

除主祭人外，还有陪祭等多人。明万历年间的《常熟县儒学志·祭仪志》记常熟文庙丁祭“执事”者：

---

① ［后晋］刘昫等：《旧唐书·礼仪志四》，中华书局1975年版，第918页。

② ［清］张廷玉等：《明史·礼志四》，中华书局1974年版，第1297页。

③ ［清］素尔讷等纂修，霍有明、郭海文校注：《钦定学政全书校注》，武汉大学出版社2009年版，第5页。

④ 《常熟文庙丁祭沿革记略》，常熟博物馆藏本。

⑤ ［元］佚名：《庙学典礼》，王颋点校，浙江古籍出版社1992年版，第14-15页。

> 正献官一员，分献官四员，启圣祠献官三员。
>
> 读祝廪生二名，收掌祭品廪生二名，通赞生员二名，引赞生员十名，陈设生员二十名，司帛生员十六名，司爵生员三十名，司盥生员二名，司樽生员四名，司酒生员二名，瘗毛血生员十名，司烛生员一名，饮福受胙生员二名，司柴生员一名。

其实，除此以外，还有歌生、舞生、迎神工等，总共有200人左右。从民国时期筹备文庙丁祭的情况看，往往要在数月之前成立筹备委员会，统筹各项工作正常进行。早期文庙作为地方文化的中心，是非常神圣的，因此，参加祭孔典礼是文人士子的特权，而普通百姓往往被排除在外。如《魏书》记："自今已后，有祭孔子庙，制用酒脯而已，不听妇女合杂，以祈非望之福。犯者以违制论。"① 但明清以后，此项规定有所放松，文庙丁祭成为地方文化盛典。民国时期举行文庙丁祭，往往通过报刊发布信息，更加扩大了丁祭的社会影响。

文庙丁祭礼仪复杂规范。洪武十五年（1382），新作文庙成，遣官以太牢祭，太祖朱元璋亲至学，释奠菜，并诏天下通祀孔子，颁奠仪。释奠礼的全过程包括斋戒、降香、陈设、省馔、主祭（迎神、奠币、进俎、初献、亚献、分献、饮福受胙、撤豆、送神、望瘗等）。② 常熟文庙遵此礼制，形成了具体的成文丁祭礼仪程序。

首先，行祭祀者需要斋戒：正祭前三日，献官并陪祭官、执事人等，沐浴更衣散斋，前二日各宿别室致斋，前一日同宿斋所。散斋仍理事务，惟不饮酒，不食葱韭薤蒜，不吊丧问疾，不听乐，不行刑，不判署刑杀文字，不预秽恶事。致斋惟理祭事。这种斋戒是一个排除外界干扰、集中思虑、专注精神以追念祭祀对象的过程。《礼记·祭统》说："君子之齐也，专致其精明之德也……齐者精明之至也，然后可以交于神明也。"《礼记·祭义》说："齐之日：思其居处，思其笑语，思其志意，思其所乐，思其所

---

① ［北齐］魏收等：《魏书·高祖纪》，中华书局1974年版，第136页。

② 李永康、高原：《北京孔庙国子监史话》，北京燕山出版社2010年版，第215页。

嗜。齐三日，乃见其所为齐者。”① 斋戒可以营造出一种氛围与情境，使行祭者精神贯注于祭祀对象的回忆、追思中，令人如见其人、如感其容、如闻其声，为精神上与祭祀对象沟通奠定基础。

在斋戒期间，行祭者还需要参与两个重要仪式。一是“习仪”，即主祭官、陪祭官及执事诸生，齐集于明伦堂演习大礼，道会司督歌生歌演乐章，乐生演乐，着阴阳官督舞生演舞蹈。二是“省牲”，即行祭祀者前往省牲所审视礼献牲品，祭典前一天宰杀牺牲。宰杀时，视宰官于宰牲所外设香案，向南摆放，案上陈设铜炉一、铜烛台二，燃二两重蜡烛一对，香炉内燃降香二两。视宰官及文庙主事北向立，经三跪九叩首、三上香后，膳夫牵牲过案，入宰牲房宰杀，然后以毛血少许盛于盘中。省牲仪式完成以后，所宰牲之其余毛血放在干净的祭器中，待祭祀完成以后掩埋。这两项仪式，既是祭祀礼仪的组成部分，也是对祭祀仪礼的督查，确保正祭日万无一失。鄂尔泰《丁祭教》明确：祭牲祭品皆有定额，不可缺遗，各官须亲至学稽其数；乐舞生须演习精熟。祭官先一日同往查看，不得草率从事。

正祭日的祭祀活动，是一场隆重而肃穆的文化盛典。这里根据万历年间《常熟县儒学志》所记，概述常熟文庙丁祭的程序和仪注。

> 正祭日将行礼（遍献庭燎香烛），鼓初严（献官具服佥祝），鼓再严（乐舞生、执事者各序立于丹墀两旁），鼓三严（赞引引各献官至戟门下立俟）（通赞唱）；乐舞生各就位（乐生各以序进，立于殿庭奏乐之所，司节者分引舞生至丹陛东西两阶，各序立于舞佾之位，司节者东西相向立）（通赞唱）；执事者各司其事（各以序就所事），陪祭官、分献官各就位（各引赞引各官至拜位）。献礼官就位（引赞引献官至拜位），瘞毛血（执事者各捧毛血盘，正位由中门出，四配两哲左右门出庑，随之瘞于坎，遂启俎盖）（通赞唱）；迎神（执麾者唱），乐奏咸和之曲（击柷作乐，舞未作）（通赞唱）；鞠躬，拜，兴，拜，兴，拜，

① 《礼记》，崔高维校点，辽宁教育出版社2000年版，第166页、第157页。

兴，拜，兴，平身（麾生偃麾，乐尽栎敔）（通赞唱）；奠帛，行初献礼（执麾者唱），乐奏凝和之曲（乐作，舞作）（引赞唱），诣盥洗所（唱）；搢笏（盥〈唱〉毕），出笏（唱），诣酒樽所（唱），司樽者举幂酌酒（执爵、捧帛者正位□□□□，至各神案□□□□□。赞引献官及左门）。

诣先师孔子神位前（唱）跪（唱），搢笏（唱），进帛（唱），献帛（唱），进爵（唱），献爵（唱），出笏（唱），俯伏（唱），兴（唱），平身（唱），诣读祝位（唱），跪（通赞唱）；众官皆跪（引赞唱），读祝（乐暂止，读毕）（通引俱唱），俯伏（唱），兴（唱），平身（乐生接奏从前未终之乐）（引者唱）。

诣复圣颜子神位前（唱），跪（唱），搢笏（唱），进帛（唱），献帛（唱），进爵（唱），献爵（唱），出笏（唱），俯伏（唱），兴（唱），平身（唱）。

诣宗圣曾子神位前（仪同〈唱〉前）。

诣述圣子思子神位前（仪同前）（通赞唱）；行分献礼（各赞引各分献官诣盥洗所，复诣酒樽所仪司献官，各赞复引各献官至两哲、两庑神位前致奠礼）（引赞唱）。

诣亚圣孟子圣位前（仪同〈唱〉前），复位（通赞唱），行亚献礼（执麾者唱），乐奏安和之曲（乐作，舞作）（引赞唱），诣酒樽所（唱），司樽者举幂酌酒（唱）。

诣先师孔子神位前（唱），跪（唱），搢笏（唱），进爵（唱），献爵（唱），出笏（唱），俯伏（唱），平身（唱）。

诣复圣颜子神位前（仪同初献）（通赞唱），行终献礼（执麾者唱），乐奏景和之曲（乐作，舞作）（引赞唱）（仪同前，舞毕，司□者引舞生退）（通赞唱），饮福受胙（引赞唱），诣饮福位（唱），跪（唱），搢笏（唱），饮福酒（捧爵跪右进，献官受饮讫，以虚爵左投捧爵者（唱），受胙（捧胙跪右进，献官受之〈唱〉，左授捧胙者，由中门出），出笏（唱），俯伏（唱），兴（唱），平身（唱），复位（通赞唱)，鞠躬（各官、献官同〈唱〉），拜（唱），兴，拜，兴，平身（通赞唱）。撤馔（执麾者唱），乐奏鸾和之曲（乐作〈唱〉，无舞），四拜、兴、平身（分献官同）（通赞唱），读祝者捧祝，进帛者捧帛（唱），各诣瘗位（唱），望瘗（执麾者唱）（乐与送神同）（引赞唱），诣。望瘗位（焚帛〈唱〉，乐止）。礼毕。

这里最后的环节是“送神”和“望瘗”，与前之“迎神”“瘗毛血”前后照应，构成一个完整的祭祀过程。整个过程，礼仪相当复杂，包含大量的俯伏、跪拜、鞠躬等各类身体动作。显然，这一套祭祀礼仪并不是简单地奉献祭品及重复各种形体动作，它所表达的是一种象征意义。祭祀的目的，是“示以敬道”，礼仪所表达的是行礼者内心的真诚与崇敬之情。更进一步说，崇祀孔子，也就是推崇孔子之道，而孔子之道，即帝王之道，即君君、臣臣、父父、子子，纲常以正，彝伦攸叙。这对于观礼者来说，实际上就是接受一次儒学教育和洗礼，正如朱熹所说：“惟国家稽古命祀，而礼先圣、先师于学宫，盖将以明夫道之有统，使天下之学者，皆知有所乡往而几及之，非徒修其墙屋，设其貌象，盛其器服，升降俯仰之容，以为观美而已也。”① 这就是丁祭礼仪的价值所在。

传统社会的丁祭，是自上而下推行的，因此祭祀的仪礼趋向标准化，但近代以来，人们对丁祭也提出了现代化和地方化的话题。如民国政府曾明令全国祭孔，对程序和礼仪做了较大变动，献爵改为献花圈，古典祭服改为长袍马褂，跪拜改为鞠躬。1934 年，南京政府还提出祭孔新方案，包括九项议程：全体肃立，奏乐，唱歌，献花，读祝，行三鞠躬礼，奏乐，行一鞠躬礼，礼成摄影。2004 年浙江衢州恢复祭孔并采用今礼，即以鞠躬代替叩拜，以献花代替用十二笾豆等礼器摆放复杂的祭品，以唱歌代替佾舞，甚至把钢琴搬上大成殿佾台。曲阜的祭孔大典在 2006 年被列入国家级非物质文化遗产名录，包括开成、开庙、启户、敬献花篮、乐舞告祭、恭

① ［宋］朱熹：《信州州学大成殿记》，见《朱子全书》第 24 册，上海古籍出版社、安徽教育出版社 2002 年版，第 3806 页。

读祭文等仪式。祭孔的标准化、地方化和现代化话题值得探讨。

丁祭的乐舞

丁祭中始终贯穿着乐、舞。乐舞不仅起着烘托祭祀肃穆气氛的作用，而且本身有着丰富的思想内涵，同样也是丁祭教育教化的重要方面。因此，历代统治者都很重视乐舞，屡有赐乐定舞的举措。《（万历）常熟县私志》记载的朝廷“赐乐”有：南朝宋元嘉中，从裴松之议，舞用六佾，设轩悬之乐（此乐舞之始）；唐玄宗开元二十七年（739），乐用宫悬，舞用六佾；宋太祖，诏乐用永安之曲；仁宗景祐元年（1034），诏释奠用登歌；明洪武二十六年（1393），颁大成乐于天下；成化十二年（1476），从周洪谟议，增笾豆十二，舞八佾；嘉靖九年（1530），从张璁议，乐三奏，舞六佾，今著为令。这就是明万历之前的文庙丁祭乐舞规制，常熟文庙遵此实施。此后，还有诸多的乐舞规制，体现了历朝历代对于丁祭中乐舞的重视。

丁祭乐器

朝廷多次向全国颁布祭祀乐器的图式，明确祭祀乐器的规制，地方文庙即按图制作，完善文庙祭祀的乐器。明洪武年间颁大成乐于天下，知县杨子器创大成乐，完善常熟文庙的乐器备藏。明万历年间，知县杨涟修复旧器，按式造新器，这就是《常熟县儒学志》所记乐器：麾幡一，柷一，敔一，琴四，瑟二，编钟十二，编磬十二，埙二，篪二，箫二，笙二，笛二，排箫二，搏拊二，楹鼓一，钟架一，磬架一，乐冠三十四，乐衣三十五，带履各三十五①。

清康熙五十五年（1716），颁中和韶学于直省，文庙奉诏更撰雅乐，舞生即有定额。雍正时期，朝廷又在全国颁行新的乐器图式，对孔庙丁祭用

① 《（康熙）常熟县志》中关于乐器的记载与此完全相同。

乐规制作出新的规定。乾隆三年（1738），督粮道姚孔鈵修复常熟文庙礼器，按制置备文庙祭祀乐器并立石文庙。祭祀乐器清单如下：

> 乐器：麾二面，黄缎彩画，升降二龙，连架、旌节二竿，雕龙衔须络两串，连架、琴四张，连琴床四张，瑟二张，连架四个、应鼓一面，连架、楹鼓一面，穿心有绸罩并须络四串，九层、连架、搏拊二个，连架、鼗鼓二个，连架、编钟十二口，连架一座、磬石十二块，连架一座、大钟一口，连架，此项系原有者。排箫二把，笙四只，箫四支，龙头笛四支，埙二个，篪二个，柷一座，连架、敔一座，连架、籥翟三十六个，雉尾全、佾生红缎服二十六件，月白布里、补子三十六副。①

从以上列举中可以看到丁祭的乐器大致均为传统乐器，也是中国古代祭祀普遍采用的乐器，因此丁祭所奏之乐是中国传统雅乐。同时，这些乐器进入丁祭场景，也就被赋予了特定的思想内涵。《常熟县儒学志》和《（万历）常熟县私志》中，都对这些乐器的形制和功能作了具体解说，其中包含着乐器的文化内涵。如翟："木为之，长一尺四寸，朱髹，柄端刻螭首，长五寸，涂以金。每翟用三雉尾掸于窍，舞生右手执之以舞。又按，籥所以为声，声由阳来，故执籥在左，左阳也，容自阴作，故秉翟于右，右阴也。"② 这就是翟在乐舞中的功能。

丁祭乐曲

祭孔音乐并非开始就有，南朝宋文帝元嘉二十二年（445），皇太子释奠孔子用乐奏登歌，是为释奠用乐之始。隋文帝仁寿元年（601），太子杨广上言下诏礼部尚书牛弘等创作雅乐歌辞。唐高祖武德九年（626），"始诏太常少卿祖孝孙、协律郎窦琎等定乐"，乃"制《十二和》，以法天之成数，

① 《详陈置备学宫礼器立案文》，见陈颖主编《常熟儒学碑刻集》，苏州大学出版社2017年版，第195页。

② ［明］姚宗仪：《（万历）常熟县私志》卷五《叙事》，广陵书社2016年版。

号《大唐雅乐》”。贞观中，协律郎张文收“以为《十二和》之制未备，乃诏有司厘定，而文收考正律吕，起居郎吕才叶其声音，乐曲遂备”。① 每一和即为一个乐章，配以不同的颂词，配合祭祀孔子的每个步骤同步进行。宋元大致沿袭于此，也有变化。明洪武六年（1373），朝廷颁布专祀孔子的《大成乐》，乐章参照唐《十二和》，用“六章六奏”式，基本确定了后世释奠礼“迎神、初献、亚献、终献、撤馔、送神”的基本架构。《（康熙）常熟县志》记述了文庙用乐之大略：“（万历）三十七年，令杨涟创复文庙雅乐（按，乐以昭德，非大成之乐，不足以祀至圣。宋高宗绍兴中，以祀文宣王大成乐舞，颁降肄习。元成宗大德中，令翰林撰乐章。明洪武中，命部详议大成乐，命制乐器颁学宫，俾诸生习之，以祀孔子）。常熟学之修建屡矣。惟杨令备大成之乐，以光祀典，可谓得尊圣之本焉。”② 其时常熟文庙丁祭即用此乐。《（万历）常熟县私志》记大成乐如下：

迎神（无舞），执麾者唱乐，奏咸和之曲：

大哉孔圣，道德尊崇。维持王化，斯民是宗。典祀有常，精神并隆。神祇来格，于昭圣容。

初献（有舞），执麾者唱乐，奏凝和之曲：

自生民来，谁底其盛。惟师名神，度越前圣。粢帛具成，礼容斯称。黍稷非馨，惟神之听。

亚献（有舞），执麾者唱乐，奏安和之曲：

大哉圣师，昊天生德。作乐以崇，时祀无斁。清酤惟馨，嘉牲孔硕。荐羞神明，庶几昭格。

终献（有舞），执麾者唱乐，奏景和之曲：

百王宗师，生民物轨。瞻之洋洋，神其宁止。酎彼金罍，惟清且嘉。登献惟三，于戏成礼。

撤馔（无舞），执麾者唱乐，奏咸和之曲：

---

① ［宋］欧阳修、宋祁：《新唐书·礼乐志》，中华书局1975年版，第460页、第464页。
② ［清］钱陆灿：《（康熙）常熟县志》，广陵书社2016年版，第10页。

牺象在前，豆笾在列。以享以荐，既芬既洁。礼成乐备，人和神悦。祭则受福，率遵无越。

送神（无舞），执麾者唱乐，奏鸾和之曲：

有严学宫，四方来崇。恪恭祀事，威仪雍雍。歆兹惟馨，神驭还复。明禋斯毕，咸膺百福。

望瘗（无舞，与前送神者同）。①

乐曲内容与祭祀进程一致，配合迎神、献祭、送神等进程，音乐从序曲展开，经过三次有节律的推进，达到高潮，又归于平静，体现着人神沟通过程。形式采用雅言，四言八句，铭文格调，易记易诵。清顺治十三年（1656），朝廷首颁国学释奠乐章，改“和”为“平”，仍用六章六奏式。康熙六年（1667），作《中和韶曲》，改成五曲七奏式。乾隆七年（1742），又改成“六章八奏”，名曰“昭平”“宣平”“秩平”“叙平”“懿平”“德平”。民国以后，祭孔乐章改为“和”，在1914年之前沿用清制，1915年3月后颁布新的祀典乐章，名曰“始和”“雍和”“熙和”“渊和”“昌和”“德和”。

丁祭乐舞

丁祭以文质彬彬的文德之舞容，合中正宽舒的雅颂之乐歌，以国之大典崇宣孔子的人格魅力及其伟大功绩。祭孔乐舞的表演者称为“舞生”，舞生在舞蹈时，右手执羽（翟），持羽（翟）取饰物以立容，左手执籥，以籥为舞具，取吹之器以立声。进退疾徐，变态离合，周旋中规，整齐严肃，动应节奏，皆各有其不同之仪态。左右开合各代表不同含义，每个舞蹈造型代表一字，歌声唱完一句，乐曲奏完一节，舞生正好完成一组动作。与音乐相似，丁祭中的舞蹈也是经过国家审定后颁行的，任何人不得擅自更改。乐、歌、舞三者配合于礼，是文庙丁祭的重要特征。在丁祭中，舞蹈并非从头到尾贯穿始终，而只是在祭祀的主要活动，即三献时才加入，并

① ［明］姚宗仪：《（万历）常熟县私志》卷五《叙学》，广陵书社2016年版。

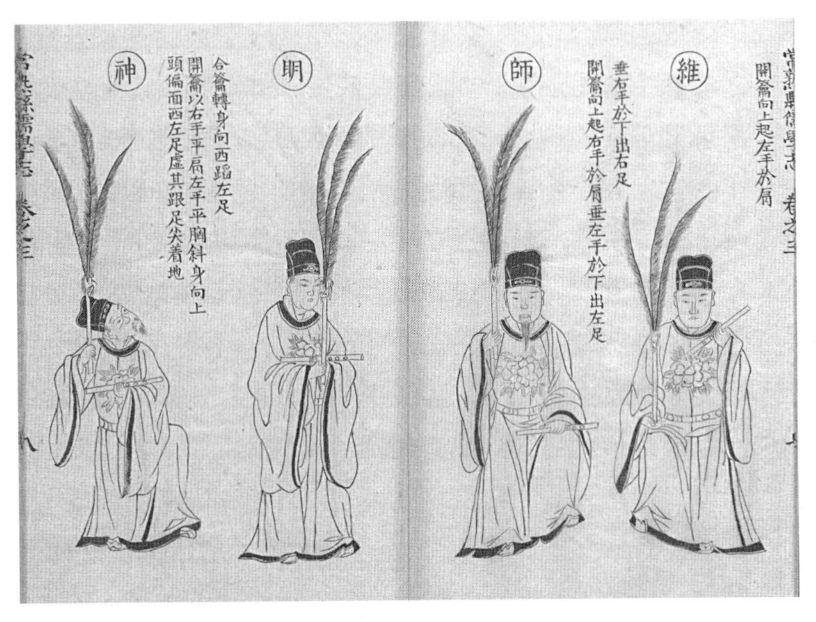

舞仪舞生装饰图例（载《常熟县儒学志》）

出现在初献到终献仪礼环节。常熟文庙丁祭时同样有乐舞加入，而且严格遵循国家定制。《海虞别乘》卷四《县令》中记，元至治二年（1322），由宿卫入宫的火失哈儿钦察氏为常熟州达鲁花赤，多有德政，“开松江，浚练湖，修大成乐，令学官课讲焉”①，秩满离任时，士民请汤弥昌撰《常熟州达鲁花赤钦察氏去思碑》，钦察氏后入祀常熟文庙名宦祠。这表明早在元代，常熟文庙丁祭就已行大成乐，且县令多有重视，特别加以修饬。“夫孔庙之祀，王礼也，即易衮冕而主之，而师之，礼仍王也。故国制乐人、舞人，各有常献，岂以海虞大邦而废坠不举。”“杨侯（涟）莅

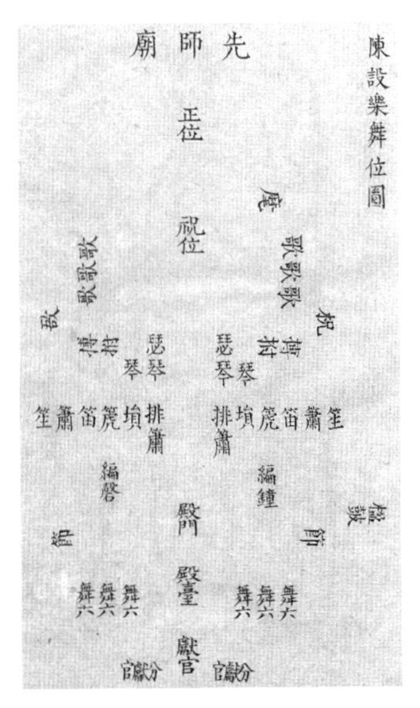

常熟文庙陈设乐舞位图（载《常熟县儒学志》）

① ［明］陈三恪：《海虞别乘》，上海科学技术文献出版社 2018 年版，第 78 页。

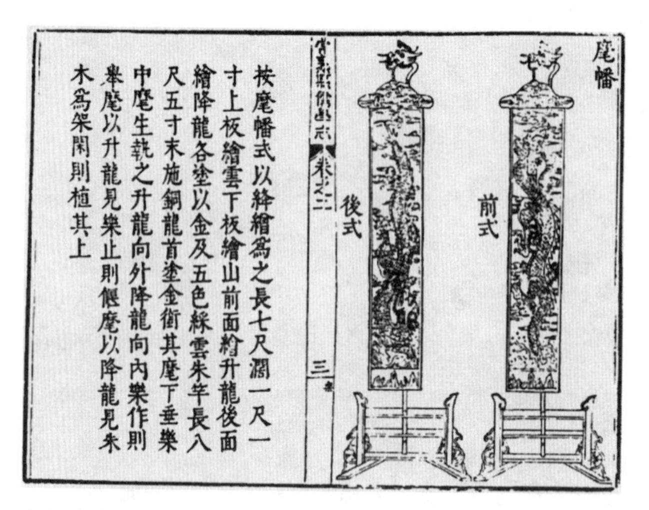

麾幡

前式

後式

常熟縣儒學志　卷之二　三

按麾幡式以絳繒爲之長七尺濶一尺一寸上板繪雲下板繪山前面繪升龍後面繪降龍各塗以金及五色綵雲朱竿長八尺五寸末施銅龍首塗金銜其麾下垂欒中麾生執之升龍向外降龍向內樂作則舉麾以升龍見樂止則偃麾以降龍見朱木爲架閑則植其上

常熟文庙祭祀乐器图：麾幡（载《常熟县儒学志》）

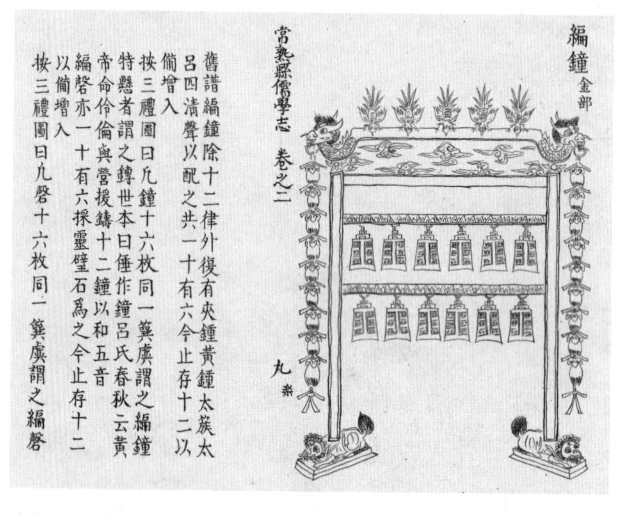

編鐘　金部

常熟縣儒學志　卷之二　九

舊譜編鐘除十二律外復有夾鐘黃鐘太簇太呂四清聲以配之共一十有六今止存十二以備增入

按三禮圖曰凡鐘十六枚同一簴虡謂之編鐘特懸者謂之鎛世本曰倕作鐘呂氏春秋云黃帝命伶倫與營援鑄十二鐘以和五音編磬亦一十有六採靈璧石爲之今止存十二以備增入

按三禮圖曰凡磬十六枚同一簴虡謂之編磬

常熟文庙祭祀乐器图：编钟（载《常熟县儒学志》）

止是邑，慨焉有感。乃按掌故寻故实，索久废之典而一新之，歌者在堂，舞者在庭……”① 清乾隆二年（1737），督粮道姚孔鈵有如此叙述：“同该二县（按：指常熟、昭文两县）挑选儒童一百二十五名，聘请府学教师，教之以声容，使高下抑扬，洽音而洽律；周旋俯仰，中矩而中规。本道于仲秋丁祭前日，再为陈设演试。几筵虡业之间，颇觉灿然可观。而佾礼诸童奏舞咏歌，各皆娴熟。承祭之日，凡骏奔在庙者，无不严肃忻忭，以仰承圣世尊崇先师之至意。”② 由此可见常熟文庙丁祭中的歌舞。

祭舞始于晋代文帝时，他诏令州县以春秋二仲月上丁释奠，设轩舞之乐，后世多因袭之。明宪宗成化十三年（1477），增祭孔乐舞为八佾，以皇

① 见《常熟县儒学志·乐舞志小序》，常熟市图书馆藏本。

② 《详陈置备学宫礼器立案文》，见陈颖主编《常熟儒学碑刻集》，苏州大学出版社2017年版，第195页。

帝用乐和祭祀天神礼仪的规格祭祀孔子。明世宗又恢复“乐用轩悬，舞用六佾”。常熟文庙在历史上多用六佾，明万历年间《常熟县儒学志·乐舞志》记“舞生总数”为三十六人，明确：“以上隶阴阳学，每年春秋二祭，阴阳官先六日督率舞生至学演习，每人日给工食银二分。”康熙年间，常熟文庙舞器是：旌节二，籥三十六，翟三十六，舞三十六，舞衣三十六，带履各三十六[①]。当然，配合六佾，常熟文庙丁祭还有乐生，总数为三十五人，包括司麾二人、司歌乐章六人、司大钟一人等等。

清宣统元年（1909），礼部传旨文庙大祀典礼，先师孔子升为大祀，崇圣祠增牛一太羹一，大成正殿加笾二、豆二，文德之舞八佾，并增武舞。《重修常昭合志》记曰：“宣统二年，拓建庭墀石栏，备八佾舞地。”[②] 关于如何落实八佾祭舞，《常熟文庙丁祭沿革记略》中有具体记载：“孔子升为上祀，典礼重隆超轶前代，所以正人心、维世教也。”但是实际进行中遇到了困难，六佾舞生三十六人，而八佾舞生则增至六十四人，其结果是：“孔子尊为上祀，乐舞应改八佾，所有羽籥、干戚、舞生冠服固须增置，且露台较狭，佾舞行列不敷分布，势必量为展拓，重新修筑，合之台上棚座、舞器、舞服等项，核实估计，需洋八百圆。”在官府拨款和民众捐资的共同努力下，常熟文庙终于完成丁祭用品的增置和月台面积的扩大，拓建庭墀石栏。宣统三年（1911），上丁春祭时诸项“灿然毕备”，常熟文庙开始采用八佾祭祀孔子。

---

① 此为《（康熙）常熟县志》所记，并记：以上乐器舞器，俱万历三十八年知县杨涟按式修造。

② 《重修常昭合志》，常熟市地方志编纂委员会办公室点校，凤凰出版社 2021 年版，第 304 页。

常熟文庙的育俊事业

生员的培养

教官的尽职

科举的盛奇

官学身份与古代科举的结合，赋予文庙在整个国家政治体系中的特殊地位。科举是取士，学校是养士，两者在早期并非自觉的结合。早在科举制度成形之前，就存在不知养士惟知取士的做法。汉董仲舒指出，“夫不素养士而欲求贤，譬犹不琢玉而求文采”，他建议设立太学，以培养人才，“故养士之大者，莫大乎太学；太学者，贤士之所关也，教化之本原也”。① 科举制早期，重取士不重养士。宋庆历年间，范仲淹针对“择人而不教”之弊，提出“精贡举”对策，主张“劝学育才”，令州县普遍建立学校，士子须在庙学学习后方许应举，这就赋予了文庙养士以供科举取士的功能。明清时期，朝廷规定学子必须先进文庙学习，然后才能走向举业和仕途。这是促成文庙学署发展的主要动力源泉。

常熟素称鱼米之乡，虞山福地，文献之邦，立足于此的庙学，在为科举培养人才方面业绩突出。明正统六年（1441），教谕赵永言说：“常熟子游故里，子游游圣门，以文学名科，礼乐为教。流风遗俗，犹有存者。师之处于是，知所以为教；弟子之游于是，亦知所以为学。将见英材出，人伦明，可以俪于古矣。”② 育俊美名流播，使常熟亦成为东南科甲盛奇之地。

---

① ［汉］班固：《汉书·董仲舒传》，中华书局1964年版，第2512页。
② ［明］赵永言：《重修常熟县儒学之记》，见陈颖主编《常熟儒学碑刻集》，苏州大学出版社2017年版，第57页。

生员的培养

常熟庙学育俊受到宋范仲淹、胡瑗的教育思想影响。范仲淹主张官学要培养治国安邦的经世人才，“读天下书，穷天下事，以为天下之用”，“皆能熟经籍之大义，知王霸之要略”。依此教育目标，教学内容重视“宗经”，认为“劝学之要，莫尚宗经。宗经则道大，道大则才大，才大则功大”①，即教育应以儒家经典培养经邦治国的人才，同时也应培养出一些具有专门知识、技能的实用人才。胡瑗把这阐释为“明体达用”的思想，其义即刘彝所说：“圣人之道，有体有用有文。君臣父子、仁义礼乐历世不可变者，其体也；《诗》、《书》、史、传、子、集垂法后世者，其文也；举而措之天下，能润泽斯民归于皇极者，其用也。”② 这就是范仲淹、胡瑗教育思想的核心。依此思想，胡瑗因材施教，创立“苏湖教法”，主要是分斋即分科教学。胡瑗分设经义、治事两斋，

宋初苏州府学教学内容表

科目	内容			
	文	策	帖经	墨义
进士	诗、赋、论文各一首	五道	《论语》十帖	《春秋》或《礼记》十条
九经			帖书一百二十条	墨义六十条
五经			帖八十条	墨义五十条
三礼				墨义九十条
三传				墨义一百一十条
开元礼				墨义三百条
三史				墨义三百条
学究				墨义毛诗五十条，《论语》十条，《周易》《尚书》各二十五条，《尔雅》《孝经》共十条
明法				律令四十条兼经墨义五十条

（表格来源：杨镜如《苏州府学志》，苏州大学出版社 2013 年版）

① ［宋］范仲淹：《上时相议制举书》，见《范仲淹全集》四川大学出版社 2007 年版，第 237 页。

② ［清］黄宗羲：《黄宗羲全集》第三册《宋元学案·安定学案》，浙江古籍出版社 1986 年版，第 57 页。

选择学生分别入斋学习。这一教学法，世称“安定学法”，宋仁宗下诏在全国推广，其后元、明、清三代，基本沿用这一教法和学法。范仲淹、胡瑗的教育思想和教学举措，在全国影响深远。常熟庙学就是在此特定的教育思想背景下建立起来的。

宋端平年间，知县王爚仿效范仲淹创办府学并重建文庙，重建后的庙学推行范仲淹的教学改革。明洪武八年（1375），文庙建先贤祠，祀范仲淹、胡瑗、王爚，彰表范仲淹等的开创之功。明永乐二十一年（1423），知县傅玉良撰《科举题名记》，肯定了范公改以经义取士的功绩：“明经、进士诸科，得人之盛，彬彬济济，功名事业，照映简策千古，令人歆羡。”① 明天顺三年（1459），知县唐礼重修吴公祠，又以范仲淹等从祀吴公，礼部尚书李杰撰记。明成化二十二年（1486），常熟文庙言子专祠东移重建，正殿三楹祀先贤言子，两庑还是以范仲淹等从祀。明孙继有撰《詹先生去思碑》，首先说当时被称为“海滨两先生”者，即娄江有常先生，常熟有詹（仰圣）先生。孙继有说常先生“其教大都循安定之轨而通之以时。诸士子严事而则效之，礼让彬彬，亦无异胡公弟子”，接着便肯定常熟县学詹仰圣以胡瑗为楷模：“其师模遗泽，何逊安定哉？”② 这就说明，当时庙学普遍按安定之轨育俊，常熟庙学也不例外。常熟除文庙祀范公外，庙外还有范文正公祠，旧在县治西南之衮绣坊。明弘治中，知县杨子器重建，经兵燹复废。清顺治年间，改建于翼京门外按官亭，粮守道马逸姿有记。咸丰十年（1860）废。光绪年间又建，祀田三百亩有奇。由此可见，范仲淹兴学的功绩，常熟世代铭记；胡瑗为师的榜样，常熟始终敬仰。范公和胡公的教育思想始终影响着常熟庙学的育俊事业，正如邑人钱谦益所说：苏州之学自胡安定以来，“一以经术为本，师以此教，弟子以此学”③。

---

① ［明］傅玉良：《科举题名记》，见陈颖主编《常熟儒学碑刻集》，苏州大学 2017 年版，第 49 页。

② ［明］孙继有：《詹先生去思碑》，见陈颖主编《常熟儒学碑刻集》，苏州大学出版社 2017 年版，第 304 页。

③ ［清］钱谦益：《苏州重修学志序》，见柳诒徵《江苏书院志初稿》，江苏教育出版社 1995 年版，第 33 页。

有意思的是，常熟文庙把范仲淹与言子联系起来，视他们为后贤与先贤的关系。孔子办教育是要培养体现儒家道德理想并付诸政治实践的君子，言子是杰出代表。明乡贤瞿景淳说："吴公之文学，盖笃其实，非徒饰空言者"，"世有豪杰之士，必有不安于科举之习，而以操履为重者"。① 明硕儒侯先春认为，言子入孔子之室，"列文学首科，沉湎于礼乐文章者。既反，始以弦歌之教默化武邑，继以弦歌之教归化其乡"②。这都强调了言子既精于礼乐又有治国安民大才，是"君子人才""豪杰之士"。因此，常熟庙学以此作为育俊宗旨，期望"是邦才俊继出，见用于世，文章政事，后先争光"③。这是常熟庙学人才培养的基本特征。

从孔子的人才思想，到言子的豪杰乡贤，再到范仲淹、胡瑗的教育思想，是一脉相承的，这是常熟庙学育俊的教育思想，也是常熟文庙的优良传统，更是常熟文脉的重要特征。

严谨的训练

学校的教学内容，同科举考试内容紧密相关。范仲淹提出教以经济之业，取以经济人才，科举要重实学，"以策论高辞赋""先策论后辞赋"，要重经义，罢弃贴经、墨义，也就是重视儒家经义教学，以经义和时务为主。经义主要指六经，时务主要指治民、武学、水利、算历等。南宋时，程朱学说，尤其是集理学大成的朱熹学说，成为府学、县学的主要教学内容。朱熹直接说："圣人教人有定本。舜'使契为司徒，教以人伦：父子有亲，君臣有义，夫妇有别，长幼有序，朋友有信'……皆是定本。"④ 他把以上列为"五教之目"，是儒学教育的不二"定本"，认为"古昔圣贤所以教人

---

① ［明］瞿景淳：《重建文学书院记》，见陈颖主编《常熟儒学碑刻集》，苏州大学出版社2017年版，第294页。

② ［明］侯先春：《虞山书院弦歌楼记》，见杨载江《言子春秋》，上海交通大学出版社1992年版，第295页。

③ ［明］李贤：《重修吴公祠堂记》，见陈颖主编《常熟儒学碑刻集》，苏州大学出版社2017年版，第63页。

④ ［宋］黎靖德：《朱子语类》，崇文书局2018年版，第98页。

为学之意，莫非使之讲明义理，以修其身，然后推以及人”①。元代中期，程朱理学被确定为科举取士的标准，科试规定在朱熹所定“四书”内出题，传注亦以朱熹《四书章句集注》为准。同时规定科举考试先策次论再诗赋，并以各级学校教育内容为本。这也就决定了常熟庙学的教学内容，主要是“四书”“五经”，此外是《文章正宗》《资治通鉴纲目》《大学衍义》《性理大全》《历代名臣奏议》等，满足科举考试的需要②。此外，常熟庙学在元代还曾设阴阳学、蒙古字学等科。

明永乐年间编撰了《四书五经全书》，成为全国统一教材，庙学以经学、经义为教学主要内容，适当学习射艺、数学、文学、古琴等课程。明正统十三年（1448），常熟文庙新建尊经阁，吴讷为之撰写碑记，说到了当时常熟庙学的教学内容：

> 洪惟圣朝太祖高皇帝诞膺天命，以儒术化成天下。即位之初，诏天下立学，遴选儒师，训迪子弟；厥后设科取士，以《四书五经》为主，本其《四书集注》《诗集传》《周易本义》，《书》订定《蔡氏传》，率皆朱子之说。迨太宗文皇帝命儒臣纂辑《大全》，凡悖朱子者弗录……凡天地阴阳事物之理，修齐治平之道，礼乐选举食货兵刑之制，靡不备著于中。昔之为师者，以是为教。学之者，以是为学……则今之为师为弟子者，其可不以朱子之言，为法为戒，以无负国家建学毓贤之意乎？③

吴讷说自己年届八十，离职归乡，笔砚久废，但现在答应撰记的原因是：“尽悃愊以告乡邑后进，俾勿悖先圣贤之训也。”从这种谆谆告诫之中，可

① ［宋］朱熹：《白鹿洞书院揭示》，见《朱子全书》第24册，上海古籍出版社、安徽教育出版社2002年版，第3587页。

② 元代科举考试内容：第一场内容，一则明经经疑二问，由“四书”内出题，答案以朱熹的《四书章句集注》为准，二则经义一道，以《诗》《书》《礼记》《易》《春秋》出题，任各治一经；第二场在古赋、诏诰、章表三种内任科一道；第三场是试策一道，由经史时务内出题，文取直述。

③ ［明］吴讷：《常熟县儒学新建尊经阁之记》，见陈颖主编《常熟儒学碑刻集》，苏州大学出版社2017年版，第59页。

以了解当时生员在学的学习内容，教官在校的教授情况。清代常科（文科）考试内容是：乡试第一场试书艺三道，论一道；第二场试经艺四道，五言八韵排律一首；第三场试时务一道。解经标准为："四书"以朱子集注为主，《易经》以程朱二传为主，《诗经》以朱子集传为主，《书经》以蔡（沈）氏传为主，《春秋》以胡（安国）氏传为主，《礼记》以陈澔集说为主。① 常熟庙学即根据科举考试的要求，组织安排教学内容，除"四书""五经"外，还有《资治通鉴纲目》《大学衍义》《性理大全》等教学内容。

当时"四书""五经"教学的具体情形，可以元《庙学典礼》中的文字说明：

> 课试。每月，儒生五十岁以下者，各供月课，孟月经赋，仲月论，季月经疑、史评。今取具到各处合供课儒人花名，开坐于后：路学总计六十四名，治经儒人二十六名，治赋儒人三十八名。大学生员课试，三十岁以下者，各各坐斋读书，延请讲书训诲，每日每习。课业：一、六，本经经义，破题承冒，赋破一韵；二、七，本经经义，小经义，赋省题诗；三、八，经、赋同律诗一首；四、九，经、赋同古诗一首；五、十，经、赋同《语》《孟》口义。食后出课，习字说书，午前读书，午后供课呈教授，晡后书名会食，课办方许放学。②

这是元代以朝廷颁降的方式对庙学课试内容和安排作出明确而具体的规定，并形成教学"定式"③，我们由此了解到了当时庙学经义教学情形。

在常熟文庙碑记中，也有庙学教学情形的具体记载。如明万历年间，许成器以举人来任教谕，离任时知县赵国琦撰《许先生去思碑》立于文庙，说道："公之傅虞也，士月有课，岁有程，考德咨行，言宗六经，谊先孝弟。好植洁修者则亟为奖引，高文丽藻者则勤施齿牙。沃良材以茎露，披

---

① 杨镜如：《苏州府学志》，苏州大学出版社 2013 年版，第 40 页。

② ［元］佚名：《庙学典礼》，王颋点校，浙江古籍出版社 1992 年版，第 109-110 页。

③ 元唐泳涯《平江路常熟州重修庙学之记》记常熟知州韩居仁的话："国家崇重学校，诏书每下，必以作养后进为第一义。今兹大学课讲已有定式。"见陈颖主编《常熟儒学碑刻集》，苏州大学出版社 2017 年版，第 35 页。

庶品以春风。博同心于埙篪，镕跃铁于炉冶。可谓不汰秕滓，自出菁华。”①明万历元年（1573），赵用贤在《常熟县学三先生遗泽碑》中说：“三先生先后之辙迹不齐，陶钧之体致则一。方其公堂日讲，私试月评，不专以文艺也。盖检柅乎邪心，抑防闲乎非习。开群蒙而圣贤之旨明，寂众听则经传之疑释。”② 由此可见，常熟县学教谕的教学内容及教学态度。

由于宋元以后规定经义阐述以朱熹集注为准，文章需要采用八股格式，到清代，诗作必用经、史、子、集或前人诗句，律诗须得遵循种种格律，因此生员学习紧张，教官训练严谨。《（嘉靖）尉氏县志》有生员为学作息时间：侵晨，讲明经史、学律；饭后，学书、学礼、学乐、学算；未时，学习弓弩、教使器棒。此外，若有余暇，愿学诏、诰、表、笺、疏、议、碑、传、记的，听从其便。可见生员学习任务之繁重。常熟庙学应该也是如此。

严苛的管理

庙学教学管理严格，参加考试是常态，有月考、季考等。“学宫月课，郡邑季课，加之劝率，督学宪司岁一试，乡省三岁一大试”③，考试名目众多。还有学政案临的岁科两试，一般而言，丑、未、辰、戌为岁试之年，学政案临各地，召一府生员集中进行考试，从童生中选出生员，或考察生员，划分生员等级。生员分为六等，即廪膳生员、停廪生员、增广生员、附学生员、青衣生员、发社生员。生员岁考成绩优异者，可依次补廪膳、增广生员等④，成绩差者则停廪降增、增降附、附降青衣，甚至贬黜为民。科试，一般在寅、申、己、亥之年，科试成绩在一、二等者，可以录送乡

① ［明］赵国琦：《许先生去思碑》，见陈颖主编《常熟儒学碑刻集》，苏州大学出版社 2017 年版，第 305 页。

② ［明］赵用贤：《常熟县学三先生遗泽碑》，见陈颖主编《常熟儒学碑刻集》，苏州大学出版社 2017 年版，第 129 页。

③ 转引自陈颖主编《常熟儒学碑刻集》，苏州大学出版社 2017 年版，前言第 4 页。

④ 进入府、州、县学的廪生为公费生，增生、附生为自费生。进入中央办最高学府国子监作贡生或监生。所有这些人统称生员，又称秀才。

试，参加更高一级的科举考试。据《虞邑科名录》载，嘉靖一朝46年，学政官共主持岁科两试21次，大多案临一地，在苏州、昆山、常熟、宜兴等地主持考试，而且将生员考试划分六等，依等次进行奖罚。

庙学日常管理同样也很严苛。元《庙学典礼》明确学校“六事”是：定建学之规，以正风俗；立养士之法，以育人材；设课试之程，以考行艺；黜浮薄之文，以明经理；隆乐善之礼，以崇有德；严教道之责，以劝小学。对生员日常管理如：

> 肄业儒生，朔望并须诣学陪拜听讲。如无假故不到者，仰学官检举议罚。前件议得：在籍儒人，凡遇朔望，不犯红日，并须诣学，亲笔书名，陪拜听讲，雍容就列，不得喧哗。如有事故者，先期具状，经教官给假，附簿以凭稽考。或未经请假，妄称事故而不赴学者，从举事检举，具呈教官，依例行罚。
>
> 每月课试之法，合照旧例，计其分数，逐月载籍，终岁考其优劣，以定殿最……儒人课试，拟每月从教官出题，或赋论、经义、史评之类，在籍诸生，各供本经全篇，每五卷约取一名，照旧例魁名三分，亚名二分，又次名一分半，通榜者各一分，教官考校，逐月载籍，岁终计其分数，以考优劣。如十二试积及十分者，次年正月内，从教官申请本路文资正官、廉访司官诣学，集及分儒生帘引文义通畅者，取首名保申上司，以备岁贡，其余籍记姓名。所有十二试俱黜者，降供一季，发付本学训诲，逐日在斋习读，伺降供满日，再行引试，中格许令回参。其连三月不试者，从教官议罚。
>
> ……将朔日题目讲说。三次文理不通者，拟降供一季，发付本学教导训诲，再行习读，伺降供满日，引上复念讲说，文理通者，许令回参，不通者，从学官议罚。①

以上这些规定，均为朝廷直接制定，下颁地方庙学执行。虽然常熟庙学的

---

① ［元］佚名：《庙学典礼》，王颋点校，浙江古籍出版社1992年版，第98-100页。

具体规定无考，但其基本教学管理和生员日常管理应该也是同样严苛的。

严格的要求

生员在学能够得到国家的优待。元代规定，对于在籍秀才，“做买卖纳商税，种田纳地税，其余一切杂泛差役并行蠲免。所在官司，常切存恤”①。读书人取得生员资格后，即受国家优遇，异于齐民，清代规定“违犯禁令，小者府、州、县行教官责惩，大者申学政，黜革后治罪。地方官不得擅责”②。朝廷强调保护庙学安宁，给庙学提供良好的学习环境。元代连续发出诏书，诏书今仍留存在常熟文庙之内。如元中统二年（1261）有文：“宣圣庙，国家岁时致祭，诸儒月朔释奠，宜恒令洒扫修洁。今后禁约诸官员、使臣、军马，无得于庙宇内安下，或聚集、理问词讼及亵渎饮宴，工匠官不得于其中营造，违者治罪。”③ 常熟文庙把以上禁约刻碑，立于戟门右，并保存至今，现存于文庙礼门。

同时，朝廷又对生员严加训诲。如从明代开始，常熟文庙明伦堂立有礼部《生员禁约十二则》④，禁约涉及教育和管理诸多方面。如“军民一切

明《生员禁约十二则碑》，此碑原在常熟文庙明伦堂。

① 见《宣圣庙禁约》，此碑原在常熟文庙戟门右，现存文庙礼门。见陈颖主编《常熟儒学碑刻集》，苏州大学出版社 2017 年版，第 25 页。

② ［清］赵尔巽：《清史稿·选举志一》，中华书局 1976 年版，第 3118 页。

③ 《宣圣庙禁约》，见陈颖主编《常熟儒学碑刻集》，苏州大学出版社 2017 年版，第 25 页。

④ 此即明洪武十五年（1382）钦定卧碑。明确：“前件事理，仰一一讲解遵守。如有不遵，并以违制论。”“钦奉敕旨，榜文到日，所在有司，即便命匠置立卧碑，依式镌勒于石，永为遵守。右榜谕众通知。”见《常熟县儒学志·碑文志》，常熟市图书馆藏本。

利病，并不许生员建言。果有一切军民利病之事，许当该有司，在野贤人、有志壮士、质朴农夫、商贾技艺皆可言之，诸人毋得阻当。惟生员不许”。如“为学之道，自当尊敬先生。凡有疑问及听讲说，皆须诚心听受。若先生讲解未明，亦当从容再问。毋恃己长，妄行辩难，或置之不问。有如此者，终世不成”。如“提调正官，务在常加考较。其有敦厚勤敏，抚以进学；懈怠不律，愚顽狡诈，以罪斥去。使在学者皆为良善”。① 清代，文庙立有嘉庆谕旨碑《严禁士子闹学碑》，要求士子安分守法，不得出入公门，干预非分：“士林为风化所关，待之优，正以责之厚。”② 文庙在尊经阁后建有御制箴碑亭，立明嘉靖皇帝御制敬一箴碑，两旁是圣注程颐视听言动四箴碑和圣注范浚心箴碑。《视箴》明确：“心兮本虚，应物无迹。操之有要，视为之则。蔽交于前，其中则迁。制之于外，以安其内。克己复礼，久而诚矣。”《听箴》明确：“人有秉彝，本乎天性。知诱物化，遂忘其正。卓彼先觉，知止有定。闲邪存诚，非礼勿听。”

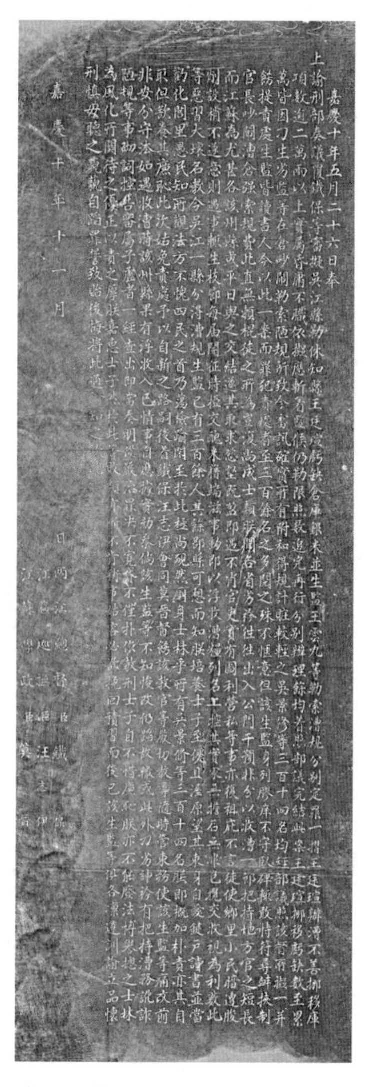

清《严禁士子闹学碑》，此碑原在常熟文庙明伦堂。

---

① 《生员禁约十二则》，见陈颖主编《常熟儒学碑刻集》，苏州大学出版社 2017 年版，第 42-43 页。

② 黄炜：《〈清实录〉科举史料汇编》，武汉大学出版社 2009 年版，第 624 页。又，清顺治年间，礼部再次要求学校刊立钦定卧碑，晓谕生员。曰：“朝廷建立学校，选取生员，免其丁粮，厚以廪膳，设学院、学道、学官以教之，各衙门官以礼相待，全要养成贤才，以供朝廷之用。诸生皆当上报国恩，下立人品。”然后具体开列八项教条，作为生员行为规范。见陆雪梅主编《儒学碑刻》，古吴轩出版社 2012 年版，第 138 页。

《言箴》明确："人心之动，因言以宣。发禁躁妄，内斯静专。矧是枢机，兴戎出好。吉凶荣辱，惟其所召。伤易则诞，伤烦则支。己肆物忤，出悖来违。非法不道，钦哉训辞。"《动箴》明确："哲人知几，诚之于思。志士厉行，守之于为。顺理则裕，纵欲惟危。造次克念，战兢自持。习与性成，圣贤同归。"如果说禁令是制止，而箴碑则是鼓励，两者相辅相成，体现了朝廷对于庙学生员的素质要求，其目的是培养能够担当起经世致用的豪杰之士。

清乾隆四十五年（1780），两江总督萨载等将雍正五年（1727）会试举人谢恩折之批谕勒石（称《谕正士习碑》），立于各地文庙，使之成为各地州、县学士子自尊自律和教师培养学生的座右铭：

清《谕正士习碑》，此碑原在常熟文庙明伦堂。

朕待天下，惟有一诚，而崇儒重道之心，尤为笃切。但所崇者，皆真儒所重者，皆正道。若徒尚虚文，邀取名誉，致贻世道人心之害，朕不忍为也。尔等读书之人，实四民之所观瞻，风俗之所维系，果能诵法圣贤，躬修实践，宅心正直，行己端方，则通籍于朝，必能为国家宣猷树绩，膺栋梁之选。即退处乡间，亦必能教孝劝忠，为众人之坊表。故士习既端而人心尚有不正，风俗尚有不淳者，无是理也。尔等既感朕恩，即当仰体朕心，恪遵朕训，争自濯磨，或出或处，皆端人正士，为国家所倚赖，如此方为实以报效，不在感恩奏谢之仪文也。①

这是朝廷对县学人才培养的具体要求。常熟文庙把此御旨刻碑，立于明伦堂内，体现了明确的价值导向。常熟文庙以国家对人才的期望为据，重视生员的道德素质培养，重视庙学的教育教化功能。

严肃的祭仪

庙学同普通学校的不同之处，就在于学庙一体，庙的祭祀也是学的教育。从空间来说，在庙学中，生员得以与圣贤、先哲、先儒、名宦、乡贤同处，这些人物能够引起生员的齐贤之心。从时间来说，生员经常参加庙学的祭祀活动，而祭仪能够令人肃然起敬。“敬”是儒学的关键词，《论语·子路》曰：“居处恭，执事敬，与人忠。虽之夷狄，不可弃也。”② “执事敬”即以“敬”为人事之本，“敬以摄心，则收敛向内，而攀缘驰骛之患可渐祛矣；敬以摄身，则百体从命，而威仪动作之度可无失矣”③。可见，祭祀对于生员的思想品德和素质培养意义重大。

常熟庙学供奉对象较多，祭祀活动频繁。除每年规模宏大的春秋丁祭外，还有平时的种种祭祀活动，从入学的释菜礼到应考的宾兴礼，从祭孔典礼到拜师礼仪再到朔望祭祀，可以说祭祀贯穿生员学习生活始终。在文庙碑记中，也有生员参加祭祀活动的记载。如丁祭时，除了正献官、分献官外，其他执事均由庙学生员担任，亲身参与如此宏大的祭祀活动，对生员来说是一次精神洗礼。乡饮酒礼的座次严格遵照阴阳五行方位与长幼、尊卑关系安排，各种物品陈设更是有着明确的规定。行礼从迎宾、升堂、入席、落座到读律、宴饮、礼毕送客都有程序规定，体现礼仪教化的效果。乡饮酒礼，则规定由老成生员充任引赞、读律、司钟、司鼓等，这对生员

---

① 《谕正士习碑》，见陈颖主编《常熟儒学碑刻集》，苏州大学出版社 2017 年版，第 246 页。
② ［宋］朱熹：《四书章句集注》，浙江古籍出版社 2013 年版，第 114 页。
③ 马一浮：《复性书院学规》，见《马一浮集》（第一册），浙江古籍出版社、浙江教育出版社 1996 年版，第 109 页。

来说是重要的教育活动。乡射礼则规定，“赞礼以老成生员及熟于礼者为之”①。此外，生员平时也会参与各种祭祀，如顾云程在《潜白黄公去思碑》中记载：“每月朔望，师南面，弟子北面，雁行一堂之上而揖逊之，鱼鱼雁雁，冠裳甚都。诸士又莫不肃然自庄，兢然自检。曩日喧嚣不共与踣敝不振之习，洗刷殆尽。”② 礼仪对人的养成教育成效明显，庙祭在培养人才方面的潜移默化作用不容忽视。

教官的尽职

范仲淹改革教育，首重立学后的教师选择。他提倡明师执教，经实并重，并把“师道”作为教育的重心。他说：“今诸道学校，如得明师，尚可教人六经，传治国治人之道。”他推荐胡瑗就是因为他“志穷坟典，力行礼义”，“不惟讲论经旨，著撰词业，而常教以孝弟，习以礼法，人人向善，闾里叹伏”。③ 这就为庙学择师指示了方向。元代袭此思路择师。元初有旨：“今来名儒凋丧，文风不振。所据民间应有儒士，都收拾见数。若高业儒人，转相教授，攻习儒业，务要教育人材。”中统二年（1261）八月圣旨：“今拟选博学洽闻之士以教导之，据某人可充某处提举学校官。凡诸生进修者，仍选高业儒生教授，严加训诲，务要成材，以备他日选擢之用。”同时明确：“若有已设教授，乞行下各路体究，委是德行学问、通晓文字、可以为后进师范之人，拟令委保申省，依旧勾当。如体究得不应，及阙员去处，令各处官司，取问众儒人推举保申，体究相应，许令勾当。”④ 其意是起用

① ［明］杨子器、桑瑜：《（弘治）常熟县志》卷二，广陵书社 2016 年版，第 80 页。

② ［明］顾云程：《潜白黄公去思碑》，见陈颖主编《常熟儒学碑刻集》，苏州大学出版社 2017 年版，第 306 页。

③ ［宋］范仲淹：《范文正公政府奏议》，见《范仲淹全集》，四川大学出版社 2007 年版，第 529 页、第 615 页。

④ ［元］佚名：《庙学典礼》，王颋点校，浙江古籍出版社 1992 年版，第 9 页、第 12 页、第 14 页。

硕儒担任学校教授，以培养经世人才。据《清会典》，雍正元年（1723），朝廷提出担任州县学的教师必须“学优行端者”。

常熟文庙重视师资队伍建设。明初正统年间，县令郭南和教谕赵永言把彭勖的《教官箴》刻碑立于明伦堂前。《教官箴》曰：

> 司教之职，犹器之型。型端器正，教立学兴。其教维何，四书经史。熟读其词，讲明其理。理明词熟，落笔成文。致之于用，靡效不臻。曰严曰勤，维教之则。严以警惰，勤乃有得。我身克治，其伊敢违。敬服斯语，吾道是辉。①

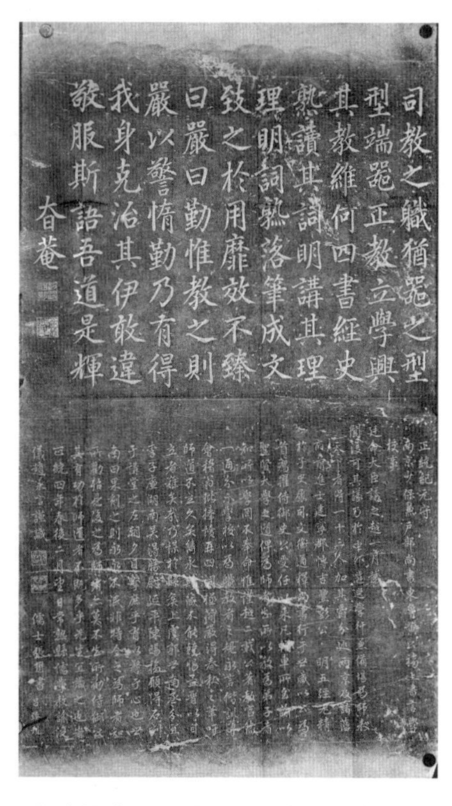

《教官箴碑》，原在常熟文庙明伦堂前。

赵永贤在跋中说：“永言偕训导会稽翁玭，捧读再四，词极简严，得春秋之笔。吁，师道不立久矣，隽永斯箴，不能兢惕，益晋以自立者以，难矣哉。乃谋于县侯上虞郭世南、丞分宜李子廉、湖南吴得胜、尉延平陈赐福，愿得石刻于讲堂左，朝夕目击，庶乎有以警于心也。世南曰：‘果刻之，则永永不泯，非特今之为师者知所劝，殆见后之为师者亦莫不知所劝。’”② 这里突出的是教师的道德素养，延续了宋元以来庙学教师队伍建设思路。明万历年间，知县杨涟重修庙学，李维桢为撰碑记，正面阐述了“师道”的理论观点，值得我们重视：

① ［明］赵永言：《跋彭勖教官箴》，见陈颖主编《常熟儒学碑刻集》，苏州大学出版社 2017 年版，第 301 页。

② ［明］赵永言：《跋彭勖教官箴》，见陈颖主编《常熟儒学碑刻集》，苏州大学出版社 2017 年版，第 301 页。

是师道也，俭于位，寡于欲，有恻怛之爱，有忠利之教，有父之尊，有母之亲。是师道也，亦亲道也。天地之道，寒暑不时则疾，风雨不节则饥。教者，民之寒暑也，教不时则伤世；事者，民之风雨也，事不节则无功。天佑下民，作之君，作之师，王者建国，君民教学为先，教时而事节。是师道也，亦君道也。夫道也，行一物而众善，皆得唯令而已。其兴学作士之谓也。①

这里突出了言子学道爱人、弦歌之治的思想，回到儒家“师道”原点，强调庙学教官爱民，重视师德素质，体现了常熟庙学一以贯之的重师道要求。

在对教师素养要求明确以后，历代统治者给予教师较高的优待。关于教职设置，元代规定：散府，教授二员，钱粮官一员，学录、学正各一员，斋长、谕各一员。县学，教谕二员，钱粮官一员，斋长、谕各一员。② 关于教授品阶：各路作正八品，散府、上中州作从八品。③ 关于学官职俸：诸州、散府教授，月请粮米五石，钞五两。学正一员，月请粮米三石，钞三两。学录一员，直隶行省去处，受本路付身，如宣慰司所辖，受宣慰司札付，月请粮米二石，钞二两。直学一员，月请粮米一石，钞一两。县学教谕，许设二员，月请粮米一石五斗，钞一两五钱。④ 常熟在元代设州，明初恢复设县，因此元代设教授职，明代设教谕职。教授、教谕、训导均为政府官员系列。此外，县学还有其他教育管理人员，如学正、学录等。明代常熟庙学的学官职数和廪禄见《常熟县儒学志·廪禄志》：

官三员：教谕一员，训导二员，每员一年俸粮三十六石，遇闰月各支俸粮三石，每员一年支斋夫银二十四两，遇闰月各支银二两，每员一年支雇马银九两，每员一年支膳银五两二钱一分七厘四毫……按

① ［明］李维桢：《常熟县重修儒学尊经阁并厘复祀典创置学田记》，见陈颖主编《常熟儒学碑刻集》，苏州大学出版社 2017 年版，第 157 页。

② ［元］佚名：《庙学典礼》，王颋点校，浙江古籍出版社 1992 年版，第 17 页。

③ 元至正十九年（1359），常熟庙学陈聚教授离任，邑人张著有送行序，曰：“常熟为吴属州，旧设教授，八品，与郡府等。”见龚立本编次《（崇祯）常熟县志》，凤凰出版社 2021 年版，第 168 页。

④ ［元］佚名：《庙学典礼》，王颋点校，浙江古籍出版社 1992 年版，第 32 页。

大明会典，正统元年奏准，各处教谕训导见支一石五斗及一石者，俱增为二石，余折钞。其师生米见支一石者，照旧见支五斗增为一石。

明《（弘治）常熟县志》记：“儒学教谕一员，实受月俸三石，试职一石五斗；训导二员，每员实受月俸三石，试职一石五斗。”[①]《重修常昭合志》记：“明制，教谕一员，训导二员，生徒始有定额。清康熙三年，裁训导。十五年，复设一员。雍正四年，析县，以训导隶昭文。”[②]

朝廷还以诏令维护师道尊严。明洪武十五年（1382），礼部钦依出榜《生员禁约十二则》，其动因即是：“近年以来，诸府州县生员父母有失家教之方，不以尊师学业为重，保身惜行为先，方知行文之意，眇视师长，把持有司，恣行私事。少有不从，即以虚词径赴京师，以惑圣听。或又暗地教唆他人为词者有之。”其旨在尊师重教，以德育人。其中多有尊师条文。如第一条，生员“若非大事，含情忍性，毋轻至公门”。第五条，“为学之道，自当尊敬先生。凡有疑问及听讲说，皆须诚心听受。若先生讲解未明，亦当从容再问。毋恃己长，妄行辩难”。第六条，“为师长者，当体先贤之道，竭忠教训，以导愚蒙。勤考其课，抚善惩恶，毋致懈惰”。第七条，“提调正官，务在常加考较。其有敦厚勤敏，抚以进学；懈怠不律，愚顽狡诈，以罪斥去”。[③]禁约强调尊重教师，强调师德行为，其意均在维持正常的教学秩序，维护教师的管理责权，具有强烈的现实意义。常熟文庙将此碑镌刻后置明伦堂，以示教育神圣，教师神圣。

来到常熟庙学任教的教官，一般都有较好的道德素养。《（崇祯）常熟县志》卷五“宦绩”记教谕詹仰圣时说：“课士勤恳，好修之士，俱蒙奖借，有负屈者，即与白之公庭，而禔躬耿介，不可干以私。”并由此说开去曰：“公之前有陈德者，植竹于堂，曰‘留竹堂’，训导白煌葺‘双桂堂’，

---

① ［明］杨子器、桑瑜：《（弘治）常熟县志》卷三，广陵书社2016年版，第48页。

② 《重修常昭合志》，常熟市地方志编纂委员会办公室点校，凤凰出版社2022年版，第310页。

③ 《生员禁约十二则》，见陈颖主编《常熟儒学碑刻集》，苏州大学出版社2017年版，第42-43页。

陈伦建'三友堂'，俱有声嘉靖中。"① 詹仰圣于万历十一年（1583）来学担任县学教谕，孙继有撰《詹先生去思碑》，高度评价其在常熟期间的教学生涯。在他之前有教谕陈德，正德八年（1513）任，植竹居处，秩满离任，据竹而叹："吾愧无以遗之诸生，其所遗竹者而已"，因此题名教谕宅为"留竹堂"，邓韨撰《留竹堂记》，肯定陈德之品格："今观先生之名堂，是不以其官自名，而歉然若有不及。姑即寓于物者以自居，即如诸君之所述其宦业，信有余地矣。虽为逊，夫安得而掩之？"② 训导白煌，嘉靖二十一年（1542）到任，即教化风行，修建斋舍，并植丛桂，以发登科之祥。白煌"性行刚方，仪度端雅，重礼教，惇孝义，素蕴经世之学，日与诸生讲解要义，恳恳焉体认真切至。选其尤者数十辈，期月再试，以稽其功。辨辞察理，以纯其学。而士多造就焉"，因此，邑之大夫请人匾其所居之堂曰"双桂堂"，周光宙撰《双桂堂记》。③ 后又有训导陈纶，嘉靖二十五年（1546）到任，在训导居处植松、竹、梅，并以三者比德律己。陈纶自撰《三友堂记》曰："君子观物，匪徒嘉其俯仰，美其动息也。用以悟理，用以养德。惟松之有心，君子似之；惟竹之有筠，君子似之；惟梅之有实，君子似之。予景兹三者之居大端、凌霜雪、贯四时也……而日求其似。"④ 陈纶在常教绩昭昭。以上史实并非纯属巧合，这是常熟庙学教官人格、教泽的一段美谈。从陈德的留竹堂到白煌的双桂堂，再到陈纶的三友堂，体现了常熟县学教官持续传承的优良传统。常熟历代志书均充分肯定了常熟庙学教官的整体形象。

在常熟儒学碑记中，也有诸多教官以身作则育俊的记载。明知县赵国琦撰有《许先生去思碑》，是在教谕许成器秩满升翰林院孔目后撰。碑记先

① ［明］龚立本：《（崇祯）常熟县志》，凤凰出版社 2021 年版，第 175 页。

② ［明］邓韨：《留竹堂记》，见陈颖主编《常熟儒学碑刻集》，苏州大学出版社 2017 年版，第 308 页。

③ ［明］周光宙：《双桂堂记》，见陈颖主编《常熟儒学碑刻集》，苏州大学出版社 2017 年版，第 309 页。

④ ［明］陈纶：《三友堂记》，见陈颖主编《常熟儒学碑刻集》，苏州大学出版社 2017 年版，第 307 页。

写初临庙学所见所感："比至，接诸生，以次见，跄跄翼翼，容止自规。余益畅喜，谓盍簪甫筵，多得鲂美，私计必有端人正士，模范作帅，鼓化不倦，不则诸生即袭美扣让，流风弦歌，冠裳文物，宁盛若此?"由学生素质形象说起。然后说："既斋三日，展谒文庙，登明伦，就见师傅，则南面而临函丈之席，表躬而任作人之化者，盖宛陵之许公焉。余退而慰曰：'是人士之宗盟，名教之主持也。多士之翕然彬彬，有繇来矣。'"接着记叙同许成器的相交相知，引出其"模范作帅"状况：

> 公更身先不敎，乐育无穷。揖太乙而黎燃，受卯金之竹牒；斋油素以染翰，摘铅椠之丽文。武库经笥，墨庄书窖，固惟人尝珍味于鼎脔，啖芳滋于鸡跖矣。又矧爱恶不争，喜怒不著，是非托古以见意，宾寅耐久而善交。岂非所谓金炼宝摩，春温玉润者哉?①

赵国琦通过个人感受，竭尽赞美之辞，展现了一个道德高尚、修养有为、为人作则的中国传统儒者形象。这是常熟儒学教官的代表，而这些教官正是常熟儒学成功的关键。因此，"宜公之立诸生于馆下者五年，尊亲之者如一日；去广文而玉堂者两载，思慕之者无已"。民众和学子给予这样的教师崇高评价，离任后仍然思念不已。碑记所揭示的是：正是有了这样的教师，常熟县学才有"容止自规"的学子，才有崇文重教的传承，即"虞，仲雍、子游二氏之里也。里素多贤，俗庞茂朴敦，衿佩之子，习礼让，能文章，方鼓箧逊业，即推隆其师傅"②。

我们再来看明孙继有描述的教谕詹仰圣教书育人的具体情况：

> 先生以弱冠领乡荐，循乙榜，例授教。琴川人或疑其盛年有骄色，至则饮人以和，其引进士类如不及。其可思者一。先生月课诸士，率糊名，次其甲乙，其所识拔者若而人，今半脱颖去矣。余以孙阳之顾，

① ［明］赵国琦：《许先生去思碑》，见陈颖主编《常熟儒学碑刻集》，苏州大学出版社2017年版，第305页。

② ［明］赵国琦：《许先生去思碑》，见陈颖主编《常熟儒学碑刻集》，苏州大学出版社2017年版，第305页。

声价如昔，而士各争自淬励，其无负先生之教，琴川士遂雄吴中。其可思者二。故事一干讼牒，诸士率囚首待理，有司挫之以威，常有冤不获一吐。先生察其冤者，毅然白之公庭。数年中诸士无不白之枉。间有以健讼称者，绳以大义，靡不悔罪革心，不敢干有司之罔。其可思者三。琴川言公故里，士知学道，而晚近世稍漓矣。先生以礼教范俗，荐绅重诸士，诸士重缙绅，齐民亦无敢越分，长嚣陵谇詈之习。其可思者四。吴中业麟经者邑不数人，又人自珍秘，无广其传。先生以专门名家，日集诸士子，扬确大网，摽指奥义，每至夜分不倦。常出秘旨，恣传写不吝。乃今家藏户说，几与麻城安福类矣。此又先生大有造于琴川者也。其可思者五。①

孙继有认为詹仰圣在常规教学外，还在五个方面给常熟民众留下了深刻印象，使得常熟诸士、乡人在他离任后对他思念不已。这种描述，使我们看到了常熟县学教谕的精神品质和动人形象，也看到了庙学教官承担的职责和履职的基本状况。

对于庙学教官教书育人的功绩，朝廷有明确的考核规定，并同教官的升迁挂钩。如元至元三十年（1293）规定："学录、教谕一考升学正，学正一考升府、州教授，府、州教授一考升路教授。"② 后又规定："学正、学录、教谕以儒业优长、士行修洁、曾得乡漕荐者，从本路行移本道提刑按察司体覆相应，回准公牒，然后保申合属上司，备呈行省。"③ 明洪武二十八年（1395），计行简以明经出任常熟庙学训导，任满赴考，邑人林大同有《送计行简考满序》，高度评价了计行简的教绩，真实地留存了当时县学教官生涯的诸多信息：

府、州、县莫不有学，择疏通器局者为弟子员，学成而宾兴于朝，曰"贡士"，曰"进士"，考其经学、验其德性而官之，胜任而后禄之。

① ［明］孙继有：《詹先生去思碑》，见陈颖主编《常熟儒学碑刻集》，苏州大学出版社 2017 年版，第 304 页。

② ［元］佚名：《庙学典礼》，王颋点校，浙江古籍出版社 1992 年版，第 82 页。

③ ［元］佚名：《庙学典礼》，王颋点校，浙江古籍出版社 1992 年版，第 138 页。

吴郡之常熟例有学，学设教谕、训导以掌其学校之政。任是职者，率得其人。海虞计行简氏，以明经征为志道斋训导。既就任，即以昔之所蕴于中者启沃之，使之精一执中以明善复初，其于礼乐教化之发，典章文物之著，修齐治平之方，古今兴亡之迹，治乱之原，灿然如日星，俾为入官之资。而其器识高迈之士，果能终始于学，而厥德之修不觉其进，深有可观，一洗昔日之染，卒成经济之才，贡士进士，率获中高选，掇巍科。若行简之用心，亦可谓知先王化民育才之本，而不负朝廷建学立师之盛意也。今年春正月，任及三考。诣天官有日，大尹柳侯预为奏留复职，以成就后进。琴庠之大夫士，相率为歌诗以称美之。①

这段文字给我们传递了很多信息，首先是育俊目标，即“考其经学、验其德性”；其次是教官来源，一般是举人或进士，也有如计行简“以明经征”者；再次是教官职责，即“礼乐教化之发，典章文物之著，修齐治平之方，古今兴亡之迹”；第四是教官升迁，取决于教学政绩，即“俾为入官之资”；第五是教官考核，每年均要考核，届满赴礼部接受考核；最后是教官的民意，主要是民众的评价。教谕计行简经过考核后调官嘉禾，吴讷有《送司训计行简调官嘉禾序》，对之颇多赞扬。

县学优秀者除了秩满考核升迁外，地方也有褒奖措施。首先是为之树碑立传，这就是存于庙学的“遗泽碑”或“去思碑”。明正德、嘉靖年间，常熟科名极盛，邑人归之于邑学教谕刘文诏、吕尚古、汪元臣等三先生之教泽，于是在万历元年（1573）立《常熟县学三先生遗泽碑》，乡贤赵用贤撰记，县令江留震书。明万历四十三年（1615），又有《本石李先生遗泽碑》，表彰教谕李维柱的兴学教绩，翁宪祥撰记，陈必谦书。镌刻“遗泽碑”或“去思碑”，其意是表彰和思念：“盍旌诸石以惬儒林之永怀”②，

① ［明］林大同：《送计行简考满序》，见［清］邵松年辑《海虞文征》，广陵书社 2017 年版，第 103 页。

② ［明］赵用贤：《常熟县学三先生遗泽碑》，见陈颖主编《常熟儒学碑刻集》，苏州大学出版社 2017 年版，第 129 页。

"先生以此风多士，多士安得不思，思而安得不彰其泽以传诸不朽也？"① 立碑撰记者大多肯定子游传统对于教官的影响。如顾云程《潜白黄公去思碑》，是有感于黄潜白的教泽而作，具体叙说了黄公"教思德泽，浸淫契入于人心"，其中写道，常熟当事者"廉公器望，亟以师道寄公"，黄公慨然应允赴任：

> 曰："海虞故文学地，巫雍言偃之风想今犹存，予一旦拥皋比踞其上，镕金揉木，追复彬彬旧物，固予愿也，奈何指为畏途？"至则进诸生而庭训之，敦以节操，风以廉耻，谭以艺术，暇则为开席讲论，陈引经义，随人箴砭，闻者莫不悚然。②

这就明确，黄公赴虞任教是尊崇"巫雍言偃之风"，其教思德泽源自言子文学思想。

在树碑立传外，优秀教官如明教谕刘文诏、训导于之镛等，还被列入文庙名宦祠祭祀。一批优秀教谕或训导列入各朝代常熟县志的"名宦志"立传。如《（崇祯）常熟县志》卷五有"官师表"，按年列出六类官师所有人物，即知县、县丞、主簿、典史、教谕训导、阴阳训术等，然后从众多人物中选取优秀者 47 人，为之撰写"宦绩"，入选的有各类人物，其中居然有 11 人是教谕或训导。这是一个富有传奇性的事件，它充分说明了明代常熟县学教官在当地的名声和影响。"夫有司之去思十常八九，而广文之去思百无一焉。非广文之贤不及有司也，一居要途，一居冷局，则人情寒暄之别耳。"③ 但常熟庙学教官突破这一惯例，显名于世，非同一般。

① ［明］翁宪祥：《本石李先生遗泽碑》，见陈颖主编《常熟儒学碑刻集》，苏州大学出版社 2017 年版，第 169 页。

② ［明］顾云程：《潜白黄公去思碑》，见陈颖主编《常熟儒学碑刻集》，苏州大学出版社 2017 年版，第 306 页。

③ ［明］孙继有：《詹先生去思碑》，见陈颖主编《常熟儒学碑刻集》，苏州大学出版社 2017 年版，第 304 页。

科举的盛奇

唐代确立科举制度，常科考生部分在校学习经考试合格，由学校送尚书省参考，称“生徒”，部分不在校学习经考试合格，由州送尚书省参考，称“乡贡”。宋代规定，应试弟子在官学听讲一定时日后可参加科举。元代试行选儒生制度：免差儒户内，须要一名入府、州学，量其有无，自备束脩，从教授读书，修习儒业。非儒户而愿从学者，并听。明清两代规定在乡试、会试和殿试三级考试之前，士子必须通过考试取得生员资格，进入府学、州学、县学、国子监，才有资格参加科举考试。如清代在三级考试之前设立童生试，每三年举行一次，先是由各县令主持的县试，次是由各知府主持的府试，再是由各省学政主持的院试。经县试录取的童生可参加辖该县的府试，经府试录取的童生可参加院试。经院试录取者，按成绩进入府、州、县学，作廪生（公费生）、增生、附生（自费生），还可进入全国最高学府国子监作贡生或监生。所有人员统称生员，亦称秀才。童生试录取名额，一般大县三四十名，中县二三十名，小县十多名或数名不等。县学的生员教育纳入国家科举制度的框架。

关于全国各地府学、州学、县学的生员数量，也是有严格规定的。《明史》有记：

> 洪武二年……大建学校，府设教授，州设学正，县设教谕，各一。俱设训导，府四，州三，县二。生员之数，府学四十人，州、县以次减十。师生月廪食米，人六斗，有司给以鱼肉。学官月俸有差。生员专治一经，以礼、乐、射、御、书、数设科分教。①

与此相互印证的是，明万历年间《常熟县儒学志·廪禄志》记：“（常熟县

① ［清］张廷玉等：《明史·选举志一》，中华书局1974年版，第1686页。

学）廪生二十名，每年每生支廪粮二十石，遇闰月各支米一石，每年各支膳银五两二钱一分七厘四毫。”但这仅是公费生员，从地方籍生员来说，还有自费生，还有散在京府、外府、州学等处的生员。

民国初年《重修常昭合志》有记：元代常熟设州，生徒来学不限制；明制，生徒始有定额。清代析县后常熟、昭文两县合用县学，生员各十名，增广生员各十名，附学生员不限额，并说明：“行岁科两试，每次入学各二十名，雍正三年增额五名，常熟取十三名，昭文取十二名。武生岁科并试，常熟取八名，昭文取七名。同治七年，以饷捐案广额，常熟十名，昭文八名。常熟武生五名，昭文武生三名，拨府学生，均无定额。光绪二十八年，停止武试。二年一岁贡，两学更互荐名，不相逾越。嗣改，两学四年各贡一人，选拔贡生，向系六年一次，后改十二年一次，常、昭各拔一名。”① 此外，还有恩贡，具体为两途：一是恭遇恩诏，以应贡廪生充选；一为先贤言氏后裔，遇陪祀观礼，由诸生贡入成均，一体就职②。清道光十九年（1839），县在文庙建立宾兴局，负责存储和分发科举乡试、会试的盘缠费，经费来自邑人公捐学田收租、捐款及存典生息。分给标准：乡试（自道光庚子科始）正科举之贡监生员每名钱5文，录遗贡监生员每名钱7文；会试（自辛丑科始）每名钱36文。

明清时期，生员在教官的培养下学业精进，常熟举业达到鼎盛时期，甚至达到了盛奇的境地。明管一德编就《皇明常熟文献志》，专门设立了“盛奇志”，其序言说：“王弇州先生有皇明盛奇二事，述此遍宇内言也。宇

---

① 《重修常昭合志》，常熟市地方志编纂委员会办公室点校，凤凰出版社2021年版，第310页。

② 《重修常昭合志》记：“雍正元年登极，恩广学额七名。二年，仁庙升祔，恩广七名。乾隆元年登极，恩广七名。三年，宪庙升祔，恩广七名。十五年，南巡，恩广五名。二十二年、二十八年、三十年、四十六年、四十九年，加广学额亦如之。嘉庆元年登极，恩广十二名，五年，纯庙升祔，恩广七名。道光元年登极，恩广七名。三年，睿庙升祔，恩广七名。咸丰元年登极，恩广七名。三年临雍，恩广七名。七年饷捐，加广七名。同治元年登极，恩广七名。光绪元年登极，恩广七名，二十年，皇太后万寿，恩广七名……三十一年再遇万寿，恩广七名。”常熟市地方志编纂委员会办公室点校，凤凰出版社2021年版，第310页。又据贺晏然《常熟言氏与清代先贤言子祭祀的展开》统计，自乾隆三年（1738）临雍陪祀的言锷至咸丰三年（1853）临雍观礼的言南金，共有17名言族子孙获恩贡生资格，主要集中在县东家庙支。见《苏州科技大学学报》2021年第6期。

宙甚大，何所不有，而又多采金匮石室之藏，故犁然成书，烂然夺目。常熟仅一县耳，有盛有奇。”① 而管一德所谓常熟之盛奇，即俊才迭出，包括出仕之盛奇和科举之盛奇。这里仅举明代数例，以见其盛奇之处：

关于出仕之盛奇。内阁大学士一人：严讷；尚书三人：程宗、李杰、徐栻；赐谥五人：吴讷（文恪）、李杰（文安）、瞿景淳（文懿）、严讷（文靖）、陈瓒（庄靖）；三品九卿八人：吴讷、章格、章律、徐恪、陈察、瞿景淳、陈瓒、赵用贤；祭酒四人：李杰、陈寰、瞿景淳、赵用贤；翰林九人：张洪、施显、张信、章表、李杰、陈寰、严讷、瞿景淳、赵用贤；一门五别驾：桑瑾、桑瑜、桑悦、桑翘、桑大协。

关于科举之盛奇。会元二人：施显、瞿景淳；解元四人：施显、沈譓、章表、周光宙；三世科第凡四家：杨集、杨舫、杨仪，闻鉴、闻武、闻东昌，桑瑾、桑介、桑大协，周木、周炯、周坦；父子进士凡八家：沈海、沈韩，郁容、郁勋，周木、周炯，冯玘、冯冠，朱寅、朱木，赵承谦、赵用贤，瞿景淳、瞿汝说，钱岱、钱时俊；兄弟进士凡六家：章表、章格、章律，陈寰、陈察，王舜耕、王舜渔，钱顺时、钱顺德，翁宪祥、翁愈祥，陆崇礼、陆问礼；祖孙进士凡四家：汤琛、汤继文，沈海、沈应魁，杨集、杨仪，陈逅、陈国华；一门八进士：钱籍、钱泮、钱庶、钱之选、钱顺时、钱顺德、钱岱、钱时俊；一门三御史：吴讷、吴淳、吴堂；一门两御史：蒋绂、蒋钦，钱昕、钱承德，王宗锡、王舜耕，钱籍、钱岱；兄弟同科举人凡三家：章表、章格，沈应元、沈应魁，蒋以忠、蒋以化；兄弟同科进士凡二家，章表、章格、王舜耕、王舜渔。

此外有“两钱氏科第相当”“三陈氏科第相当”“父子吏部”“父子方伯”“兄弟尊官”“父子祖孙兄弟登科第凡五家”“四兄弟登科第一家”“三兄弟登科第二家”等。以上被管一德称为“盛事纪略”，以下还有“奇事纪略”，如“两张翰林俱不由甲科”“两祭酒升官事体相同”“两翰林连主应天乡试”“入相事体相同”“二品赐玉带五品赐鹤袍”“四钱御史俱封父”

① ［明］管一德：《皇明常熟文献志》卷三，广陵书社 2017 年版。

“两乡科御史俱丁卯”“两乡科入吏部”“两父子进士同科数”“两会元俱辰科”“三戊辰科俱一进士”“两同科七进士俱未年”“两进士长史俱癸未科”“两婿俱甲子经魁” “两甲子俱一魁四举”“同时四任子”等。此外还有“少年登科”“晚年登科”“一门五别驾”等盛奇事迹。①

其实，清代这类盛奇状况不但得以延续，而且有所发展，这是常熟科业鼎盛的传奇，也是常熟尊师重教的盛奇。

进士登科之有题名，亦可谓荣矣。南宋范成大编就《吴郡志》，其中有《进士题名》一卷，以端拱初元龚识为首，然未尝彪列分邑进士，因此，南宋常熟起始编《琴川志》，就“取吾邑进士析而列之，详而纪之，或父子联芳，或兄弟并秀，盖继此而未已。后之览者，岂不羡焉”②。这是常熟科举进士题名县志的肇始，以后历代志书均列科举志，题名乡邑中举士子。《常熟县儒学志》则单设“进士志”“乡举志”“岁贡志”三目，逐年逐科分列进士、乡举、岁贡名单和出处。与此同时，常熟文庙旧制学士之得进士或乡贡士者，又被立石题名置于县庙学内，一般由时任知县立碑，由乡贤或教谕撰记。据查，常熟文庙科举题名记始于宋嘉熙年间，现留存五块科举题名碑记，分别是：（1）明永乐二十一年（1423）的《科举题名记》，自明洪武三年（1370）始，至景泰七年（1456）止，列名这一期间常熟的进士和乡贡名单，知县傅玉良撰碑，训导熊冕书，沈洧篆额，碑原列邑学明伦堂西。（2）明天顺四年（1460）的《儒学进士题名碑》，自洪武戊辰至景泰甲戌间进士列名，不以齿而以次，用年表也，知县唐礼及县丞王宪、方通等立石，章表撰记，朱铉篆额，魏祐书，碑原在邑学明伦堂。（3）明成化九年（1473）的《常熟县儒学进士题名记》，凡邑之进士咸与名焉，“名之序次，惟视其升进之先后，甲第之等差以列，名之下则并载其职任履

① ［明］管一德：《皇明常熟文献志》卷三，广陵书社 2017 年版。

② ［宋］孙应时、［宋］鲍廉、［元］卢镇：《至正重修琴川志》，方志出版社 2013 年版，第 73 页。

傅玉良《科举题名记》碑，明永乐二十一年（1423）年立。此碑原在常熟文庙明伦堂西。

历之详”，“虚下方，俟后来也”①，知县卢忠立，李杰撰记，陈璧书，碑原在邑学西碑亭。（4）明弘治十年（1497）的《进士题名记》，自癸未至弘治丙辰期间的常熟进士列名于碑，“书其所未书而续之，虚其下方以待来者”②，知县杨子器等立石，夏时正撰记，邑人徐恪书，章格篆额，碑原在邑学礼门西。（5）明弘治十年（1497）的《乡贡士题名记》，“常熟县旧阖县士之得乡贡者，立石题名于县儒学。自洪武初科来，相沿立石，书已满。其新石则自天顺己卯至弘治乙酉”③，知县杨子器立，夏时正撰记，邑人徐恪书，章格篆额，碑原在邑学礼门东。以上这些题名碑记，均论及立碑缘由，如夏时正《进士题名记》说：“奖劝于今日，启掖于将来也。启掖奖劝，人力敢窃自私？立石题名，恩荣礼遇之重，造化其难名也。其诸进士宜知自重，以求所以保有恩荣于可久，以无忝于兹石哉。”④ 章表

① ［明］李杰：《常熟县儒学进士题名记》，见陈颖主编《常熟儒学碑刻集》，苏州大学出版社2017年版，第71页。

② ［明］夏时正：《进士题名记》，见陈颖主编《常熟儒学碑刻集》，苏州大学出版社2017年版，第77页。

③ ［明］夏时正：《乡贡士题名记》，见陈颖主编《常熟儒学碑刻集》，苏州大学出版社2017年版，第81页。

④ ［明］夏时正：《进士题名记》，见陈颖主编《常熟儒学碑刻集》，苏州大学出版社2017年版，第77页。

李杰《常熟县儒学进士题名记碑》，明成化九年（1473）立。此碑原在常熟文庙西碑亭。

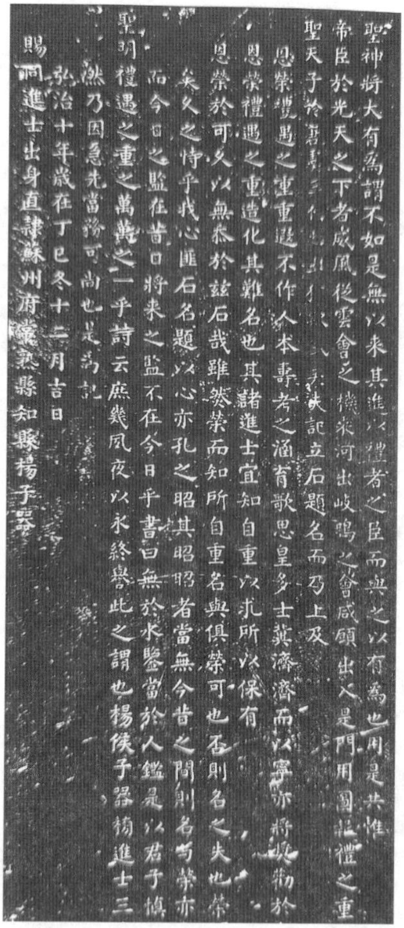

夏时正《进士题名记》碑（局部），明弘治十年（1497）立。此碑原在常熟文庙礼门西。

《儒学进士题名碑》从两方面论及立碑之意，从列名者说："夫士游于学，学以从仕。曰进士者，仕之始也。士之始仕而书之于石，敷之耳目而传于后者久也，必学与仕终其身，求无愧焉可也。""虽然有作于先，可以兴其后；有鉴于昔，得以修于今。"这就是说，立碑是使列名者以此为鉴，保持警觉，"兴其后""修于今"。从庙学立碑说，"乡邻赐履之间，有学有师，以期以养，视之碑存之于目，存之目思之于心，学究乎己，师取乎人，倬然能自待者矣。自待者重，不苟进于仕，仕必尊其学而又石不晦于名之书，日见进士之承承齿齿，用禆于时，不泯泯于后，一此阶也”①。这就是说，立碑是为了使在学者有学有师，以期以养，使邑学科举人才不泯于后。

夏时正《乡贡士题名记》碑（局部），明弘治十年（1497）立。此碑原在常熟文庙礼门东。

章表《儒学进士题名碑》，明天顺四年（1460）立。此碑原在常熟文庙明伦堂。

---

① ［明］章表：《儒学进士题名碑》，见陈颖主编《常熟儒学碑刻集》，苏州大学出版社 2017 年版，第 65 页。

常熟文庙的社会教化

文庙与社会教化

教化与庙学礼仪（上）

教化与庙学礼仪（下）

社会教化，是我国古代意识形态管理的重要方式，它萌芽于周代，至战国末形成理论形态，在汉代作为治民术得以全面展开，直接影响了中国的政治统治和社会稳定。社会教化就其特征来说，即通过一定的途径对百姓进行教育感化，达到“训经宣达，远近毕理，咸承圣志”，使得统治者所希望的社会风尚向下传递，在民间成为实然，而“化民成俗”与“学做圣贤”是社会教化基本的目标追求。由社会教化的目标与宗旨出发，也由文庙本身崇儒重教的特征出发，历代统治者都非常重视文庙的社会教化功能。

中国传统的教化思想，集中表现为礼仪法度的教化，由此构筑起了礼仪之邦的社会教化体系。文庙社会教化途径多样，基本的是尊贤重教、遵守礼仪规范，具有潜移默化、化民成俗的作用。本章先说文庙进行社会教化的基本途径，再论文庙礼仪教化的主要方式。

文庙与社会教化

文庙的主要功能是教育，是国家利用儒家经典进行教育活动的重要场所，体现国家的“文治之本”。文庙主要是利用祭祀、养士来实现其教育功能，从而达到国家树立文化权威、控制思想文化、引导社会风气的终极目标。文庙教育功能面向社会的方面，则主要是社会教化，即崇教移风，化民易俗。具体来说是“庙以尊圣贤，政教之所由出也，学以养士子，政教之所由行也”①。学校作为教化之本，实际上是教育与祭祀双途并用。

就文庙的祭祀来说，其对象是孔子及其弟子和后世先贤、先儒，他们均为儒学道统系统中人。先圣、先师，即“制作礼乐以教后世者”“承先圣之所作以教于大学者”②。孔子是先圣，是儒家学派创始人，祖述尧舜，宪章文武，建构了以“仁”“礼”为核心的儒学体系，提出了整套政治、伦理原则和行为规范，确立了儒学核心价值系统。文庙祀孔，就是祀其道，祀其教。而儒学之道即“帝王之道”，使君君、臣臣、父父、子子，纲常以正，彝伦攸叙。常熟文庙祭祀乡贤的祝祠是：“乡贤俊彦，后学斗山，风教敦俗，时祭是虔”，强调了崇敬乡贤，示以敬道，目的是“风教敦俗”。元代蒋易说：“春秋命祀，并遵旧典，非徒尊其人，尊其道也。”③ 文庙祭祀同样如此，祭祀先贤实质是尊其道，扬其道，以此来感化民众，推动移风易俗，而这就是祭祀的社会教化功能。

南宋时，知县孙应时在常熟文庙建祠，祭祀先贤言子。朱熹撰记，如此评价言子的历史功绩：

---

① ［明］章纶：《章纶集》，沈不沉编注，线装书局 2009 年版，第 37 页。

② ［汉］郑玄注、(唐) 孔颖达正义：《礼记正义》，见《十三经注疏》，中华书局 1980 年版，第 1406 页。

③ ［元］蒋易：《庐峰山长黄禹臣序送别》，《全元文》卷一四六六，江苏古籍出版社 1999 年版，第 77 页。

若夫句吴之墟，则在虞夏五服，是为要荒之外。爰自泰伯采药荆蛮，始得其民，而端委以临之，然亦仅没其身。而虞仲之后，相传累世，乃能有以自通于上国，其俗盖亦朴鄙而不文矣。公生其间，乃能独悦周公、仲尼之道，而北学于中国，身通受业，遂因文学以得圣人之一体，岂不可谓豪杰之士哉！①

朱熹把言子放在历史中去考察：虞夏时期，处在五服要荒之外的吴地，“德行道艺之教”不行，泰伯、仲雍以周礼治吴，未从根本上改变吴俗；虞仲之后累世，吴地与中原交往增多，但春秋末期吴地仍是“朴鄙而不文”；言子北学中国，得圣人一体，晚年南归教化其乡，确定了吴地的崇文重教走向。朱熹强调言子知本有道，默化武城，归化其乡，即强调言子对吴地的教化功绩。祭祀言子就是推动吴地移风易俗，所以结论是：“举千载之阙遗，稽古崇德，以励其学者”，“使此邑之人，百世之下，复有如公者出”②。这就是常熟文庙重视教化之渊源和传统。

就文庙的教育来说，其对象是官学中的生员，他们是邑人子弟，也是地方精英。国家与地方重视官学教育，其意在养士，在科举，前者事关人才培养，后者事关国家治理，而两者均在“明伦”，即明儒学之道。“化民成俗，其必由学”，历代统治者认为，学校是整齐学术、统一思想的重要场所。“夫学宫之设，以明伦也，宏壮其规以昭德也，登其堂瞻其庙则欣感生焉，返而内顾则愧慕形焉，教之义也。然则人心自具，一学宫也，外以修圣人之宫，内以修圣人之德，不亦可乎？此建学意也。”③“明伦”“昭德”即教化内容，“欣感生”“愧慕形”即教化效果。正统元年（1436），知县郭南重修庙学，至六年（1441），次第以成。时任教谕赵永言撰记，肯定修学举措，认为：“学校，所以育人材、明人伦也。人伦明则风俗美，英材出

① ［宋］朱熹：《平江府常熟县吴公祠记》，见陈颖主编《常熟儒学碑刻集》，苏州大学出版社2017年版，第3页。

② ［宋］朱熹：《平江府常熟县吴公祠记》，见陈颖主编《常熟儒学碑刻集》，苏州大学出版社2017年版，第3页。

③ ［清］江峰青：《重修嘉善县志》卷五，清光绪二十年（1894）刊本。

则治道隆，此学校有关于名教也大矣。”① 明万历三十八年（1610），杨涟完成庙学重修，并编就儒学志，王穉登赞曰：“杨侯之治常熟也，俗化风淳，百废具举，尤加意于学校。”②

清康熙九年（1670）颁布《圣谕十六条》，后雍正帝将它扩充成为《圣谕广训》，成为清代社会教化的经典文本。《圣谕十六条》的内容是：敦孝悌以重人伦；笃宗族以昭雍睦；和乡党以息争讼；重农桑以足衣食；尚节俭以惜财用；隆学校以端士习；黜异端以崇正学；讲法律以儆愚顽；明礼让以厚风俗；务本业以定民志；训子弟以禁非为；息诬告以全良善；戒窝逃以免株连；完钱粮以省催科；联保甲以弭盗贼；解仇忿以重身命。康熙三十九年（1700）朝廷把它颁至学宫：“今士子亦应训饬，恭请御制教条，发直省学宫，每月朔望，令儒学教官，传集该学生员宣读训饬，务令遵守。如有不遵者，责令教官并地方官详革，从重治罪。”这一教化经典，也就成为庙学师生的言行规范。康熙四十一年（1702），康熙又亲制训言《御制训饬士子文》：“国家建立学校，原以兴行教化，作育人材，典至渥也。朕临御以来，隆重师儒，加意庠序，近复慎简学使，厘剔弊端，务期风教修明，贤才蔚起，庶几棫朴作人之意。”“兹特亲制训言，再加警饬，尔诸生其敬听之。”③ 这一训言颁发各地，勒石学宫，规范生员，成为文庙教育的重要内容。在清代，凡要知书求科甲功名，必须熟读《圣谕广训》，若要科考，无论是县考、府考还是院考，三场考试，其中必有默写《圣谕广训》之考试，抑且不可有错，绝不可误写或添加。其实际意义，就是规范在学生员，即培养未来的官吏和绅士，他们是“民之表率”，“士之端，则民风相率而驯”：“夫士者民之望，而文者行之符。诸生有文行而后民风淳；民风淳而

① ［明］赵永言：《重修常熟儒学之记》，见陈颖主编《常熟儒学碑刻集》，苏州大学出版社2017年版，第57页。

② ［明］王穉登：《常熟县学政志序》，见陈颖主编《常熟儒学碑刻集》，苏州大学出版社2017年版，第147页。

③ ［清］昆冈等：《钦定大清会典事例》卷三八九，上海商务印书馆1908年版。

后国家收得士之效。”①

由此可见，文庙的祭祀和养士均含有社会教化内容，其核心是儒家之道，即纲常伦理，结合文庙的特殊性，其教化重在崇儒重教、立志向学、学做圣贤、为政以德、忠孝节义等方面。从文庙的特殊功能和目标出发，其社会教化的主要途径则在以下方面。

一是讲学考校。常熟文庙设有讲堂，除了研习儒家经典以外，就是宣讲经义或圣谕。或本校教师讲学，或当地官员讲学，或外请学者讲学。宣讲圣谕，是文庙颇具特色的讲学。尤其是在清代，朝廷明确要求庙学经常宣讲。康熙在下颁《御制训饬士子文》时说：“兹特亲制训言，再加警饬，尔诸生其敬听之。”康熙年间庙学里的训士规条，还包括了顺治颁布的《国朝卧碑》中的内容。以上教化内容，由庙学教官或地方官员每月朔望或初二及十六按时讲解，务必使学生能够透彻了解并坚决执行，体现了朝廷对生员的教化和控制。有的地方还有固定礼仪，即“宣讲圣谕礼”。儒学生员接受教化后，对其家庭成员和街坊邻居都会产生重要影响，生员也会成为百姓子弟的表率，直接影响当地社会风尚。

二是榜样示范。文庙祭祀孔子及其弟子，就是确立一种价值导向，体现一种人格理想。在此基础上，明代以后又推进名宦、乡贤入祀孔庙，这是一种榜样示范。“先圣仲尼修明尧、舜、禹、汤、文、武、周公之道，以诏后之学者。后之学者讲明其道，体之身心，以之尊主庇民则为名宦，以之正风表俗则为乡贤，二者相须而成，其道一而已矣。”② 因此，把乡贤祠、名宦祠置于文庙祭祀，体现的是人伦教化、移风易俗的社会意义。明徐一夔有言：“古人论友，必曰‘尚友古之人’，此之谓也。夫所谓古之人者，虽皆圣贤之徒，然或生于中国，或生于东夷，或生于西夷，漠然隔宇宙而不相及。讵若一乡之贤，里闬相接，封畛相连，而其人之德行、风节、文

① ［清］郝玉麟：《天章书院记》，见陈谷嘉、邓洪波主编《中国书院史资料》（中），浙江教育出版社 1998 年版，第 902 页。

② 转引自赵克生《明清乡贤祠祀的演化逻辑》，见《古代文明》2018 年第 4 期。

学、事功，遗风余烈洽于所见、所闻、所传闻者，至亲且切，有不待旁求远访而后知也……今而后人才辈出，接武先贤，良由兹祠风厉之也。”① 这是中肯之辞。先师孔子万世祭祀，已为神人，从祀诸贤，则为人范，他们是百姓能够企及的榜样。祀乡贤以风里俗，祀名宦以风有位，地缘的亲近，使得名宦、乡贤的激励、教育方式易于被乡人接受。

三是建筑文化。文庙建筑体现着儒家的厚德文化和审美意识，它在单体设计中转化为合礼的建筑形制，在整体布局中转化为合礼的空间布局。儒家强调由“礼”来规范人们的行为，以保证整个人类社会的和谐有序。这是社会教化的基本内容，也是文庙建筑的基本特征。《礼记·乐论》曰：“礼者，天地之序也。”这种礼制思想，既规范了封建社会君君、臣臣、父父、子子的社会秩序，又构成了封建社会建筑上下尊卑的等级秩序。《礼记》首次从理论高度上概括了建筑群中轴线对称布局的重要性，提出“中正无邪，礼之质也”的观点。文庙建筑的空间布局遵循中轴有序原则，单体建筑同样遵循中正对称原则，建筑群体则遵循尊卑礼序原则。举凡建筑的开间、形制、色彩、脊饰等，都有严格规定，这就使得文庙建筑具有了礼制文化、厚德文化的意味，达到了礼仁一体的境界。它使得凡是进入这样空间或建筑的人们，自然就能够产生一种秩序感和中正感，也就是由外部的礼制建筑来唤起人们内心的道德感和审美感。

四是祭祀仪礼。古代学校存在着祭祀活动，《周礼·春官宗伯》说：“春，入学，舍采合舞。”② 中国教育史是由“学”到“庙学”的发展过程。周代以前，祭教合一，在“学”的时代，除讲堂外，都用正厅或正殿之室祭祀，因此“学”中有多种场合举行祭礼。到“庙学”时代，校园由教学与祭祀两个空间构成。唐宋以来，郡、州、县莫不有学，亦莫不有庙。庙学中既有学的系列祭祀，又有庙的系列祭祀，对象除先圣先师外，还有先贤、先儒，有乡贤、名宦，有地方儒学谱系人物，甚至还有号称主宰文运

① ［明］徐一夔：《徐一夔集》，徐永恩点校，浙江古籍出版社 2017 年版，第 171-172 页。
② 《周礼·仪礼》，崔高维校点，辽宁教育出版社 1997 年版，第 41 页。

兴衰的文昌帝和司掌科甲权衡的魁星等。这些祭祀活动，在常熟文庙历史中也都存在，因此，祭祀是庙学生活的组成部分。孔子提出了内仁外礼的伦理模式，将儒家社会秩序建设理念巩固于仪程范式之中，以经典化的仪式为天下人作出礼仪的示范，奠定了基于个体生命可感知的典礼体验基础。游于斯，息于斯，耳濡目染，祭祀的存在也就成了为学进德环境的组成部分，从而接受潜移默化的影响："瞻先贤之遗像，肃然起敬，有不戢其傲慢之气，嚣陵之状者，岂复成为士也哉。"① 从教化视角看，文庙祭祀总体操纵于国家，目的在于厉行教化，具体内涵是传播孔子之道，发挥三纲五常之道，载之于经，仪范百王，师表万世，使世愈降而人极不坠者。

五是碑记振俗。常熟文庙文化积淀深厚，其重要表现是历史上儒学碑刻众多。这些碑刻不仅立石于邑学戟门内外、礼门东西、官厅前后、殿宇左右，而且进入建筑内部，共同营造出儒学儒教的思想文化氛围。碑刻内容大多与社会教化有关。如御制晓示碑、礼赞圣师碑、科举题名碑、设学建院碑、名宦德政碑、遗泽去思碑、义举彰表碑等，这些碑记大多为名人撰写，记载了常熟移风易俗的文明发展历史。明管一德在《皇明常熟文献志》序中叙述了常熟古代文明史："吾吴自鲁成公世始通中华，而常熟文献之传则已肇于三代。在太戊时则有若巫咸，在祖乙时则有若巫贤，父子相继为贤相，商道复兴；而其后虞仲来游，使天下后世晓然有味乎君臣、父子、兄弟之伦；子游北学，而天地文明之气益廓大而章施之。然则开吾吴者常熟也，而开常熟者文献也。"② 常熟文明史均赖文献包括文庙碑记得以保存和阐发。常熟文庙的相关碑记内涵丰富，是常熟文明历史的见证，是常熟移风易俗的重要教材。

六是环境感染。文庙是一个相对独立的儒学空间，其空间布局、建筑形制、色彩装饰、植物配置等，都不是任意为之，而是精心设计的，往往富有儒家道德教化的深意，体现着儒家天人合一思想和伦理价值追求，这

① ［清］蒯德谟：《改建平江书院并祀文丞相石像记》，见陈谷嘉、邓洪波主编《中国书院史资料》（中），浙江教育出版社 1998 年版，第 1733 页。

② ［明］管一德：《皇明常熟文献志》，广陵书社 2017 年版，管一德序。

实际上是营造了一个和谐的熏陶教育环境。文庙也被誉为“儒学圣域”，注重其内部空间的神圣不可侵犯性。它自身就是社会教化的圣地，也就是常熟文庙前街两头所示的那样，是“兴贤坊”“育俊坊”，“文武官员到此一律下马”。仅如文庙建筑的命名，就能使得面对者获得精神的启迪和道德的升华，如万仞宫墙、礼门、义路、棂星门、名宦祠、乡贤祠、大成殿、泮池泮桥、杏坛、明伦堂、尊经阁、御制碑亭、子游祠、崇圣门、崇圣殿、观德亭、玉带河等，这些命名与建筑与环境相融，形成一种特殊文化景观，使得身临其境者获得精神感染和文化熏陶，从而自然地产生一种内在的认同感和向往感，能够以希圣希贤自期自勉，深思力行，立志向学，学做圣贤。古人早就肯定了这种环境感染的作用：“群居终日，潜心乎儒，如射者之必志于中的，如行者之必期于赴家。旦望瞻仰，必以《图说》所谓‘定之以中正仁义而主静’，《洞赋》所谓‘明诚其两进，敬义其偕立’而日加勉焉。”① 这也就是教化所要达到的境界。

总之，从教育到祭祀，从建筑到环境，从硬件到软件，从实体到命名，文庙时时、处处都在体现着教化的功能特征，这种教化对人发生作用，当然也有自上而下的宣谕、灌输，但更多的则是潜移默化的启迪、感染。因此，文庙对于地方的文化影响是深刻而持续的。

教化与庙学礼仪（上）

儒家常把移风易俗与礼乐联系起来。如《礼记·乐记》曰：“故乐行而伦清，耳目聪明，血气和平，移风易俗，天下皆宁。”② 《荀子·乐论》有言：“乐者，圣人之所乐也，而可以善民心。其感人深，其移风易俗。故先

① ［明］杨廉：《宗儒祠记》，见毛德琦《白鹿书院志》卷十三，江苏教育出版社 1995 年版，第 175 页。

② 《礼记》，崔高维校点，辽宁教育出版社 2000 年版，第 130 页。

王导之以礼乐而民和睦。”① 移风易俗，崇尚礼仪，崇文重教，是中华民族的优秀传统。

言子是常熟的先贤，“寻师于洙泗之滨，亲入孔子之室，而得遇化之妙，遂称圣门高弟，列文学首科，沉湎于礼乐文章者。既反，始以弦歌之教默化武邑，继以弦歌之教归化其乡”。言子对于吴地的历史性功绩，就是“以弦歌之教归化其乡”，而“弦歌之教”即礼乐之教，“归化”即社会教化，它改变了吴地“朴鄙不文”的习俗，“三吴之物，因之而彰其彩。人文于是乎始著。襄之朴鄙，夙习为之一更。渐染既深，东南文学，遂甲海寓”②。因此，常熟民众始终不忘言子恩泽，在文庙建祠祭祀言子，并把言子尊为“先师”“乡先生”。也因此，常熟民众崇文重教，重视礼乐教化，重视移风易俗。常熟文庙是常熟实施礼乐教化的重要平台，也是常熟推行弦歌之治的思想基地。

春秋仲月丁祭，是常熟庙学礼乐教化的重要典礼，以上已经作了具体叙述。但常熟庙学还有许多礼仪，同庙学的日常生活结合，面向社会发挥教化功能。这种礼仪，通常被界定为象征性的、表演性的、由文化传统所规定的一整套行为方式，礼仪的背后是礼义，即中国传统社会中礼的精神内核。具体来说，它是由礼制规定的伦理道德价值观。

在常熟诸多志书中，都有“乡饮酒礼”和“乡射礼”的具体记载。杨子器主修、桑瑜纂的《（弘治）常熟县志》记载：“钦奉圣旨：今后立学设科分教礼乐射御书……乡饮：县之乡饮久淆，而今始肃，实肇于弘治九年十月朔日。乡射：乡射所以观德，必志正体直，然后持弓，□审固而可言中，不可不学也。”③ 杨子器本人则“行乡饮宾礼，其有年行，亲造其庐，为钧敌礼”④。明万历年间《常熟县儒学志》中专设《饮射志》，其序曰：

---

① 《荀子》，叶绍钧选注，宛志文校订，崇文书局2014年版，第100页。

② ［明］侯先春：《虞山书院弦歌歌楼记》，见杨载江《言子春秋》，同济大学出版社1992年版，第295页。

③ ［明］杨子器、桑瑜：《（弘治）常熟县志》卷三，广陵书社2016年版，第81页。

④ 《重修常昭合志》，常熟市地方志编纂委员会办公室点校，凤凰出版社2021年版，第1311页。

“孔子曰：吾观于乡而知王道之易易也。《射义》亦曰：卿大夫、士之射也，必先行乡饮酒礼。而学士家又有读法之令。此其事皆隶于学宫，而其举其否，则有非学宫所能与者。”《（崇祯）常熟县志》卷三有“本县乡饮酒席三十两”之记。①《重修常昭合志》卷十四《风俗志》说：“吾邑乡饮酒礼，明代极重之。”② 乡饮酒礼和乡射礼均起源于周代，《礼仪》中分别有《乡饮酒礼》篇和《乡射礼》篇，两礼的本义是选拔人才，到了汉代以后即转变为教化民众，其在乡里普及两礼的意义在于明尊长养老，明长幼之序，明尊卑贵贱，推动学校教育和社会教育的发展。因此，它既隶属于庙学礼仪，又关涉乡里教化。

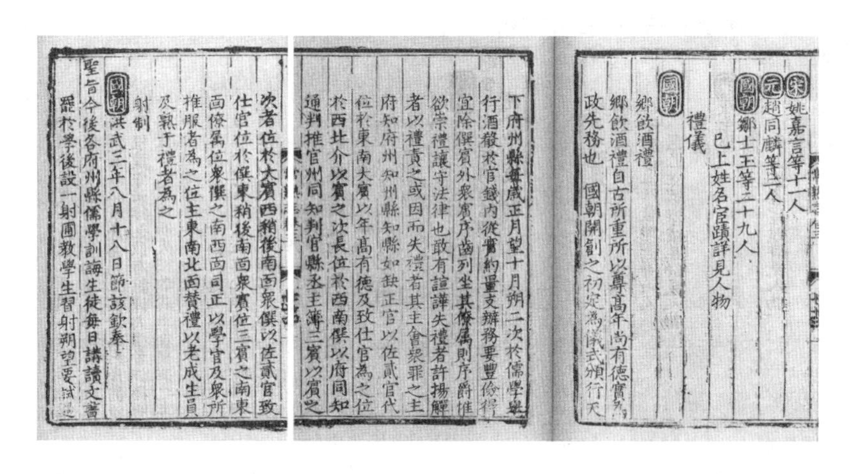
宋 姚嘉言等十一人
元 趙同麟等二人
國朝 鄉士王等二十九人
已上姓名宦蹟詳見人物
禮儀
國朝 鄉飲酒禮
鄉飲酒禮自古所重所以尊高年尚有德實[illegible]
政先務也 國朝開創之初定為儀式頒行天
下府州縣每歲正月望十月朔二次於儒學舉
行酒殽於官錢內從實約量支辦務要豐儉得
宜除僎賓外衆賓序齒列坐其僚屬則序爵惟
欲崇禮讓守法律也敢有諠譁失禮者許揚觶
者以禮責之或因而失禮者其主會衆罪之主
府知府州知州縣知縣如缺正官以佐貳官代
位於東南大賓以年高有德及致仕官為之位
於西北介以賓之次長位於西南僎以府同知
通判推官州同知判官縣丞主簿三賓以賓之
次者位於大賓西稍後南面衆僎以佐貳官致
仕官位於僎東稍後南面衆賓位三賓之南東
面僚屬位衆僎之南西面司正以學官及衆所
推服者為之位主東南北面贊禮以老成生員
及熟于禮者為之
射制
國朝 洪武三年八月十八日節該欽奉
聖旨今後各府州縣儒學訓誨生徒每日講讀文書
罷於學後設一射圃教學生習射朔望要試過

《（弘治）常熟县志》中关于常熟文庙乡饮酒礼的记载

乡饮酒礼是周代流行的宴饮风俗。周代乡学三年业成大比，考其德行道艺优秀者，荐于诸侯。将行之时，由乡大夫设酒宴以宾礼相待，历朝沿用。后世地方设宴招待本地年高德劭者，亦称乡饮酒礼。明代，乡饮酒礼得到了前所未有的重视。洪武三年（1370）成书的《大明集礼》，详细地记载了乡饮酒礼的仪注，洪武五年（1372），诏令天下普遍举行。《常熟县儒学志》之《饮射志》有记：洪武十六年（1383）颁行图式，明确各处府、

① ［明］龚立本：《（崇祯）常熟县志》，凤凰出版社 2021 年版，第 59 页。

② 《重修常昭合志》，常熟市地方志编纂委员会办公室点校，凤凰出版社 2021 年版，第 504 页。

常熟文庙乡饮酒礼座位图（载《常熟县儒学志》）

州、县每岁正月十五日、十月初一日，于儒学行乡饮酒礼，酒肴于官钱约量支办，务要丰俭得宜，除宾僎外，众宾序齿列坐，其僚属则序齿。律令：乡饮酒礼，已有定式，违者笞五十。诰书明确：所以乡饮酒礼，叙长幼、别奸顽、异罪人。其坐席间，高年有德者居于上，高年淳笃者立之以次，序齿而列。其有曾违条、犯法之人，列于座外同类者成席，不许干于良善之席。主者若不分别，致使贵贱混淆，察知，或座中人发觉，主者罪以违制。这就赋予了乡饮酒礼特定的社会教化内涵。《（弘治）常熟县志》有记：

> 乡饮酒礼自古所重，所以尊高年、尚有德，实为政先务也。国朝开创之初，定为仪式颁行天下，府州县每岁正月望、十月朔二次，于儒学举行酒肴，于官钱内从实约量支办，务要丰俭得宜。除僎宾外，众宾序齿列坐，其僚属则序爵，惟欲崇礼让、守法律也。敢有喧哗失礼者，许扬觯者以礼责之，或因而失礼者，其主会众罪之。①

乡饮酒礼图

清代乡饮酒礼沿用明制。望春望日及孟冬朔日于学宫行乡饮酒之礼，由学校教官担任司正，行礼致辞。乾隆时对乡饮酒礼作过统一规定，删削了一些繁文缛节，命乡饮酒礼不

① ［明］杨子器、桑瑜：《（弘治）常熟县志》卷三，广陵书社 2016 年版，第 74 页。

得旷久，并明确点明其指向：朝廷率由旧章，敦崇礼教。文庙举行乡饮，非为饮食，长幼各相劝勉，为臣尽忠，为子尽孝，长幼有序，兄友弟恭，内睦宗族，外和乡里。

乡饮酒礼一般在学宫举行，不仅座次安排谨严，昭示上下尊卑之礼，而且营造雍熙和睦的气氛，培养尊老尚齿的伦理道德。本县知县及属僚参与乡饮酒礼，县学生员作为仪式执行者担当重要角色，体现着政府对乡饮酒礼的主导。乡里有德有齿之人为宾、为介，体现了地方对他们的尊隆。因此，乡饮酒礼非为饮食，而是敦崇礼教、宣示伦理的教化盛会。其基本礼仪程序是：

谋宾。商定宾客参与者，把他们分为三个等级，即宾、介和众宾。宾即主宾，为一等尊贵；介，是传宾主之言的人，为二等次之。一般情况下，宾、介都是仅有一人。而众宾顾名思义则是有多人，为三等。往往还要从众宾中选定三人为众宾之长，代表众宾行礼致辞。

戒宾。商定宾客的等级之后，由主人亲自告知每位宾客。然后主人陈设筵席，安排主人、宾、介、众宾的座次，放置酒樽及盥洗等器具。

速宾。一切陈设完毕，还要再次催邀宾客。其过程是主人把肉煮熟后，由乡大夫亲自到各位宾客府上催请宾客，宾、介和众宾客随乡大夫赴宴。

迎宾。辅佐乡大夫行礼之人——相，要站在庠门外迎接宾客，经过三揖三让的礼节，把宾客礼让至庠中堂上。

献宾。即宾主相互敬酒。此敬酒礼节分为“献”“酢”“酬”三个步骤：主人先给宾客进酒，称为“献”；宾客回敬主人的酒，称为“酢”；主人斟满自己的酒杯并先自饮后，再劝宾客随饮称为“酬”。“献”“酢”“酬”的过程，称为一献之礼，依乡饮酒的礼制，以一献为度。在主宾之间的一献之礼结束后，主人还要向介进酒，介还敬主人，之后主人向众宾进酒，由众宾之长三人代表拜受饮酒，众宾也随着饮酒。

作乐。乐工奏乐起，主人向乐工进酒。

旅酬。主人遣傧相挽留宾客，宾客依次回敬主人。

尽爵，尽乐。尽爵，即不计爵数，不停饮酒，尽情狂饮，醉后而止；

尽乐，即不停地奏乐，尽情狂乐，乏力而止。

送宾。乡饮酒礼毕，主人依次礼送宾客。

常熟文献多有乡饮酒礼的记载。《常熟县儒学志·饮射志》记："弘治十七年题准，今后但遇乡饮酒，延访年高有德为众所推服者，为宾，其次为介，如本县有以礼致仕官员，主席请以为僎，不许视为虚文，以致贵贱混淆，贤否无别。如违，该府具呈巡按御史，径自提问，依律治罪。"又记："主以正官为之，如无正官，佐贰官代，位东南；大宾以致仕官为之，位西北；僎宾择乡里年高有德之人，位东北；介以次长位，位西南。三宾以宾之次者为之，位于宾主介僎之后。司正以教职为之，主扬觯以罚。赞礼者以老成生员为之。"以上记载，强调了乡饮酒礼中宾主的座位次序，体现的是儒家伦理思想。在《(万历)常熟县私志》中，对乡饮酒礼中的"宾主相接"作了说明："主人拜迎宾于庠门之外，入三揖而后至阶，三让而后升，所以致尊让也。盥水扬觯，所以致洁也。拜至，拜洗，拜受，拜送，拜既，所以致敬也。尊让洁敬也者，君子之所以相接也。"① 这里强调的是宾主之间通过拜迎、揖让来表示彼此的尊重谦恭。乡饮酒礼的种种规定，都体现着儒家的孝敬尊贤和尊卑有序思想。在乡饮酒礼中，座位和相接是重要的礼仪，苏州文庙有碑，专门记述知府胡缵宗与礼部仪制司主事遵照古人之礼，纠正乡饮酒礼宾客座次的史实，可见其不容疏忽。万历三十八年（1610），常熟知县杨涟同样修复乡饮大礼，并且明确：凡与饮诸位宾客，除了有冠带外，僎介、众宾或家贫不能自备礼服者，县里礼房先造深衣一袭，幅巾一顶，制样悉从旧式，到行乡饮酒礼日即送各宾服，诣学饮酒。结束以后，衣服和幅巾即付各宾收贮，不必取缴。② 这是知县重视乡饮酒礼的实例，体现了常熟文庙乡饮酒礼的规范。常熟史志中多有文庙乡饮酒礼的费用列支，如民国初年的《重修常昭合志》就在"杂支项下"有

---

① ［明］姚宗仪：《（万历）常熟县私志》卷五《叙学》，广陵书社 2016 年版。

② 按《礼记·王制》曰：有虞氏皇而祭，深衣而养老。《礼记·玉藻》曰：诸侯夕深衣，祭牢肉。《礼书》曰：深衣所以异于余服者，余服上衣下裳而不相联，深衣则衣裳联矣。

"乡饮酒席，银七两三钱九分五厘"① 的记载，表明此项支出列入年度的公用经费支出。

乡射礼，同样是周代流行的礼仪。射礼即射箭之礼，起源于借田猎进行的军事训练活动，在周代演化为两种形式：一种是以习射观德、求贤选能为目的而重在行礼的礼仪形式；一种是以训练和比赛为目的而重在竞技的习武形式。前种射礼分为三个步骤：第一个来回，由乡学中的弟子参加，重点在于射的教练，不算胜负；第二个来回，参加者增多，重点在射的比赛，要分出高低优劣等，不胜者要被罚饮酒；第三个来回，射箭时要奏乐，要求按照音乐的节奏来行动和发箭。乡射礼每年一般在三月三、九月九举行，各行政长官、乡大夫要以主人的身份邀请当地的卿、大夫、士和学子，在州、县学校（州学、县学）中举行。《礼仪·乡射礼》中记载了乡射礼议程，主要分为献宾、请射、初射礼、再射礼、终射礼、饮不胜者、宴宾等环节。"射"是孔子传授的"六艺"之一，《礼记·射义》云："孔子射于矍相之圃，盖观者如堵墙。"讲述的是孔子教习射礼的情景。孔子说："射者何以射，何以听？循声而发，发而不失正鹄者，其唯贤者乎！若夫不肖之人，则彼将安能以中？"② 孔子赋予射礼的文化内涵，不仅要求射者德贤兼备，且要求观者同样具有高尚品德。

汉代以后举行乡射礼，其目的已经从周代的选拔人才转变为教化民众。《礼记》中有《射义》篇，阐述了射礼的意义："射者，仁之道也。射求正诸己，己正然后发，发而不中，则不怨胜己者，反求诸己而已矣。""射者，男子之事也，因而饰之以礼乐也。故事之尽礼乐而可数为，以立德行者莫若射，故圣王务焉。"③ 因此，射不仅关乎技艺，更是体现一种观盛德、司礼乐、正志行，以成己立德、道德教化的意义。宋代以后，一般州县学和书院都设有射圃，教以射礼。朱熹在任同安主簿期间，就在同安县西北门

---

① 《重修常昭合志》，常熟市地方志编纂委员会办公室点校，凤凰出版社 2021 年版，第 264 页。
② 《礼记》，崔高维校点，辽宁教育出版社 2000 年版，第 233、234 页。
③ 《礼记》，崔高维校点，辽宁教育出版社 2000 年版，第 234、232 页。

设立射圃，通过平时习射以教化百姓，并曾作有《射圃记》。射礼，外修自身体魄以御敌，内修品格精神以观德。射者在开弓射箭过程中，每个步骤张弛有度、礼仪严谨、行为规范，通过练习达到修身养性、提升道德素养的目的。

明洪武三年（1370），朝廷颁布《学校射仪》，推行射礼。《常熟县儒学志·饮射志》记：“洪武三年，钦定射礼，今后各府、州、县儒学训诲生徒，每日讲读文书罢，于学校后设一射圃，教学生习射。朔望要试过，其有司官闲暇时，与学官一体习射。若是不肯用心，要罪过。”具体规定了习射时间、要求，强调了有司也要利用闲暇习射。《常熟县儒学志·饮射志》又记：“洪武二十五年，重定射礼。凡遇朔望，习射于射圃，树鹄置射位。初三十步，加至九十步，每耦二人各挟四矢，以次相继，长官主射，射毕，中的饮三爵，中采二爵。”常熟县学早有射圃和观德亭①，赵永言《学圃记》曰：“常熟邑校习射之圃，在学西三里许，东至西二十三步，南至北一百十有三步，西南一小角，南北七步奇，东西七步之半。自宋迄今，四百有余祀矣。”② 正统改元，提督学政彭勖来常视学，到射圃观德亭观礼。射礼结束后提出：射圃建在此地，距离学校甚远，朔望往复，师生疲劳。于是，县学就在学东买地新建射圃，又建新的观德亭，方便生员随时入圃习射。

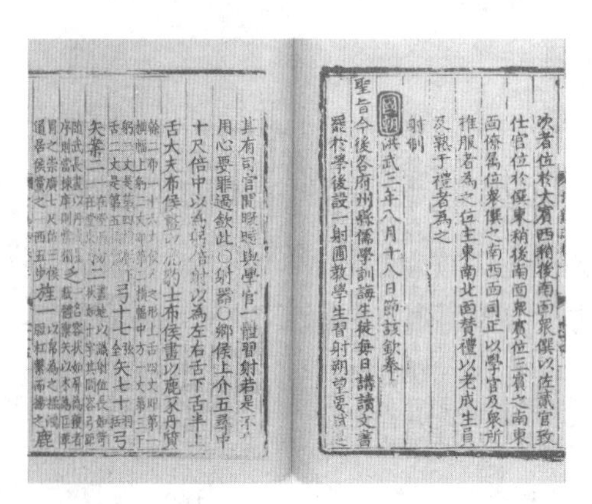
次者位於大賓西稍後南面衆僎以佐貳官致
仕官位於僎東稍後南面衆賓位三賓之南東
面條爲位衆僎之南西面司正以學官及衆所
推服者爲之位主東南北面贊禮以老成生員
及熟于禮者爲之
射例
洪武三年八月十八日節該欽奉
聖旨今後各府州縣儒學訓誨生徒每日講讀文書
罷於學後設一射圃教學生習射朔望要試
其有司官閒暇時與學官一體習射若是
用心要罪過欽此○射器○鄉侯上介五尋中
十尺倍中以爲躬倍躬以爲左右舌下舌半上
舌大夫布侯畫以虎豹士布侯畫以鹿豕丹質

《（弘治）常熟县志》关于常熟文庙乡射礼的记载

古人认为，“射以观礼”“射以观德”，因此乡射礼有明确的礼仪规范，集射艺、音乐、舞蹈、礼仪和仁义、道德为一体。《常熟县儒学志·饮射

① 宋代以后，建于射圃的亭一般命名“观德亭”，源自朱熹《论语集注》中“射以观德”句。

② ［明］赵永言：《学圃记》，见陈颖主编《常熟儒学碑刻集》，苏州大学出版社 2017 年版，第 292 页。

礼》记载了常熟县学乡射礼的仪礼。先是射职，包括通赞一人，司正一人，副司正一人，请射者一人，乐生四人，司布侯一人，司获二人，司弓矢二人，司鹿中一人，司鼓一人，司钟一人，司丰一人，司爵一人。次是射器，包括侯一，旌一，弓六，矢百，决十二，拾十二，鹿中一，筹八十，丰一，爵八，觯五，乏一，篚二，壶二，斯楚一，洗一，县二，鼓一，福一。再次是射诗：于以采蘩，于沼于沚。于以用之，公侯之事。于以采蘩，于涧于中。于以用之，公侯之宫。再是射仪。以下是《（万历）常熟县私志》所记射仪：

> 通赞速宾，迎宾，拜至。主献宾，宾酢主，主以觯酬宾，献众宾。作乐。司正立庭中，举觯表位，司射请射。命纳射器，射者各比耦。司马执弓，由中阶出，立大门外，扬言曰：偾军之将，亡国之大夫，与为人后者不入，其余皆入。司射举觯，由中阶，就观射者前，扬觯曰：幼壮孝弟、耆耋好礼、不从流俗、修身以俟死者，不在此位。副司射复扬觯曰：好学不倦、好礼不变、耄期称道不乱者，不在此位。司马命张侯，乐正命迁乐；司马命获者执旌负侯。司射诱射，射者诣射位（射者执弓出，次揖，当阶揖，升阶揖，然后就射位），设鹿中，司射戒射者曰：内志既正，外体要直，胜，饮不胜者。乐正，命奏采蘩之诗。司射请发矢。右中一矢，获者扬旌报中，司鹿中者，置一算于右，左胜，亦如之。射毕，司射视算，右多一算，则报右贤于左一奇，右多二算，则报右贤于左一纯，右多三算，则报右贤于左一纯一奇。左多算，报亦如之。左右均，报曰左右均，无赏罚。司射告卒射。司马命取矢，设楅，司马乘矢（左手执矢，右手四数分之），司射请再射，仪如初射。司射命设丰至三耦众宾前告曰：胜者执张弓，不胜者执弛弓。请升饮，胜者先升，立丰东南，饮爵，乃揖不胜者升，诣丰前，置弓丰上，取觯立而揖胜者曰：赐灌；胜者曰：敬养。饮毕，复位。司射命撤丰觯，复请宾大夫主人终射，如不欲终射，各释弓矢，升堂就席。司马命撤侯、撤楅，退，鹿中，宾主旅酬。礼毕。①

① ［明］姚宗仪：《（万历）常熟县私志》卷五《叙学》，广陵书社 2016 年版。

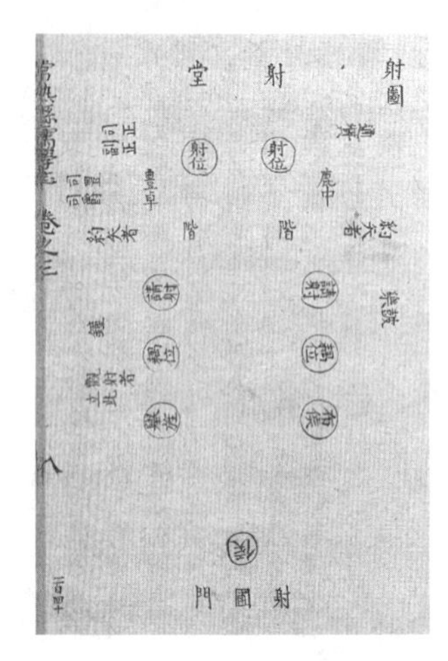

常熟文庙乡射礼之“射图”（载《常熟县儒学志》）

在乡射礼仪中，处处体现着宾主有序、长幼有序、方位有序、尊卑有序的儒家价值导向。据《常熟县儒学志·饮射志》，万历三十五年（1607），知县耿橘认真考证过乡射礼仪，“衍习射礼，其仪注具载《虞山书院志》中”。万历十八年（1590），知县杨涟纂修学志，在耿橘基础上加以修订，这才形成了以上乡射仪礼程式。由此可见常熟文庙对于乡射礼传承的重视，也让人见到当年庙学乡射礼的真实面貌。

乡饮酒礼和乡射礼联系紧密：“古卿大夫射，必先行乡饮之礼。饮，所以序长幼；射，所以观德行欤。”“然则先饮后射，古人以此观德行，而亦世教所关欤？”①可见，乡饮礼和乡射礼所关涉的都是社会教化。乡饮礼和乡射礼还同“读法”紧密联系。《周礼·地官·州长》：“正月之吉，各属其州之民而读法，以考其德行道艺而劝之，以纠其过恶而戒之。”贾公彦注：“而读法者，谓对众读一年政令及十二教之法。”② 朱熹在注《论语·雍也》中“公事”时曰：“公事，如饮射读法之类。”③ 清梅曾亮《民论》曰：“圣人忧之，于是有饮射之典，有傩蜡之礼，有月吉读法之令。”④ 读法是同饮射联系而并行的礼仪。明洪武二年

乡射礼图

① ［宋］王景齐：《观德亭记》，见杨镜如编著《苏州府学记》，苏州大学出版社 2013 年版，第 698 页。

② 《十三经注疏（附校勘记）》，国学整理社 1935 年版，第 717 页。

③ ［宋］朱熹：《四书章句集注》，浙江古籍出版社 2014 年版，第 70 页。

④ 任访秋：《中国近代文学大系·散文集 1》（第 3 集第 10 卷），上海书店出版社 1991 年版，第 277 页。

(1369)，监察御史睢稼因律令新颁，民间尚未周知，建议明太祖推行“古人月吉读法之典”：“命府、州、县长吏，凡遇月朔，会乡之老少，令儒生读律，解析其义，使之通晓，则人皆知畏法而犯者寡矣。”① 读法与饮射礼均涉庙学礼仪，均涉乡邑教化，因此，《（弘治）常熟县志》把三者并列叙述，曰：“饮射读法自古而今。洪武初预行大诰及大明律令，使天下之人熟读讲解，以趋善避恶。学宫举行乡饮，首宣读之，士子学课之暇，亦令兼肄，即古帝王之用心也。为士民者可不钦崇而遵行之哉。”② 其事隶于学宫，而其效则在社会教化。

教化与庙学礼仪（下）

礼乐兴于三代，西周时期即把衣、食、住、行、婚丧、朝聘、祭祀、征伐等方方面面都纳入了礼乐制度。春秋时期，孔子释仁入礼，而仁是儒家核心价值理念。因为有仁作为礼的价值支撑，故礼乐礼仪就向世俗伦理转型。礼乐文化成为世俗文化，其重点始终不离人的现实的、感性的生活图景。文庙诸多礼仪，均同日常生活紧密结合，它通过渗入生活中随时随处的外在礼仪，直抵人的内在情感和伦理价值。日常生活的礼仪活动，把个体生存旨趣融入整体价值诉求，让人在活动中领悟伦理价值理念，这就是礼仪活动的社会教化功能。这里，以文庙学子的尊师劝学礼、官员到任谒庙礼和民众冠婚丧祭礼为例予以说明。

尊师劝学礼

古代学校中的礼仪，大多与重教劝学有关，包括尊师祭师。虽然后来庙学中的礼仪内容逐渐丰富，但尊师劝学仍是重要方面。尊师劝学礼仪形

---

① 《明太祖实录》，见《钞本明实录》（第一册），线装书局 2005 年版，第 236 页。
② ［明］杨子器、桑瑜：《（弘治）常熟县志》，广陵书社 2017 年版，第 82 页。

式多样，主要的有以下几种。

入泮礼。生员秀才入学第一天，由所在地方官员领着绕泮池一周，称为“入泮礼”，故古时入学又称“入泮”。明清时期，州县新进生员，须入学宫拜谒孔子，流程包括正衣冠、跨泮池、拜孔子、拜先生、净手、亲供等。这类似科举殿试后入太庙行释褐礼，表明其身份的改变。科举士子对之颇为重视，无论家境如何，均要举行入泮礼节，即择佳期，设宴酬谢亲友、邻居、授业老师。是员满六十年，逢其原入学时，亦要举行“重游泮水”的庆典。

释菜礼和行香。此礼最早见于《周礼·春官宗伯》：“春，入学，舍采合舞。”《礼记·学记》云：“大学始教，皮弁祭菜，示敬道也。”① 这就是说，释菜礼最早是以菜蔬设祭，不用牲牢币帛，为始立学堂或学子入学的仪节，也是古人拜师之礼，后逐渐成为孔庙每月朔望祭祀先师孔子用礼。洪武十七年（1384），朝廷下诏，每月朔望，行释菜礼。清代时，释菜仅有菜、枣、栗三种祭品，各置豆内，祭祀时上献爵，每月朔日举行。常熟文庙在相关碑记中屡屡提及庙学的释菜礼。朱熹在《平江府常熟县吴公祠记》中就说到知县孙应时率众“奠爵释菜，以妥其灵”②。周驰在《常熟知州卢侯生祠记》中说知州卢克治“春秋祭祀，朔望拜谒，未尝少懈”③，其春秋行释奠礼，而朔望行释菜礼。明万历年间，知县耿橘厘正祀仪，明确了常熟庙学和书院释菜礼仪。大致是：每岁孟春择吉日，县官送诸生入学，具祭品行礼；献官：常熟县正官；陪献官：常熟县儒学官；斋戒；省牲：兔一，前期一日午后宰兔为醢，用盘盛贮，待次早瘗；祭品：兔一、栗一、枣一、菁菹、酒、香烛。仪注为：

先贤爵三（通赞唱），就位，瘗毛血。迎神，鞠躬，拜，兴，拜，

① 《礼记》，崔高维校点，辽宁教育出版社2000年版，第122页。

② ［宋］朱熹：《平江府常熟县吴公祠记》，见陈颖主编《常熟儒学碑刻集》，苏州大学出版社2017年版，第3页。

③ ［元］周驰：《常熟知州卢侯生祠记》，见陈颖主编《常熟儒学碑刻集》，苏州大学出版社2017年版，第33页。

兴，拜，兴，拜，兴，平身。行献礼（引赞唱），诣盥洗所，诣酒樽所酌酒。诣神位前，跪，献爵，俯伏，兴，平身，诣读祝位，跪（通赞唱），众官皆跪（引赞唱），读祝（通引同唱），俯伏，兴，平身（引赞唱），复位（通赞唱）。送神，鞠躬，拜，兴，拜，兴，拜，兴，拜，兴，平身。礼毕。

这虽然载于明《虞山书院志》，应是书院的释菜礼，但据《常熟县儒学志》，常熟庙学也是“因从其制以备”。

明洪武十七年（1384），朝廷下令，每月朔望，郡县长官诣学行香。“行香”即“行香礼”，始于南北朝时礼拜神佛的仪式，是一种最为简单的祭祀程序，后因其简便易行，遂成为一种简化通行的祭拜仪礼而被吸纳到儒学仪式中，是古代庠、序每天举行的祭典仪式。

从行香到释菜再到释奠，即从每天到每月到春秋两季再到每年入学祭孔的学礼，构成了庙学尊师重教劝学的系列礼仪，它们既是祀师礼，也是劝学礼。

宾兴礼和状元礼。宾兴礼源自《周礼·地官司徒》：“以乡三物教万民而宾兴之。”① 其仪式在汉代就有萌芽，明代后演变为府、州、县送别科举生员的庆贺典礼，由地方政府划拨专项经费举办。送别对象有应乡试的科举生员，也有应会试的举人和应廷试的贡士。常熟文庙碑记有举行宾兴礼的记载。明永乐二十一年（1423），邑人鱼侃等领乡荐，将赴春闱，邑令傅玉良于县学行宾兴礼饯行。嗣后傅玉良撰《科举题名记》曰：“今年秋，诸生鱼侃辈领荐归，将诣春闱。有司偕教官歌鹿鸣饯之于学宫，广文诸暨孟宗严、司训修江熊朝美谓予宜有所纪。予谓穷经致用，固士子之素志，而作兴劝励者，县官分内事也。予不职，承乏兹邑且五年，可得辞欤？爰采国初迄今凡由科目进者，书其姓名而系其出处于下，刻石立诸讲堂，将以

① 《周礼·仪礼》，崔高维校点，辽宁教育出版社 1997 年版，第 19 页。

耀前而劝后也。”① “春闱”即明清时期京城在春季举行的会试，应考者为各省的举人，录取者称“贡士”。傅玉良认为送行最有意义的事，是把科举进者刻石立诸讲堂，以耀前劝后。

宾兴礼仪如下：

> 诸生见知县、教官，向上三躬毕，即席。知县居右，教官居左，诸生依次东西列坐。酒三巡，诸生告辞。是日，先架彩桥于仪门内，优人扮嫦娥，执桂花，鼓乐导诸生以登，优人簪花，由中门出。诸生先至东门外，侯知县到，如彩棚，及三巡，诸生大躬谢，知县回，诸生才退。

这是一种科举的送考礼，盛行于明清。清代常熟文庙建有宾兴局，邑人共捐田亩，附学收租，捐钱存典生息，俱归绅士董理，分给参加乡试、会试者作盘费。

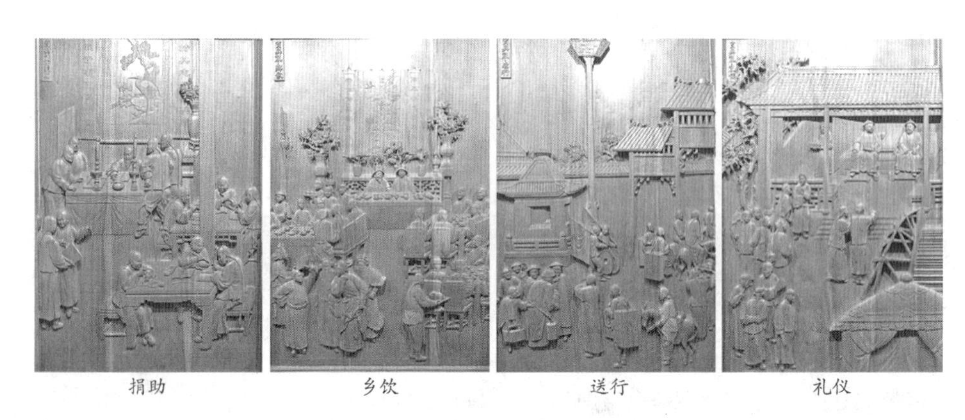

宾兴礼木刻一组

古代文庙入口影壁本应辟为文庙正门，因民间礼俗约定，无论何地建成文庙，都应由当地当朝状元祭孔后方可修建正门。若没有状元，则状元门所在位置由万仞宫墙取代。过影壁后，若高中状元者，则有资格从中央

① ［明］傅玉良：《科举题名记》，见陈颖主编《常熟儒学碑刻集》，苏州大学出版社 2017 年版，第 49 页。

泮桥跨池“入泮”，而旁人只能绕池而过，因此泮桥也称“状元桥”。有的地方文庙泮池上有三座桥，中间泮桥的桥面及长度稍大，是状元走的，而榜眼和探花分别走左右泮桥。与此相似，影壁后棂星门也是“状元不出，正门不开”。

从送诸生的宾兴礼到士子科考拜祭再到迎高中的状元礼，是对古代科举制度的直接呼应，体现了儒学崇文重教、劝学科举、俊才迭出的美好愿望。

官员谒庙礼

西汉高祖十二年（前195），刘邦过鲁阙里，“以太牢首祀孔子，诏诸侯王卿相至郡国，先谒庙后从政。自汉以来祀孔始此，到官先视学亦始此”①。要求官员上任先谒庙再理政，实际上是强调官员要尊崇儒学，效忠朝廷，以儒学化民成俗。因此，这也被认为是一种官员任职的宣誓仪式，具有重要意义。

元朝有出行官吏谒庙烧香讲书的规定。元《庙学典礼》卷一记：“如遇朔望，自长次以下正官同首领官，率领僚属吏员，俱诣文庙烧香。礼毕，从学官、主善诣讲堂，同诸生并民家子弟愿从学者，讲议经史，更相授受。日就月将，教化可明，人材可冀。外据所在乡村镇店，选择有德望学问可为师长者，于百姓农隙之时，如法训导，使长幼皆闻孝悌忠信廉耻之言。礼让既行，风俗自厚，政清民化，止盗息奸，不为小补。”② 可见，其意在于社会教化。

常熟官员谒庙，一般采用释菜礼，既祭拜孔子，也祭拜先贤言子。谒庙的官员，有来到常熟任职的，也有来常熟视事的。这在文庙儒学碑记中有大量的记载。如元陈基有记：“今守御元帅兼知州事海阳卢侯视事之日，即谒先圣先师。”③ 这里的卢侯即卢镇，元至正二十二年（1362）任常熟知

---

① 转引自王晋玲《言子列名“十哲”从祀孔庙考述》，见陈颖主编《言子思想的当代传承和价值》，广陵书社2021年版年版，第121页。

② ［元］佚名：《庙学典礼》，王颋点校，浙江古籍出版社1992年版，第13页。

③ ［元］陈基：《常熟州修学记》，见陈颖主编《常熟儒学碑刻集》，苏州大学出版社2017年版，第41页。

州，颇有政绩。元至正二十七年（1367），吕熙赴任，重建学宫，杨维桢记曰："今吕侯典州，下车首谒孔子庙，惕然于衷，呼旧文学卫镐曰：'吾国主不以吾不肖，俾典是州，岂徒理簿书、赴期会而已？学校，吾首事也。'"① 于是重建学宫，竣工之后，吕熙率僚佐及邦之庶老，于冬十月朔行释奠礼于文庙。明嘉靖年间，知县王叔杲《叙建院始末》述："余令常熟之三日，肃谒文庙。"② 清顺治年间，张懋忠《重修儒学启圣公祠记》曰："余奉命督漕江以南，莅止虞山，斋宿释奠，先圣肃然，顾瞻周遭，殿之东启圣公启圣祠宇在焉……低回久之，稔此祠之梁楹蠹朽，柱础圮倾，骎骎有茂草之惧。"③ 即以捐俸为倡，重修儒学启圣公祠。

到任或视事官员首行谒庙礼，其意在于尊崇儒学，尊师重教，推行教化之治。按照儒家思想，为政者上至天子，下至地方官员，都是教育者的化身，肩负着教化民众的责任。明吏部尚书李贤说："为令者惟当以是为期，而尽心于学校之政，持久不替，则是邑之人，虽不能尽复其性，而善类亦必多矣，不患人材之不出也。将见朝廷正而天下治者，未必不由于是。"④ 从谒庙礼效果来看，它对于官员推行惠民、教民之政意义不容小觑。如元大德七年（1303），卢克治来常熟担任知州，"始至，祗谒先圣祠，顾瞻公像，深惟学道爱人之政不敢不勉"⑤。他在常熟任职五年，以言子学道爱人为训，以武城弦歌之治为范，修水利，葺学舍，拓公宇，修邑志，百务俱举。当他离任以后，百姓集体议决，为之立生祠，教谕周驰撰《常熟知州卢侯生祠记》，碑立邑学礼门。明嘉靖年间，瞿景淳有《常熟县重修庙

① ［元］杨维桢：《重建学宫碑》，见陈颖主编《常熟儒学碑刻集》，苏州大学出版社2017年版，第291页。

② ［明］王叔杲：《叙建院始末》，见陈颖主编《常熟儒学碑刻集》，苏州大学出版社2017年版，第127页。

③ ［清］张懋忠：《重修儒学启圣公祠记》，见陈颖主编《常熟儒学碑刻集》，苏州大学出版社2017年版，第177页。

④ ［明］李贤：《江阴县重修儒学记》，见《江阴县续志》卷二十二《石刻记》，民国十年（1921）刻本。

⑤ ［元］周驰：《常熟知州卢侯生祠记》，见陈颖主编《常熟儒学碑刻集》，苏州大学出版社2017年版，第33页。

学记》，曰：“侍御尚公奉命按吴之戊午春，行部至常熟，祗谒先师。时庙学多倾圮不治，公顾瞻咨嗟，亟欲新之，念民方困于军需，公私廪廪，莫可为者。”巡抚御史尚维持“乃计本院所余赎金，得五百八十两，发县令冯舜渔，俾葺之”。冯舜渔乃鸠工饬材重建，庙貌孔严，弦诵有所。瞿景淳碑记说：“自公之按吴，纠贪残，禁侵暴，吏治咸贞。威名所及，岛夷屏伏。公政绩章甚，然犹惟安吾之生，乃兹庙学之新，俾人知自进于礼义，淑其身心以自远于禽兽。”① 乡贤陈寰在《常熟县新建乡先贤巫公祠记》中记：嘉靖戊子冬，巡抚陈都御史祥行县常熟，即谒文庙，又谒子游祠，见商相巫咸与其子巫贤二人皆以乡贤设木主，祭祀安置在子游祠庑下，乃退坐明伦堂。这时，一位生员前来讲述巫咸的故实，又一生员前来讲述子游的事迹。陈公听完即说：“巫咸生活在商代，子游生活在春秋，县里崇奉乡贤是对的，但把巫咸父子列入子游两庑，如此不合规矩，神灵定会不安。”于是，陈公即同常熟知县商定，在庙外重新觅地，建立咸及子贤专祠祭祀。“留其内门及堂庑桥道，后建正殿，以奉二木主。前临通衢，作石门，表曰：‘商贤相巫公祠’。”第二年夏落成，县上士夫及齐民日相率往拜，有司春秋以少牢行祀。② 这便是常熟巫咸专祠的由来。这是官员莅常行谒庙礼时现场办公的结果。厘正祀典，这在古人来说绝非小事，因此，地方史官请纂言述故，镌石祠中，永示后世。

需要补充的是，到任行谒庙礼者也包括教谕或训导等。清乾隆时，江苏学政刘藻就这样说过：“其始莅也，先谒宣圣庙展礼，退坐堂召诸生，宣扬圣训，讲论书义，次则春秋丁祭，科岁按试，释菜行礼，率以为常。”③ 这是学官的谒庙礼，其义亦在尊师重教，同时也是教谕上任时师生之间的一种见面礼仪。

---

① ［明］瞿景淳：《常熟县重修庙学记》，见陈颖主编《常熟儒学碑刻集》，苏州大学出版社 2017 年版，第 123 页。

② ［明］陈寰：《常熟新建乡先贤巫公祠记》，见常熟市碑刻博物馆编《江南言子故里碑刻集·碑碣卷》，上海辞书出版社 2013 年版，第 39 页。

③ ［清］刘藻：《重修江阴庙学碑记》，见《（乾隆）江阴县志》卷八《学宫》，清乾隆九年（1744）刻本。

冠婚丧祭礼

常熟文庙礼门立有《冠婚丧祭图》碑，刻有冠礼、婚礼、丧礼和祭礼图，并刻冠礼仪注、婚礼仪注、丧礼仪注和祭礼仪注。这是弘治十三年（1500）仲夏知县杨子器所立。杨子器颇有惠政，包括乡间有学、木铎警众、劝课农桑、作新学校、扶持风化、禁制暴敛、清理存恤孤老、修理桥梁道路、均徭役、禁淫祠等。如杨子器认为："承平岁久，俗尚奢靡，婚不由礼，丧至暴露，弊坏风化，滔滔一流有识者之所忧也，非得良有司以礼齐之人心，不几终于昧昧乎？"① 这是他刻《冠婚丧祭图》碑的直接原因。其更深刻的背景是洪武年间，朝廷公布了几道关于婚、丧、祭的圣旨，如洪武五年（1372）诏书曰："古之婚礼，结两姓之好，以重人伦。近代以来，专论聘财，习染奢侈。宜令集议定制颁行遵守，务在崇尚节俭，以厚风俗。"又颁诏书曰："古之丧礼，以哀戚为本，治丧之具称家有无。近代以来，富者奢僭犯分，力不及者，揭借财物昡曜，殡送及有惑于风水，停柩经年不行安葬，宜令集议定制颁行。"洪武三十一年（1398）诏曰："教民榜：父母生身之恩至大，其鞠育劬劳详载大诰。今再申明，民间有祖父母、父母在堂者，当随家贫富奉养无缺，已亡者依时祭祀，展其孝敬。"② 杨子器以身作则，在婚、丧、祭等方面关心民众，风化风尚，有许多动人事迹。如"冠婚礼久废，每月朔望，（杨）召儒士张尧民、林傅、季鹤辈讲肄于社学"③。因此，杨子器在文庙立《冠婚丧祭图》碑，这是他有意推动社会教化、移风易俗、革除时弊的重要举措。

杨子器推动移风易俗，重在强调日常生活中的礼仪，以礼制仪注规范百姓行为。《冠婚丧祭图》刻碑内容至细至详，这里仅述所记仪注其程序，每一程序都有具体的仪注规定，这里从略：

---

① ［明］杨子器、桑瑜：《（弘治）常熟县志》卷三，广陵书社 2016 年版，第 63 页。

② ［明］杨子器、桑瑜：《（弘治）常熟县志》卷三，广陵书社 2016 年版，第 82-83 页。

③《重修常昭合志》，常熟市地方志编纂委员会办公室点校，凤凰出版社 2021 年版，第 1311 页。

冠礼仪注包括：告祠堂，戒宾，陈设，序立，宾至，迎宾，行始加礼，行再加礼，行三加礼，行醮礼，字冠者，见祠堂，见尊长，礼宾，送宾，礼毕。

婚礼仪注包括：亲迎，婿告祠堂，醮子，婿行，女告祠堂，奠雁，醮女，姆奉女登车，婿乘马先妇车，至家，婿妇交拜，行合卺礼，出中堂同婿拜舅姑及长幼相拜，主人礼宾，送宾，礼毕。

丧礼仪注包括：初终，易服，讣，沐浴，袭，奠，饭含，设灵座，结魂帛，立铭旌，小敛，奠，大敛，床，设奠，成服，开圹祠后土，迁柩，朝祖迁于厅事，祖奠，发引，及墓设奠，乃窆，祠后土，题□，埋魂帛，反哭，虞，卒哭，小祥，大祥，告祔迁，禫。

祭礼仪注包括：时祭，斋戒，陈设，省牲，涤器，具馔，诣祠堂请神主，参神，降神，进馔、初献，亚献，终献，飨□，阖门，启门，饮福，受胙，辞神，纳主。①

以上碑刻始终立于邑学，现存学宫礼门。除了此碑刻，杨子器主修、桑瑜纂修的《（弘治）常熟县志》卷三还有“冠礼”“婚礼”“丧礼”“祭礼”的具体说明。杨子器之所以如此重视四礼，因为这些礼仪同普通百姓密切相关，是每人日常生活均会遇到的，规范这些日常礼仪，有助于社会移风易俗，体现儒家的伦理思想。杨子器之所以要把它立于庙学，是因为庙学是儒家思想的圣地，立碑于此可以得到保护。它同儒学之教、之祭结合，成为儒学思想的行为规范和有机组成部分，借助于学宫向生员士子传播，进而向整个社会传播。

① 《冠婚丧祭图》，见陈颖主编《常熟儒学碑刻集》，苏州大学出版社2017年版，第95-102页。

常熟文庙的言子专祠

言子专祠的修建

言子专祠的祭祀

言子专祠的碑记

言偃，字子游，吴地常熟人，言子是后人对言偃的尊称。言偃在22岁时渡江北游，投身孔门，晚年佩道南归，文开吴会。南宋以后，朱熹等推动子游传统落地江南，常熟形成了尊言学贤的历史传统。常熟尊崇言子为邑之先贤，认为“吾邑子游言公北游而学孔子之道，得其文学一体以归，为东吴兴文教之祖。大江以南，万世尸而祝之，攸宜”①。因此，宋代庆元年间，知县孙应时在文庙中建言子专祠祭祀，后世精心呵护，绵延至今。在历史演进中，常熟文庙最终形成了南北向的三条固定轴线：中为庙，西为学，东为言子专祠和崇圣祠。言子专祠是全国唯一在文庙单独设祠祭祀言子的建筑，成为常熟文庙空间布局之一大特色。

---

① ［明］桑悦：《重建吴公家庙记》，见陈颖主编《常熟儒学碑刻集》，苏州大学出版社2017年版，第85页。

言子专祠的修建

南宋宁宗庆元二年（1196），余姚（今属浙江）人孙应时任常熟知县。这是一位曾在太学投身陆九渊、朱熹门下学道的学者，也是一位颇具见识的年轻政治家。他在《常熟县到任谒庙文》中说："此邦实惟圣门高弟言游之故里，古今辽邈，风化方传。某受县之始，祗见学宫，心不敢忘。惧力不足，圣贤临鉴，尚佑启之。""亦惟以心事神，为民祈福而已。吏食于国，神食于民；吏职于明，神职于阴，负国祸民，其责惟均。某方将早夜自励，亦惟神明相之。"[①] 表示将以子游武城之治为范，推行学道爱民之政。他到任后了解到言子去世1600多年，常熟不但"未有能表其事而出之者"，且其常熟籍贯未成共识。于是，他搜集散落的常熟文献，编纂《琴川志》，同时在文庙讲堂东偏建祠堂专奉言子。

庆元三年（1197）冬天，孙应时写信给朱熹，请求为言子专祠撰写记文。孙应时致信说："常熟乃惟言游故里，桥巷犹存，其名且载于《图经》，惜未有表而出之者。已即学宫之侧，别为堂以奉祀，匾曰'丹阳公祠'，念非乞记于先生，犹不为也。不知先生肯特破例下笔否？"[②] 然而，直到庆元五年（1199）春天，朱熹才回信说：近日"衰老多病，益甚于前"，"向承喻及祠记碣文，以例不敢为人作文字，遂不复曾致思"。朱熹婉拒撰祠堂碑记和孙父墓志的原因，大概是从庆元元年（1195）起至嘉泰二年（1202）的"庆元党禁"事件波及了朱熹。不过值得注意的是，在回信中，朱熹告诉孙应时，不应称子游为"丹阳公"，而应该称"吴公"，因为"子游之封在唐为吴侯，在政和为丹阳公，而淳熙所颁祀礼乃为吴公。盖十子皆因唐

---

① ［宋］孙应时：《常熟县到任谒庙文》，见［清］邵松年辑《海虞文征》，广陵书社2017年版，第383页。

② ［宋］孙应时：《上晦翁朱先生书（十）》，见《烛湖集》卷五，文渊阁四库全书本。

之旧自侯而公，然不知何时所加”。[①] 面对朱熹的婉拒，孙应时即手书长信，再次求赐言子祠堂记：“某昨书又尝僭乞子游祠堂记，谅关尊抱，区区素不敢事炫饰，妄求品题，以自表见。顾此邑实子游故里，今江浙所无有，不以请先生求一语为信，某之罪大矣，亦望因赐挥染，当留俟他日托人刻之，乞无疑也。”[②] 鉴于时局，孙应时提出获得碑文后另找合适时机镌刻。朱熹可能由此被孙说动，遂于庆元五年（1199）六月撰文。为了避免在党禁期生乱，他慎重地对孙应时说：“昨需祠记本不敢作，以题目稍新，不能自已，略为草定数语，谩录去。度未可刻，以速涪城之祸，幸且深藏之也。”[③] 这就有了朱熹的《平江府常熟县吴公祠记》。朱熹碑记开端明确：“按太史公记，孔门诸子多东州之士，独公为吴人。而此县有巷名子游，桥名文学，相传至今。《图经》又言，公之故宅在县西北，而旧井存焉。今则虽不复可见，而公为此县之人，盖不诬也。”[④] 朱熹以《史记》和《祥符州县图经》所记为据，断定言子家乡即平江府常熟县，因此常熟建立言子专祠值得肯定。到理宗绍定元年（1228），李寿朋以尚书衔除知平江府，决定由政府刊行范成大总纂的《吴郡志》遗稿，在补缺时把常熟为言子落贯证籍的史料收入其中，并收载朱熹碑文，以官志名义认定言子为古吴常熟人。

常熟最早记载言子祠的是《至正重修琴川志》，其卷第一“叙县”列“吴公祠”条：

> 庆元三年，令孙应时建，为屋三楹，在明伦堂之东偏，朱文公为之记。至宝庆间，令惠畴以其卑狭，乃更建于学之东门庑，堂室几三十楹。识者复议：其位序失宜，且规模高广，殆过于殿，尤为非礼。至是，令王爚既迁礼殿，乃徙是祠于殿之后，始为宜称，故其上梁之文有曰：“自

① ［宋］朱熹：《孙季和》，见《朱子全书》第25册，上海古籍出版社、安徽教育出版社2002年版，第4886页、第4887页。

② ［宋］孙应时：《上晦翁朱先生书（十）》，见《烛湖集》卷五，文渊阁四库全书本。

③ ［宋］朱熹：《孙季和》，见《朱子全书》第25册，上海古籍出版社、安徽教育出版社2002年版，第4887页。

④ ［宋］朱熹：《平江府常熟县吴公祠记》，见陈颖主编《常熟儒学碑刻集》，苏州大学出版社2017年版，第3页。

东自西，两严庙学之制；在前在后，兼妥师友之灵"，盖叙其实云。①

这里叙述了吴公祠最初建设的三个过程。第一个过程即南宋庆元三年（1197），县令孙应时在文庙建立吴公专祠，位在县学明伦堂东偏。朱熹记曰："自孔子之殁以至于今，千有六百余年，郡县之学通祀先圣，公虽以列得从腏食，而其乡邑乃未有能表其事而出之者。庆元三年七月，知县事通直郎会稽孙应时乃始即其学宫讲堂之东偏，作为此堂，以奉祀事。"② 这说的是，当时天下州县均建庙学，通祀孔子，言子配享而"得以腏食"。而孙应时建言子专祠，则是乡邑专祀，是乡邑能表其事而出之者。前者是"通祀"，体现的是国家诏令的祭祀，后者是"特祀"，体现的是乡邑独有的祭祀，孙应时开创了常熟特祀言子的历史传统。第二个过程是宋开禧三年（1207），县令叶凯到任后先修学以训民，得到同僚响应，"逾月而殿庑增丽。丹阳公之旧室，湫溢无容膝地，又从而广其居，学校为之一新"③。叶凯修学，言子专祠仅是原址扩建，没有改变形制。宋宝庆元年（1225），县令惠畤认为言子专祠空间"卑狭"，就在县学"东门庑堂"改建吴公祠，增加教学设施和功能，初步形成祠学一体的格局，规模"几三十楹"。第三个过程是端平二年（1235），知县王爚认为惠畤所建言子专祠"位序失宜"，且"规模高广"，甚至超越孔子大殿，属于"非礼"，于是迁礼殿，并迁吴公祠于礼殿之后，且在屋梁上记文："自东自西，两严庙学之制；在前在后，兼妥师友之灵"。袁甫把重建后的庙学格局概括为："东庙西学，前殿后祠，奠荐攸序，既顺且严。"并认为"是举也，可谓知礼矣"。④ 王爚以孔庙居左，庙南为大门，北为言游祠，又在东北建本朝周子、张子、二程

① ［宋］孙应时、［宋］鲍廉、［元］卢镇：《至正重修琴川志》，方志出版社2013年版，第6–7页。

② ［宋］朱熹：《平江府常熟县吴公祠记》，见陈颖主编《常熟儒学碑刻集》，苏州大学出版社2017年版，第3页。

③ ［宋］孙应时、［宋］鲍廉、［元］卢镇：《至正重修琴川志》，方志出版社2013年版，第112页。

④ ［宋］袁甫：《常熟县教育言子诸孙记》，见陈颖主编《常熟儒学碑刻集》，苏州大学出版社2017年版，第17页。

子、朱文公、张宣公祠，以明伦堂居右，体现了对宋代理学的基本态度。以上三个过程，均发生在南宋后期，吴公祠在文庙三易空间位置，共同特点是：“特祀”相对于“通祀”是附属的、补充的，即把祭祀言子视为从祀或陪祀，特祀言子与特祀理学六子在本质上是相同的，这就是王爚认为的“宜称”。宋代名臣王遂曾转述王爚的自述：“子游，邑人也，别为宇为像祀之，收言氏诸孙于农圃而教焉，招四方之士，若邑之秀子弟而学焉。”① 这也从言子是乡贤出发，是“别为宇为像祀之”的特祀。

王爚重建吴公祠而形成的常熟庙学基本格局，延续时间达二百五十多年。直到明成化二十二年（1486），才由巡按御史胡汉提议，知县祝献、教谕张景元率诸博士弟子，将言子祠复移至文庙东，正祠三间，匾曰“瞻拜”，旁为夹室，别为二门以出，表其坊为“吴公祠”。明弘治三年（1490），历仕四朝、官至内阁首辅的杨一清撰《常熟县重建吴公祠记》，对此有着具体记述：

> 成化乙巳冬，监察御史铅山胡君汉按节三吴，过常熟，祗谒先圣，退谒乡先贤吴公子游祠。祠出礼殿之后，隘陋弗展，君顾瞻𧹞咨，乃进苏州府同知华容毛君瑄曰：“吴公大贤，常熟巨邑，维祠堂僻弗称，殆非所以崇明德、厉风教也，盍相与撤其旧而新是图?”毛君曰：“诺。”爰率诸博士弟子，度地于学之东偏，遂承檄任其事……经始于丙午春三月，至次年秋九月讫功。议者犹病祠前地迫，义官赵璧市民居以广之。由是宕然开朗，视旧观不啻数倍。耕农贩夫，但见新祠之焕俨，而不见庸调之及己也，莫不戴神之休，以上之人不虐用其民为德。②

这次重建把吴公祠移至庙学东，并扩大建筑面积，形成了常熟庙学的全新格局，即中庙西学东祠的三大建筑群，均南北向，井然有序，结构严

---

① ［宋］王遂：《改建社稷坛碑》，见［清］邵松年辑《海虞文征》，广陵书社 2017 年版，第 179 页。

② ［明］杨一清：《常熟县重建吴公祠记》，见陈颖主编《常熟儒学碑刻集》，苏州大学出版社 2017 年版，第 73 页。

谨。而有意思的是，这次胡汉提出重建的主要理由，同王爚提出重建的主要理由相同，即改变原来“非礼”“弗称”的形制。只是，王爚认为惠畴所建的建筑规模高广，因此“非礼”，胡汉则认为王爚的建筑“隘陋弗展”，“非所以崇明德、厉风教也”，因此也是“非礼”；王爚认为言子专祠在东门庑堂是“位序失宜”，胡汉则认为言祠在礼殿后“堂僻弗称”；王爚认为言祠高过于殿是非礼，而胡汉推动重建的言子专祠则与庙殿并列。这是一个非常有意思的文化现象。对此现象的合理解释是：南宋年代建立言子专祠，基本思路是基于孔子与言子是师徒关系而从祀，即祠宇从属庙殿；明代中期建立言子专祠，基本思路是并祀，即文庙与祠庙并列，庙学与祠学并茂。其基本思路的变化是时空转移、规模变动的动因。① 从南宋到明代，子游传统落地江南，子游精神得以弘扬，江南在全国的经济政治文化地位快速提升，人们对言子与江南文化的关系有了新理解。如元代阎复所说：“洙泗发源中国，言吴公导一脉而南，湔我吴俗，变朴陋为文学，圣贤之泽后世深矣。”“窃惟常熟，言公故里，故水号琴川，桥名文学，薰陶渐渍，宜其异于他邑。”② 苏州知府胡缵宗则说：“夫礼乐，孔子之道之一也。学礼乐以入道，孔门之教之一也。故学子游所以学孔子也。”③ 由言子对于江南的恩泽和贡献，说到常熟崇敬言子“异于他邑”，说到“学子游所以学孔子也”。人们对于言子的情感，恰如明初常熟县学教谕傅著所说：“睹河洛者思禹，

---

① 明成化年间重建言子专祠的合礼性，另一观点由金玉棠提出，转述如下：南宋庆元三年（1197）及明成化二十二年（1486）两次将言子专祠置于文庙之左，其意义是完全不同的。南宋年间言子专祠位置定位，可以认为是常熟地方对于言偃的独特尊崇，故特殊待之。但至明成化年间，由于文庙“左庙右学”的前两条轴线完全形成，直至清末，故虽有修葺重建，但格局未有变动。文庙建筑群的三条轴线已经形成，西轴线为学宫，中轴线为文庙，东轴线为言子祠及启圣祠。就整体而言，言子专祠已包含在文庙的整体布局之中，按儒家传统“居中为尊”的思想，此时将言子专祠置于文庙之左，已不存在礼制上的僭越，反而更能体现儒家尊卑有序、以礼为本的思想。就东轴线局部而言，“北有启圣祠，以示追崇；东有言子公祠，以表专设”，既表达了对孔氏先人的尊崇，也满足了常熟地方对言偃的敬仰之情。礼制思想与地方民愿在几次碰撞后，终于实现了和谐统一。见金玉棠《常熟言子专祠空间及建筑营造特征探析》，《中外建筑》2015 年第 7 期。

② ［元］阎复：《平江路常熟县重修文庙之记》，见陈颖主编《常熟儒学碑刻集》，苏州大学出版社 2017 年版，第 29 页。

③ ［明］胡缵宗：《学道书院学孔堂记》，见《鸟鼠山人小集》卷十三，明嘉靖三十六年（1557）刻本。

入清庙者思文。过文学之里，谒大贤之庭，此所以有子游之思也。况受其罔极之恩乎？”① 胡汉在向县令祝献提出“撤其旧而新是图”时，其理由也是“吴公大贤，常熟巨邑”，原有言祠规制仅在礼殿后，“隘陋弗展”，“殆非所以崇名德、厉风教”。杨一清碑记也因此认为：“吾夫子出，始立教以振之，时则有若吴公迈迹勾吴，北学于中国，笃信不懈，遂能以文学上齿颜冉，为高第弟子，卒开东南文献之源。其有功于乡邑甚大。”杨一清还就重建言子专祠后文庙新的规制作出回应：

> 先民有言，盛德宜百世祀，故乡先生没则祭诸其社，尸而祝之。公道德之在天下者，庙廷通祀，万世无议。其在乡邑，则泽润后人，不但所谓乡先生而已。为之特祠以奉祀事，仰止景行之意，于是乎存。然自公没千有余祀……第皆仅取苟完，无虑经久，其亦有待于后之人乎？夫祠不祠，不足为先贤重轻，独以义而风化其下者，有司事也。②

这就是说，通祀万世无议，而乡邑特祀同样合理，历史上言子专祠多次修建，但均不够完备，不足以表达乡邑对于先贤仰止景行之意，而成化年间重建的吴公祠规制，才是“盛德宜百世祀”的“经久”之举，“为之特祠以奉祀事”，乃关心风教的有司应为之事。就常熟祭祀言子而言，“顾文庙位于十哲，天下之通祀也。学宫有专祠，邦人之公祀也。宗子有家庙，后人之私祀也”③。常熟把乡邑大贤言子的祭祀放在突出位置，在文庙中建祠，与文庙祭孔并祀，这是民众的一种报本行为。乡贤、礼部尚书严讷说：“明兴，至侍御史铅山胡公，有加礼焉，语具先宰辅杨邃翁《记》中。”④ 用“加礼”来肯定胡汉重建言子专祠的建议，这同杨一清肯定重建言子专祠的理由完全一致，共同揭示了言子专祠格局和规模变化的合理性。

---

① ［明］傅著：《子游像赞并序》，见陈颖主编《常熟儒学碑刻集》，苏州大学出版社 2017 年版，第 47 页。

② ［明］杨一清：《常熟县重建吴公祠记》，见陈颖主编《常熟儒学碑刻集》，苏州大学出版社 2017 年版，第 73 页。

③ ［明］王言：《重建文学言公祠记》，见［清］言梦奎《言氏家谱》，常熟市图书馆藏本。

④ ［明］严讷：《文学书院记》，见陈颖主编《常熟儒学碑刻集》，苏州大学出版社 2017 年版，第 131 页。

言子专祠在祭祀空间营造手法上与文庙整体是“有合有分”的。“合”的方面，即言子专祠与文庙共同呈现庄严的祭祀氛围。文庙整体的红色垣墙四围耸立，隔河绵延60多米长的屏墙及参天古木，将其与周边嘈杂的市井民居相隔开来。南北方向三条轴线建筑群，右侧为学宫宫门，中间是孔庙棂星门，左侧为言子专祠门，进入此一区域，庄严、肃穆、威严的感觉油然而生。“分”的方面，即言子专祠由“言祠坊—祠门—仪门—正殿”组成的空间轴线，独立又完整地营造出自身的祭祀氛围，进入正殿之前的三重段落空间，更加强化了正殿的核心地位，烘托出了空间的仪式性。

2019年，言子专祠被国务院核定公布为第八批全国重点文物保护单位。

自明成化年间以后，虽然文庙建筑群落有毁有建，但言子专祠在文庙内的空间位序和建筑规制始终延续，文庙三条轴线并列的建筑格局，因祭祀出生于常熟的孔门弟子言偃而成。清咸丰十年（1860），文庙遭兵乱被毁。同治十一年（1872），总督曾国藩拨款仿效旧制重建言子专祠，在殿南金柱间顺梁下皮刻字如下：“大清同治十一年，太子太保、武英殿大学士、两江总督部堂、一等毅勇侯曾国藩督修；官盐运使衔、补用道、候补知府刘文棨，常熟县知县汪福安，昭文县知县许子春，常熟县教谕吴凤

言子专祠修复前的照片，上为正殿南面，下为正殿北面。

言子专祠修复后的照片

昌，昭文县教谕杨清泽监修；官五品衔、候补县丞陈叔谦重建”，记载了当时重修言子专祠的官员，从侯爵曾国藩到直接参与工程的教谕，再到五品虚衔实为候补的县丞。新中国成立以后，政府又对言子专祠进行过多次维修，今存三进，第一进祠门、第二进仪门与西厢房和第三进正殿，均为清代建筑。

常熟文庙的言子专祠，在历史演进中有“丹阳公祠”“吴公祠”“言子祠”“先贤言子祠”“先贤庙”“子游祠”等名称。它是常熟最早且保存完整的古代官式祠庙建筑。从南宋到现代，历史上多次重建修缮，都是基于人们对言子及其思想的理解与情感，因此给专祠注入了丰富的思想文化内涵。言子专祠埋藏着常熟文化的根脉，前人如此凭吊言子专祠：“言氏以虞邑之产，北学洙泗得圣人之传，遂开后世斯文宗统。则此地之有庙，乃所谓吴公祠者，宜其万世而不废也。”① 表达了人们对历史文化传统的敬仰之情。

以上即常熟文庙言子专祠在近千年中的修建大略。需要补充的是，南宋王爚发现言氏家族大多放弃读书而从事耕耨，“降为编氓”，于是在重建文庙时建立“象贤”斋，命人画圣贤像挂在斋中，把言氏子孙集中起来，免费供给食宿，买书延师，专设训导一员，教育言氏子孙。重修学宫以后，袁甫应请撰写碑记，复述了王爚新建象贤斋的意图：

> 圣道榛芜，心甚愧之。今且一新矣，东庙西学，前殿后祠，奠荐攸序，既顺且严。尝访公裔孙，则降在编氓，弗修儒业。繇是即新学西斋，扁曰“象贤”，聚言族子弟其中，县给赡养之资，买书延师，朝夕训导。择齿长者主公祠宇。又虑岁月浸远，美意难继，则为之节冗费，得缗钱八千三百，买田以亩计者五百有二十，岁收米以斛计者三

① ［清］朱霞：《拟先贤言子庙碑》，见鄂尔泰《南邦黎献集》，慎时哉轩藏本。

百有八十。庶贻永久，愿有记焉。①

这段碑记的要点是：一是子游裔孙“降在编氓，弗修儒业”，因此要建“象贤”斋教育言氏子孙，使他们不再混同乡民；二是“择齿长者主公祠宇”，即仿效曲阜孔庙形式，让子游后代中的年长者维护祠宇并主持祭祀；三是“虑岁月浸远，美意难继”，于是置买田地，以每岁收米保障供给。袁甫认为“是举也，可谓知礼矣”，其礼在于：不仅“祠先贤而教养其后裔”，而且“于国祚亦有关焉”。对此，言氏子孙世代感激。到了雍正年间，言氏72世孙言梦奎说：“但念吾言氏中微，混迹氓庶，向不知为先贤之后，赖王公崇重先贤，广为搜访，建象贤斋以居之，置田亩以养之，延师儒以教之，始得列于士类。”②

自此以后，文庙设立象贤斋，形成了祠学一体的格局，在教育言子裔孙方面发挥着积极作用。对此，常熟儒学碑记中存有记载，如言如泗《始祖先贤吴国公言子专祠建修记》记：“端平二年，县令王公爚移建文庙后，助祠田四百亩有奇，并建象贤斋于新学西，置田五百二十亩，别设训导一员，教育言氏诸孙，中书舍人袁甫有碑记。六十一世孙讳福孙公，元至正二十四年任常熟州学象贤斋训导，现载天台陈基撰《修学碑记》。福孙公次子、前明给事中以实公讳信，即由象贤斋弟子员升擢也。”③ 象贤斋培养了一批优秀言氏家族弟子，如51世言腾为感谢王公厚意，在象贤斋中奋发苦学。南宋恭帝时，王爚出任宰相，拟荐言腾朝中任职。言腾有《拨反集》8卷等传世。53世孙言公怡，“象贤斋弟子员。博览强记，读书象贤斋中，文名与子襄公埒。性至孝。公父道之。公先父卒，公事祖康成公由尽其道，俾康成公不知无子之苦，及卒，一恸几绝，殡殓葬祭悉从其厚。公老矣，或言及祖父母及父母，未尝不流涕。其至性之过人如此”。蒙古军南下，兵

---

① ［宋］袁甫：《常熟县教育言子诸孙记》，见陈颖主编《常熟儒学碑刻集》，苏州大学出版社2017年版，第17页。

② ［清］言梦奎：《言氏家谱》，常熟市图书馆藏本。

③ ［清］言如泗：《始祖先贤吴国公言子专祠建修记》，见陈颖主编《常熟儒学碑刻集》，苏州大学出版社2017年版，第244页。

锋直指常熟，城将陷落，56 世言仁和 59 世言文蔚，均以身殉国。文蔚“读书象贤斋，治《春秋》，克尽其微妙，一时学者奉为指归。及元师围城，城将陷，公曰：‘三百年养士之恩正为今日，吾其忍觍颜偷生乎？今幸城未陷，吾得死于赵氏之土，亦幸矣。’遂跃入泮水中。死三日，颜色如生。”①

言子专祠的祭祀

宋庆元三年（1197）七月，言子专祠建成，当年冬至日，知县孙应时躬率邑人、学士、大夫及言氏家族子孙，来到言子专祠举行公祭，并宣读自撰的《先贤言子赞》：

台北“故宫博物院”藏言偃画像

孔门以来，千六百祀。大江以南，遗迹能几？猗欤琴川，子游之里。有宅有桥，其应《史记》。弗崇弗彰，为邑之耻。

我作斯堂，学宫之傍。与我士民，弦歌洋洋。山川其光，斯文其昌。勿替成之，以念四方。②

孙应时把常熟的尊言学贤提升到事关地方荣辱的高度，体现了弘扬子游传统的文化自觉。这次具有里程碑式的公祭活动，开创了常熟官员和民众公祭言子专祠的先河。

言子专祠的从祀

在常熟文化史上，人们说到在地古圣贤，首选的是巫咸（子巫贤）和言偃。《（崇祯）常熟县志》卷六专设“先贤表”，开列名单是：巫咸、

① 以上数例均见言梦奎纂修《言氏家谱》，常熟市图书馆藏本。

② ［清］言梦奎：《言氏家谱》，常熟市图书馆藏本。

巫贤、言偃，并专设“先贤考”。《（弘治）常熟县志》卷四“先贤”所列两人：巫咸，商之贤臣；言偃，北学于中国，为孔门高弟，列文学科。宋于文庙建立言子专祠后，把乡贤巫咸（子巫贤）祀于其夹室。① 后巫贤父子被移出，建专祠于致道观西。② 把商相巫咸父子从祀于言祠夹室，确属不妥，移出建立巫公祠祭祀，合礼。但在常熟文庙史上，确曾把言子尊为先贤，并以在地乡贤包括巫咸父子从祀于言子专祠。

明天顺三年（1459），知县唐礼修言子公祠，以乡之后贤从祀吴公。李贤撰记曰：“唐侯又以乡之后贤，如范文正公诸位神主，从祀于内，俾是乡之人益有所观感而奋励焉，其有关于风化大矣。”③ 揭示了后代乡贤从祀先贤言子的可行性。成化二十二年（1486），言子祠东移重建后，正殿三楹祀先贤言子，两庑以范仲淹、张洪、言信、吴讷、徐恪、周木从祀。明弘治九年（1496），杨子器宰邑，始列举乡贤、名宦所当祠者附庙祭祀，其中名宦均列于文庙戟门东西夹室，而乡贤均列于文庙吴公祠东西壁秩祀。《（弘治）常熟县志》所记如下：

晋　和州防御使周忠惠公虎

宋　尚书职方郎中赠中散大夫陆公绾、朝散郎赠金紫光禄大夫钱公观复、江西路转运副使中奉大夫钱公佃、孝子周公容、殿中侍郎御史冷公世光、翰林院直赠中大夫崔公敦诗、龙图阁学士封东海郡侯丘公岳、温州府儒学教授陈公元大、福建路提举朝请郎钱公俣。右乡贤列于吴公祠西壁东向

明　翰林修撰止庵张公洪、副都御史谥文恪吴公讷。右乡贤列于

---

①《（嘉靖）常熟县志》卷四记，巫咸，“宋祀于子游祠夹室乡贤祠”。广陵书社2016年，第2-3页。《重修常昭合志》记：“（商相咸及子贤）宋祀于言子祠夹室。”常熟市地方志编纂委员会办公室点校，凤凰出版社2021年版，第359页。

②《（嘉靖）常熟县志》卷四“巫咸祠”条下有记：“嘉靖中，巡抚陈都御史祥行县展礼，以为巫氏父子为商贤相，居葬在此邑，宜有专祠。邑学诸生列状白其事，提学章御史衮议合，命有司于秋报门内，市居民所据致道观地，建祠。今祠是也。”广陵书社2016年版，第2-3页。

③［明］李贤：《重修吴公祠堂记》，见陈颖主编《常熟儒学碑刻集》，苏州大学出版社2017年版，第63页。

吴公祠东壁西向①

杨子器列举所当祀的常熟乡贤均祀于言子专祠之东西壁中。后因杨子器重修文庙，建成乡贤祠和名宦祠，即议把以上乡贤名单中宋代诸公俱入乡贤祠，而独留张洪、吴讷两人，益以徐恪、周木，总四人从祀言子。后又调整成从祀乡贤为六人，即宋范仲淹、明张洪、吴讷、徐恪、周木、言信，此一从祀名单沿用到清末。②

清代末年的言子林墓

与此同时，常熟强调言子与乡贤的特殊师承关系。如许成器说，“古者立学必释奠于先圣先师”，“先贤犹之鼻祖，大宗亘古。今孔子尚矣，乡党一篇，以身教万世。子游非海虞之先师耶？其受先圣之传，惟礼为兢兢，实与颜曾称南北宗”，“二三子之尸祝先师，非一日矣，岂其不望以为趋，而随俗厝趾？”③ 由此，常熟建立起特殊的师生关系。徐有贞就这样说过：“吾愿与二三子省之，由子游以求乎仲尼，由仲尼以求乎尧舜禹汤文武周

① ［明］杨子器、桑瑜：《（弘治）常熟县志》卷三，广陵书社 2016 年版，第 61-62 页。

② 见言如泗《始祖先贤吴国公言子专祠建修记》，陈颖主编《常熟儒学碑刻集》，苏州大学出版社 2017 年版，第 245 页；见杨泗孙《重建先贤言子祠墓记》，陈颖主编《常熟儒学碑刻集》，苏州大学出版社 2017 年版，第 275 页。

③ ［明］许成器：《重建常熟县儒学西舍碑记》，见陈颖主编《常熟儒学碑刻集》，苏州大学出版社 2017 年版，第 135 页。

公。其于道也，若溯流而求源，由一心而运之天下，小试而为弦歌之治，大行而成礼乐之化，庶几哉，其古若尔矣。”① 这勾勒出了一条由尧舜禹汤文武周公，到孔子、言子，再到常熟学子的师承线索。

特殊的师生关系，把言子视为在地先师，而特殊的从祀关系，则把言子视为在地儒宗，以上先贤言子与后世乡贤之间的两层特殊关系，其本质是呈现在地儒学道统的师承关系，试图在常熟构建起一个前贤后贤相继的精神谱系。明万历年间，常熟建立虞山书院，其建筑居中的是子游祠，居东侧的是学道堂，居西侧的是弦歌楼。子游祠中从祀的名单是：昭明太子萧统、孙应时、张洪、吴讷、徐恪、桑悦、周木、邓韨、朱召和邹泉。根据顾宪成所说，选配这些人是“从舆望也”②。换言之，这是常熟当地人认为应该置入子游祠者。张鼐对于虞山书院主祀言子的解说是：“夫祀以报本。本者，一本也。”“邑自言子出而斯道大明。言子明孔子之道，而孔子之道在南国。言子上有功于孔子，而下有恩于海虞千百世。故祠祀言子，报本也。”③ 无论是言子专祠的从祀历史，还是虞山书院的祭祀格局，都体现了常熟把大贤言子祭祀放在突出位置，是出于常熟民众对言子的特殊尊崇，这是常熟民众的一种报本行为。

言子专祠的祀典

言子专祠建立以后，历代都有修建，褒崇之典代不绝书，印证着祠祀香火的赓续。据《重修常昭合志》记载，即使常熟析为常熟、昭文两县时，也是两县轮流主持祭祀。后文庙被毁，仅存言子祠、莞尔堂，也仍是“随时葺修，地方官春秋祀之”。当然，常熟文庙内的“言子专祠”祭祀，历史上也有厘正祀典的记载。如清康熙年间，发生了“春秋祀事，邑宰之职也。

---

① ［明］徐有贞：《直隶苏州府常熟县儒学兴修记》，见陈颖主编《常熟儒学碑刻集》，苏州大学出版社 2017 年版，第 69 页。

② ［明］顾宪成：《虞山言之祠记》，见《常熟文库》第 28 卷，国家图书馆 2019 年版，第 324 页。

③ ［明］张鼐：《虞山书院志 · 祀典志序》，见《常熟文库》第 28 卷，国家图书馆出版社 2019 年版，第 150 页。

而流俗相沿，往往委员代之，失敬贤之礼”的现象。然后，由言族子孙提出，获得上司肯定，“亟檄县厘正”，明确：言子专祠春秋丁祭，印官亲诣，祭祀不得委佐贰官。康熙四十八年（1709）春丁释典于言祠，县宰诣祠致祭，祭毕即伐西山片石，由郭朝祚撰《厘正祀典碑记》，书其始末，“以告后来于万斯年，毋俾或替，庶圣主贤臣重道崇儒、主持名教之至意，永与云汉为昭矣”。[①] 碑立于言子祠。清代言子专祠的祭祀情形，《（康熙）常熟县志》云：春秋祭祀，不委贰臣。学政张元臣《吴公祠记》中，亦具言之。

言子专祠的祭期在清代以前是每岁春秋下丁，“其月用仲，以四时之正也。其日用丁，为阴火文明之象也”[②]。康熙四十七年（1708）厘正祀典，明确每岁春秋二仲（即仲春二月、仲秋八月）上丁日在文庙举行祭祀，后随亲祭始祖祠，永为定制[③]。言子专祠祭祀的仪礼仪注，据雍正年间言梦奎撰《言氏家谱》记载如下：

献官：知县，陪献官：学官。

先期一日斋戒，晚刻省牲，毛血用盘盛，待次早瘗，届期五鼓致祭。

通赞唱：起鼓三通，执事者各司其事，陪献官就位，献官就位，启户，瘗毛血，迎神，鞠躬，拜，兴，拜，兴，拜，兴，平身。奠帛，行初献礼。

引赞唱：诣盥洗所，酌水净巾，司樽者举幂酌酒，诣先贤言子神位前，跪，奠帛，献帛，搢爵，俯伏，兴，平身，诣读祝位，跪。

通赞唱：众官皆跪。

---

① ［清］郭朝祚：《厘正祀典碑记》，见陈颖主编《常熟儒学碑刻集》，苏州大学出版社2017年版，第189页。

② 杨子器、桑瑜纂修《（弘治）常熟县志》卷三：“吴国言公，立庙于文庙之东，岁春秋次丁日有司致祭。”广陵书社2016年版，第52页。龚立本编次《（崇祯）常熟县志》：“文庙、启圣祠二仲上丁祭如制”，“吴公祠二仲下丁行礼”，“名宦祠、乡贤祠俱下丁行礼”。凤凰出版社2021年版，第62页。

③ 言梦奎《言氏家谱》：“专祠，每岁春秋二仲上丁日举祭。本于下丁致祭，康熙四十七年，奉藩宪宜厘正祀典，饬县于上丁日致祭文庙，后随亲祭始祖祠，永为定制。”常熟市图书馆藏本。

引赞唱：读祝文。

通引合唱：俯伏，兴，平身。

引赞唱：复位。

通赞唱：行分献礼。

引赞唱：诣盥洗所，酌水净巾，司樽者举幂酌酒，诣两庑配享神位前，跪，奠帛，献帛，搢爵，献爵，俯伏，兴，平身，复位。

通赞唱：行亚献礼。

引赞唱：诣酒樽所，司樽者举幂酌酒，诣先贤言子神位前，跪，搢爵，献爵，俯伏，兴，平身，复位。

通赞唱：行终献礼。

引赞唱：仪同亚献。

通赞唱：饮福受胙。

引赞唱：诣饮福位，跪，进福酒，饮福酒，进福胙，受福胙，俯伏，兴，平身，复位。

通赞唱：鞠躬，拜，兴，拜，兴，拜，兴，平身。撤馔，送神，鞠躬，拜，兴，拜，兴，拜，兴，平身。读祝者捧祝，奠帛者捧帛，各诣瘗所，望燎阁户，揖，礼毕。

祝文：维某年岁次，某某月，某朔越祭日丁。某某县知县某，敢昭告于先贤言子之神，曰：惟神文学名科，礼乐为教。弦歌聿兴，启我后人。今兹仲春、秋，谨以牲帛醴齐，粢盛庶品，式陈明荐。尚飨。

祭品：羊一口，净肉三十斤。猪一口，净肉一百五十斤。芹、韭菜，三斤。代兔鸡，一只。烛，三斤。黍稷稻粱，二升。帛，一匹。桃枣栗，三斤。醢肉，八两。柏香，一炷。庭燎，四个。薧鱼，八两。净巾抹布，二方。火柴，五十斤。酒、米，一升。

这种祭祀庄重整肃，是文庙祭祀的重要组成部分。《言氏家谱》记言子专祠祭祀献诗是：

迎神诗曰：虞山巘巘，琴川瀰瀰。笃生言公，道化在兹。于昭德象，祗奉新祠。明禋有格，神其降斯。

初献诗曰：卓哉言子，有吴先觉。奚侗文王，列科文学。束帛荐忱，侑享以乐。登献清酤，昭格无邈。

亚献诗曰：东南文献，自公作则。佑启后人，修祀无射。黍稷维馨，牲牷孔硕。式陈明荐，庶几来格。

终献诗曰：香秬在前，豆笾在列。以享以荐，既芬既洁。登献惟三，人和神悦。于嘻成礼，率遵无越。

送神诗曰：新祠奕奕，文教是崇。有司庶士，共事雍容。神既享只，百福来同。亲睹之利，永世并隆。

《言氏家谱》之“祭祀仪注”有言：“祭贵备物也，贵尽礼也。物不备则为亵，亵则神弗歆之矣。礼不尽则为慢，慢则神明吐之矣。物既备矣，礼既尽矣，神乃格焉。诗曰：惠于宗公，神罔时怨。神罔时恫，礼曰致爱。则存致悫，则著此物。”①

常熟文庙内的言子专祠祭祀，在常熟地区有着重要影响。江南学政张元臣在《吴公祠记》中说到言子专祠清代每岁春秋丁日祭祀，其具体的祭祀情形如下：

今天子诞敷文教，表彰先贤，不鄙末议，崇德报功之典，远轶前代，而天章日华，复极焜耀。天子之致崇极于公者如是，为臣子者，其敢弗承？每岁春秋丁日，例祭先圣先贤祠，祝册自京师颁行郡邑，而有司将事者弗亲诣公祠下，牲牢酒醴，弗丰弗洁，荐祼登降，弗中仪度，非天子致崇极之意也……今公祠近附学宫，非若海神庙远隔海壖，祀宜益虔。先是，苏藩宜君思恭檄县，正印官诣致祭以昭崇重。有司奉行弗来。兹乃为之记，并系以诗曰：

公产南方，北学中国。得圣一体，颜闵是埒。南方文献，公浚其源。诗书礼乐，家歌户弦。流风渐渍，历祀千百。万户尸祝，专祠在

① ［清］言梦奎：《言氏家谱》，常熟市图书馆藏本。

邑。惟圣天子，稽古右文。宸章宠锡，录及后昆。祀事弗虔，曷称德意。春祫秋尝，邑宰亲莅。樽净爵洁，牲肥酒芳。陟降上下，公俨在堂。东海苍茫，虞山萃嵂。刻诗于碑，垂示罔极。①

这是清代祭祀言子的真实记载，民众虔诚，祭仪非凡，尤其是祭祀时“祝册自京师颁行郡邑”，更是显示了常熟祭祀言子的殊荣。

朝廷和官府非常重视言子祭祀活动。这里转述雍正九年（1731）言梦奎《言氏家谱》所记：宋绍兴年间，设奉祀生四员，骏奔在庙。淳熙年间，改封为吴公，赐冕旒，春秋遣官致祭，行庭参三献礼，如文庙仪。明弘治年间，知县杨子器捐俸买田四十亩给三元堂道士陆允修等收管，以供春秋祭扫之费。嘉靖九年（1530），奉旨追称“先贤言子”，赐祭田三百亩，内不科田若干亩，办粮田若干亩，改建庙庭，春秋遣官致祭。隆庆三年（1569），巡抚海瑞批给家庙、书院、专祠、坟墓四处奉祀生膳米，每名二十四石。崇祯元年（1628），恩诏内开一款，凡圣贤祀典悉照旧例举行。顺治十年（1653），巡抚周公批给奉祀生膳米九十六石。康熙二十二年（1683），奉旨查取先贤言子庙墓、祠院及祭田家谱，造入《会典》。康熙三十七年（1698）二月，学院张榕端檄县优恤贤裔，优免杂泛差徭，子姓田地另立先贤图办粮，奉祀生员与诸生一体优礼。康熙四十八年（1709），奉藩宪檄厘正专祠祀典，春秋二丁务必县正印官亲临致祭，不得委官草率，并饬勒石祠中，永为定例。②

言子专祠的国家祭祀

宋元以后，常熟地区有三处祭祀言子的地方。清江南布政司、督理苏松常镇粮储道马逸姿在《重修文学书院言子祠碑记》中说：

常熟带山为城，所谓虞山，冢在城内山巅，登而眺，城内外万瓦

① ［清］张元臣：《吴公祠记》，见陈颖主编《常熟儒学碑刻传》，苏州大学出版社2017年版，第311页。

② ［清］言梦奎：《言氏家谱》，常熟市图书馆藏本。

鳞次，一目可尽。其祠有三，一在学宫之内，曰专祠；一在县治之东偏，曰家庙；一在虞山之麓，曰书院。旧制设守祠生三人奉祭祀，免其徭役。自唐宋至今，无所增损。①

清雍正九年（1731）成书的《言氏家谱》记述了文庙言子专祠、家庙和书院祭祀。家庙祭祀，每岁长至日举祭，主祭是大宗孙，陪祭是众子孙。书院祭祀，释菜，每岁孟春，择日，县官送诸生入书院，具祭品行礼，献官是知县；陪献官是学官；释奠，每岁春秋二仲下丁日举祭，献官是知县；陪献官是学官。言子故乡常熟有家庙祭祀，如南宋庆元六年（1200），朱熹弟子黄士毅曾访言氏家庙北侧文学桥，题刻《文学桥铭》，有“睹迹亦昧，吁方肇祠”之言。后言子旧宅、家庙多次毁坏和重建。雍正朝时，言子裔孙、翰林院五经博士言德坚恩准复建言子旧宅。文学书院后更名学道书院，又复为文学书院，在明万历年间建立虞山书院，尽管多次变更，但书院祭祀言子始终如一。从祭祀的共时性而言，常熟地区言子专祠、言族家庙和书院言祠同时祭祀言子，形成了完整的祭祀体系。

若从祭祀的历时性而言，祭祀言子则有一个由家祭到乡祭再到国祭的过程。言子后裔言丰随祖返土归流后，世守言子故居，裔孙宗亲聚集家庙家祭先祖。历史上，言族家庙多次被毁，多次重建，其中清乾隆四十六年（1781）裔孙言如洙等重修是一次重要的修葺，言如泗有《始祖先贤吴国公县东家庙重修记略》。虽然家庙祭祀也有因故中断，但其谱系清晰，谱中屡有“以典祀事”的记录。宋庆元三年（1197）冬，言子专祠落成，知县孙应时率学士、大夫及其子弟行释菜礼，此即官方公祭之始。自此以后，常熟地方官员公祭言祠的活动持续不断。清代康熙以后，常熟言子祭祀有了全新的气象。从明正德十二年（1517）开始，地方和礼部即向朝廷申请授予言氏后裔翰林院五经博士，前后经历近200年时间，直到康熙五十一年（1712），圣祖恩准言德坚为首任翰林院五经博士，并明确“使得世袭，以

① ［清］马逸姿：《重修文学书院言子祠碑记》，见陈颖主编《常熟儒学碑刻集》，苏州大学出版社2017年版，第187页。

掌祭祀”，“为量置祭田数百亩，命主祀者掌之，供祀之外，其羡余则周给族之不足者，用敦礼让之风，以为士民之望”①。“言氏通族子姓，皆以该翰博为宗主，凡事悉听约束。设有争斗雀角者，该翰博自行处分。如在有司处讦告者，亦移文关取审理。”② 在这前后，康熙四十四年（1705）康熙南巡，接见73世孙言德坚，并亲书庙额“文开吴会”；乾隆十六年（1751）乾隆南巡，接见第二任五经博士、75世言如洙，并亲书庙额“道启东南”；六年后，乾隆再次南巡，赞言子“教开南国”。这就把言子的地位和评价从吴中推广到东南以至于整个南国。乾隆先后六次特遣刑部、礼部、兵部的侍郎和内阁学士、散秩大臣等要员，专程到常熟言子祠堂代为祭祀，立谕碑石，把言子祭祀上升为国祭活动。

乾隆南巡祭祀言子一览表

祭祀对象	祭祀时间	祭祀方式	祭祀次数
言子	乾隆十六年二月十九日	遣官祭	6次
	乾隆二十二年二月十七日		
	乾隆二十七年二月十四日	遣官祭，拈香祭酒	
	乾隆三十年二月二十六日		
	乾隆四十五年二月二十二日	遣官祭	
	乾隆四十九年三月初六日		

（表格来源：吴建《江南人文景观视角下的康乾南巡研究》，苏州大学博士学位论文，2017年）

言子专祠的碑记

宋庆元年间建立言子专祠后，历代均有修葺，而修葺多有碑记。这些碑记及其他相关碑记，其立石有的被置于文庙，甚至被置于言子专祠内外。据地方文献记载，曾经置于言子专祠内外的碑记有：朱熹《平江府常熟县吴公祠记》、傅著《子游像赞并序》、张洪《学道书院记》、赵师简《邑令王君生祠堂记》、李杰《直隶苏州府常熟县重修庙学记》、李贤《重修吴公

① ［明］沈汉：《请给五经博士疏》，见［清］言梦奎《言氏家谱》，常熟市图书馆藏本。

② 《衍圣公府颁发博士仪注札付》，见［清］言敦源等《言氏家乘》第二十七卷，常熟市图书馆藏本。

祠堂记》、吕囦《重修吴国言公祠题名记》、杨一清《常熟县重建吴公祠记》、王叔杲《叙建院始末》、严讷《文学书院记》、郭朝祚《厘正祀典碑记》、言如泗《始祖先贤吴国公言子专祠建修记》、杨泗孙《重建先贤言子祠墓记》等。置于文庙同言子专祠关系密切的还有两块重要碑记：魏了翁《重建学宫记》和袁甫《常熟县教育言子诸孙记》。这些碑记思想内容丰富，是言子专祠的有机组成部分，是常熟文庙底蕴的主要标志。这里择其六块予以简要解读。

朱熹《平江府常熟县吴公祠记》①

朱熹《平江府常熟县吴公祠记》碑（局部）

宋庆元三年（1197），县令孙应时建言子专祠于文庙，朱熹撰记。碑首刻于庆元五年（1199），在言子祠内。端平二年（1235），县令王爚整顿儒学，迁碑于礼殿之后，后文字剥落。元代重刻，后佚。明宣德十年（1435），由张洪重书，并按以跋语，县令郭世南再刻石立碑。清代，原碑残破。乾隆四十七年（1782），由姚大勋书，言子75世裔孙言如泗第四次又刻。前后绵延数百年，数代人持续彰显此碑精神。

朱熹的《平江府常熟县吴公祠记》，除为言子常熟证籍外，还有丰富的内涵。（1）定言子历史地位。朱熹历史地评价了言子的功绩，即改变了古

① ［宋］朱熹：《平江府常熟县吴公祠记》，见陈颖主编《常熟儒学碑刻集》，苏州大学出版社2017年版，第3页。

代吴地“朴鄙而不文”的旧俗，推行有文有质的礼乐文化，开启了吴地文化崇文重教的基本走向。(2) 析言子思想特征。朱熹通过剖析《论语》中子游与子夏西河之争，揭示言子重本知本的思想特征；通过剖析其异于今世之文学的内涵，强调言子行事必以诗书礼乐为先务；通过论说取人与澹台灭明默有相契，强调其为人必当敏于闻道。朱熹认为，主张知本闻道，重在礼乐教化，是言子的思想特征。(3) 说言子人格特征。朱熹认为，“今以《论语》考其话言，类皆简易疏通，高畅宏达”。朱熹在碑记中论子游行事、为人，始终紧扣言子这一人格特征，从而把言子的人格特征与思想特征联系起来。(4) 期子游传统弘扬。朱熹推动子游传统落地常熟，说“愿诸生相与勉焉，以进其实，使此邑之人，百世之下，复有如公者出，而又有以一洒夫偷懦惮事、无廉耻而嗜饮食之讥焉，是则孙君之志，而亦熹之愿也”。以上诸项内容，都在回应着历史的、时代的课题，为南宋以后江南重提子游传统、推动江南儒学发展定下基调。

魏了翁《重建学宫记》碑

魏了翁《重建学宫记》①

宋端平二年（1235），常熟知县王爚仿郡庠重建文庙。宋嘉熙元年（1237），吏部尚书魏了翁撰记并篆额，袁甫书撰。碑原在邑学戟门东，清乾隆五十二年（1787）言如泗重加拂拭，以供同道观瞻。其拓片现藏常

① ［宋］魏了翁：《重建学宫记》，见陈颖主编《常熟儒学碑刻集》，苏州大学出版社 2017 年版，第 7 页。

熟市图书馆。

魏了翁的《重建学宫记》开端即说："常熟县学之始，图乘放失，庠有屋梁，书至和纪年。"明确了常熟庙学始建于宋至和年间。魏记在概述王爚重建学宫后，沿着朱熹碑记的思路，论说子游传统内涵，肯定朱熹对于言子的总体评价，也对朱熹碑记做了重要补充：

> 夫《檀弓》，不知何人，而一篇之书，独于子游极其称誉，虽其于孔门诸子率多讥评，又以言曾并列。其是言而非曾者非一，几若偏于抑扬。然即其书以考之，大抵当典礼讹阙，无所考订之时，人之有疑弗决者，率以质诸子游。故前后典礼所关者十有四，皆以游一言为可否，亦足以见其为时人之耳目。虽"汰哉！叔氏"一语，若讥之而实尊之，然则游以习礼列于文学，兹其为文为学，盖三代典章之遗，赖游以有存者。呜呼，信其为豪杰之士矣！

魏了翁从"礼"的角度肯定言子思想。这种补充同朱熹的思想一致，因为礼正是朱熹所谓"有本""闻道"的重要方面。朱熹强调言子之文学，必以诗书礼乐为先务，魏了翁则强调言子为文为学，盖三代典章之遗赖以有存。在此基础上，魏了翁同样对常熟继承子游传统提出期望："我朱子既尝表其事以风厉之，予又何言？独惟山川风气，古今犹夫人也，诵先圣之书，服先贤之训，呜呼，其必有闻风兴起，以无负建学尊贤之意者，士其勉之。"

袁甫《常熟县教育言子诸孙记》①

宋端平元年（1234），常熟知县王爚修文庙，设象贤斋。宋嘉熙元年（1237），吏部尚书袁甫撰记并书，名臣王遂题额。此碑原在邑学礼门东翼室内，年久屋倾，碑亦仆地，历二十余载，风雪侵蚀，字渐漫灭。言族71世孙言梦奎移树戟门右，时雍正三年（1725）重阳日。现存言子专祠礼门，是常熟文庙现存年代最早的碑刻。

---

①［宋］袁甫：《常熟县教育言子诸孙记》，见陈颖主编《常熟儒学碑刻集》，苏州大学出版社2017年版，第17页。

袁甫《常熟县教育言子诸孙记》，首先肯定王爚建象贤斋并延师教育言族裔孙之举，由“是举也，可谓知礼矣”，说到言子特精于礼乐：

> 昔者，夫子与于蜡宾，有感于鲁，喟然发叹。子游遂问礼，而夫子历言上古、中古与后世之变，而断以礼之废兴。子游凡三问，而夫子三答，皆所以极言礼也。异时燕居从容，子游与子张、子贡侍，纵言至于礼，而子游又发“领恶全好”之问，夫子然之。考诸《檀弓》所载，以曾子之任道，尚推子游为习礼，其辨裼袭一节，则曾子慊然自知其过。与他所论礼，皆精入毫发，独得圣人之传。至于论子夏之门人，则谓仅可当洒扫、应对、进退之末，而本之则无。然则知本，斯可谓知礼。

袁甫《常熟县教育言子诸孙记》碑

袁甫将言子的“知礼”以“知本”来界定，从而将魏了翁所论之“礼”与朱熹所论之“本”“道”关联起来，以理学核心概念诠释言子思想。接着，袁甫又将言子的礼乐思想与泰伯的周礼、与孔子的论礼、与吴地文脉联系起来，构成一个谱系性的历史传统，强调了言子在儒学道统和传播中的重要地位。若把朱熹、魏了翁和袁甫三人所撰之记融会贯通，我们就能清晰地把握“子游传统”最初建构的逻辑结构。

傅著《子游像赞并序》①

明洪武年间，苏州府同知曹恒以公事至常熟，拜谒先师子游神祠，询问言子遗像之事。本县主簿王诚等向言子后人访求，结果从言子62世裔孙言烨家中得见稀世《子游像》，县令余叔相即在文庙大成殿刻石立碑，教谕傅著撰像赞并序，郡人王儁跋。此碑树于子游祠右。

傅著《子游像赞并序》重在赞颂言子之神："圣人之道，天地日月也；贤者之德，星辰河岳也。天地之覆焘，日月之照临，亘万古而靡息；星辰之昭明，河岳之流峙，将愈久而益彰焉。其先师子游之神乎？"然后就从多个角度论述子游之神：

傅著《子游像赞并序》碑

> 其志行卓越，豪杰特立，孝敬以励其德，务本以推其学，遂得圣人之一体。其见于设施，教民必以道，俾君子小人，爱人而易使。其于师道，固昭昭矣。然于时尤以习礼闻，故葬以即远，有进无退，曾子多其论；裼裘以吊，袭裘而入，曾子服其礼。大道之行，天下为公；大道既隐，天下为家，孔子既详语之。欲能则学，欲知则问，欲善则详，欲给则豫，孔子又深许之。其嘉言善行，载于《礼记》《家语》者实多。而尤深究夫礼，其足为后世师法者，秩秩也。

连续的"其"字句式，多角度地赞颂

① ［明］傅著：《子游像赞并序》，见陈颖主编《常熟儒学碑刻集》，苏州大学出版社2017年版，第47页。

了言子的思想和人格魅力。接着是傅著情感喷薄而出的赞辞，最后归结到刻像立碑之初衷：“刻像琬琰，播德烝民。星辰河岳，有烨斯文。”

李贤《重修吴公祠堂记》①

明天顺三年（1459），常熟知县唐礼重修言子祠，礼部尚书、华盖殿大学士李贤撰记，邑人章珪书、孙纪篆额，知县唐礼、县丞王宪、主簿杨瑾、典史刘芳、教谕张雯、64世孙言铭钦同立石。此碑原在邑学言子专祠，已残，现存文庙碑廊。

李贤《重修吴公祠堂记》碑

李贤《重修吴公祠堂记》，首先指明言子在孔门中的独特地位，那就是孔门弟子多为鲁人，仅言偃不远千里，往从学道，其识见出于寻常者。接着以朱熹“简易疏通”的论断，重点解说言子的文化人格：“如事君交友，谏不欲数，丧则致哀，学则务本，治邑以道，取人以正，莫非简易之所寓。裼裘而吊，以见从凶之失；因叹而问，得闻制礼之妙。达领恶全好之理，发难能未仁之论，莫非疏通之所存。”李贤以此实例补充朱熹所论。言子的文化人格之所以值得肯定，是因为这种人格是一种典型的文化人格特征。它是礼之精华和人之个性的融合，是儒家精英人物的人格特征。言子文化人格演化出了儒学道统中的思孟学派，该学派

① ［明］李贤：《重修吴公祠堂记》，见陈颖主编《常熟儒学碑刻集》，苏州大学出版社2017年版，第63页。

大批人物同样具有“材剧志大”的人格特征。李贤认为，言子思想和人格得南方之精华。

李杰《直隶苏州府常熟县重修庙学记》①

李杰《直隶苏州府常熟县重修庙学记》碑

明弘治七年（1494），巡抚御史刘廷瓒修邑学，八年（1595），礼部尚书李杰撰记，邑人钱承德书丹，王宗锡篆额。此记又名《西碑亭记》，镌刻在以上李贤记碑之阴面，立于文庙言子专祠，已残，现存文庙碑廊。

李杰《直隶苏州府常熟县重修庙学记》，重点论言子之“文学”，这在当时有着现实意义。言子列名孔门文学，而所谓“文学”，历来看法是指古代的文献典籍。其实，“子游文学”指以礼乐文化为核心的人文教化之学，不能仅仅理解为知识学问。明吴地士人参与对言子“文学”的辨误正名，以此确立文学言子的真实形象，阐释“子游传统”的真实内涵。明耿橘在注《言子文学录》时说：“道之昭示谓之而文，如六经是也。道不期于文而文见，文见则道见，文学即道学也。子游在圣门为文学之选，而治邑则曰‘学道’，教人则曰‘有本’。圣门之文学，凡德行、言语、政事一以贯之矣。”② 李杰的碑记则从另一视角阐释“子游文学”的内涵：

① ［明］李杰：《直隶苏州府常熟县重修庙学记》，见陈颖主编《常熟儒学碑刻集》，苏州大学出版社 2017 年版，第 75 页。

② ［明］耿橘：《言子文学录注》，见杨载江《言子春秋》，同济大学出版社 1992 年版，第 232 页。

> 尝闻之鲁穆子有言，太上立德，其次立功，其次立言。立德云者，仪范百王，师表万世，若东鲁圣人是已；立功云者，若皋夔稷契，协和神人，以赞化源；立言云者，若周程张朱，倡明理学，以诏后学为士者所以希贤希圣。图垂不朽之盛事，舍是三者，何以哉？
>
> 常熟自言子游氏北学圣门，列于文学之科，盖古之立言而庶几乎立德者。使其大用于时，则礼乐之化，不但施于武城，而皋夔稷契之功，可立致矣……吾党之士，知而戒之，岂无踵子游之芳躅于百世之下者哉？

立德、立功、立言价值各异，涵盖孔门四科，言子则具备三者。李杰认为，言子“列于文学之科”，即“古之立言而庶几于立德者”，而其“大用乎时”，默化武邑和归化其乡，是“皋夔稷契之功”，因此就立德、立言和立功而言，言子是近乎完人的先贤，“子游传统”具有无比优越性。这就澄清了历史上关于“子游文学”之“文学”的理解误区，维护了真实的言子形象，恢复了本真的“子游传统”，表明了常熟士人取法子游的文化自信。

捌

常熟文庙的名宦祭祀

邑人管一德说过："首县令者何？县之教化风俗，俱由令尹而造。贵家巨姓可颐指一邑，而犹俯而听于令；市井豪椎埋为奸，道路以目，亡敢诘者，唯令剔伏；庠序学校，惟令广厉；百万编氓，阽危凋瘵，烦冤郁苦，惟令拯纾；即不幸有兵革倥偬而转战婴城，亦惟令捍御。其于法甚尊，而于情甚亲者，毋如令也。"① 州县官员要应对地方巨室、文化教育、刑名狱讼、弭盗治安等种种挑战，责任重大，素质要求颇高。

"苏之常熟，为浙右壮县，腹江距海，延袤百余里，民物棥蕃，征赋浩繁，夙号繁剧，非有优为之材，鲜能胜任。"② 常熟历史上作为东南大县，县政繁剧，"财赋分督，牒诉委决，檄命驱驰，靡日不殷"③，因此也就造成了历史上常熟"比为令者，材或不济，负罪投劾而去者，项背相望也"④，同时也出现了名宦频出的现象。常熟文庙重视名宦祭祀，彰表学道爱人政绩的县令及教谕等官员，由此显示了常熟文庙的地方特色。

---

① ［明］管一德：《县令志小序》，见《皇明常熟文献志》卷一，广陵书社 2017 年版。

② ［元］邑人：《知州孔公德政碑》，见陈颖主编《常熟儒学碑刻集》，苏州大学出版社 2017 年版，第 27 页。

③ ［宋］赵汝郕：《常熟县主簿题名碑》，见［清］邵松年辑《海虞文征》，广陵书社 2017 年版，第 166 页。

④ ［宋］陈映：《常熟县令续题名碑》，见［清］邵松年辑《海虞文征》，广陵书社 2017 年版，第 165 页。

文庙建祠祭祀名宦

建祠祭祀名宦、乡贤由来已久，相传周朝有“祀先贤于西学”之制。实际上，周朝以下，包括乡贤、名宦的先贤祠并不必然地隶属学校，而是在宋元以后逐步地转向庙学，表明乡贤、名宦祭祀进入国家祭祀体系和政教系统。北宋《祥符州县图经》编纂时，在体例上设立名宦传，李谔总序说“守令循良，罔不采寻”，显然是将守令列为必载内容。后《吴郡图经续记》卷上《牧守》云：“自晋至唐，牧守之良者，已载《图经》矣。”① 这就开创了名宦载入地方志书和入祀地方祠庙的惯例。

宋元庙学祭祀乡贤、名宦的祠堂统称“先贤祠”，地方庙学祭祀名宦、乡贤制度的确立则是在明代。其具体过程是：（1）正面提出先贤祭祀附学。明洪武二年（1369），在整顿各地祀典的基础上，推动乡先贤（名宦、乡贤）祭祀附学。“庙以尊圣贤，政教之所由出也，学以养士子，政教之所由行也。”② 学校作为教化之本，包括教学与祭祀二途，士人所习乃是孔子之道，而崇祀先贤也是习孔之道。（2）诏天下学校各建先贤祠。洪武三年（1370），令天下学校建先贤祠，左祀贤牧，右祀乡贤，春秋仲月，亦得附祭庙庭。这仍是承袭旧制，乡贤与名宦“同堂合祭”，即一祠左祀名宦，右祀乡贤。（3）令天下学校分设名宦、乡贤二祠。弘治中，朝廷再次令天下郡县各建名宦、乡贤祠。弘治九年（1496），祠祭郎中王云凤请天下府、州、县学校悉立名宦、乡贤祠，遂为定制。此后地方学校纷纷新建或改建的名宦、乡贤二祠，位置多于孔庙宫门外左右。在明正德、嘉靖年间，全国逐步实行由“同堂合祀”（左祀名宦，右祀乡贤）到“两祠分祀”（庙设名宦、乡贤两祠于宫门左右）的转换，由此，名宦和乡贤“二祠分祀”成

① ［宋］朱长文：《吴郡图经续记》，金菊林校点，江苏古籍出版社1999年版，第18页。
② ［明］章纶：《章纶集》，沈不沉编注，线装书局2009年版，第37页。

为主要形式。常熟文庙由设立先贤祠到同堂合祀再到两祠分设，同样经历了这一过程。

宋端平二年（1235），常熟县令王爚在重建学宫时，建祠祭祀六位宋代理学家，这可以视为儒学先贤祭祀。因为在宋代，县学祭祀先贤并无严格的地域籍贯规定，受祭者声望是决定性因素。王爚离任以后，常熟在文庙为其建生祠。唐代常熟县尉张旭，因其“及卒，世传为邑学土地神”，故祀庙学大成门左土地祠。这是常熟文庙祭祀名宦的开始。

元至正二十二年（1362），知州卢镇重修文庙，陈基在《常熟州修学记》中说道，“丹阳公洎后土氏之有祠、三贤之有堂、采芹之有亭”①。隔了三四年，吕熙担任常熟知州，再次重修学宫，杨维桢撰记也说到“三贤有堂，采芹有亭”②。元至元三十年（1293），阎复《平江路常熟县重修文庙之记》中有“宋诸儒祠宇，绘塑丹雘，粲然复新”③ 之言。以上材料说明，元代常熟文庙祭祀先贤成为常态，文庙中有固定的先贤祭祀场所。

明洪武九年（1376），常熟县学教谕傅著等建先贤祠于吴公祠东，祀范仲淹、胡瑗、王爚。这是肯定三人开创吴地乃至全国教育新制的功绩，同时也是呼应明初朝廷诏示，建先贤祠同堂祭祀贤牧和乡贤。明永乐二十二年（1424），知县傅玉良重建先贤祠于学门西。明宣德八年（1433），教谕罗汝宽等修葺先贤祠，“若廊庑、讲堂、门垣斋舍，及先贤祠宇，皆循次修葺”④。明天顺三年（1459），知县唐礼重修言子专祠，李贤撰记曰：“祠称吴公者，乃其封爵也。唐侯又以乡之后贤，如范文正公诸位神主，从祀于

① ［元］陈基：《常熟州修学记》，见陈颖主编《常熟儒学碑刻集》，苏州大学出版社 2017 年版，第 41 页。

② ［元］杨维桢：《重建学宫碑》，见陈颖主编《常熟儒学碑刻集》，苏州大学出版社 2017 年版，第 291 页。

③ ［元］阎复：《平江路常熟县重修文庙之记》，见陈颖主编《常熟儒学碑刻集》，苏州大学出版社 2017 年版，第 29 页。

④ ［明］杨荣：《常熟县重修庙学记》，见陈颖主编《常熟儒学碑刻集》，苏州大学出版社 2017 年版，第 53 页。

内，俾是乡之人益有所观感而奋励焉，其有关于风化大矣。”① 这说明，先贤祠（堂）祭祀名宦、乡贤在常熟文庙格局中存持了较长时间。

明弘治十三年（1500），知县杨子器重修庙学，开始分设乡贤、名宦祠两祠于宫门左右，实行分祀。以后，文庙多次修葺，但两祠分设始终如一。如嘉靖三十四年（1555）重修，王铁《重修儒学碑》说：“自大门而礼殿、经阁、堂庑、斋庐，暨言公、名宦、乡贤诸祠，凡榱题楹桷之朽蠹者更之，瓦甓石栏之倾移者正之，号房废圮者营造之，丹碧漫漶者鲜明之。越三月竣事。”② 嘉靖三十七年（1558）再修，沈应魁《重修常熟县学记》说：“自正殿、二祠、庑宇、戟门、亭坊、经阁、贤宦诸祠，以及师生肄业会馔之堂、号房厢库、墙垣石栏，靡不易朽以材，易移以正，易故以新，易危以安。”③ 以上记载说明，常熟文庙名宦、乡贤两祠分设格局自明弘治以后始终保持原貌。

以上大致就是常熟文庙乡贤、名宦祭祀格局的演化过程。这一演化过程正好是从宋末到明弘治年间，同全国各州县学在朝廷推动下逐步实行名宦附庙的进程一致。国家推动、地方重视乡贤、名宦祭祀，是因为乡贤、名宦祠可以显忠良，可以仰眷德，可以维风教。乡贤、名宦祠所祀大儒、名臣等，其出处、事业虽各有殊，但均于民彝、世教有功，不悖于圣人之道。先师孔子万世祭祀，已为神人，从祀诸贤，则为人范，他们是百姓能够企及的身边榜样。祀乡贤以风里俗，祀名宦以风有位，地缘亲近的突显，使得名宦、乡贤的激励、教育易为乡人接受。

文庙乡贤、名宦祭祀具有重要意义。第一，这是国家祭祀体系的组成部分，由国家规定祀典，由政府官员按时按仪祭祀，因此可以认为这是国家祭祀，具有无法比拟的权威性和优越性。乡贤、名宦附学令的推广，使

① ［明］李贤：《重修吴公祠堂记》，见陈颖主编《常熟儒学碑刻集》，苏州大学出版社 2017 年版，第 63 页。

② ［明］王铁：《重修儒学碑》，见陈颖主编《常熟儒学碑刻集》，苏州大学出版社 2017 年版，第 299 页。

③ ［明］沈应魁：《重修常熟县学记》，见陈颖主编《常熟儒学碑刻集》，苏州大学出版社 2017 年版，第 125 页。

明清时人形成共识，即国家的法令规定乡贤、名宦必须附学，因而附祭乡贤、名宦于地方道院、城隍庙等则被视为“甚为非礼，而立祠之意微矣”①。第二，庙学以内祭祀体系的确立，解决了各地乡贤、名宦专祠多且分散状况下祭祀的难题。相较于遍设各处的乡贤、名宦专祠，庙内总祠容纳的祭祀对象众多，祭祀地点集中，祭祀时间有常，仪物由地方财政支出，行礼简便，易于坚持。因此可以认为，附学令有利于各地塑造本乡的先贤群像。第三，附学令使乡贤祠、名宦祠祭祀与孔庙祭祀系统连为一体，成为孔庙祭祀延伸出来的一种附祭。尤其是附庙强调了乡贤、名宦均为孔子之道的践行者，他们的事业、出处可能不尽相同，但他们身上体现的儒家人伦道德却相当一致。这样就有了“诸不在六艺之科者，不在列；不知君臣父子夫妇朋友之义者，不在列；不知正心诚意、修身谨独之学者，不在列”② 的规定。如此，附学令使乡贤、名宦得以附食圣贤之列，庙学的祭祀对象也就获得了儒学的浸润，完成了乡贤、名宦祠祀的儒家正统化改造。它有效地抑制了乡贤、名宦私祭中可能滋生的神性，使之始终闪耀着德性光芒。这就是明代名宦附学令的思想文化意义。

历代入祀文庙名宦

乡贤、名宦附学是明初朝廷法令，也是朝廷礼仪规制，守令岁以春秋二仲率官行礼，因此它是国之礼制，风教所关。由此而来的是，地方官员认为乡贤、名宦体现地方历史光辉，民间则认为此乃光宗耀祖、门楣有幸之事，于是，在人选问题上产生了各方利益的博弈，明代以后乡贤、名宦祠出现了“祀非其人”的冒滥之弊，而江南尤甚。因此，朝廷多次下旨，

① ［明］景旸：《广平府新迁名宦乡贤祠记》，见陈棐《（嘉靖）广平府志》卷五《学校志》，《天一阁藏明代方志选刊》第五册，上海古籍出版社 1981 年版，第 164 页。

② ［清］方鼎：《（乾隆）晋江县志》卷五《秩祀志》，见《中国方志丛书》华南地方第 82 号，台北成文出版社 1967 年版，第 103 页。

革除滥祀者。如明神宗于万历二年（1574）令凡各处乡贤名宦祠，各抚按官查勘厘正，有不应入祀者，即行革黜。明初乡贤、名宦的推举等相关事务通常由抚按及府、州、县正官负责，随着乡贤祠、名宦祠的普遍化，明正统元年（1436），朝廷提学官专司学政，到弘治时期，明确提学官管理乡贤祠和名宦祠，别的衙门不得越俎。正德年间，提学宪臣始专其事，凡入祠者，府、州、县必须请允而后行，并明确了入祀标准和程序。明朝开始按照地域关系，把先贤分为乡贤和名宦，强调名宦有功于地方，乡贤树德于乡间，故祠祀名宦，义在报功，祠祀乡贤，义在崇德。到了清代，更是管理严格，顺治登基之初规定："名宦乡贤，风教所关。提学官遇有呈请，务须核实确据。若有受人请求妄举者，师生人等，即以行止有亏论！其从前冒滥混杂者，径自革除。"① 清代规定遴选程序是公举公推，勘结取信，逐级申报、逐级核实，最终由朝廷督学院下发同意入祀批文。

常熟的乡贤祭祀或名宦祭祀，在两祠分设之前制度不够完备。明初虽然提出了乡贤、名宦祠建置的规范要求，但落实两祠分祀有个过程。明弘治九年（1496），慈溪人杨子器调知常熟，以言子淑世拯民的精神，多举并进，推动崇文重教。他重建庙学，重要举措是扩展地盘，在腾出的地块上建造左乡贤祠、右名宦祠各一间。据《（弘治）常熟县志》记："弘治九年秋，知县杨子器宰邑，始历举所当祠者秩祀如右。侯兹义祀，非但昭德报功而已，将以为后来邑之为令佐者与乡之为宦者，所观法而兴起焉耳。"② 这就说明，杨子器不仅重修庙学，建立乡贤祠和名宦祠，而且历稽所当祀者列祀，其历史意义重大。杨子器如此操作，是因为当时朝廷规定：前代以及本朝应入祀而因某种原因未能入祀人员，可以申请入祀，"凡有功国家及惠爱在民者，具实以闻，著于祀典，有司岁时致祭"③。从桑瑜纂修的《（弘治）常熟县志》记载来看，最初列入祭祀的名宦名单如下：

---

① ［清］泰尔讷等纂修，霍有明、郭海文校注：《钦定学政全书校注》，武汉大学出版社2009年版，第299页。

② ［明］杨子器：桑瑜：《（弘治）常熟县志》卷三，广陵书社2016年版，第63页。

③ ［明］李东阳：《大明会典》卷九十三，申时行重修，明万历十五年（1587）内府刊本。

文庙戟门之东夹室中座：南宋海虞令何公子平，唐常熟县尉张公旭，宋常熟县知县孙公应时，宋常熟县知县王公爚；

文庙戟门之东夹室东左：元常熟州知州卢公克治，明常熟县知县李公彰；

文庙戟门之东夹室西右：元常熟州知州孔公文贞，明常熟县知县柳公敬中。①

这是常熟名宦祠首批入祀名单，总共8人，其中南朝宋1人，唐代1人，宋代2人，元代2人，明代2人。按照记载，这些名宦先暂祀于文庙戟门东西夹室，两祠建成以后，即移入名宦祠祭祀。到嘉靖十七年（1538），邓韨主修《（嘉靖）重修常熟县志》，其记载入祀常熟文庙名宦祠的共10人，在原有基础上增加了明知县杨子器和知县秦礼。明末《（崇祯）常熟县志》记载入祀名宦祠的是14人。②

明万历三十八年（1610），杨涟等完成《常熟县儒学志》的纂修，共八卷十八目，其中第十三目是"名宦志"。由朱朝选所撰的小序，强调"俎豆贤人之间，志遗爱，劝来者，咸于是乎，系莅斯土者，尚其勖哉"。"名宦志"列出了当时常熟文庙名宦祠祭祀名单：

南宋海虞令何公子平；唐常熟县尉张公旭；宋常熟知县孙公应时；宋常熟知县王公爚；元常熟州知州孔公文贞；元常熟州知州卢公克治；明常熟知县李公彰；明常熟知县柳公敬中；明常熟知县杨公子器；明常熟知县秦公礼；明常熟知县王公纶；明常熟教谕刘公文诏；明常熟知县赠太仆少卿王公铁；明常熟知县黄公嘉宾。

① ［明］杨子器、桑瑜：《（弘治）常熟县志》卷三，广陵书社2016年版，第61–62页。

② ［明］龚立本《（崇祯）常熟县志·祀典志》有记："至圣先师孔子庙在县治东南，春秋二仲月上丁日祭如仪。庙东北为启圣祠，亦以是日祭。稍东南为吴公祠。戟门东为名宦祠，西向。西为乡贤祠，东向。俱祀以下下日。吴公者，邑先贤子游也。名宦祠南，宋何令子平、唐张尉旭、宋孙知县应时、王知县爚、元卢知州克治、孔知州文贞、明李知县彰、柳知县敬中，皆弘治间知县子器所定也。而知县杨子器、秦礼、王纶、王铁、黄嘉宾，教谕刘文诏，次第人。礼祀有功德于人者，诸公其庶几乎！"凤凰出版社2021年版，第61页。

以上共 14 人，其中南朝宋 1 人，唐代 1 人，宋代 2 人，元代 2 人，明代 8 人。同时，又在“先贤言公之神”以下注明：“按两庑旧祀邑人吴思庵讷、张止庵洪、徐主一恪、周勉思木。万历三十五年（1607），县令耿橘以昭明太子统、宋县令孙公应时、邑人桑思玄悦、朱东河召、邓梓堂韨、邹峄山泉共十人俱入虞山书院言子祠。”这 10 人中有 9 人为乡贤，仅孙应时 1 人是常熟县令，被耿橘列入子游祠祭祀，但在此之前，孙应时已被纳入名宦祠祭祀名宦名单。虞山书院居中建筑是子游祠，其前方东侧与西侧分别是杨子器与王叔杲的祠堂。这是两位明代的常熟知县，他们之所以能与言子祠“共一庭”，应该是他们均为名宦，曾分别为言子建家庙及创书院。其中杨子器早已进入文庙名宦祠祭祀，王叔杲尚未进入文庙名宦祠名单，以后也被列入文庙名宦祠名单。因此，《常熟县儒学志》所列名宦祠名单，再加上知县王叔杲，总共 15 人，应该说是精选出来的。从以上常熟文庙名宦名单来看，这些官员确是历史上经过时间检验、民众普遍认可的名宦。

清代基本延续了明代名宦、乡贤入祀的规定，强调从严审核。清代申报的基本程序是：申请人（地方官署）上报人物履历，列出出仕经历，便于县以上官府审核；列出请求入祀的实事，即在当地的所作所为；本县乡民、士绅递交入祀材料，如生员的公呈、乡民的公状，并附上履历；本县一些获得功名的士子以及邻里乡人为申请人出具甘结，为请求入祀者保证；各衙门申请看语，看语是对入祀者生平的评价，含儒学教谕和训导逐级申报的评语；督学院确认并下发同意入祀批文，防止出现讹误；请牌位入祀名宦或乡贤祠。光绪五年（1879），朝廷还规定：“嗣后，凡请入祀名宦、乡贤者，须俟其人身殁三十年后，方准具题核办，若未及三十年，无论子孙有无现任九卿，概不准遽行题请，以杜冒滥。”①

在如此严苛的管理下，常熟名宦、乡贤的入祀有序推进，总体上体现了精选的原则。据康熙五十一年（1712）编纂的《常熟县志》记载，其

① ［清］昆冈等：《钦定大清会典事例》卷四〇二，上海商务印书馆 1908 年版。

时常熟名宦祠入祀总共17人，前14人同《常熟县儒学志》“名宦志”，后面补充的是如下三位：明常熟知县杨涟，明常熟训导于之镛，清朝常熟知县于宗尧。其中，杨涟在万历三十五年（1607）登进士第，初任常熟知县，颇有政声，后入朝任职，天启元年（1621）因弹劾魏忠贤而惨死狱中。崇祯元年（1628），杨涟平反，追赠太子太保、兵部尚书，谥号“忠烈”。于之镛是常熟县学训导，教授有方，故进入名宦祠祀。在此之前有教谕刘文诏入祀，赵用贤有《常熟县学三先生遗泽碑》表彰之。于宗尧19岁时担任常熟县令，推行爱民新政，结果累死任上，其灵柩即将北运，百姓号泣挽留，葬在虞山西麓，四方墓石题刻“万民留葬”。因此，增加以上3人合情合理。

民国初刊行的《重修常昭合志》“名宦祠”条下说：“名宦祠，在大成门东偏。曾《志》云：清康熙三十二年，训导盛尔俟重建。”《重修常昭合志》列出了其时文庙所祀名宦的完整名单：

> 祀刘宋县令何子平；唐县尉张旭；宋知县孙应时、王爚，县丞宗嗣尹；元知县孔文贞，知州卢克治、达鲁花赤火失哈尔；明知县李彰、柳敬中、郭南、王纶、杨子器、秦礼、王铁、王嘉宾、王叔杲、耿橘、杨涟、杨鼎熙，教谕刘文诏，训导于之镛；清知县于宗尧、林象祖、劳必达、张嘉论、陈葜纕、张礨，总督于成龙、傅腊塔，总漕郎延极，巡抚宋荦、张伯行、陈大受，布政使刘鼎，提学许汝霖、邵嗣尧、张榕端、张泰交、张元臣、余正健，驿盐道蔡琦，粮储守道迟日震、史起贤，知府陈鹏年，同知鲁超、高鈖。①

从此名单我们看到：一是在人数上，后代比前代增多。南朝宋1人，唐代1人，宋代3人，元代3人，明代14人，清代25人。二是同康熙《常熟县志》比较，刘宋、唐代并未增加；宋代增加“县丞宗嗣尹”；元代增加“达鲁花赤火失哈儿”；明代把虞山书院建祠祭祀的王叔杲列入，又增加郭南、

① 见《重修常昭合志》卷九《学校志》，常熟市地方志编纂委员会办公室点校，凤凰出版社2021年版，第307页。

耿橘、杨鼎熙 3 人；清代新增 25 人。三是清代以前只祀县令、县尉和教谕，清代入祀人员情况较为复杂。以上现象的产生，原因颇多。大致来说，明代和清代前期对于入祀人选规定严格，执行到位，到了嘉庆以后有所放松。正如万历朝顾起元所说：“吾乡此典，正、嘉以前最为严核，后稍宽矣。”① 据咨部令说：“雍正二年议准，名宦乡贤，风教攸关，相沿岁久，冒滥实多。”② 当然，我们这里仅就入祀对象扩大而言，其入祀标准的实际掌握则另当别论。常熟历史上，人们对扩大名宦祭祀范围也有质疑，《重修常昭合志》在“名宦祠”条下说：“陈《志》曰：林公象祖而上，止祀本邑县令、尉及教谕。前代如周文襄忱、况知府钟，未尝祀于下邑。即任兵备环，于邑有捍卫大患之功，别立专祠，未尝合食于名宦祠也。总督、巡抚，似宜祀之省会，督学似宜祀于按临之所。歌功报德，俎豆固有同心；定分正名，体统无容亵越云。”③ 这里引入陈《志》（陈祖范纂《昭文县志》）的观点，认为林象祖向上，所祀对象有着严格限制，止祀本邑县令、尉及教谕，但以下就显得随意，有些不该进入的也进入了，虽然大家都有歌功报德之心，但“体统无容亵越”。这种质疑是值得我们留意的。

总体来说，常熟重视名宦祠祀，按照朝廷的相关规定，逐步完善文庙名宦选举和祭祀制度。需要补充的是，入祠祭祀的官员固然都有出色的政绩，也确实在历史上得到民众的认同，但是常熟有德行、有政绩的官员并非均在名宦祠中，有的就活在民众口碑之中。如有些官员即使调离高就，常熟民众还是为他建祠纪念，甚至经历了数个朝代后还有建祠加以褒奖祭祀的。名宦祭祀历来有庙内祭祀和庙外祭祀两大方面。在乡贤、名宦祠祀附学以后，常熟还是存在着庙外建祠祭祀名宦的现象，可以杨子器建祠祭祀名宦为例说明。常熟乡贤、名宦两祠分设，是在明弘治年间由杨子器重建庙学时确定，且最初两祠祭祀名单也由杨子器稽考而定。但有意思的是，

---

① ［明］陆粲、顾起元：《客座赘语》，中华书局 1987 年版，第 81 页。

② 转引自赵克生《明清乡贤祠祀的演化逻辑》，见《古代文明》2018 年第 4 期。

③ 《重修常昭合志》，常熟市地方志编纂委员会办公室点校，凤凰出版社 2021 年版，第 307-308 页。

杨子器又在庙外建立了名宦祠。一是建立报功祠。明永乐年间，苏松罹水患，户部尚书夏原吉来治，其患遂平，复请发粟赈饥饿，民赖全活。宣德年间，工部侍郎周忱巡抚为地方减税，有功德于常熟民众。于是，杨子器改二郎神祠为报功祠，祭祀夏原吉和周忱两位时贤。二是建立何孝廉祠。南朝宋会稽人何子平来任海虞县令，始至，所居之屋不蔽风日，所领县禄惟以养亲，妻、子不犯一毫。杨子器大受感动，于是毁地方温将军庙，改祀名宦何公子平，重题匾额“何孝廉祠”。从杨子器的实践看，庙外建祠祀名宦的原因，一是入祀庙内名宦祠后尚需特殊考虑的祭祀对象，如何子平入祀名宦祠是通祀，而又在庙外建何孝廉祠则是特祀。二是没有列入庙学名宦祠中，但民众认为需要建立专祠加以祭祀的对象，如杨子器建立报功祠祭祀夏原吉和周忱。名宦功过在于民心，因此民间修祠祭祀同样值得重视。如清康熙年七年（1668），常熟县令于宗尧推行爱民新政，任期未满，人已累死。常熟“万民留葬”，邑人瞿式鼒捐宅为于公祠。乾隆十年（1745），于公祠破旧，东乡人许坤祖孙三代省吃俭用，独家修葺于公祠。乾隆十一年（1746），陈祖范撰《重建于公祠记碑》。乾隆年间，于公祠年久失修，言子75世裔孙言如泗以76岁高龄偕其长子到县署，为修祠慷慨陈词，于是私捐公助，重修于公祠，乾隆五十六年（1791）自撰《修建于公祠记碑》。民国三十三年（1944），邑人再立于公祠堂碑。张守一的《于公祠堂碑记》曰：“当今国步多艰，循良稀觏，用标高行，冀挽颓风，绵遗爱之在人，怀前贤而修敬。”① 从康熙七年到民国三十三年，跨越二百七十多年，于公祠随坏随葺，香火赓续。

历史上常熟庙外祠祀名宦的情况较复杂。民国初丁祖荫纂修的《重修常昭合志》第十一卷“祠祀志”中有“历代名宦祠宇”的记载②，庙外祠祀名宦如下：何孝廉祠，祀南朝宋海虞令何子平，明弘治十年（1497）建；

① ［清］张守一：《于公祠堂碑记》，见常熟市碑刻博物馆编《江南言子故里碑刻集·碑碣卷》，上海辞书出版社2013年版，第328页。

② 《重修常昭合志》，常熟市地方志编纂委员会办公室点校，凤凰出版社2021年版，第367–370页。

草圣祠，祀唐县尉张旭，明弘治中建；报功祠，祀明夏原吉、周忱，弘治年间建；怀德生祠，祀明都御史艾璞、巡抚御史曾大有、御史张昊、知府林世远、知县杨子器，弘治中建；杨王二公祠，祀明知县杨子器、王叔杲，万历年间建；杨公祠，祀明知县杨子器；任公祠，祀明参政任环；王公褒忠祠，祀明知县王铁，嘉靖年间建；段赵二公生祠，祀明知县段然、赵国琦；二杨公祠，祀明知县杨涟、杨鼎熙，崇祯年间建；杨忠烈公祠，祀明都御史前知县杨涟；李学博祠，祀明教谕李维柱，万历四十五年（1617）建；汤赵二公生祠，清顺治九年（1652）为知县汤家相建；于公祠，祀清知县于宗尧；林公祠，祀清知县林象祖，康熙年间建；刘公祠，祀清粮储道刘鼎；史公祠，祀清粮守道史起贤；王按察祠，祀清粮守道王缥；马公生祠，祀清粮守道马逸姿；郭海防祠，祀清松江同知署知县郭朝祚；陈公祠，祀清知县陈守创。以上庙外建祠祭祀的名宦，均为受到民众拥戴的地方官员，都有政绩政声，有着深厚的民心基础。

名宦尊言学贤范例

讨论常熟的乡贤和名宦，有个无法回避的关键人物——言子。在常熟的言子故里，建有一亭，亭内壁立石碑一通，正中镌刻“先贤言子故里”，左右石柱上镌刻常熟县令刘沅题联：“邑里崇名迹，东南钟大贤”。人们称言子，多用“先贤”。如南宋庆元三年（1197），常熟县令孙应时率众公祭言子，撰《先贤言子赞》，首称“言子”。南宋嘉熙元年（1237），常熟县令王爚重修县学，魏了翁撰《重建学宫记》，用“先贤”称谓言子，并把它与“先圣”并列起来。接着，礼部尚书袁甫撰《常熟县教育言子诸孙记》，也用“先贤”指称言子。常熟人对言子普遍使用“先贤”称谓，有时则称“乡先生”“言先生”，也就是乡贤。

言子列名文学首位，其“文学”所指是“以礼乐文化为核心的文治教化之学"①。言子特习于礼，形成了以礼乐文化为核心的政教德政思想，其内涵是：社会理想是礼运大同，基本内涵是礼乐教化，价值目标是领恶全好。言子政教德政思想的成功实践，就是在任武城宰时积极推行弦歌之治，奉行学道爱人。言子的武城之政是儒家人文教化、仁政德治的典范。因此，宋元《琴川志》，不仅把言子视为常熟的乡贤，且把言子视为常熟的名宦。既是乡贤，又是名宦，这就是言子在常熟的特殊形象和双重身份。

常熟人对言子的感情，是"亲之，亦尊之也"，其"亲之"是指言子为常熟人，因此为"亲"，而"尊之"是指言子得圣人一体，"圣贤脉在千万世，如人气血行于一身，顶踵发肤，无处不到。可谓顶是而踵非，肤亲而发疏乎？虽谓千万世学道之人尽是言氏曾玄，可尔"②。言子对于常熟来说，既是乡贤又是名宦，这也就决定了言子在常熟乡贤、名宦中的特殊地位。因此，常熟官员都自觉地尊崇和效法言子。凡到常熟任官，都要首先到文庙拜谒孔子，拜谒言子。这种拜谒，既是对言子的尊，也是对言子的亲，是自觉地实现官员与言子的精神对接。这些官员"学子游之学，仕子游之乡"③，按照言子的学道爱人思想治邑理政。以下根据常熟现存碑记，概述五位名宦以子游为范治邑的事迹。

何子平（418—477），世居绍兴，自小即有理想，受乡人称赞。他奉母孝顺，在扬州被征召从事史，每月俸禄给的是白米，他总是卖出白米买入粟麦。别人问他："获利不多，为何那么麻烦呢？"何子平说："我的母亲在东边的家里，常常不能得到糙米吃，我怎么忍心独自吃白米饭？"授官职为吴郡海虞县令，县给俸禄只用来供养母亲一个人，而其妻儿丝毫不允许用俸禄。有人质疑他太俭朴，何子平说："俸禄本来就是用来养亲，不为自己。"母亲户籍年龄已到供养，但实际未到，他便离开职务回家养母，州上长官对他说："在州中任职略有俸禄，我将禀告上司挽留你。"子平说："官家从户口登记取得凭证，户籍年龄已经到了，我就应该在家奉养母亲，为

① 王齐洲：《游夏文学发微》，见《北京大学学报》2003年第4期。

② ［明］张鼐：《宝日堂初集》，北京出版社2000年版，第31页。

③ ［元］陈基：《送张州尹序》，见杨载江《言子春秋》，同济大学出版社1992年版，第308页。

何要以实际年龄未到冒取利益而宽容自己呢？况且归去奉养母亲，符合我的情感。”长官又劝他以母亲年老要求县令照顾，子平说：“实际未到奉养之年，哪能借此以求俸禄？”母亲死后，丧礼特重，何子平恸哭到困顿晕倒。孝武帝大明末，东土饥荒，继以师旅，八年不得营葬，何子平昼夜号哭，会稽太守蔡兴宗甚加旌赏，为其母营建冢圹。① 何子平在常熟名宦祠中列名第一，《（嘉靖）重修常熟县志》中记作“南宋海虞令何子平”。明弘治九年（1496），杨子器调知常熟，经过县署官员同意，将地方的一所淫祠推倒建立“何孝廉祠”。狄云汉有《何孝廉祠碑》说：

> 侯之用意如此，岂不以孝者百行之本，廉者律身之要，使居家而孝，则人将名为孝子，居官而廉，则人将名为廉士，是安得为虚语哉？况斯事也，一旦举而行之，则人之所观感者在是，所取法者在是。他日有应天子孝廉之诏以致用者，称曰：“某也，孝可以范俗；某也，廉可以激贪。”未必不由此以致之。呜呼，侯既有望于邑人若此，而后之继为令者，必将兴起于心，使愈振风俗于不替矣。②

狄云汉的碑记，精辟地揭示了名宦何子平事迹的精神意义，体现了杨子器建祠祭祀何子平的真实意图，也提示了我们今天重提名宦何子平的现实价值。

卢克治（生卒不详），元大德七年（1303）来守是州。始至，即谒先圣先师祠，顾瞻言公像，深感学道爱人之政责任重大。他天资沉毅，识度宏远，治吏严格，待人宽恕，听讼精明。因此短短五年，常熟政通人和，百姓安居乐业。其在常熟治邑，生祠记碑有如下叙述：

> 大德癸卯，濮阳卢侯来守是州。始至，祗谒先圣祠，顾瞻公像，深惟学道爱人之政不敢不勉。夫常熟之为州也，土地广袤，人民富庶，视他州为剧。自非有明敏刚正之才，鲜克胜其任者。侯天资沉毅，识

---

① 何子平生平事迹见《南史》，亦载《宋书》卷九十一。

② ［明］狄云汉：《何孝廉祠碑》，见［清］邵松年辑《海虞文征》，广陵书社 2017 年版，第 200 页。

度宏远，御吏以严，待人以恕，听讼精明，而临事详审。下车之初，民有冤不能伸，至与平反而得直者四十余人。岁饥，则劝率富民，出粟以济贫乏，俾无流离转徙之患。与夫新社稷之旧址，展公宇之宏规，其于兴利除害，不啻如嗜欲然。故五载之间，于常熟一州无遗便，且以为学校风化之原，政教所系，簿书期会之余，必以诗书礼乐为务……言子废集则重新锓梓，学田湮没则严加核实而增羡之。若然者，侯之于学道爱人，可谓知所本矣。①

卢克治施政体现了言子宰武城的惠民、教民思想，因此得到了民众的充分肯定。常熟史志有记，称其“沉敏宏远，复多仁恕。狱无怨滥，好施劝分，教育言氏子孙，核实学田，筑社稷坛，恢拓公宇，增修邑志，民为立生祠”②。当他离职以后，民众对之思念不绝，于是合议为之建立生祠，并由同知周驰撰《常熟知州卢侯生祠记》，肯定其“于学道爱人，可谓知所本矣”，并由此向常熟官员提出了一个重要课题：“（子游）宰武城，则能以学道爱人为先务。常熟，公故里也。凡官于此者，当以公为则。”③ 卢克治后来即被推举进入常熟文庙的名宦祠受祭。

王叔杲（1517—1600），字阳德、旸谷，自小聪颖好学，自经史外，凡山经、地志、星历、堪舆之书，无不旁窥心领。倭难当前，王叔果、王叔杲两兄弟捐资兴建民防私家城堡——永昌堡，彰显了浓厚的家国情怀。此外，他们还施粥赈灾、设立义塾，积极参与地方公益事业，体现出惠里的乡梓之情。嘉靖四十一年（1562）中进士，授常州府靖江县知县，后改授常熟知县。在常熟两年，为政清敏和易，不辞繁剧，邑治为之一新。嘉靖四十四年（1565）遂内召为兵部车驾司主事，行之日，士民奔拥相送百里，去既久，士民犹眷眷不能忘，于是为之树碑立传，并执意请礼部左侍郎、

① ［元］周驰：《常熟知州卢侯生祠记》，见陈颖主编《常熟儒学碑刻集》，苏州大学出版社2017年版，第33页。

② ［明］陈三恪：《海虞别乘》，上海科学技术文献出版社2018年版，第77页。

③ ［元］周驰：《常熟知州卢侯生祠记》，见陈颖主编《常熟儒学碑刻集》，苏州大学出版社2017年版，第33页。

兼翰林学士瞿景淳撰记。瞿景淳感慨地说："方公在吾邑时，民誉之歌之，犹或出于希冀之私，乃今去吾邑久矣，果何所冀、果何所私？余于是而知公德入人之深。"于是，瞿景淳有记：

> 夫为治有经，公岂能不役一人，不刑一人，破除法禁、放弃税额，徒以小惠悦人哉？惟宽厚恻怛之意溢于科条之外，故役人而人不以为劳，刑人而人不以为怨，久而益不能忘耳。吾苏壤地不数百里，而财赋独当天下之半，民之供役者，盖以竭地之所出矣。长民者征敛之缓急，漫不为之所，又从而朘削之，如之，何民不穷以毙也。公初令靖江，仁声流闻，士民已颙然望焉。既而移常熟，下车之日，首以廉洁为僚属，先罢无名之征，剔浮冗之蠹。定役必差其产，而奸猾不得以幸免；征收必严其限，而豪右不得以独稽。故自公视事，官无课殿之罚，而民免鞭挞之苦。往时民苦役重，多方计免。比公在治，巨室争出应役，以公能恤之也。公视听精明，加以详审，吏不能欺。每决一狱，轻重惟允，吏日抱案牍，听指挥，不敢出一声。公堂无事，棰楚敲朴之刑恒屏而不用。间以余力饰公廨，备规制，作书院，祠先贤，丈土田，补虚税，虽在邑不久，未究所施，而规模弘远矣。①

这就是王叔杲在常熟的治政实践。由于政绩优良，王叔杲后升迁为右参政，仍镇四郡，一切漕政、水利、经略都归他管辖。他所撰的《三吴水利考》，对江苏水利事业有很大贡献。王叔杲 60 岁时离开三吴，地方为他建立生祠，列入常熟名宦祠祭祀。

王纶（生卒不详），字大经，号渐斋，魏郡开州（今河南濮阳）人。明弘治三年（1490）进士，拜常熟县令。当时的常熟编户数万，其民之数倍之，政务特别繁忙。王纶常常未明即起，晚上点着蜡烛处理公务。因为前任治邑尚宽，所以百姓行为放纵，仗势妄为，没有章法。王纶到任以后，即谓理政治邑重在纲纪，这样才能事举而民易使，把人的行为控制在法令

---

① ［明］瞿景淳：《常熟县令永嘉王公去思碑》，见［清］邵松年辑《海虞文征》，广陵书社 2017 年版，第 217-218 页。

以内。于是，“乃整比其人而纳之于法矩，玩肆有禁，上下有体，以粉书民户，联之以什伍警戒之法”，“壤以征税，因户以定役，其意主足国宜民利之缘，税役以入于官者，皆屏绝，壬人不得为奸利”。结果境内大治，乡人称赞，“民各循业谨法，游惰讴舞皆散去，境内皆耸”。[①] 而王纶自己则清廉勤政，布袍蔬食，家无储蓄。邓韨《渐斋先生王公传》曰：

> 县连水旱，往时县官坐廨宇，受民所报而不核，公拏小舟遍历田野，虽雨涂沾体不为止，得其灾，为牍以告于上官。比户部文至，民税得免，或不免，盖于公于民无不得也。俗善讼，讼有匿情，公始属者正分理之，徐而察之，卒得其实，取嚣讼置之法以警。邑学自天顺中修其坏，久之日就倾圮，士业无所。公即学后射圃隙地，筑室以居士，又于堂之左右修其楼居以益之，又修礼殿门庑，皆完固。学之士盈三百五十，类试之，辩其才，择秀异者异其待。其所宾礼者多取名第以去。其讲解明邃，经义畅瞻，他文词华实相副，士以为式焉。性资简重，遇人以淳直，而不虞其欺，然其中有泾渭不可欺。天下之仕广矣，使仕者夹智数以相御，至为钩致，周流承迎，以为才俗之变，何所极哉？公居其美，乃所以形后之俗。[②]

邓韨此段介绍，非常到位地叙述了王纶救灾、听讼、修学、养士、易俗等方面的所作所为，也塑造了王纶仿武城弦歌之治的形象。王纶任职常熟时的政绩，得到了民众的普遍肯定。邓韨在碑记中说到这样一件亲身感受到的事：当时有位郡倅（副职）张侯旻，因治水的缘故驻守常熟县，负才任气，以为人莫己若。王纶凭着自己的治邑政绩和乡民赞誉，竟使张侯心服口服。因为王纶在常熟政绩突出，后迁陕西州守，而在其州同样多有善政。嘉靖三十二年（1553），常熟士民感恩于王纶治邑，为其树碑立传，邓韨撰传，郡人文徵明书并篆额，时任邑令王铁立石文庙。王纶后入常熟名宦祠。

---

① ［明］邓韨：《渐斋先生王公传》，见陈颖主编《常熟儒学碑刻集》，苏州大学出版社 2017 年版，第 121 页。

② ［明］邓韨：《渐斋先生王公传》，见陈颖主编《常熟儒学碑刻集》，苏州大学出版社 2017 年版，第 121 页。

王铁（1514—1555），字德威，号苍野，浙江东阳人。明嘉靖二十九年（1550）进士，授常熟知县。王铁到任以后，即谒庙学，见学校久敝，即聚材鸠工，大修庙学，越三月竣事，瞻视改观，自撰《重修儒学碑》。他理政首重访贫问苦，除浮费，轻徭役，百姓负担大为减轻。善体民情，剔除奸弊，檄收海壖大豪改邪归正，为吏民敬重。常熟原有城墙基本塌毁，县衙每每想要重建，但因工程浩大，事务繁艰，始终未成。时倭患起，常劫掠沿江，入侵内地。王铁募集民勇数百人，立耆长训练，并亲自教射。面对倭寇之患，王铁深感没有城墙之苦，遂不畏艰难，带领常熟人民修建城墙，筑起一道抗击倭寇的坚固屏障。嘉靖三十二年（1553），倭寇入侵常熟，王铁率兵迎击，大败倭寇。次年，倭再度入侵，又带兵在三丈浦大败之，烧毁倭船 27 艘，杀寇 150 人，溺死无数。嘉靖三十四年（1555）五月，倭寇掠邻县后将经尚湖入江，王铁乘小船率兵追击，误中埋伏，与敌奋战，足陷芦荡污泥，腹部受创而死。陈逅撰《褒忠祠碑》对此役有具体记述：

> 嘉靖三十四年夏，东倭日本为寇，海上深入姑苏，尽掠金帛财物，载以巨舰，数十连艘而进，以逼常熟，所过焚掠惨酷，死者甚众。知县王公铁厉气登城，身当矢石，集约士大夫，分门以守。守制参政钱公泮守虞山门，相与并力，昼夜戒严。贼至城下，往来震撼，不能犯，遽棹舟而西。王公夜就钱公谋曰：岛倭狂悖已甚，不立灭之，无以报国，且彼恋货疑行，未谙水道，我以轻舟火其桅而灭诸河，篾不济矣。钱公奋然报曰：此排难策功之会也。因相与戒行，比晓率兵逐贼，踊跃出城，至湖则贼已得风，收船入港矣。贼闻追兵且至，则拥众据险，分其党绕出官军后。二公知事已急，即督兵布阵，奋勇先登，交战良久，为贼所乘，俱死。时五月二十四日也。①

王铁殉职后，朝廷诏赠其为太仆少卿，遣官来常致祭，并荫子锦衣卫，

---

① ［明］陈逅：《褒忠祠碑》，见［清］邵松年辑《海虞文征》，广陵书社 2017 年版，第 204-205 页。

世袭百户。邑人则请留葬于虞山，建立忠烈祠，岁时奉祀，入常熟名宦祠祭祀，并挽留其弟和长子落籍常熟。王铁墓在虞山西麓，坐北朝南，背靠虞山，面临山塘前，墓道长 35 米，道上立冲天式石坊一座，额镌“明忠臣王公墓”，为省级文物保护单位。

常熟文庙的人物述略

有司重教的范例

学官治教的范例

乡贤（乡绅）助学的范例

常熟文庙始建于宋至和年间，至今已历千年而不断维持且弥新，首先得力于尊儒重教国策。自西汉确立以儒治国思想以后，魏晋至明清皆秉承儒治政统，称孔子为“万世师表”，称儒学为“帝道之纲”，不断提高文庙的社会地位，不断完善文庙的礼仪制度，文庙之“学”作为官学和“庙”作为国家祭祀，始终体现着统治阶级的意志。其次则是得力于地方各类人物的支撑力量，具体来说包括有司的重教、学官的治教和乡贤（士绅）的助教。其中代有重要人物为延绵本邑儒家文化、推动常熟文庙薪火相传而作出重要贡献。

常熟文庙也以多种方式确认以上历史人物的贡献，有的被冠以名宦而入祀文庙名宦祠或乡贤祠，有的则在文庙立有专祠接受香火供奉，有的得以树碑立传流芳百世，还有的得以记入地方典籍永垂史册。这都成为常熟崇文重教历史传统的重要组成部分，也成为常熟文庙文脉历史延续的重要历史记忆。

有司重教的范例

明嘉靖三十四年（1555），常熟县丞钮纬等锐意作兴，修葺文庙，知县王铁到任谒庙，诣学，见仞墙崇严，殿宇绚耀，前后映带，窃自喜曰："学校饬哉！"然后，王铁受邀撰《重修儒学碑》，刻石立于文庙礼门右。王铁在碑记中说："夫学校加饬，存乎有司，而其所以增重之者，则深有望于士类。""学校之设，有本有文，增重之者本也，加饬之者文也，本与文而交修，尽善之道也。"王铁认为庙学之兴盛，一靠有司，二靠士类，前者是"加饬"，属文，后者为"增重"，为本，两者交修则尽善尽美。这里的"有司"即地方官员，而"士类"即文庙师生，主要指教官。王铁认为有司修建文庙等仅是"加饬"，庙学的发展还"深望于士类"即教官"增重"，具体来说是希望教官以常熟前贤言子为范："子游言公，邑之乡先生也，如公之徒绳绳焉，学校不由是而增重乎？"① 这里的"绳绳"首先是"戒慎"的意思，其次是"众多"的意思，即希望文庙出现更多传承言子精神的教官，"以学校自重""为学校增重"。王铁碑记所体现出来的思想是：常熟官员对于文庙发展承担着双重责任意识，即一是修建文庙、明时荐拔的责任，二是督促庙学教官、学知有本的责任。前者是施行的职责，后者是督促的职责。② 正是历代常熟官员自觉履行这双重责任，才使得常熟庙学的祭祀和育俊业绩显著。

常熟名宦均把"敦风化、励学校"作为先务。如元至治二年（1322），火失哈尔钦察氏擢常熟州达鲁花赤，三载考绩，被誉为循吏。满任升职，

---

① ［明］王铁：《重修儒学碑》，见陈颖主编《常熟儒学碑刻集》，苏州大学出版社 2017 年版，第 299 页。

② 关于督促的职责，元常熟州学教谕张著送前任教授陈聚的序文中说："国朝因汉唐之制，内而京师，外而郡县，皆立之学而设之师，其盖仿佛于三代矣。犹虑天下之郡县众多，天子不得幸，宰相不得视，教有勤怠不齐，于是郡使守以董之，县则付之令焉。"见张著《送陈敬德秩满去任序》，［清］邵松年辑《海虞文征》，广陵书社 2017 年版，第 101 页。

主簿遵民意撰《去思碑》曰："矧其为政，以敦风化、励学校为先务，春秋释奠及朔望诣州序谒拜如章。始作大成雅乐，谕教官程督课讲，多士用劝，可谓知所本矣。"① 这是主簿对州令以"敦风化、励学校"为先务的肯定。而常熟名宦以"敦风化、励学校"为先务有着悠久的传统。宋绍熙四年（1193），叶知几奉命来宰，首先推进学宫建设，改"进学"为"明伦"，堂匾为朱熹书，又立九斋以教。庆元二年（1196），孙应时知常熟，到任谒文庙，随即修庙学，创言子专祠，率众祭祀。开禧三年（1207），叶凯奉命治邑，始至，即往社稷与祭，见屋宇荒废，即提出修葺，叶凯说"有民则有社"，即行德政，改善民生。又说庙学"岁久，缮治不时"，应为先务，于是"命诸执事者，谕以'民为贵，社稷次之'之意，予欲先修学以训民"。通过上下努力，庙学殿庑增丽，增广吴公旧室，学校为之一新。次年，始议修社稷坛，经始于秋八月，告成于冬十月。黄应酉撰《重修社稷坛碑》曰："是举也，有可书者三：方其始至，讲明农祀，不忘本也，一宜书；及其欲修，首及乡校，不先神也，二宜书；迄于已成，费捐公赢，不及民也，三宜书。春秋之法，有一善必书。一举而三善备，焉得不书？于是乎书。"② 端平元年（1234），王爚任知县，召邑之故老问政，认定邑"化未始更也"，于是"乃新学宫，饰教令，谓子游邑人也，别为宇为像祀之。收言氏诸孙于农圃而教焉，招四方之士，若邑之秀子弟而学焉。士风以变，民听以耸。"然后定经界，劝农耕，再修社稷。王遂记曰："自是以往，风俗成而气习厚，有以他道惑民者鲜矣。"③ 短短四十年间，以上常熟知县从叶知几到孙应时到叶凯再到王爚，治邑均把"敦风化、励学校"作为先务，遂为传统。基于这种传统，常熟历史上出现了诸多重视文庙、政绩突出的官员。

① ［明］龚立本：《（崇祯）常熟县志》，凤凰出版社 2021 年版，第 167 页。

② ［明］黄应酉：《重修社稷坛碑》，见［清］邵松年辑《海虞文征》，广陵书社 2017 年版，第 178 页。

③ ［明］王遂：《改建社稷坛碑》，见［清］邵松年辑《海虞文征》，广陵书社 2017 年版，第 179 页。

王爚

王爚（1199—1275），字仲潜，号修斋，嘉定十三年（1220）进士，是宋代“朱熹私淑”之“鹤山学案”门人。“鹤山”即魏了翁。鹤山同调者“少保王修斋先生爚”，“生平清修刚劲，李芾、赵卯发、唐震皆从之游，皆以节死。忠义之士萃于一门，可谓沆瀣相承，千载犹劲者矣”①。黄宗羲《宋元学案》中单列“鹤山学案”，对魏了翁和王爚均有记载。

王爚于南宋端平元年（1234）八月到常熟任知县，嘉熙元年（1237）十月以职事修举转官，在任三年。王爚赴任后，直接将床榻设在县衙厅事堂后面，将全部身心投入地方治理。他首先问政于民，由此确定的理政之要是按照朝廷要求，倡导、推动、发扬儒学思想，推进社会教化，以收移风易俗之效。以此治政思想为指导，王爚在常熟知县任上有着诸多相应举措，其中最为重要的是“新学宫”和“定经界”：

王爚画像

> 乃新学宫，饰教令，谓子游邑人也，别为宇为像祀之。收言氏诸孙于农圃而教焉，招四方之士，若邑之秀子弟而学焉。士风以变，民听以耸，而以为犹未也。昔泰伯之有国于此也，礼逊之俗推重天下。今渡江百年，授田无法，制赋无艺，民无常产则无常心宜也。乃通邑而经界之，以昌吾邑，而犹以为未也。有田必有役，而役莫便于义，合公私高下为之，十余年不止，仁声义气，充塞一同。大纲小纪，具在方册。比及三年，教化兴而赋役简，士歌于学，民舞于涂。②

这是南宋名臣王遂《改建社稷坛碑》中所记。王爚治邑三年，常熟百废俱

---

① ［明］黄宗羲：《黄宗羲全集》第六册《宋元学案·鹤山学案》，浙江古籍出版社 1992 年版，第 169 页。

② ［宋］王遂：《改建社稷坛碑》，见［清］邵松年辑《海虞文征》，广陵书社 2017 年，第 179 页。

兴，耳目焕新，右丞相杜范称为子产之政，“俾常熟永为浙右佳地，而焜耀言游旧里于千载之下”①。

所谓“新学宫”，指端平二年（1235）王爚重建县学：“令会稽王爚始至，大惧无以崇化善俗，约缩浮蠹，逾年更而正之。属邑士胡洽、胡淳庀其役，以孔庙居左，庙之南为大门，北为言游之祠。”② 王爚仿苏州郡学，左庙右学，建构了常熟文庙的形制和布局，奠定了常熟文庙发展的基础。学宫落成之日，王爚率全县士人乡饮，宣传孝敬父母、友爱兄弟、知礼重节的价值观念。所谓“别为宇为像祀之”，指在重建学宫的同时重建吴公祠；所谓“收言氏诸孙”，是指在学宫中建立新学西斋，匾曰“象贤”，聚言氏家族子弟于其中而教之，这对言氏家族兴旺意义重大；所谓“招四方之士”，是指王爚扩大庙学的生员数额，使得“邑之秀子弟而学焉”，同时延揽良师到县学任教，提高教育水平；王爚又增置庙学的学田900多亩，增加廪米的储备，添置文庙祭器，保证文庙师生的教学活动和生活所需。王爚还在文庙树立《学田籍碑》，详记佃户名姓、田亩、租数等，以保学田长久支撑文庙的祭祀和养士。王爚自己也不时来到县学考察教学活动，给予直接的思想引导和工作指导。此外，王爚从《论语》《礼记》《家语》等典籍中辑录言子言行，编成《言子》三卷，自序中明确说“以存于祠”，即存入言子祠，作为文庙自编经典文本供师生学习之用。这些措施对常熟文庙建设具有重要意义。南宋著名理学家魏了翁为此撰《重建学宫记》，袁甫亲书，刻碑树立于邑学戟门。袁甫则为此撰并书《常熟县教育言子诸孙记》，也刻碑树立于邑学戟门。

所谓“定经界”，是指王爚化解当时民生疾苦的重要举措。常熟自绍兴经界到王爚任宰，已历百年，土地情况发生了很大变化，其结果是授田无法，民无常产，加上奸猾小吏从中造假渔利，弊端百出，百姓苦不堪言。

---

① ［宋］杜范：《常熟县端平经界记》，见陈颖主编《常熟儒学碑刻集》，苏州大学出版社217年版，第19页。

② ［宋］魏了翁：《重建学宫记》，见陈颖主编《常熟儒学碑刻集》，苏州大学出版社2017年版，第7页。

王爚任职以后，“考旧额、选众役，按绍兴成法，参以朱文公漳州所著条目，随土俗损益之”，结果“则官无亏赋，民无横输，上佚下熙”①，百姓得以安居乐业。定经界后，教化兴而赋役简。为保风雨无虞，王爚还改建常熟社稷坛，充分体现了其敬德保民、教化民众的思想。

王爚在常熟知县任上，在尊崇文教、移风易俗方面还有如下举措。一是保护言子墓道。据《常熟市志》载，端平三年（1236），县令王爚“明令对墓道进行保护”。二是建道爱堂。县公廨原名学爱堂，“嘉兴丁酉，令王爚因学爱堂之旧重行改创，易曰道爱”②，取言子“学道爱人”之义。三是创义阡。“嘉熙元年，令王爚市民地为之”。王爚在《劝谕文》中说：“吾邑本先贤故里、近畿乐郊，宜其道义兴行，风俗醇厚，养生送死，不背《礼经》。而焚尸一事，反视他邦为甚。”“因仍习效，安以为常。不孝不仁，莫大于此。”③ 四是建学道坊和琴川馆，弘扬言子学道爱人思想，肯定言子弦歌之政。

南宋嘉熙元年（1237），王爚在常熟任职期满，被吏部评定为政绩最优，升职离常。百姓感念王爚德政，立生祠在文庙祭祀，知县赵师简撰并书《邑令王君生祠堂记》，镌刻在县学言子祠像碑阴面。明洪武八年（1375），文庙建先贤祠，祭祀范仲淹、胡瑗和王爚。王爚是最早进入常熟文庙名宦祠祭祀的人物。

卢镇

卢镇，字自安，淮南人。元至正二十二年（1362），以领兵副元帅任常熟知州。卢镇虽起武弁但重儒术，尝读《朱子小传》，叹曰此书是人之模范，不可不读。同时代人戴良认为卢镇“善为政”：“夫士之善为政者，必先其所急以及其所缓。为之衣食，以厚民之生；为之教化，以淑民之德。

---

① ［明］龚立本：《（崇祯）常熟县志》，凤凰出版社 2021 年版，第 165 页、166 页。

② ［宋］孙应时、［宋］鲍廉、［元］卢镇：《至正重修琴川志》，方志出版社 2013 年版，第 8 页。

③ ［宋］孙应时、［宋］鲍廉、［元］卢镇：《至正重修琴川志》，方志出版社 2013 年版，第 14、第 15 页。

狱讼以戒其不率，赋敛以正其不均。此最其所急而不可缓者也。”① 厚民生，淑民德，这道出了卢镇治理常熟的基本思路。

卢镇留给后世的重要政绩，是续修《至正重修琴川志》行世，这是常熟存世最早的县志。该志的重要特点是崇言子为邑先贤。在“叙县”时，说公廨起源于“单父之堂，言游之室”，县廨有堂曰“道爱”，取言子学道爱人之义。在“叙官”时，说“乃若治县之谱，则学道爱人格言具在，而邑先贤言游之施于武城者，尚可考”。在“叙人”时，说“常熟地本荆蛮，前乎此蔑可纪矣。自仲雍以礼逊为化、子游以文学名科，而文物彬彬，实表于他郡国”。② 在该志中，提及言子遗存有“子游巷”“吴国言公东巷”“吴国言公西巷”“吴公祠”“文学桥”“言偃墓”“弦歌馆”“兴贤坊”等。卢镇重修琴川志，是认为“虞仲、子游文化之地，不可无纪”③，这体现了卢镇修志重教化的思想。

卢镇重教化的另一主要表现是修文庙。陈基有《常熟州修学记》记其修建状况：

> 凡前人之所已葺而不能不圮阙，与未及修而在所不能容已者，宜其急缓而次第之，内而礼殿论堂，旁而两庑斋舍，外而棂星门、学门、戟门，与夫丹阳公洎后土氏之有祠、三贤之有堂、采芹之有亭，小大毕举，又新筑石堤学宫之南而树墙其上，高七尺，修三十丈，用钱若干缗，皆捐己俸而学廪无所与。庀役若干工，悉给军伍，而民不知扰。④

工程结束以后，卢镇带领同僚以时殿谒，献飨有容，这使得师弟子员教养

① ［元］戴良：《琴川志序》，见［宋］孙应时始修、［宋］鲍廉增补、［元］卢镇续修《至正重修琴川志》，方志出版社 2013 年版，第 4 页。

② ［宋］孙应时、［宋］鲍廉、［元］卢镇：《至正重修琴川志》，方志出版社 2013 年版，第 7、第 30、第 73 页。

③ ［元］卢镇：《重修琴川志后序》，见［清］邵松年辑《海虞文征》，广陵书社 2017 年版，第 77 页。

④ ［元］陈基：《常熟州修学记》，见陈颖主编《常熟儒学碑刻集》，苏州大学出版社 2017 年版，第 41 页。

有所。当地士人和百姓见此情景都说："始侯将兵莅州，首城州以卫吾父兄；今领邦伯，又饰儒宫以淑吾子弟，侯有德于吾州甚厚，盍有纪述以图不朽乎？"于是，在庙学教授干德潜的带领下，乃伐石来，陈基撰记并书，周伯琦篆额，此碑立于邑学礼门左边。

其实，仅从修建工程来看，此役在文庙修建史上并非突出。但此事发生在元末特定背景下却自有其特殊意义。元代末年，战争频仍，社会动荡，此时的常熟兵兴民困，卢镇知其不堪命，却还是向同僚疾呼："民社所先者曰学校，吾将用若属力斯事，其无乃以吾为厉已乎？"大家同声回答："斯盛举也，敢不唯命。"于是共同出力出钱，完成文庙重修工作。陈基感慨地说："至于学校，承平大夫尚或有所不暇，而侯于多事之秋，乃能不烦学官，不勤民庶，亲率师徒致力于此，而完且速若是，岂非所当书者乎？"①卢镇把修文庙作为有司之急务，体现了重视教育教化的德政，在特定历史阶段为常熟文庙的传承作出了贡献。

杨子器

杨子器（1458—1513），字名父，号柳塘，明代慈溪（今浙江慈溪）人，明成化二十三年（1487）进士。"生有异质，慕尚高远……其学博古而邃于经"②，"上下百年间称循吏者，必以公为最"③。

杨子器画像

明弘治九年（1496）八月，杨子器任常熟知县，多德政。杨子器自述："予莅虞，每朔望必默祷于神，以为民祈福。"④ 他关心民

① ［元］陈基：《常熟州修学记》，见陈颖主编《常熟儒学碑刻集》，苏州大学出版社 2017 年版，第 41 页。

② 《（嘉庆）宁波府志》卷二十六，明嘉靖年间刻本。

③ ［明］管一德：《皇明常熟文献志》卷一，广陵书社 2017 年版，第 7 页。

④ ［明］杨子器：《重建社稷城隍庙碑》，见［清］邵松年辑《海虞文征》，广陵书社 2017 年版，第 186 页。

生疾苦，组织开浚白茆塘、七浦塘、浒浦塘、梅李塘等，邑人为之立碑。他召流民回乡耕作，设立“岁征法”，实施“折粮银”，整顿徭役，按籍定役，讼狱审理及时，刑罚惩而不残。这些措施深受百姓好评。

杨子器好文爱士，有诗文集行世。杨子器重视地方文化建设。弘治十年（1497）重修言子墓，树碑立石；改建清权祠，祀吴文化始祖仲雍，夏时正撰记；重新构筑读书台，邓韨有记；改三官堂建东湖书院，钱仁夫有记；毁淫庙改祀名宦何子平，题额“何孝廉祠”，狄云汉撰记；毁二郎神祠建报功祠，祀有功德于常熟的夏原吉和周忱，陈播撰记；等等。杨子器还扩社学、建书屋、修志书，对常熟文化建设贡献颇多。

杨子器崇尚儒学，在常熟任职期间重视文庙建设，诸多措施具有里程碑意义。

杨子器到任以后谒庙，欲作新而充拓之。他游说各位来常上司，得到首肯。于是，他与同僚市材庀工，悉撤其旧而新之。这次重修扩大了文庙的规模，初步确立起了中庙西学东祠的新形制，标志着常熟文庙发展进入新阶段。时人将其功同子游宰武城相比：“常熟之先贤有言游者，闻夫子学道爱人之言而笃信之，宰武城以礼乐为教而允蹈之，其在圣门列于文学之科，孟子称其有圣人之一体，朱子称其为豪杰之才，乡邑之士必有闻其风而兴起者矣。今又得良有司作新庙学以振厉之，将必有豪杰之士、学道之君子、得圣人之一体者，出于其间，以为天下国家之用，以弼成斯世礼乐教化之功哉。”①

杨子器在重建文庙时，在戟门两旁左建乡贤祠，右建名宦祠，首次确立了名宦祠和乡贤祠的地位，使得朝廷乡贤、名宦规范附庙并分设两祠祭祀的诏令得以落实。在建立两祠以后，杨子器又考稽常熟历史人物，明确了入祀两祠的最初名单。后世入祠祭祀的名单虽屡有变化，但都是在这最初的名单上做的改变。

---

① ［明］杨守阯：《常熟县学重建先圣庙记》，见陈颖主编《常熟儒学碑刻集》，苏州大学出版社 2017 年版，第 93 页。

杨子器在重建文庙时，树立了科举题名碑。一块是进士题名碑。常熟举业兴盛，学子高中进士后，立石题名县儒学，自洪武戊辰（1388）至天顺丁丑（1457），书之石已满。杨子器到任后，与同僚重新立石于文庙。另一块是乡贡士题名碑。同样，常熟立石于县儒学，记乡贡士名单，但也已书满。于是，杨子器与同僚重新立石。两碑皆书其未书而续之，虚其下方以待来者。两碑皆由夏时正撰记，邑人徐恪书丹，章格篆额，立于明伦堂前。同时，杨子器还刻天文图并跋、地理图并跋各一座，置于文庙礼门。地理图背面刻《冠婚丧祭图》，体现了杨子器对文庙社会教化功能的重视。《（崇祯）常熟县志》“杨子器”条下记：“冠婚礼久废，每月朔望，召儒士张尧民、林傅、季鹤辈讲肄于社学。”①

杨子器重建文庙时，移建学仓，储存食粮，厘正学田。《皇明常熟文献志》记杨子器“又尝仿古式，修大成乐，弦诵雅歌”②。在重修的文庙泮池东有礼器库，礼门外有杨子器等立的《文庙祭器书籍等明细碑》，计开器物有铜器、锡器、铁器、瓷器、木器、帐幔、颁降书籍、续增书籍、膳掌器皿、射圃器物共十类数百件。这些措施，均着眼改善文庙办学条件，为文庙新的发展提供保障。

杨子器重建文庙时，并新其东子游祠。其时，言氏家庙毁于邻居火灾，杨子器予以重建，邑人桑悦撰《重建吴公家庙记》，肯定“四明之慈溪杨侯子器由名进士知邑事，至任拳拳以稽古崇德为事”③。杨子器还仿王爚加意存恤其后人，帮助言氏子孙入学接受教育，若有未婚者助其婚配，还为屋数楹以祀言公神灵，置田若干亩资延世祀。

在建设文庙的同时，杨子器还亲自到县学讲学。历代常熟县志均记：“邑校素称多士，公（杨子器）亲为之讲授，月朔集之课试，虽祁寒盛暑不

---

① ［明］龚立本：《（崇祯）常熟县志》，凤凰出版社 2021 年版，第 1311 页。

② ［明］管一德：《皇明常熟文献志》卷一，广陵书社 2017 年，第 7 页。

③ ［明］桑悦：《重建吴公家庙记》，见陈颖主编《常熟儒学碑刻集》，苏州大学出版社 2017 年版，第 85 页。

易期。”① 杨子器重视文庙人才培养，经常亲自到学讲授，每月朔望则集之课试考核，使之成为一种定规，哪怕祁寒盛暑也不更改日期。有司如此重视，是文庙能够在弘治年间达于兴盛的重要原因。

《（弘治）常熟县志》把杨子器“作新学校”称为“惠政”，曰：“学校以教为本，所以淑人心，而在提调者作新之，此政之首务也。今严饰宫门以起观瞻，广筑学舍以安居肄，而又朔望讲论，月季课试，贫葬有助，差徭不扰，使司教者更秉至公，先义后利，严条约以身先之，则士之成就，又不止于今矣。”② 常熟民众感恩于杨子器的德政，将之列祀于文庙名宦祠。杨子器离开常熟后，百姓多处建祠纪念。

杨涟

杨涟画像

杨涟（1572—1625），字文儒，号大洪，湖广应山人。万历三十五年（1607）进士，万历三十六年（1608）至万历四十一年（1613），杨涟任常熟知县。杨涟在任期间，正是东林书院最为活跃的时期，其和顾宪成、高攀龙等交往，讨论性理之学、“治道之原”，形成了他的政治主张。钱谦益在《常熟县学志序》中这样描述杨涟在常熟的勤政事迹：

杨侯初下车，朝国人而告之曰：“吾不能不为俗吏。惟是竭股肱之力，与父老子弟带星出入，兴利剔蠹而已。如其礼乐，以俟君子。”期年有成，乃始广厉学宫，修举废坠，然而侯固常称曰：“是守土者之责也，涟何敢让焉？”周视而叹，翛然有以自下也。庙貌肃，祭器正，登歌九奏，而优施之舞革。③

① ［明］龚立本：《（崇祯）常熟县志》，凤凰出版社 2021 年版，第 171 页。

② ［明］杨子器、桑瑜：《（弘治）常熟县志》卷三，广陵书社 2016 年版，第 63 页。

③ ［明］钱谦益：《常熟县学志序》，见陈颖主编《常熟儒学碑刻集》，苏州大学出版社 2017 年版，第 153 页。

杨涟在常熟的治邑措施，尽力于均田均役和水利改革。为筹集资金，他写信给应山老家，让家人卖掉部分租田寄三百两银子到常熟，全部用于水利建设。万历三十七年（1609），杨涟组织修筑元和塘堤40多里，百姓有感于杨涟功绩，把这段堤称为“杨公堤”。

杨涟在常熟任知县期间，重视地方文教事业。《海虞别乘》第四卷“县令”记杨涟：“初，祭孔庙，见俗乐满庭，亟命诸生连士英按《阙里志》复古乐。窭人子弟多以无力从师而废学，公设八义学，置田三百亩，以供义师之饩廪。又置膏腴千顷为学田，每岁贫生赖以糊口，而助婚助葬，悉沾其惠。”① 因此，杨涟宰虞五年，上级以治行第一征去，常熟民众相率为祠祭祀，后祀常熟文庙名宦祠。

杨涟有多篇关涉儒学的文章，本书仅从文庙碑记中整理出杨涟的教育思想。杨涟被称为东林后起之秀。东林党人强烈要求革新朝政，提出“利国”“益民”的政治思想，他们抨击科举弊端，提倡不分等级贵贱破格用人。东林学派提倡“治国平天下”的“有用之学”，以能否治世、经世致用作为衡量一切思想的准则。由此，杨涟在学校教育中倡导“质真”“有用”。他反对学校成为“猎较功名之场”，主张“还其源于学而静以观之”。他说：“处不失文学之真，出使人实收文学之用，是为重虞学而不失虞之初。”② 这就是为学回归求学初心。而虞学回归初心就要弘扬子游传统。“究学道之量，则子游之为子游具在。若泛于南方菁华焉，求之失其质矣。”杨涟肯定言子之重：“子游北学于中国，是时冠剑簪缨之伦，与饰名竞采者何可胜原，而率不能与沾沾爰人易使之武城宰争晦流，则虞之开今日声名文物之盛，与今日养声名文物之盛于益光者，所重可知也。”③ 子游不是饰名竞采者，而是南方菁华。弘扬子游传统，就要办好学校，重视庙学。“今天下无

① ［明］陈三恪：《海虞别乘》，上海科学技术文献出版社2018年版，第80页。

② ［明］杨涟：《修海虞学志序》，见陈颖主编《常熟儒学碑刻集》，苏州大学出版社2017年版，第155页。

③ ［明］杨涟：《修海虞学志序》，见陈颖主编《常熟儒学碑刻集》，苏州大学出版社2017年版，第155页、第154页。

郡邑无学矣，其在吾邑，属言公文学里，则学较綦重。”① 杨涟到常任职，即朝于学宫，周视而叹：“国家之建学宫也，为崇德报功也，且以养士也。庙貌圮矣，春秋享祀有簿正祭器者乎？登歌之不备而瓦釜雷鸣，不几为优之舞于幕下乎？诸博士弟子其犹有择菜而食厄于陈蔡之间者乎？是守土者之责也，涟何敢让焉？”② 面对现实中的庙学问题，杨涟深感责任重大。

基于以上认识，杨涟推动庙学建设，一是新学宫，二是编学志。前者立足当前，后者着眼未来。

其新学宫，是指全面更新庙学。首先是修建学宫，杨涟“首捐月俸，继发赎锾，经营相度，栋宇一新”；其次是厘正祀典，“凡祭祀礼乐之盛，品物器数之繁，莫不援古准今，灿然大备”；再是改善教学条件，“置学田以赡士，饩社师以养蒙”；最后是躬亲庙学，“每当朔望，必躬亲校阅，程其勤惰而赏罚之”。结果是“里弦歌而巷诵读，其君子爱人、小人易使，言公之遗化，庶几可复振乎？”③ 明顾宪成撰记肯定杨涟在新学宫方面的所为：“为之修尊经阁，钦圣制也；为之厘祀典，妥神灵也；为之置学田，优士养也；为之搜群籍，崇文教也；为之设义师，广陶育也。”④ 这就是说，杨涟新学宫是从硬件到软件均新之，重在提高县学的内涵建设。

其编学志，是指在知县杨涟主持下，组织庙学内部力量编写成《常熟县儒学志》，把以上新学宫思想和措施通过志书形式固定下来。《常熟县儒学志》的纂志公呈曰：“呈为学政重新，庠规大备，恳纂志籍以光盛典，以垂永式。”这就明确了志书编辑意图，即征今而昭来。该志共八卷十八目，内容丰富，体例完备，叙述周到。编写者名单是：教谕李维柱裁阅，训导

---

① ［明］翁宪祥：《常熟县学志序》，见陈颖主编《常熟儒学碑刻集》，苏州大学出版社 2017 年版，第 150 页。

② ［明］钱谦益：《常熟县学志序》，见陈颖主编《常熟儒学碑刻记》，苏州大学出版社 2017 年版，第 153 页。

③ ［明］王稺登：《常熟县学政志序》，见陈颖主编《常熟儒学碑刻集》，苏州大学出版社 2017 年版，第 147 页。

④ ［明］顾宪成：《重修常熟县学尊经阁并厘复祀典创置学田记》，见陈颖主编《常熟儒学碑刻集》，苏州大学出版社 2017 年版，第 144 页。

朱朝选、朱正定参阅，邑诸生缪肇祖、朱曾省、严柟纂辑，徐济忠、郭际南、冯复京、宋奎光、袁光翰等同纂，国学生蒋国玦校梓。“爰集文学掌故，博士弟子考求采葺，品列胪分，以成此书。”① “是志也，将见诸行事，匪托空言。予不敢远引三代以上，第剌取两汉，卑之无高论，姑以为志执左契云。”② 强调了此志的真实性。

万历四十年（1612），在全国官员考评中，杨涟因廉洁高尚的品格和卓有成效的治邑成绩，被认定为“举天下廉吏第一”。杨涟离任时，百姓扶老携幼倾城相送，为其焚香祈福。后又将在常熟南门外杨涟修建元和塘堤岸时的临时官署改建为生祠。离常后，杨涟入朝担任谏官。天启五年（1625），因弹劾魏忠贤受到诬陷，惨死狱中，士民聚财作佛事九日夜。崇祯元年（1628）获得平反，追赠太子太保、兵部尚书，谥号“忠烈”，其祠也因此改为“杨忠烈祠”。杨涟后被列入常熟文庙名宦祠祭祀。

学官治教的范例

元元贞二年（1296）常熟升格为州，明洪武二年（1369）复州为县。州学设立教授之职，县学首席学官为教谕。教授、教谕列入县的职官系列，主持文庙管理与运行，由县直供廪禄。教授、教谕以及训导等的素质和工作，直接关系到文庙的发展。元至正十九年（1359），常熟州学教授陈敬德任满离常，张著有《送陈敬德秩满去任序》，说到了学官与学校之关系：

> 兵兴以来，师阙既久，摄其事者，往往非人。以故土田污莱，岁入不足，而百废不举。至正己亥，天台陈君敬德始来领学事，首复豪民侵占若干亩，又损其荒田之租诱民以耕，且躬自出纳，农无过取，

① ［明］王稺登：《常熟县学政志序》，见陈颖主编《常熟儒学碑刻集》，苏州大学出版社2017年版，第147页。

② ［明］李维桢：《常熟县儒学志序》，见陈颖主编《常熟儒学碑刻集》，苏州大学出版社2017年版，第147页。

士无过予，而吏无容其私。既而治废官、修礼乐、严祭祀，招复诸生，使习其业。三年之间，无复废典，人以廉能见称，州之大夫，曾不劳焉。夫廉者，立事之本也；能者，立事之用也。向使不足于是，则田不必复且耕也，出纳不必公也，废官不必治也，礼乐不必修也，祭祀不必严也，诸生不必复而习其业，大夫虽曰亲之，将何益焉？今君以廉与能施之学校，而功效若是……①

从这段文字中，我们领悟到了州县学官工作职责所涉方面，除了日常教育活动以外，还有如学田耕耘、礼乐祭祀、庙学修整、生员管理等等，而学官素质重在德（立事之本）和能（立事之用）两个方面，其素质直接关系到文庙的兴衰成败，否则即使知州（知县）经常督促也无济于事。这就告诉我们：谈论常熟文庙的发展，不能忽视学官的功绩与贡献。

从常熟庙学看，州学教授和县学教谕一般均有科举功名，道德素质较高。“先王建国，必以教学为先。盖治化之所关，贤才之所出，必由乎学也。皇明太祖高皇帝受命于天，始建太学于京，以教胄子及公侯大臣与夫秀民之子弟。故府、州、县莫不有学，择疏通器局者为弟子员，学成而宾兴于朝，曰‘贡生’，曰‘进士’，考其经学、验其德性而官之，胜任而后禄之。故吴郡之常熟例有学，学设教谕、训导以掌其学校之政，任是职者率得其人。”② 常熟庙学发展历史上，出现了诸多素质过硬、工作勤奋、政绩突出的教谕，这里列举数位代表性人物。

赵永言

赵永言，号友石，浙江黄岩人。明正统元年（1436）来常任县学教谕③，

① ［元］张著：《送陈敬德秩满去任序》，见［清］邵松年辑《海虞文征》，广陵书社 2017 年版，第 101 页。

② ［明］林大同：《送计行简考满序》，见［清］邵松年辑《海虞文征》，广陵书社 2017 年版，第 103 页。

③ 杨子器、桑瑜《（弘治）常熟县志》、邓韨《（嘉靖）重修常熟县志》均作宣德八年（1433）任县学教谕。按，宣德九年杨荣《重修庙学记》无赵永言名。章珪《送考绩诗序》有云：正统丙辰，先生升轶，来典风教。龚《志》据此列传，当以正统元年（1436）任职为是。

十年秩满，升任吉安府学教授。邑人钱汝周绘《南浦秋帆图》，赋诗赠别，御史章珪为序其端，时人传为美谈。章珪在序中肯定赵永言育人政绩："其宅心也仁，其处己也正。严设教条，因材而笃，九年之间英材迭出，由科目而显融者，视往昔实相倍蓰。虽闾巷士夫，亦藉丽泽以成厥德。周子所谓师道立则善人多，征诸先生可见矣。"① 当赵永言离任时，常熟官民上书乞留。

赵永言在常熟任学官期间，培养了诸多英才，县学举业兴旺。章珪说，钱汝周之所以特别挽留，是因为其三个儿子从赵先生接受教育，其中长子、三子已经同忝功名，仲子学尚未就，因此希望增秩，以成其业。这是邑人的真实评价，是赵永言作为学官值得自豪的政绩。有思想，重行动，是教谕赵永言的重要形象特征。

重视县学建设。"学校，所以育人材、明人伦也。人伦明则风俗美，英材出则治道隆，此学校有关于名教也大矣。"直接把学校与人才培养、移风易俗联系起来。同时，他认为常熟是子游故里，流风遗俗，犹有存焉，"师之处于是，知所以为教；弟子之游于是，亦知所以为学。将见英材出，人伦明，可以俪于古矣"②。直接把子游传统与学校教育联系起来。依此教育思想，赵永言重视县学建设。正统元年（1436）知县郭南修庙，"庙庑轮奂"，但学之堂斋隘且弊。于是，赵永言提出建议："庙既新矣，学其可以弗新乎?""堂隘可广，基下可高，斋各可拓，储庤逼堂，非其所也。颐养逼斋，非其地也；学官廨宇，犹未备也；架梁以木，不能久也。"③ 郭南接受建议，再修县学，项目次第以成，"斩焉一新"。这是明正统六年（1441）的事，赵永言为此撰记刻碑。赵永言还积极建议文庙创建用于藏书的尊经阁，"贰令（县丞陈澄）闻而善之，乃撤堂后寝屋，捐俸为倡，复劝邑人佽

---

① ［明］章珪：《送浚仪赵先生秩满去任序》，见［清］邵松年辑《海虞文征》，广陵书社2017年版，第106页。

② ［明］赵永言：《重修常熟县儒学之记》，见陈颖主编《常熟儒学碑刻集》，苏州大学出版社2017年版，第57页。

③ ［明］赵永言：《重修常熟县儒学之记》，见陈颖主编《常熟儒学碑刻集》，苏州大学出版社2017年版，第57页。

助钱米，鸠匠市材，建阁五间二夹室，名曰尊经之阁”①。工程完成以后，赵永言又请乡贤吴讷撰写《常熟县儒学新建尊经阁之记》，知县郭南等立石于文庙尊经阁。

重视师资素质。明正统初，彭勖担任提督学政、监察御史，著有《教官箴》一通，对县学教职的道德素质提出了基本要求，分发各校以为职教者之规范。赵永言捧读再四，觉得该箴词极简严，得春秋之笔，准确地道出了县学教职素质之精义，具有极强的现实性和针对性。于是，赵永言偕训导翁玭谋于上司曰：“吁，师道不立久矣，隽永斯箴，不能兢惕，益晋以自立者以，难矣哉。”提出“愿得石刻于讲堂之左，朝夕目击，庶乎有以警于心也”。知县郭南曰：“果刻之，则永永不泯，非特今之为师者知所劝，殆见后之为师者亦莫不知所劝。侍御公其有功于师道者，不既多乎?”② 于是，赵永言就把彭勖的教官箴刻石，并亲自撰跋附记，立碑于明伦堂前，成为县学教员的道德修养和行事准则。

维护师生利益。正统初，彭勖莅临常熟庙学，提出射圃设在学西三里许，师生朔望往复，甚是不便。于是，赵永言与郭南相谋，捐月俸，并募民之乐助者，在庙学东边买地重建射圃，新建观德亭。结果旧有射圃之地被邻居看中，欲以白金二十两买下。有司已经答应。赵永言说：“不可，愿留为蔬圃，以供厨馔”，“闻于朝，予民则民得，予学则学得。”于是，赵永言组织诸生捐廪、募银，交给有司保住旧地，改旧圃为县学学圃。赵永言担心时迁岁改，复为民之圃，于是撰《学圃记》立碑，“使世教是学者知所自，使世为生徒者亦知所自，不为民所有，永为学之蔬圃云”③。该学圃地块，明成化初改设社学，弘治年间改建为公馆，嗣后为察院后隙地，筑小亭曰“学圃”，仍归文庙所有。

---

① ［明］吴讷：《常熟县儒学新建尊经阁之记》，见陈颖主编《常熟儒学碑刻集》，苏州大学出版社2017年版，第59页。

② ［明］赵永言：《跋彭勖教官箴》，见陈颖主编《常熟儒学碑刻集》，苏州大学出版社2017年版，第301页。

③ ［明］赵永言：《学圃记》，见陈颖主编《常熟儒学碑刻集》，苏州大学出版社2017年版，第292页。

刘文诏、吕尚古、汪元臣

常熟多部志书的“人物志”均把刘文诏、吕尚古、汪元臣三教谕合在一起介绍。如《重修常昭合志》记：“刘文诏，字廷纶，安福举人（管《志》作岁贡）。正德十四年，任教谕，以经造士，凡贫者悉不校其具礼。嘉靖四年，升授汀州府永定知县，祀名宦。吕尚古，字秦麓，灵宝举人。嘉靖二十年任教谕。汪元臣，字士元，钱塘举人。嘉靖四十一年任教谕。皆学行纯粹，勤于造士，邑人赵用贤为作《三先生遗泽碑》。”① 明正德、嘉靖年间，常熟科名极盛，邑人归功于教谕刘文诏、吕尚古、汪元臣等三先生之教泽，万历元年（1573）在文庙戟门外立《常熟县学三先生遗泽碑》，邑人、吏部侍郎赵用贤撰写碑记。

从正德十四年（1519）至嘉靖四十一年（1562），其间40多年，来常任教谕的有11人，赵用贤选取三位代表人物，同时明确：“四十余年间，其奋跃渊涂、腾跨风云者，降德驰誉，绝后光前，实由我三先生立行可模，置言足范，所以扶皇极而成人文也。”“三先生先后之辙迹不齐，陶钧之体致则一”，在常熟县学教谕、训导中具有一贯性和示范性。后来三位先生中的刘文诏入文庙名宦祠祭祀，也应该视为选取教谕中的代表性人物，以示彰表和尊崇。应该说，造成正德、嘉靖年间常熟科举鼎盛的是一个学官群体，它是一个地方可贵的文化记忆，一个举业兴盛年代的记忆。因此，在万历开新时，赵用贤择其优者为之撰记，他自述心情是：“聚之鲜能知乐，散之罕见兴思。日往月来，暑退寒袭，梦想前贤。”赵撰碑记以后，知县江留震书，知县连三元、江留震立石②，参与者还有县丞姚谟、尹性，主簿刘邦辅、桂一林，典史章子荣，儒学教谕王然，训导钱禄、余怀文、冯汲、马千里等。《常熟县学三先生遗泽碑》有铭曰：“惟三先生，载道以鸣。蒙来倚席，夜雨分更。环桥观者，春风满庭。惟三先生，载道以行，进善匡

① 《重修常昭合志》，常熟市地方志编纂委员会办公室点校，凤凰出版社2021年版，第1312页。

② 赵永言《常熟县学三先生遗泽碑》记“永年连三元”“晋江留震臣”立石。据查，连三元于明隆庆五年（1571）任知县，居官狼藉而去，而留震臣则于万历二年（1574）来任知县。待考。

国，属之文衡。靖乱庇民，施于专城。测海齐深，登岳均宏。去思借一，士民同情。轶而不举，神监孔明。摛耀在石，载扬休声。”如此隆重的赞美和立石举措，表达了当时人们对县学教谕的充分肯定，是常熟人民尊师重教的光辉篇章。

“后三先生皆典州郡，作民牧，为理官。誉表六条，功最万里；强民犷俗，反志迁情。此其政与教通也。”我们则可借此窥视常熟优秀教谕的群体形象特征。

教谕的师德修养。三先生离开以后，当地缙绅相互传颂其德：“刘先生性资恬静，贞夷粹温，若其英辞吐于竹记，正义斥乎金夫，所谓沉潜刚克者”；“吕先生器宇轩昂，弘朗开济，若其规苛切之吏治，惩肮脏之士习，所谓高明柔克者”；“汪先生素心条畅，雅操坚贞，时屈志申磨而匪磷，所谓困而弥亮者”。

教谕的教学能力。三先生虽然来常时间有先后，人生经历不同，但他们精心育人的行为始终如一。“方其公堂日讲，私试月评，不专以文艺也。盖检柅乎邪心，抑防闲乎非习。开群蒙而圣贤之旨明，寂众听则经传之疑释。给膏油而继晷斋舍，联弦诵之声；丰廪饩以观颐章缝，获齑盐之乐。”

教谕的学官履职。三先生全面履行职责，关心贫穷子弟，参与学宫建设，做好每次祭祀，保证县学顺畅运行。其教绩是中国优秀教育传统的充分体现，对此，赵用贤这样概括：“追惟善诱，光俪往哲；学专明体，训通世务；则有苏湖之实焉。却馈遗，惠贫窘，则有关西之实焉。焕黉宫，崈贤祀，则有泮水之实焉。”① 三个“实”，既体现了三先生的履职实绩，更体现了三先生的教育思想。

许成器

许成器，字道甫，宁国人，万历二十三（1595）年以举人任常熟教谕。

① ［明］赵用贤：《常熟县学三先生遗泽碑》，见陈颖主编《常熟儒学碑刻集》，苏州大学出版社2017年版，第129页。

秩满，升翰林院孔目。许成器离任以后，知县赵国琦撰《许先生去思碑》，“胪列公之盛征，砻石勒珉，昭公于不忘”①。

许成器在常熟儒学的教育思想，见其所撰《重建常熟县儒学西舍碑记》。首先，许成器认为立学必尊先圣先师。学之先圣就是孔子，先圣犹如鼻祖，大宗亘古，孔子以身教万世。先师就是海虞之言子，“其受先圣之传，惟礼为兢兢，实与颜曾称南北宗”，因此他主张“立学必释奠于先圣先师”，即尊儒。其次，许成器推尊礼乐为本的约礼。认为先圣和先师的根本在“约礼”，言子“夫夫娴于礼，燕居之问，礼也者，领恶而全好者，与根极于精微，斯与克己复礼岂异耶？则子游所谓本、所谓学道，固自得于礼者深矣”。再次，许成器认为“晚近鲜言礼”，误解了“子游文学”的本质。言子文学本质是知本重礼，而晚近学子随俗瘖趾，“徒见子游以文学著，猥操习虑，斗精篳技于羔雁之末，用相矜诩”。第四，许成器主张士子当以礼仁为本，即“一切奉礼为幽室之烛，由之上可以契心斋之密藏，次可以绍弦歌之嫡派，即不然者，亦不失为行不径、私不谒之澹台，毋宁使人谓第以羔雁之文，徼制科之盛，足张海虞之灵秀而已”。以言子为师，为学达到三种境界，即“契心斋之密藏”“绍弦歌之嫡派”“行不径、私不谒之澹台”。这是许成器的人才培养观，继承了孔子、言子人才思想，重在培养经世致用的人才。最后，许成器表白心志：“此则乡先生之所拟注于二三子也”，“聊为之摈昭其斯为归，而求之有余师”。② 这是他从教的动力，也是他从教的目标。

许成器以此明确的教育思想付诸教学实践，赵国琦在《许先生去思碑》中具体介绍了许成器在常熟履行学官职责的动人事迹：

> 士月有课，岁有程，考德咨行，言宗六经，谊先孝弟。好植洁修者则亟为奖引，高文丽藻者则勤施齿牙。沃良材以茎露，披庶品以春

① ［明］赵国琦：《许先生去思碑》，见陈颖主编《常熟儒学碑刻集》，苏州大学出版社 2017 年版，第 305 页。

② ［明］许成器：《重建常熟县儒学西舍碑记》，见陈颖主编《常熟儒学碑刻集》，苏州大学出版社 2017 年版，第 135 页。

风。博同心于埙篪，镕跃铁于炉冶。可谓不汰秕滓，自出菁华……至于饬俎豆，节礼乐，庙庭无跛倚之祭；核名实，严宾饮，善良被衮荣之劝。孤忠亮节，必振其苗裔；岩栖莽伏，间发其幽潜。捐饩廪以葺宫，剔奸源而返亩。风猷耿耿，不可浠信，某人所称方中之美范，人伦之胜业也。他如却脩脯，轸孤寒，傅之保之，义兼恩悉，公之嘉惠士者，难殆述已。①

这里具体地呈现了一个兢兢业业、奉献教育的师者形象。他工作繁忙，勤恳踏实；他循循善诱，诲人不倦；他尊重人才，发现人才；他注意修为，自律为范；他因材施教，成效卓著；他行为端正，以德为先；他身先不斁，乐育无穷。无一不是恰到好处，尽善尽美。

许成器在常熟县学还有两件重要的事情值得提及。一是万历二十一年（1593），许成器等倡议新建文庙屏墙，乡邑徐育德输地助金，许成器撰《新建屏墙记》碑；二是万历二十四年（1596），庙学西舍失火，许成器等倡议重建两廊号舍，县令何节有《助工碑记》记事，并附捐赀姓氏，许成器撰《重建常熟县儒学西舍碑记》，两碑分别立于邑学明伦堂左右。

李维柱

李维柱，字本石，京山举人，万历三十七年（1609）任常熟教谕。离任以后，知之者多思之，为立祠宇②。同事、门生数十人为之立碑，翁宪祥为撰《本石李先生遗泽碑》，立于文庙戟门。碑记开端便是："本石李先生之教吾虞也，凡五载，而以国学迁其行也。虞士亲者思之，疏者思之，怀者思之，畏者思之，遐迩贫乏孤弱，不言同然，遂相与伐石而纪之。嘻，余以是知先生所风而其泽永也。"③

① ［明］赵国琦：《许先生去思碑》，见陈颖主编《常熟儒学碑刻集》，苏州大学出版社2017年版，第305页。

② 《重修常昭合志》记："李学博祠，在三元堂。祀明教谕维柱。万历四十五年，知县张节就医王堂改建，钱谦益撰记。"常熟市地方志编纂委员会办公室点校，凤凰出版社2021年版，第369页。

③ ［明］翁宪祥：《本石李先生遗泽碑》，见陈颖主编《常熟儒学碑刻集》，苏州大学出版社2017年版，第169页。

李维柱的任期与知县杨涟交集，因此其治教多与杨涟施政配合。其主要政绩是厘正学田、创辑学志、修建学宫、厘正祀典等，可谓轰轰烈烈，传为美谈。邑人翁宪祥碑记有言：

> 杨侯化民成俗，慨然以兴学作人为己任，而先生左提右挈，务在振发士气，隆体貌，严绳检。先是，胥徒负贩咸得狎士无顾忌，先生行期年，而秩有定分焉……杨侯锐意更始，先生为之旁稽董成，动其本，乐其象，然后治其饰。钟鼓羽籥，齐齐煌煌，其诸陆产之醢，水草之菹，昆虫之□，必丰必洁，以将明信。斯非先生敬道以立教者乎？……杨侯既广延塾师，先生乃宽其既廪，修其课籍，鸠子弟日事训计，而时躬省伺，以稽勤怠。四境诵读声遥相闻，斯非先生广业以成教乎？……杨侯乃出其俸余、赎锾，置学田若干亩，而先生又倡为义佐，更拓田若干亩，岁租入籍而藏之公廪。凡丧葬嫁娶以急告，量恤有差，寒素由是得仰给而并肆力于学，斯非先生厚储以待教者乎？

翁宪祥感慨地说："先生以此风多士，多士安得不思，思而安得不彰其泽以传诸不朽也？"翁宪祥还把李维柱比作南宋胡安国："余维宋自胡安国以教授兴学作人于湖，而一时湖士遂为天下重师道莫与京焉。有如先生所以教吾虞士者，庶几安国之遗也哉？"① 胡安国，南宋经学家，在衡山办文定书院，创"湖湘学派"，后任朝廷经筵讲职，明正统年间入祀孔庙。其以理义治《春秋》，成为元明两朝科举取士的经义定本。胡安国提倡修身为学，主张经世致用，重教化，讲名节，轻利禄，憎邪恶，对当时湖湘人文教化和道德风尚产生了深远影响。翁宪祥把李维柱同胡安国联系起来，说明他们均重师道，有着学脉传承的关系。

李维柱是一位谦逊的学者，治教勤学堪为人范。他自述："学然后知不足，教然后知困。柱不佞，所不足多矣，久困偕计。维是海虞，东南名邑，乡大夫之贤者、士之仁者比肩接武，又得明察之官、忠信之长、慈惠之

---

① ［明］翁宪祥：《本石李先生遗泽碑》，见陈颖主编《常熟儒学碑刻集》，苏州大学出版社2017年版，第169页。

师。”虽然他厘正学田、创辑《学志》，于学功莫大焉，受到邑人称赞，但他从不居功，在《学志后序》中强调政绩是知县杨涟“徼公之赐，拱手蒙成”①。这种谦虚勤学的精神非常重要，是教官得以成功的关键，也正是常熟县学优秀学官的品质。

乡贤（乡绅）助学的范例

历史上，常熟重视文庙的修建，参与者有地方官员、乡绅，也有普通百姓，他们或捐俸，或捐资，或捐地，或出力。如明宣德九年（1434），杨荣撰《常熟县重修庙学记》：

> 近西江罗汝宽典教兹邑，慨然欲作新之计，其工费浩繁，虑有弗给，乃先度其力可为者为之，若廊庑、讲堂、门垣斋舍，及先贤祠宇，皆循次修葺，惟礼殿未之能也。壬子之秋，县丞李子廉、主簿郭南暇日视学官，见汝宽用力之勤，亦慨然曰：“修学责在有司，吾辈视其颓废，而不加力，宁无愧焉？”乃各捐俸以倡，训导徐万镒、翁玭力赞助之，命耆老平孟悦等督其事。衡适得请于朝，归省墓，乃奉白金四伯钱，佐其役。仍率邑之好事者王惠吉、陈崇道、张士良、钱汝周、杨师颜等，捐资以助，于是聚材鸠工，殿之梁栋榱桷、瓦甓墙壁之毁者易之，帷幕器用之弊者新之，圣贤像设章服则绘饰之，与汝宽先事所修葺者，轮奂华采，相为炫耀焉。是役也，不烦于官，不扰于民，而卒以时就，诚可谓难矣。

官员捐俸，属下勉力，回乡省亲者捐资，地方人士出力，同心协力完成文庙大修。由此，杨荣赞曰：“余嘉佐邑者之得人，又嘉衡之能轻财，而知所

① ［明］李维柱：《学志后序》，见陈颖主编《常熟儒学碑刻集》，苏州大学出版社 2017 年，第 158 页。

尊也，故不辞其请，而为之言”①。地方乡贤或乡绅助力，也是常熟文庙得以健康发展的重要因素。以下试举两例乡贤（乡绅）助学的范例。

杨麟伯

杨麟伯，字祥甫，沙溪人，南宋景定五年（1264）入太学，咸淳四年（1268）登进士，任扬州观察推官。重视教育，平章政事阎复曾说其“谂知杨氏子弟宗族，曰学校所以教人为义者也，农桑衣食之原，礼义所从出也”②。常熟文庙礼门左右曾立有两块碑记，分别记载杨麟伯及后人捐资出力助修文庙事迹。一块为阎复撰文并书，徐琰题额，一块为教谕唐泳涯撰记。

杨麟伯家族在常熟百有余年，是当地的富绅人家。元至元二十九年（1292），杨麟伯目睹庙学历经岁月而缺坏，主动赠捐私币五千缗，为崇饰之，疏浚教源，“圣殿贤庑，门墙幄座，以至吴公、宋诸儒祠宇，绘塑丹雘，粲然复新”。工程的督工是杨麟伯的女婿盛琦及乡士李敬甫、金应泽等，完工以后知州孔文贞等人请阎复撰记，以志岁月。阎复的碑记不仅记叙此事，而且有铭咏歌，其中有辞曰：“县邑有学，历年孔多。塈涂剥落，栋宇攲斜。彼美杨公，好善靡他。作而新之，亦孔之嘉。孔堂巍巍，言祠峨峨。有来邑人，瞻望咨嗟。如聆诲音，如被切磋……邑子彬彬，乐育菁莪。民俗熙熙，薰沐泰和。”③

元至大年间，知州韩居仁议葺庙学，乡绅盛琦、盛应凤、杨麟伯之子杨应顺闻知此事，自带工粮，征工兴役，“自仪门至礼殿，靡一不葺，阅四旬而后毕。繇是顿复旧观，不至贻风雨忧”。只是泮宫两庑弊漏日甚，还得修葺，有福山乡绅曹金南等人领会有司意思，说“修泮，义事也，余何敢靳？”于是捐金修葺，由内及外，焕然一新。前后的修葺，工费繁夥。唐泳

① ［明］杨荣：《常熟县重修庙学记》，见陈颖主编《常熟儒学碑刻集》，苏州大学出版社2017年版，第53页。

② ［元］阎复：《杨氏义学记》，见陈颖主编《常熟儒学碑刻集》，苏州大学出版社2017年版，第290页。

③ ［元］阎复：《平江路常熟县重修文庙之记》，见陈颖主编《常熟儒学碑刻集》，苏州大学出版社2017年版，第29页。

阎复《平江路常熟县重修文庙之记》碑，原在邑学礼门右，现存常熟文庙礼门。

涯撰记赞曰：“抑此邦为言游故里，文学之士代不乏人，矧今庙庭整肃，黉舍宽洁，蹈德咏仁，绰有余地。讲习于斯者，谓宜以学道自勉，求无愧于前哲，此则邦侯新美之初意，而亦职教者之所望也。”①

《（弘治）常熟县志》有记：“（杨麟伯）尝置田为义庄，以济贫乏，为义学以教乡里。”②《（崇祯）常熟县志》《重修常昭合志》等都有杨麟伯建义庄的记载，称之为“杨氏义庄”。该义庄即义学，以所居沙溪里垦田若干，筑室二十楹，敦请耆儒以主师席，使族中之贫者有养，老者有奉，少者得致力于学。阎复有《杨氏义学记》存世，该记认为“吴郡义田自范文正公始，常熟县杨侯实踵行之”。阎复高度评价义学之“义”：“圣贤既没，义之说不明天下矣；而义之在人心，未尝泯焉。凡今之人见一义事，莫不翕然称之。兄弟友爱，再世同居，则曰义门；丰年聚粟，以备饥荒，则曰义仓；里门有井，远近同汲，则曰义浆。矧兹庄学为义之大者

① ［元］唐泳涯：《平江路常熟州重修庙学之记》，见陈颖主编《常熟儒学碑刻集》，苏州大学出版社 2017 年版，第 35 页。

② ［明］杨子器、桑瑜：《（弘治）常熟县志》，广陵书社 2017 年版，第 17-18 页。

乎？”① 杨麟伯父子助修学宫，同样也是值得激赞的义事。

言如泗

言如泗，字素园，为言偃75世孙、第二任五经博士言如洙的弟弟。由诸生恭遇临雍陪祀，礼成，赐官学教习，后出仕从政，颇有政绩。乾隆二十九年（1764），任湖北襄阳府知府，在故宫西暖阁受到乾隆召见，乾隆当面以“既为贤裔，当勉作好官”勉励。后“以刚严撄制府怒，摭细故被劾归，后虽起用，以继母陈年高，侍养不复出”②。

言如泗归乡以后，与兄言如洙共同操持言氏家族事务。言如泗兄弟主要做了以下几件事：（1）重辑《言子文学录》，使之成为关于言子思想和言行的经典读本。（2）重修言子墓。《言子文学录》对如洙、如泗兄弟多次修建言子林墓都有记载。（3）重修言子故里碑亭。邑令刘沅题联：“邑里崇名迹，东南钟大贤”。（4）集资重建游文书院。苏凌阿撰记认为：“数十年来，鸿儒硕彦，多出其中，是虞山固毓材地，而书院又储材薮也。”③（5）修建言子故宅。清乾隆三十九年（1774），“如泗鸠工葺治，与兄如洙相度经营，易朽以新，补其缺略，廓大门，建仪门三楹；复于庙前恭立今上皇帝御书扁额，与庙中旧奉圣祖仁皇帝赐额先后辉映。天章云汉，照耀海隅”④。（6）重修县东家庙。言如泗自记：“乾隆三十九年之秋，如泗鸠工葺治，自大门以迄正殿，焕然一新，费钱九十缗有奇。正殿供奉圣祖仁皇帝御书‘文开吴会’额，前厅供奉今上御书‘道启东南’额。”⑤（7）重修《言氏宗谱》。他在明《言氏统宗图》及清乾隆丁亥年、庚戌年图谱的基础上编

① ［元］阎复：《杨氏义学记》，见陈颖主编《常熟儒学碑刻集》，苏州大学出版社2017年版，第290页。

② 《重修常昭合志》，常熟市地方志编纂委员会办公室点校，凤凰出版社2021年版，第1107页。

③ ［清］苏凌阿：《重修石梅游文书院碑记》，见陈颖主编《常熟儒学碑刻集》，苏州大学出版社2017年版，第240页。

④ ［清］言如泗：《重修始祖先贤言子故宅记》，见陈颖主编《常熟儒学碑刻集》，苏州大学出版社2017年版，第234页。

⑤ ［清］言如泗：《始祖先贤吴国公县东家庙重修记略》，见陈颖主编《常熟儒学碑刻集》，苏州大学出版社2017年版，第252页。

《言氏宗谱》。言如泗弘扬子游文学传统，建树颇多，《重修常昭合志》称其“矜厉风概”。

言如泗关心常熟文庙建设，在归乡四十多年间，每次文庙修建均有其活跃的身影。

乾隆二十八年（1763），言如洙督工重修文庙内的言子专祠；三十七年（1772），言如泗在言子专祠前重建坊表；四十二年（1777），言如泗对言子专祠前后大加修葺，额庙曰“敕建先贤庙”，额仪门曰“体圣门”，甃庭植树，庙貌加肃，“祠中计正庙三间，东西庑屋各三间，从祀宋范公仲淹、明张公洪、吴公讷、徐公恪、周公木、言公信。体圣门三间，庙前言子专祠石坊一座，临河水次均为庙址，备书之以示有考”①。

清乾隆四十二年（1777），常熟、昭文两邑绅士姚大勖、言如泗等向县衙具呈，申请重修邑学，学制复旧，得到各级官员允诺。言如泗带头捐款，并率同子贵池县知县言朝楫督修，完成了文庙棂星门、泮宫牌坊、儒学大门、仪门、碑亭、街道等的重修工程，并按所请，全部撤去庙前短垣木栅，仍复旧制，规模复得宏敞，水源亦不致隔塞。此事刻碑立于邑学戟门内，由言如泗之子言朝樾书。

清乾隆四十六年（1781），常昭两邑知县黄元燮、王锦等重修邑学，言如泗等身兼董事，助襄其成。言如泗撰《乾隆辛丑重修儒学记略》曰：“庚子仲秋，再兴工作，经始年余未竣，迄于辛丑七月，风潮摧拉，敝漏更增。常熟邑侯黄公名元燮内擢入都，率先捐俸。接任邑侯费公名志学、昭文邑侯王公名锦，两学广文江君名上峰，奚君名世麟，同心整理；常昭绅士咸竭绵力，庙工学署刻日观成。维时董斯役者，襄阳郡守言如泗、晋封内阁侍读吴敬、晋封吏部主事姚大勋、候铨州同知屈晓发。至乐输衔名，刊列于左。”② 记碑具体列出了乐捐者姓名，有地方官员，有名人乡绅，还有县

① ［清］言如泗：《始祖先贤吴国公言子专祠建修记》，见陈颖主编《常熟儒学碑刻集》，苏州大学出版社 2017 年版，第 245 页。

② ［清］言如泗：《乾隆辛丑重修儒学记略》，见陈颖主编《常熟儒学碑刻集》，苏州大学出版社 2017 年版，第 248-249 页。

学童生，人数在百人以上。此碑原在文庙明伦堂，已佚。

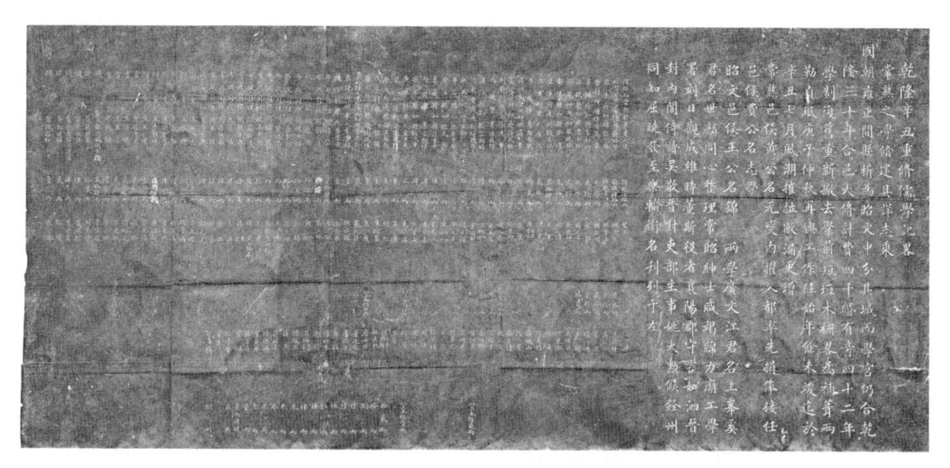

言如泗《乾隆辛丑重修儒学记略》碑，原在常熟文庙明伦堂。

乾隆五十二年（1787），教谕汪正宗、言如泗之子言朝楫又修邑学。言如泗还为宋魏了翁《修庙学碑》及袁甫《教育言子诸孙记》作跋，认为两碑“并垂志乘，皆名笔也。重加拂拭，表出，俾我同学咸深瞻仰云”①。乾隆五十七年（1792），言如泗等又一次修理邑学，重拓宫墙，“崇墉屹立，去出堤岸开削展南，规模较前整齐宏敞，计墙高一丈八尺，岸高九尺，墙岸基址南北二丈五尺，东西十八丈四尺”②。是役花费银两四百余两。有公记刻碑《万仞宫墙记》，立于文庙仪门外。

---

① ［清］言如泗：《跋魏了翁、袁甫碑》，见陈颖主编《常熟儒学碑刻集》，苏州大学出版社2017年版，第263页。

② ［清］公记勒石：《万仞宫墙记》，见陈颖主编《常熟儒学碑刻集》，苏州大学出版社2017年版，第265页。

常熟文庙学田及其他

关于学田

关于祭器

关于藏书

所谓学田，是指书院和州县官办学校所用的田地。设学田以赡学的制度，始创于宋代，并一直延续到清代末年。学田制度的创立和施行，确立了一种比较稳定的教育经费保障机制，保证了各地州县文庙的健康发展，它是我国文庙文脉得以赓续的关键举措，也是我国文庙养士得以实现的重要方面。

在常熟文庙设立不久，元著名文学家黄溍撰《常熟州学田记》，针对有人讥“饮食之人为子游氏之儒”的观点，肯定文庙设立学田养士的重要意义。他说：“予闻古昔授田建学，悉有成法，民之为士，固不必廪于学官，而大家巨室亦不得有羡田以资施与也。”“若夫为弟子员而藏修息游于斯者，皆生于子游之乡，而得其风气习俗之美者也，苟无辜乎？居之安，食之饱，而必有事。将见其处也无愧乎子游之文学，其出也必无忘子游之学道而爱人，一箪一瓢，不足为其俭，万钟之禄，不足为其泰，孰得以区区饮食之细厚诬君子也？”① 因此，研究常熟文庙应该重视学田制的话题。同时，还应重视由学田延伸出来的器物话题，具体来说，就是同文庙祭祀功能有关的祭器和同文庙教育功能有关的藏书。

---

① ［元］黄溍：《常熟州学田记》，见陈颖主编《常熟儒学碑刻集》，苏州大学出版社 2017 年版，第 289 页。

关于学田

“古者井天下之田，一夫百亩，分田制禄，作为学校以教之。家有塾，党有庠，术有序，三者王政之大端也。后世井田之法废，富者田连阡陌，贫者无置锥之地，庠序之教，衣冠士族，流为工商，降为皂隶者多矣。”① 古代学校教育经费来自公田，此后废井田影响了教育经费的持续供给。宋代多次兴学，逐步形成了一种以学田为核心的多种来源的教育经费筹措制度。宋代由朝廷赐给府、州、县学校学田，最早是在乾兴元年（1022），国子监孙奭奏请赐给兖州学田 10 顷，“以为学粮”②，得到朝廷允准。此后各地纷纷仿效，此举被认为是宋代学田制度的开端。学田制，就是学校以学田地租作为教师薪俸和补助贫寒学生的费用，学田是我国传统社会教育经费的主要来源。元至元二十九年（1292），诏学田所入，除春秋释奠外，以给诸生之无告者，此乃学田赡助贫困之始。学田所入若有盈余，可用于官学建设和新置学田。元代有朝廷赠田记载。至元三十一年（1294）四月十四日有诏：“学校之设，所以作成人材，仰各处正官、教官钦依先皇帝已降圣旨，主领敦劝，严加训诲，务要成材，以备擢用。仍仰中书省议行贡举之法。其无学田去处，量拨荒闲田土，给赡生徒，所在官司，常与存恤。”③

常熟文庙始建时正是宋代力推学田制的时候，但其时学田数缺失无考。我们所知的是，学田设立，莫盛于宋景祐，每一初立学，则赐田若干顷，盖养士之典的由来。常熟庙学设立应该也能享此优待。常熟文庙有学田记载者，始于孙应时任职知县的宋庆元年后。其学田在宋代大致有如下来源：

---

① ［元］阎复：《杨氏义学记》，见陈颖主编《常熟儒学碑刻集》，苏州大学出版社 2017 年版，第 290 页。

② 古代 1 顷为 50 市亩，1 市亩为 60 平方丈，为 1/15 公顷，约 667 平方米，所以古代 1 顷相当于现在的 3.22 公顷，即 33333 平方米。

③ ［元］佚名：《庙学典礼》，王颋点校，浙江古籍出版社 1992 年版，第 85 页。

一是各级官府的拨田。官府拨田即公田入学，有没官田、诉讼田、户绝田、废寺田、牧草田等。没官田是指官吏犯罪的籍没田产或因对田地进行违法交易的侵田，不上砧基簿等而被拘没入官的田地。宁宗嘉定十一年（1218），平江府为昆山、常熟两县下拨没官田共350亩3角11步，租米100石9升，添充养士之费。二是地方官府的购田，即地方政府公款购田以后充任学田。这方面的记载较多。如宋理宗绍定六年（1233），《平江府增置常熟县学新田记》中有三笔用官费购买学田的记录：一项用官会350贯文买田8亩55步3分，每年上还租米7石；一项用官会900贯900文买田29亩3角，并地3角，每年上还租米28石；一项用官会793贯500文买田33亩1角12步，每年上还租26石5斗米。三项共2044贯400文，61石5斗米，买田71亩1角7步3分，并地3角。① 南宋端平年间，知县王爚重建文庙，《至正重修琴川志》记“增置学粮至千斛”，魏了翁《重建学宫记》记：“且增田四百亩有奇，岁助公养之费。”② 袁甫碑记中记载了王爚建象贤斋教育言

孙沂《平江府增置常熟县学新田记》碑，原在常熟文庙明伦堂。

① ［宋］孙沂：《平江府增置常熟县学新田记》，见陈颖主编《常熟儒学碑刻集》，苏州大学出版社2017年版，第5页。

② ［宋］魏了翁：《重建学室记》，见陈颖主编《常熟儒学碑刻集》，苏州大学出版社2017年版，第7页。

氏子孙，虑岁月浸远，美意难继，于是“为之节冗费，得缗钱八千三百，买田以亩计者五百有二十，岁收米以斛计者三百有八十”①。可见，王爚“增置学粮至千斛”，就是通过节约县衙开支，用公款购田入学的。三是官绅民众的捐赠。《常熟县新田记》载：“（绍定六年，知平江府）邹应博捐俸置田发各学以供士子灯火之用，发至常熟田，凡七十亩。”② 四是学校自置田地，即学校筹集资金置办田产或报佃土地。以上大致就是宋代常熟文庙学田的状况，其亩数不在少数。③ 以上途径，也是以后常熟文庙增田的主要途径。学田每年收租由庙学教官支销，主要用于廪生学租银、春秋祭祀银、会务公费米、社师米、贫生米、礼生酬劳米以及庙学修葺费用等。

若要明确各个年代常熟文庙的学田数量，是难以做到的，因为学田随时会有增加或减少。我们只能依据现存文献，抽样略述如下。

南宋后期，由于知县王爚的努力，常熟学田数量达到前所未有的程度。《重修常昭合志》所记是“籍学田十九顷二十七亩三角十二步”。我们则据宋嘉熙元年（1237）所立《学田籍碑》的统计，得当时常熟邑学的学田数额为 1700 亩左右④。

元《庙学典礼》记朝廷有诏：“孔子之道，垂宪万世，有国家者，所当崇奉……其赡学地土产业，及贡士庄，诸人毋得侵夺，所出钱粮，以供春秋二丁、朔望祭祀，及师生廪膳……庙宇损坏，随即修完。作养后进，严加训诲，讲习道艺，务要成材……有司举保，肃政廉访司体覆相同，以备选用。”⑤ 这是朝廷对文庙学田的保护措施。元代常熟文庙多次增置学田。如元大德年间，知州卢克治认为“学校风化之原，政教所系”，其重教的主

---

① ［宋］袁甫：《常熟县教育言子诸孙记》，见陈颖主编《常熟儒学碑刻集》，苏州大学出版社 2017 年版，第 17 页。

② 《常熟县新田记》，见缪荃孙等纂修《江苏省通志稿·民政志》，江苏古籍出版社 2001 年版，第 352 页。

③ 明陈三恪《海虞别乘》之“田赋”中，根据宋之版籍，把“养士学田”单列一项，可见当时学田已有一定数量。上海科学技术文献出版社 2018 年版，第 17 页。

④ 《学田籍碑》，宋嘉熙元年（1237）知县王爚立，记邑学田佃户名、田亩、租数等，此碑原在邑学明伦堂，已佚。见陈颖主编《常熟儒学碑刻集》，苏州大学出版社 2017 年版，第 9–15 页。

⑤ ［元］佚名：《庙学典礼》，王颋点校，浙江古籍出版社 1992 年版，第 85–86 页。

《学田籍碑》（局部），原在常熟文庙明伦堂。

要措施是“学田湮没则严加核实而增羡之”①。元至顺初，富绅曹善诚助置学田，黄溍有记曰：“（常熟）风气之厚，习俗之盛，诚非旁州比县之所及，然自其为县时已有学，而所占田多薄瘠，以岁之不易也，诸生往往无所仰食。学校之养，顾出他州县下，弦诵之声希阔寂寥。前后为是州若职教事思有以裕之，而未知所以为计。”曹善诚“欣然为辍田之可耕者若干亩、山之可樵者若干亩以佐之，士之群居聚食，始无所乏绝，莫不德君之所为”，因此为记。② 元代常熟文庙学田数无考，据至正年间版籍记，含府学田和县学田，常熟共有养士学田五千八百八亩三角二十三步半，养士学地一百一十五亩一十一步。③

明代，文庙多次厘正、增置学田，移建学仓，储存食粮，知县杨子器还明确每岁拨米 150 石给文庙县学，提高师生待遇。明嘉靖元年（1522），太学生王卞捐养士田，邑令刘乾亨为之撰《常熟县儒学义田记》，刻石立于明伦堂东，旨在倡导助学：“倡率之义，为可书也。使后来者皆如生之为。”

---

① ［元］周驰：《常熟知州卢侯生祠记》，见陈颖主编《常熟儒学碑刻集》，苏州大学出版社 2017 年版，第 33 页。

② ［元］黄溍：《常熟州学田记》，见陈颖主编《常熟儒学碑刻集》，苏州大学出版社 2017 年版，第 289 页。

③ ［宋］孙应时、［宋］鲍廉、［元］卢镇：《至正重修琴川志》，方志出版社 2013 年版，第 58 页。

其碑记捐赠曰："厥价白金五镒，厥田五十二亩五分，厥租去其旧十之二亩实八斗，得四十二石，厥赋亩五升，厥形二十丘，厥佃九户，厥号李重称夜四字，厥地虞山之北麓，厥区第七都六图也。若其详则著于下方。"碑之下截为佃户田数，以立此存照。①明隆庆三年（1569），苏州境内"数有水旱，民多流亡，其赋至累役者代偿，公私虚乏，而教化用是弗兴"，要求"属邑俾建义仓，劝民之富者入粟以备岁歉"。常熟梅里镇耆民苏涛响应，主动提出："今小人有产可输，而且无子，请为众先之。"据蒋以忠《常熟县梅里镇耆民苏涛义捐田宅记》碑记，这次义捐，"田则千五百亩之中每岁以一百五十亩之入输官税，二百五十亩之入输之仓，以包补本区之荒粮，输之塾以供师徒之廪饩，输之县学以赍儒生之缺乏。而是岁所余租谷尚百石，请输之济农仓以备赈给"。②此碑曾树立于常熟文庙礼门右。历史上，类似的民众捐田输粮于学的义举事例，在常熟地区屡见不鲜。

刘乾亨《常熟县儒学义田记》碑，原在常熟文庙明伦堂东。

明代朝廷重视儒学的学田。明太祖在洪武十五年（1382）四月下诏通祀万世师表孔子，继而"又命凡府、州、县学田租入官者，悉归于学，俾

① ［明］刘乾亨：《常熟县儒学义田记》，见陈颖主编《常熟儒学碑刻集》，苏州大学出版社2017年版，第111页。

② ［明］蒋以忠：《常熟县梅李镇耆民苏涛义捐田宅记》，见陈颖主编《常熟儒学碑刻集》，苏州大学出版社2017年版，第310页。

供祭祀及师生俸廪”①。因此，明代在厘正学田、增加学田方面成效显著，达到巅峰的则是在万历年间。万历三十七年（1609），教谕李维柱在知县杨涟的支持下清厘学田，凡抚按学田二顷六十三亩六分四厘一毫，关部学田一顷二亩九分八厘四毫，儒学田四顷四十四亩七分四毫，社学田四顷五十七亩七分八毫，祭器田八十二亩七分三厘，都十三顷五十一亩七分六厘七毫。②《（万历）常熟县私志》有如下记载：“今查万历十六年，苏涛助田一百五十亩。三十五年，周景星助文学书院田三百亩。三十七年，县令杨涟捐俸置买徐祚田一百亩。三十八年，顾大章助田三百亩。唐廷荐助银，买朱讷田七十二亩。三十九年，没逆奴张圣田二百亩。朱琛助田五十亩。四十五年，钞关主政洪启初，助银二百两，买田一百亩。共一千二百七十二亩。以给公费、月考、助贫、婚葬之需。”③ 万历四十一年（1613），以同知署常熟县事席遵路撰有碑记《详准议置学田碑》，详述苏州府利用羡余银两购置学田事，常熟遵照购得学田三百亩。此碑原在邑学尊经阁仪门。碑记说：“本官遵谕，裁縻洁己，解足正供之外，余银六千一百八十一两八钱八分二厘，内除助给该府已故史推官夫资六十两外，实存银六千一百

席遵路《详准议置学田碑》，原在常熟文庙尊经阁仪门。

① 《明太祖实录》，见《钞本明实录》（第二册），线装书局 2005 年版，第 21 页。

② 《重修常昭合志》，常熟市地方志编纂委员会办公室点校，凤凰出版社 2021 年版，第 310 页。

③ ［明］姚宗仪：《（万历）常熟县私志》卷五《叙学》，广陵书社 2016 年版。

二十一两八钱八分二厘，见贮苏州府库。合将此项置买学田，赈贫供课，永为赡士之惠。”“收入本学计算，每年取租若干，除纳税外粮外，余租若干，以供该学诸生会课等项供应，并备周恤贫儒。凡遇支给，须要预详两院批允方动，不许别项混支，及被师吏干没。”① 明万历三十九年（1611），翰林院修撰李维桢也有增田记载：“简邑中子肄习为常，士饔飧不给，昏葬不举，既助以月奉，求可继也。（知县杨涟）置田累千亩，以时察贫者，赋有差。”② 以上措施，使得万历年间常熟文庙学田达到前所未有的数量，为明清两代县学发展奠定了物质基础。顾宪成和李维桢均有碑记叙述此事。③ 翁贤祥还撰记说到杨涟、李维柱捐款增田：“杨侯乃出其俸余、赎锾，置学田若干亩，而（李）先生又倡为义佐，更拓田若干亩，岁租入籍而藏之公廪。凡丧葬嫁娶以急告，量恤有差，寒素由是得仰给而并肆力于学，斯非先生厚储以待教者乎？先生以此风多士，多士安得不思，思而安得不彰其泽以传诸不朽也？”④ 此外，其时巡抚徐民成等亦捐俸增田百亩。学田增加以后，收益得到增加，常熟文庙复议新建养贤仓。明万历四十二年（1614），利用原有建仓银两，官员学人又协力捐款，在文庙内建仓八楹，额曰“养贤仓”，并刻石立于文星阁。知县詹向善撰《常熟县儒学新建养贤仓记》曰：“仓廪实而知礼节，衣食足而知荣辱，□庶犹然，况士□然为四民之首哉？今虞之庠，礼让成风，而他日释谒登朝，必且清白自励，为时名卿硕辅，必自此始。”⑤ 以上应该是常熟文庙学田历史上一段美好的记忆。

---

① ［明］席遵路：《详准议置学田碑》，见陈颖主编《常熟儒学碑刻集》，苏州大学出版社2017年版，第163页。

② ［明］李维桢：《常熟县重修儒学尊经阁并厘复祀典创置学田记》，见陈颖主编《常熟儒学碑刻集》，苏州大学出版社2017年版，第156页。

③ 明万历年间，顾宪成撰《重修常熟县学尊经阁并厘复祀典创置学田记》碑，肯定杨涟创置学田：“为之置学田，优士养也。”李维桢在《常熟县重修儒学尊经阁并厘复祀典创置学田记》碑中有记：“置田累千亩，以时察贫者，赋有差。又为义学，四民子弟群处其中。”见陈颖主编《常熟儒学碑刻集》，苏州大学出版社2017年版，第144页、第156页。两碑原在常熟文庙明伦堂。

④ ［明］翁宪祥：《本石李先生遗泽碑》，见陈颖主编《常熟儒学碑刻集》，苏州大学出版社2017年版，第169页。

⑤ ［明］詹向善：《常熟县儒学新建养贤仓记》，见陈颖主编《常熟儒学碑刻集》，苏州大学出版社2017年版，第167页。

清代常熟经济发展达于巅峰，赋税在东南首屈一指，较好地支撑了县学的发展。康熙五十九年（1720），当时核实常熟文庙有学田一十二顷九分。雍正三年（1725），常熟析为常熟、昭文两县。据《重修常昭合志》记载，两县学田如下：

> 常熟学田共四顷十八亩六分二毫。道光初，核存田数相符，同治中，核存田三顷七十九亩三分二厘。每年收租，由教谕支销。完银米外，解学饷银十九两一钱三分六厘，随正五分耗羡银五钱九分七厘，给廪生学租银十七两，给卜子分祠春秋祭银二两一钱三分六厘，本学开销会文公费米四十石，社师米二十石，贫生米二十石，礼生酬劳米三石，津贴丁祭不敷牛价银五两，忠孝、节孝两总祠津贴祭费米六石，余为庙学修葺之费。
>
> 昭文学田，共七顷八十二亩二分九厘八毫。道光初核存田数相符。同治中，核存如言《志》细数。每年收租，由训导支销。完银米外，解学饷银四十六两八钱三分零，随正五分耗羡银三两三钱四分二厘，给廪生学租银十七两，给卜子分祠春秋祭银二两一钱三分六厘。本学开销会文公费米四十石，社师米二十石，贫生米二十石，礼生酬劳米十七石，津贴丁祭不敷牛价银五两，忠孝、节孝两总祠津贴祭费米六石，余为庙学修葺之费。①

据《重修常昭合志》记，到民国初年，常熟两邑学田数是：计稻田七百九十一亩三分一毫，花田四百二十二亩七分九厘四毫零。②

以上所述，就是常熟文庙学田的抽样分析情况。在历史演进中，常熟学田始终处在变动之中，学田被兼并、侵占的情况时有发生。《常熟县儒学志》用“屡典屡没”来形容，说明学田需要加强管理。管理措施主要有以

---

① 《重修常昭合志》，常熟市地方志编纂委员会办公室点校，凤凰出版社 2021 年版，第 311 页。

② 进入民国以后学田不再保留，祭祀经费由政府拨款。如《常熟文庙丁祭沿革记略》记：民国四年（1915）春丁祀孔，所需祭费杂支等项，前由县公署给国币一百元，教育局补助国币一百六十元，公款公产处补助国币四十元。文庙修葺经费也主要由政府拨款，但时有个人捐款记载，如“县长捐廉俸一百元”。

下几种：一是将学田载入册籍或砧基簿。二是建立学田碑。常熟学田碑在历史上较多，但“虞庠田籍，勒在学宫者灿如指掌，而屡典屡没，迄今寸坏靡存。岂咎在立法之初欤?”① 立学田碑的意图就是立此存照。因此，学田碑的记述一般都是具体而明确的，举例如下：

> 第一都
>
> 龚观国，租田五亩三角，租米一石八斗。
>
> 王千三，租田三亩三角四十七步半，租米二石。

这里的“第一都”是区域，地块；“龚观国”“王千三”则是租户名；而租田面积采用大写，细致到步；“租米一石八斗”“租米二石”则是每年的地租。三是载入地方志书。常熟历史上多部志书都有学田的记载，有的具体，有的简略。《常熟县儒学志》中的学田记载极其具体，每款都记地块、面积数、地租数、缴纳人等，甚至收录了地契复制件。四是加强学田管理，以确保学田正常运行和收入稳定，也确保地租助学的合理使用。

关于县学的学田管理，国家规定学田分为置办权和经营权。置办权涉及的是所有权，学田起初属于国家所有，州县官学置办学田时，要上奏朝廷请求拨赐，获得批准后方可置办。这实际上明确了学田性质，即学田属于官田。宋徽宗崇宁年间，诏诸路“将系官折纳、抵当、户绝等田产，招人添租争佃，充助学费”②，并免纳春秋二税，规定了学田经营的方式即租佃制。到了南宋绍兴年间，州县学校置办学田时仍须奏请朝廷，但此时朝廷采取了“犹听州县从便”的政策，实际上将学田置办权下放到州县政府。虽然如此，自宋代到明清时期，学田始终属于官田的范畴。与所有权对应的是经营权，采用的是租佃原物管理。有两种形式，一是由官府管理，一是由学校管理。所谓租佃制，即把学田租给农民，以收取实物或货币地租，前者是租佃户每年以固定数额的白米交租，如常熟《学田籍碑》记：“李四九，租田四亩，租米二石。”后者是租佃户每年以固定数额的货币交租，如

① 《常熟县儒学志·学田志小序》，常熟市图书馆藏本。

② 转引自乔正平《中国教育制度通史》(第3卷)，山东教育出版社1999年版，第124页。

常熟《学田籍碑》记："汤懋，租地五十八亩，租钱三十四贯八百文。"①实施中多数则为实物地租方式。从资料来看，宋理宗嘉熙元年（1237），各地一亩的实物地租为最低 3 斗左右，最高竟达 14 斗，当时常熟平均每亩为 3. 2 斗，属于相对偏低的地租。

关于学田管理制度的问题。经过长期实践，常熟文庙形成了一套行之有效的学田管理制度，并在明万历年间确立了成熟的管理条例，这是文庙学田的地方立法。其意"非只计虑目前，实垂永赖百世"。这一条例在广泛议论的基础上，联名上呈知县杨涟同意后准行，后载入《常熟县儒学志》之"学田志"。该条例内容丰富，包括"议归并""议收租""议交解""议易银""议收储""议钱粮""议支放""议公费""议追比""议种佃"等细目。其中"议归并"提出县学与书院总关一体，而学田之设总为优恤，即行两处归并一处，悉隶学宫，以广国家养士之泽。"议收租"提出，非遇大水大旱，并经官民踏勘确认，不得借口以亏常额，并不得视公租为官物，滥收恶米搪塞了事。"议支放"指出，解户交割学租，原有簿籍一样四本，须应管两生收入，随交学吏送县盖章，留一本存县着礼房收执，其三本一送学师，两生各存其一，此后某项支放若干，逐一登记簿内，以俟岁终稽查。"议公费"明确了每项支出的条件和标准，强调学师及掌管不得徇情滥给，且要求填注各项支出，以便以后审查。"议追比"则针对拖欠学租者和玩事迟延者而设，认为"非严之以官法，恐难惩治"，提出应该即送县究治的若干种情形，使得众人思奉法而租税易完。这些条例细则对放租、收租和支出等学田管理环节均作出明确的规定，具有较好的规范性和操作性。对此条议，知县杨涟的批示是："诸议俱详妥可行"，"学院永为遵守"。这些条议集中了官、学、民间人士的智慧，是对于以前常熟文庙学田管理经验的总结，而把此条例列入儒学志，则是希望能够得到切实的执行。

① 宋嘉熙元年《学田籍碑》，见陈颖主编《常熟儒学碑刻集》，苏州大学出版社 2017 年版，第 9、第 11 页。

关于祭器

祭器，是祭祀时所陈设的各种器具，或曰祭祀时盛放食物的器具。祭器含有丰富而深邃的文化意蕴，祭祀时通过祭器的陈设来营造庄严肃穆的气氛，传播礼制文化的信息。因此，文庙的祭器是特制的，具有特殊的形状、名称和内涵。

首先，文庙祭器具有特定的历史继承性。因为文庙祭祀的对象是特定的，其所处的年代也是特定的，因此，祭器应该同此年代相应。孔子生活的春秋末年，推崇夏、商、周三代，因此文庙祭器不是现代的，而是夏、商、周三代的器具。

其次，文庙祭器具有特定的价值取向性。文庙最早由孔府家庙发展而来，各地文庙祭祀均仿曲阜孔庙祭祀发展而来。阙里祭祀礼器，铸造精良，保留着浓郁的商周遗风，反映了儒家文化思想。朱熹知潭州时曾申省部，乞准颁行崇文馆，奉敕刊行释奠仪注及礼器图式，颁行郡县。

再次，文庙祭器具有特定的设置规定性。在历史发展中，文庙祭祀形成了完整的礼制和仪注，包括祭器的品类、数量和设置图式，并由朝廷诏令加以固化。《圣门礼乐志》云："屡有颁发彝器，又蒙特旨，厘定宫商，礼制乐章，尽美尽善，诚为千古未有之巨观，所谓崇礼先师，增辉圣德。""考圣庙礼制，究三代遗踪铸造，礼器古朴精详。"① 因此，文庙祭器的使用也就有了特殊的规定性。这里以文庙祭器中较为重要的"笾"和"簋"为例：

常熟文庙祭器：清铜豆（现藏常熟博物馆）

① ［清］孔令贻：《圣门礼乐志》，清光绪十三年（1887）重刻本。

笾，古代祭祀或宴会时盛果脯所用，形状像高脚盘。按《尔雅》，竹豆谓之笾。《仪礼·乡射礼》云：“荐脯用笾。”郑玄注：“脯用笾，笾宜干物也。”① 明制释奠礼时，孔子神像前陈十笾，分别盛放藁鱼、盐、枣、栗、榛、菱、芡、白饼、黑饼、鹿醢等物，后来笾豆改为十二，增加糗饵、粉粢，乃据《周礼·天官·笾人》之说：“羞笾之实，糗饵粉粢。”②《礼记》云：“鼎俎奇而笾豆偶，阴阳之义也。”③

常熟文庙祭器：清铜簋（现藏常熟博物馆）

簋，商周时，簋为重要礼器。尤其是西周之时，簋与列鼎制度一样，在祭祀宴飨时以偶数组合与奇数之列鼎配合使用，不可或缺。簋是古人的一种食器，盛放稻粱。簋的形状一般来说为圆形，有圆口，圆腹，圆足，足在底部，方座，或有盖或无盖。《周礼·秋官·掌客》郑玄注：“簋，黍稷器也。”③《圣门礼乐志》中对簋的形状和用途的要求规定是：“祭器也，夏曰瑚商，曰琏，曰簠簋，簠方簋圆，刻木为之，尚质也。”④

“笾”“簋”都是商周时代的盛器，都是古代用来盛放食物的盛器，它们都有特定的形状，都有特定的内涵，在祭祀使用中都有特定的礼制规矩。“先王之制器也，齐其度量，同其文字，别其尊卑，用之于朝觐燕飨，则见天子之尊，锡命之宠，虽有强国，不敢问鼎之轻重焉。用之于祭祀饮射，则见德功之美，勋赏之名，孝子孝孙，永享其祖考而宝用之焉。”⑤ 礼的内

① ［汉］郑玄注、［唐］贾公彦疏：《仪礼注疏》，山东画报出版社 2004 年版，第 223 页。

② 《周礼今注今译》，林尹注译，书目文献出版社 1985 年版，第 55 页.

③ 《礼记》，崔高维校点，辽宁教育出版社 2000 年版，第 86 页。

④ 这里对“笾”和“簋”的介绍，参考了《常熟县儒学志·祭器志》和《（万历）常熟县私志》对两件祭器的介绍。

⑤ ［清］阮元：《商周铜器说》，见张舜徽选编《文献学论著辑要》，中国人民大学出版社 2011 年版，第 352 页。

涵外显于祭器，祭器内蕴着礼义。

常熟文庙祭器的品种与数量

常熟文庙的祭器，品种和数量处在变化之中，但不变的是合乎祭祀礼典对祭器的规定，若有缺失即行补充。在地方文献中，能够见到关于常熟文庙祭器的记载。

如明洪武三年（1370），朝廷明确规定释奠祭器，各为高台，其笾豆簠簋，悉代以甆器，并颁行“祭器图式”。根据功能差别，祭器可以分成五类：一是盛放谷物的祭器，簠以盛黍稷，簋以盛稻粱；二是盛放酒水的祭器，如云雷樽贮初献酒，象樽贮亚献酒，牺樽贮终献酒，樽勺以勺酒，爵坫置旧承爵；三是盛放羹汤的祭器，豆以盛菹醢，登以荐太羹，铏以荐和羹；四是盛放果脯的祭器，如笾；五是在举行祭仪时用于焚香的器物，如香炉等。在此规定后不久，明弘治十五年（1502），常熟县事知县杨子器、署常熟县事何宗理等人补充完备文庙礼器，并刻碑立石存照，即原在文庙礼门的《文庙祭器书籍等明细碑》。其中祭器为五类：铜器、锡器、铁器、木器、瓷器，每类明确细目、名称、数量等。此碑开端有言：“照得本县儒学设有文庙祭器书籍等物，缘未查理，以致日渐废缺。今各补办完备，发仰本学照数镌刻石碑存照，仰令库役人等常川看守。如遇役满，逐一交盘接管人役。若有损坏，仍令陪补。”① 由此碑所记祭器规模，也可以看出当时举行文庙释奠祭祀礼仪的隆重和庄严。

明万历年间，知县杨涟、教谕李维柱等修庙学、正祭器。《（崇祯）常熟县志》有记：“文庙、启圣祠二仲上丁祭如制，相沿既久，礼乐残缺。万历三十八年，知县杨涟修复大成雅乐，按式重造祭器，《儒学志》自详不具录。”②《常熟县儒学志》中，有“祭器志”一目。“释奠释菜之仪，从来逖矣，春秋匪懈，享祀不忒，笾豆之事，则有司存。不曰先簿正而不以四方

---

① 《文庙祭器书籍等明细碑》，见陈颖主编《常熟儒学碑刻集》，苏州大学出版社 2017 年版，第 90 页。

② ［明］龚立本：《（崇祯）常熟县志》，凤凰出版社 2021 年版，第 62 页。

之物供乎？志祭仪祭器。"[①] "孔子曰：俎豆之事，则当闻之矣。曾子曰：笾豆之事，则有司存。此两者，皆有深指焉，不可不察也。作《祭器志》第五。"[②] 在《祭器志》中，详实记录了万历年间常熟文庙的祭祀仪礼，其中祭器总分铜器、锡器、铁器、木器四大类：

铜器：爵大小共二百三十只，登、铏共二十九件，笾九十二副，豆六十四件，簠二十三副，簋二十三副，小簋二副，牺樽一件，象樽一件，大云罍二件，小云罍一件，花酒樽二件，素酒樽二件，大盥盆二件，勺二件，坫二十二件，大方香炉七件，小方香炉四件，大圆香炉一件，小圆香炉十件，中圆香炉二十八件，大花瓶一件。

锡器：锡盥盆二件，锡酒樽二件，锡勺二件，大锡烛台一对，小锡烛台三十五对，锡方香炉一件，锡花瓶一对；

铁器：大香炉一件，大花瓶一对；

木器：豆二百件，笾二百件，帛匣十六个，牲匣十二个，血桶十二只，学碟十二只，方灯二架，长方灯架六架，祭桌三十四张，斋戒牌一座，大方盘三十六个，小方盘四十二个，烛台一百对。

另外，《祭器志》还就某些祭器加以画图说明和文字说明，包括爵、笾、豆、簠、簋、登、铏、云雷樽、象樽、牺樽、云罍、花酒樽、纯素瓶、坫、洗、夔龙鼎炉、垂花鼎炉、垂花瓶等。由此可见当时人们对于祭器形制和功能的重视。

清雍正十二年（1734），清廷议准：各府、州、县孔庙及所设的祭器和乐器如不齐备或有损坏者，该地方官应详细向总督或巡抚申报，予以备齐或修补。苏州府学文庙即遵诏，捐发养廉，将礼乐器具一一参酌重修，驻扎常熟的督粮道副使姚孔鈵检查常熟文庙礼器，发现俱已残缺：

今本道驻札常熟，晋谒庙廷检点俎豆，俱已残缺，钟鼓竟属虚悬。

① ［明］翁宪祥：《常熟县学志序》，见陈颖主编《常熟儒学碑刻集》，苏州大学出版社 2017 年版，第 150 页。

② ［明］李维柱：《学志发端》，见陈颖主编《常熟儒学碑刻集》，苏州大学出版社 2017 年版，第 160 页。

爰同常熟令刘华、昭文令韩桐各捐养廉，仿苏郡原照阙里制度，将祭祀各器并仪服等项依式置备，残者修之，缺者补之，其向日并未设者，逐一增之。凡尊罍簠簋以及金石丝竹诸器，俱已齐全。

乾隆二年（1737），姚孔鈵撰《详陈置备学宫礼器立案文》，并率常熟县知县刘华、昭文县知县韩桐、常熟县教谕黄简、昭文县训导吕屏共同勒石，立于邑学戟门。立案碑文曰："第恐器物不能有成而无败，修明不能无望于继起，且大典攸关，凡属郡邑皆当讲明而切究之。特饬常昭二县造具备办祭乐各器，并制成礼服清册，又该儒学造具佾舞诸童花名册呈送。仰恳宪台立案，以待后之踵事者。"署抚部院、总督部堂批准同意，江苏学政张元臣批曰："常昭二县学宫祭乐二器残缺，该道率同两县，捐备齐全，具见尊崇至圣，甚属可嘉。即饬令该县学等加意收贮，造入交盘册内，毋得遗废干咎。"据《详陈置备学宫礼器立案文》记，常昭二县文庙祭器包括先师庙正殿、东配、西配、东哲、西哲、东庑、西庑，崇圣祠正殿、东配、西配、东庑、西庑等各处祭器，并详附以上各处祭器总数为：笾八十二，豆八十二，簠二十，簋二十，铏七，登一，牺樽一，象樽二，酒樽三，盥洗盆二，大锡筌一，小锡筌三十二，大铜方炉五，大铜圆炉一，小铜圆炉二十二，爵一百九十一，烛筌四十六。①

以上置备文庙礼器的前后经过，充分说明朝廷和地方都十分重视各地文庙丁祭礼器的配置。

从明代弘治期、明代万历期和清代乾隆期的三个抽样统计，大致可以窥见常熟文庙祭器的品种和数量，虽然历史上常熟文庙的祭器不断散失，但也在不断地补充。

常熟文庙祭器的备置

南宋端平年间王爚重建庙学，设六斋，其中有一斋名稽古，即用于藏

---

① ［清］姚孔鈵：《详陈置备学宫礼器立案文》，见陈颖主编《常熟儒学碑刻集》，苏州大学出版社 2017 年版，第 195 页。

祭器、祭服和官书，志载“器具增造备悉”，这就包括了祭器的增造。元大德七年（1303），濮阳人卢克治来任知州，修水利，葺学舍，拓公宇，修邑志，百务俱兴。百姓感其恩，为其建生祠。教谕周驰撰《常熟知州卢侯生祠记》，说到卢克治“春秋祭祀，朔望拜谒，未尝少懈。至如殿庑从祀诸贤遗像，未称尊崇之意，而易以缣素。祭器杂用陶瓦竹木，参错不齐，则铸铜为之”①。元至顺、大德年间，建立文学书院，富绅曹善诚捐地捐款，同时为书院铸造祭器。元至正末毁，明宣德年间改建，更名为学道书院，寻又圮。嘉靖四十三年（1564），改建于虞山，名文学书院。在此期间，祭器多数归入县学，亦有散之郡学者。弘治年间，知县杨子器又修增祭器，并在重修庙学时建礼器库，在泮池之东，其西为廪食之仓。这在《常熟县儒学志》中称“祭器库”，并注：“在戟门右，凡一间，内贮本学祭器，设库子二名守之。”在《（万历）常熟县私志》中称“学库”。明代万历年间，杨涟又按式增造祭器，并将明细开列立碑于邑学。清咸丰十年（1860），文庙遭受兵乱蹂躏，建筑大多被毁，包括礼器库，同治九年（1870）复建礼器库于大成殿东，捐建者为庞公钟琳钟璐昆仲，所储祭器则多为旧物。同治十年（1871），修复礼乐器，觅得旧铜爵及牺樽，即文学书院旧物。又得编钟于郡城铜肆中，也为书院旧物。

在历史演进中，虽然文庙的祭器不断增补，也不断散失，但其主要部分仍然得以流传。明《（万历）常熟县私志》有这样的记载：“学库藏旧祭器。今乐器，不能殚述，然诸铜，俱元至顺、大德年造。制甚工，不可不知所重。”随后即开列部分祭器及铸造时间：

> 爵，共新旧大小二百三十只；
> 笾，九十二副，元大德年造；
> 豆，六十四副，元至顺二年造；
> 簠，二十三副，元大德年造，内一副，明弘治年造；

① ［元］周驰：《常熟知州卢侯生祠记》，见陈颖主编《常熟儒学碑刻集》，苏州大学出版社2017年版，第33页。

簠，二十三副，元至正年造，内一副，明弘治年造，又小二副；
登，二十九个，元大德年造；
铏，今库无，每用豆代，存其制以俟；
云雷樽，樽二，元大德年造；
象樽，象樽一，元大德年造；
牺樽，牺樽一，元至顺年造；
云罍，元大德年造；
花樽，元大德年造；
素樽，元大德年造；
坫，二十四个，元大德年造；
洗，二副，元至顺年造，一小副，大德年造。①

其中不少祭器自元代使用到清代末期。《重修常昭合志》记：宣统三年（1911），重新检查库藏铜器，计元代铸编钟一、牺樽一、爵一，明代樽一、罍一、勺一、爵二、香炉二。清同治十二年（1873）及光绪三年（1877）所铸大成钟一套、登一、铏十九、簠十八、簋十八、爵四十二、铏盖八、编钟十六。又元代火失哈儿监铸编钟二：一于光绪丁未遗失，为邑人杨同元所得，后仍归庙中；一不知何时散失，近于疏浚泮池得之，亦归于库。明代香炉一，为沈汝瑾所得，旋亦送库。共存一百三十六件。② 这是文庙清末祭器状况。民国期间，常熟文庙祭器仍有添置。③

以上，大致就是常熟文庙祭器增修、铸造、保存的基本情况。由此可见，常熟文庙的祭器在历史上还是获得普遍重视的，先后有官员、士人铸造、增补、寻觅，使得祭器在文庙祭祀中发挥积极作用，并作为历史遗存相传。常熟文庙遗存祭器现存常熟博物馆。

① ［明］姚宗仪：《（万历）常熟县志》卷五《叙学》，广陵书社 2016 年版。
② 《重修常昭合志》，常熟市地方志编纂委员会办公室点校，凤凰出版社 2021 年版，第 308 页。
③ 常熟博物馆现存有民国年间《常熟文庙祭器乐器及添置物件备查草稿》一册。

常熟文庙祭器的陈设

祭器在祭祀中按礼制陈设，并盛放相应的祭品。在中国传统社会中，祭器陈设有着严格的规定，这种规定往往是由上而下确定的，体现了祭祀的礼仪规范，也体现着统治阶级的思想意识。《常熟县儒学志》卷二“祭器志”中，具体记载了春秋丁祭时文庙各个神位的祭器数及其所盛祭品的陈设规定，既有文字说明，又有具体图示。以下是其文字说明：

> 正位：坐爵三（盛玄酒），奠爵三（盛献酒），登一（盛太羹），铏二（盛和羹），簠二（盛黍、稷），簋二（盛稻、粱），笾八（盛形盐、藁鱼、枣、栗、榛、菱、芡、鹿脯），豆八（盛韭菹、菁菹、芹菹、笋菹、醯醢、鹿醢、兔醢、鱼醢），筐箱一（盛帛）；
>
> 东配、西配各：坐爵三（盛玄酒），奠爵三（盛献酒），登一（盛太羹），铏二（盛和羹），簠二（盛黍），簋二（盛稷），笾六（盛形盐、藁鱼、枣、栗、菱、鹿脯），豆六（盛菁菹、芹菹、笋菹、鹿醢、兔醢、鱼醢），筐箱一（盛帛）；
>
> 东哲、西哲各：奠酒五，铏一（盛和羹），簠一（盛黍），簋一（盛稷），笾四（盛形盐、枣、栗、鹿脯），豆四（盛菁菹、芹菹、鹿醢、兔醢），筐箱一（盛帛）；
>
> 东庑、西庑各：每四位共一桌，爵四（每位各用一爵），簠一（盛黍），簋一（盛稷），笾四（盛形盐、枣、栗、鹿脯），豆四（盛菁菹、芹菹、鹿醢、兔醢），筐箱一（门外设罍、洗、酒樽总用筐箱，盛帛）；
>
> 启圣祠正位：坐爵三，奠爵三，簠二，簋二，笾六，豆六；
>
> 启圣祠两配：坐爵四，奠爵十二，簠共四，簋共二，笾共八，豆共八；
>
> 启圣祠东西从祀：坐爵四，奠爵八，簠共四，簋共四，笾共六，豆共六。

“祭器志”对此的说明是：“按大明会典，嘉靖九年令南京国子监祭用十笾十豆，天下府州县学八笾八豆，配哲庑以次减。”“东庑旧祭止一桌，

今万历三十八年县令杨秋祭议后，每四位一桌，西庑同。”清光绪四年（1878），常熟庞文恪公（庞钟璐）撰《文庙祀典考》奏进，其第五卷“昭代礼制”中有祭器和祭品“陈设”规定，常熟文庙祭祀均合祀典。宣统元年（1909），礼部遵旨奏复，文庙大祀典礼，先师孔子升为大祀，崇圣祠正位加牛一太羹一，加笾二豆二，大成殿正位加笾二豆二，文德之舞八佾，并增武舞。旧制承祭官由左门入，今改为右门入，终献后不饮福胙，并无谢福胙九叩礼。常熟文庙遵照执行。① 这里涉及文庙祭器陈设的变化。由此可见，祭器的陈设有着严格的礼制规范，其基本依据即大明会典或大清会典等，体现的是朝廷的礼制规范，其本质是尊卑有序的儒家思想，恰当地处理各种伦理道德关系。

关于藏书

书籍是县学教与学的基础，常熟文庙十分重视藏书。宋景祐年间，朝廷“累诏州郡立学，赐田给书，学校相继而兴”②。帝诏把“给书”与“赐田”并论，可见书籍的重要性。清戴均衡《书院杂议四首》中说：“书院之所以称名者，盖实以为藏书之所，而令诸士子就学其中者也。”③ 这里所说的是书院藏书，其实也适用于文庙藏书。虞山书院重视藏书，《虞山书院志》中专列“书籍志”，著录万历三十四年（1606）前后书院藏书。《常熟县儒学志》同样重视藏书，专列“书籍志”一目，著录万历三十八年（1610）前后县学所藏图书。张鼐在《虞山书院志·书籍志》序言中强调书院藏书、读书的重要：“书籍者，博学之助也。以我博之如淮阴之用兵，岂患其多多哉！古之学者，以天地万物为大身，故其胸次识见常不安于耳目

① 《文庙丁祭香烛祭品祭器陈设》，见《常熟文庙丁祭沿革记略》，常熟博物馆藏本。

② ［清］徐松：《宋会要辑稿》，中华书局 1957 年版，第 2188 页。

③ ［清］戴均衡：《书院杂议四首》，见赵所生、薛正兴主编《中国历代书院志》（第 9 册），江苏教育出版社 1995 年版，第 769 页。

寻常之陋，而网罗今古，穷搜六合，以大其眼目而畅其灵性，是以能受书籍之益而不沦于玩物丧志之累。”① 明代朱定正在《常熟县儒学志·书籍志》序中说：“人而不学，谓之视肉。孔子曰：君子博学于文。”“昔明堂辟雍为博士舍三千区，诸生朔望各持经书相市。今之郡县学当亦书肆也，阙焉弗讲，诸生其何观焉。杨侯悯之，为聚若干卷庋之阁中，用广考览博物洽闻，蔚为儒宗，我有望矣。”这就是书院、县学藏书的初衷，而常熟书院之藏书后来归并入文庙之尊经阁收藏。

宋端平年间，知县王爚重建县学，据魏了翁撰《重建学宫记》记，明伦堂居右，东西为斋庐四以馆士，为塾二，东以藏书，凡祭器、祭服藏焉；西以居言氏之裔。这就是说，当时已经建有斋舍藏书（储书），《至正重修琴川志》将所储之书说成是“官书”。这大概就是常熟文庙最初的藏书和书籍特征的记载。

明正统七年（1442），常熟文庙建立藏书所用的尊经阁。首先是教谕赵永言提出：“郡庠旧有六经阁，吴庠近建藏书楼。本学曩承太祖高皇帝颁降《大明律》等书，暨太宗文皇帝五经四书大全等集，俱置庑下。地土卑湿，壓雨蒸浥，倘得楼阁以藏，庶尽其宜。”县丞陈澄赞同，御史撤堂后寝屋，捐俸为倡，建阁五间二夹室，名曰“尊经阁”。这里所说的“俱置庑下”，是指当时知县郭南修建明伦堂，撤两斋，改为重屋，这就导致了书籍暂时放置庑下。这应该也是新建尊经阁的直接原因。但更重要的原因是，最早在县学建立尊经阁的是常州路文庙，专门用以贮“六经”、御制诸书及百家子史。此后，元政府诏令天下学校都要建尊经阁藏书。赵永言倡言特别强调的就是颁降书籍的储藏。尊经阁建立以后，乡邑吴讷撰《常熟县儒学新建尊经阁之记》，充分肯定是举，强调国朝“以儒术化成天下”，诏令天下立学，遴选儒师，训迪子弟，厥后设科取士，以“四书五经”为主，取名“尊经阁”体现了重视儒家经典之意。后王阳明有《稽山书院尊经阁记》，

① ［明］张鼐：《虞山书院志·书籍志》序，见《常熟文库》第28卷，国家图书馆出版社2019年版，第218页。

说明尊经阁收藏“六经”等儒家典籍对于读书士子的意义，认为“六经”是儒家纲领性典籍，是治国修身的圭臬。吴讷则说：“夫尊者，恭敬奉持之谓，岂徒尊阁奉安而已？抑又惟吾邑山水明秀，登是阁则一览在目。”① 这也就点明了邑学建尊经阁的重要意义，在此碑记最后，吴讷动情地说，自己年届八旬，杜门待尽，笔墨久废，而今撰记，是想告诉乡邑后进，勿悖先圣先贤之训，也期望邑令官员自勉，以求无忝其职。这就是常熟文庙尊经阁建造的初衷，也是尊经阁后世屡坏屡葺的真正动力所在。

常熟文庙的藏书应该是持续推进的。宋代王爚重建庙学，建有六斋，其中稽古斋用以藏祭器、祭服和官书。明初颁降书籍计有：《大明律》一册、《大明令》一册，《教民榜》一册，《礼仪定式》一册，《稽古定制》一册，《大诰三编》三册，《列女传》三册，《孝顺事实》五册，《为善阴骘》九册，《五伦书》六十二册，《易经大全》十二册，《书经大全》十册，《诗经大全》十二册，《礼记大全》十八册，《春秋大全》十八册，《四书大全》三十册，《性理大全》三十册，以上书籍均藏尊经阁。② 明成化八年（1472），黄体勤任县学教谕，忠厚有师模，“本学颁降书籍亡失，以私金一镒购补完，此人所不能者，满，升开封府学教授”③。明弘治十五年（1502），杨子器、何宗理曾增补庙学图书，并在文庙树立祭器、书籍等明细记碑，其中关于书籍明细包括两个部分，一是“颁降书籍”，二是续增书籍。前者包括：《四书大全》一部，《易经大全》一部，《书经大全》一部，《诗经大全》一部，《春秋大全》一部，《礼记大全》一部，《五伦书》一部，《性理大全》一部，《孝顺事实》一本，《为善阴骘》一本，《逆臣录》一本。这些书籍是多个朝代皇帝颁降的，在常熟文庙中得以较好地保存。后者仍然是儒家经典（部分书籍同颁降书籍重复），如吴讷所说，大多是与

---

① ［明］吴讷：《常熟县儒学新建尊经阁之记》，见陈颖主编《常熟儒学碑刻集》，苏州大学出版社 2017 年版，第 59 页。

② ［明］杨子器、桑瑜：《（弘治）常熟县志》，广陵书社 2016 年版，第 106 页。

③ ［明］龚立本：《（崇祯）常熟县志》，常熟市地方志编纂委员会办公室点校，凤凰出版社 2021 年版，第 171 页。

科举科目对应，为弟子科考提供阅读的书籍，总数在五六十部（本），分量颇重。这些书籍，按照碑记前言说明，是“今各补办完备，发仰本学照数镌刻石碑存照”，即此书籍系杨子器等人根据实际需要进行增补而成的，并明确：“仰令库役人等常川看守。如遇役满，逐一交盘接管人役。若有损坏，仍令陪补。”① 此碑立于邑学礼门，其意是立此存照，代代传承。

常熟文庙藏书达到巅峰时期，则是在万历年间，尤其是杨涟担任知县期间，其藏书情况在《常熟县儒学志》中有具体而真实的反映，共分为六个部分：一是颁降书籍，共十一部，前十部同弘治年立碑书籍细目，另一部则是《钦明大狱录》。以上书籍原贮尊经阁，得到了较好的保存。二是续增书籍，共五十多部，每部往往包括多本，有的竟达八十本，如《续文献通考》八十本，内容多为“四书五经”相关著作，还有《冠婚丧祭图》七轴。以上书籍原贮尊经阁。三是虞山书院书籍，共一百四十三套，除了“四书五经”著作外，还有数量众多的历代志书，如《隋书》二套、《北魏书》二套等，其中还有诗词全集，如《李太白集》一套、《苏文忠公集》一套等，还有《经世实用编》二套。以上书籍原贮虞山书院，万历三十八年（1610）县令杨涟送贮尊经阁。四是学院备置书籍，共十七部，主要为朱子著作，如《朱子语类》一部、《朱子奏议》一部、《朱子年谱》一部、《朱子经济文衡》一部等。以上诸书俱于万历三十八年学院备置送贮尊经阁。五是新置书籍，共八十部，主要为子集类著作。每部下面注明版本和本数，如：《十二家唐诗》一部，下注“太史帘纸，一套共计二十本”；《唐文粹》一部，下注“绵纸，二套共计拾本”。以上书籍俱为万历三十八年由县令杨涟捐俸银八十两备置送贮尊经阁。六是义助书籍，共二十九部，内容涉及经史子集各类。以上书籍分别由国学生张元统、徐汝让、蒋国玦、赵隆美，府庠生员蒋国瑜，生员蒋国琬、严柟、薛胤凤助送贮尊经阁。以上所列可谓洋洋大观，其规模超出了历史上任何年代文庙的藏书，清邑人陈祖范撰

① 《文庙祭器书籍等明细碑》，见陈颖主编《常熟儒学碑刻集》，苏州大学出版社 2017 年版，第 90 页。

《重修尊经阁记》中有“阁贮书千余卷”言，可见此话是有真实依据的。

以上《常熟县儒学志》所列明万历年间尊经阁藏书，其特点是虞山书院的藏书，通过知县杨涟的协调，归并到了县学，贮于尊经阁，实现了书院和县学书籍的共享。这是一个重要举措，不仅扩大了县学的藏书规模，且改进了县学的藏书结构。据《虞山书院志》记，万历三十四年（1606）前后书院藏书 265 部，共分为 11 类，即圣制、典故、经部、子部、史部、理学部、文部、诗部、经济部、杂部、类书。其中有数类藏书值得注意，如典故类 8 部，皆国体政要之书；经济部类 28 部，涉及盐铁、天文、边舆、海防、水利、荒政、赋税等门类；杂部类 20 部，有本草、脉经等医学著作。这些书籍的收藏，反映了虞山书院的学术倾向，体现了书院藏书课士致用的特点。知县王叔杲重建文学书院，知县耿橘复建虞山书院，其指导思想是避免过分追求科举功利，更好地面向现实，重在人的素质培养。瞿景淳撰《重建文学书院记》，认为言子文学“笃其实，非徒饰空言者”，“若今之以文学名者，徒饰空言，为干禄之资耳，无乃有异于吴公乎？世有豪杰之士，必有不安于科举之习，而以操履为重者，矧至吴公之乡，而依其门墙，可徒浮华是竞，以忝吴公乎，是可以省矣”①。这种思想体现在常熟书院办学的诸多方面，当然也包括藏书思想。而其藏书归入县学，有利于两者各自取长补短，更好地实现养士目标。另一特点是，该次贮书的亮点是捐书，从统计数字看，当时有三批书籍通过捐助入藏尊经阁，不仅增加了贮书的数量，也提高了贮书的质量，因为捐书必然是经过慎重挑选的，体现文庙贮书的宗旨，提升尊经阁贮书的合理性。杨子器捐俸购置了一批新书，带动了文庙生员捐助，这是文庙贮书史上的美谈。杨涟在义助书籍公呈批曰：“尊经阁无经史藏贮，是诸郡县最可笑事，此岂独地方提调者之羞？乃所称文学名邦，而经阁中仅有椽壁枅楹，却亦黯然无色。今本县议积书垂后，而好义者即不难出家藏以实之。夫藏之家与藏之学等耳，而公私异，远近

---

① ［明］瞿景淳：《重建文学书院记》，见陈颖主编《常熟儒学碑刻集》，苏州大学出版社 2017 年版，第 294 页。

异。使人人如蒋生等，则缥缃充栋，海虞宁止以文章甲天下，而图书之府气色且上当东壁矣。本县且乐观厥成焉。”① 这是杨涟捐俸购书的心灵表白，也是对常熟保持文化名邦的殷切期望。

为了更好地保存万历年间的这批书籍，知县杨涟重修尊经阁，顾宪成、李维桢撰记。李维桢记曰：“杨公尹吴之常熟，节用爱人，章善瘅恶，其清如玉壶冰，其直如朱丝绳。而于兴学作士，尤孳孳焉。学有尊经阁、聚奎楼及诸黉舍，圮剥已甚，为缮新之。春秋飨祀，豚肩不掩豆，喟然叹曰：‘此大事也，岂有爱焉。’亟复其旧。”② 尊经阁在这次重修以后，在清代又有多次修建，体现了邑人对于藏书的重视。如清康熙六年（1667），海防同知鲁超倡修尊经阁，邑人积极响应，捐资相助，阅岁告成。鲁超自撰碑记，刻碑立于尊经阁。乾隆十七年（1752），邑人钱鹏飞年八十六岁，独自出资重修尊经阁，约费千金有奇，邑人陈祖范撰《重修尊经阁记》。二十八年（1763），邑人屈成霖、蒋因培等又修庙学，包括尊经阁，李因培撰记。咸丰十年（1860），尊经阁在兵乱中毁其半，同治十年（1871），又是邑人集资重修，修尊经阁者为胡兰枝、钱福棠。综上所述，在清代重修尊经阁的过程中，始终有邑人捐资参与，体现了常熟民众对于县学藏书事业的重视，而这又体现了当时尊经重道的社会风尚。正如鲁超所言：“由明迄今，专用一经，然视学宫所藏六经具在，且旁及于子史百家言，盖取士不必求备，教人则欲兼通，此先王分弦诵书礼，而四时董之成均之遗意也。”③ 因此，重视尊经阁即重视藏书，而重藏书则重学道。据《重修常昭合志》记，清代颁学书籍俱入学，官交代印册。我们充分肯定常熟文庙在历史上重视藏书的传统，它体现了常熟重视读书、写书、藏书、刻书的社会风尚，是常熟之所以能够成为名闻遐迩的文学之乡、文献之邦的重要原因。

① 见《常熟县儒学志·书籍志》，常熟市图书馆藏本。

② ［明］李维桢：《常熟县重修儒学尊经阁并厘复祀典创置学田记》，见陈颖主编《常熟儒学碑刻集》，苏州大学出版社 2017 年版，第 156 页。

③ ［清］鲁超：《重修常熟县儒学尊经阁记》，见陈颖主编《常熟儒学碑刻集》，苏州大学出版社 2017 年版，第 181 页。

常熟文庙的精神传承

文庙承载了我国以孔子为代表的儒家文化，沉淀着无比丰富的人文历史内涵。它积淀的是各个历史时期统治者对孔子思想和儒家文化的认同和推崇。儒家思想同中华民族形成和发展过程中所产生的其他思想一道，记载了中华民族数千年来开展的精神活动、进行的理性思考、创造的文化成果，反映了中华民族的精神追求，是中华民族生生不息的精神财富。

文庙从最初单纯用以祭祀孔子，发展到后来因庙设学或因学设庙的“庙学一体”制度，精神内涵不断扩大。在我国当前大力倡导以儒家思想为核心的优秀传统文化的背景下，文庙精神的传承和资源的开发普遍受到重视。文庙研究队伍日渐壮大，学术体系正在形成，研究成果日益增多，形成了蔚为壮观的独特的文庙研究现象。本章将在考察常熟文庙现状和资源的基础上，提出传承常熟文庙历史传统和核心精神的初步设想。

常熟文庙的现状

常熟文庙修复工程自2008年启动，前后历时8年，于2016年9月28日（孔子诞辰日）正式对外开放。修复后的文庙占地面积12700平方米，建筑面积约3000平方米。复建后的文庙将东、中、西三条轴线分别布展为“言子文化轴线”“孔子及科举文化轴线”和“传统文化教育体验中心”。修复、布展后的常熟文庙在建筑规模、展陈水准和园林绿化等方面都位居全国前列，受到了中国孔庙保护协会的高度评价。常熟文庙修复工程的竣工对于历史文化名城的保护具有重要意义，文庙成为国家历史文化名城常熟的地标性建筑。

文庙中轴线上的建筑现状

常熟文庙之棂星门

文庙居中的中轴线上，最南端是棂星门，设为红色，全榫卯结构，由六柱三门石坊构成，左右石坊略小于中间石坊。复建勘探中发掘到了原有棂星门基础，同时也有民国时期老照片作为依据，因此它是原址原制修复。棂星门为《营造法式》中所言的“乌头门”形制，两根冲天石柱夹着木门，三座石门并立，中间连以红色宫墙。中间石坊上面“棂星门”三字是临摹清乾隆皇帝书写。“欞”字下面原本是有“巫”的，乾隆皇帝书写时，认为孔子一生“敬鬼神而远之”，“子不语怪力乱神”，所以省略了“巫”。两边石坊上面分别书“道冠古今”“德侔天地”。棂星门是文庙的第一道门，它使文庙显得更为庄严肃穆。

跨过棂星门，就走在中轴线道路上，迎面是一尊高 3 米的孔子铜像。孔子头扎儒巾，身穿儒袍，须发飘逸，面含微笑，双目有神，透出圣人的智慧。这是孔子动态的塑像，下垂的大带微微飘起，儒袍的左袖口随之摆动。孔子左手持着展开的竹简，右手擎起食指指天，似在表达“一以贯之”和“天下一统”的儒家理想。这座纯铜铸造的孔子行教铜像，由香港孔教学院院长汤恩佳教授捐赠，铜像底座有汤恩佳教授亲自谱写的《孔圣颂》辞。

孔子塑像两边的东西厢房，原是名宦祠和乡贤祠，为按制复建，均为三开间硬山顶木构结构。它同大成殿后祭祀先贤、先儒的两庑组合起来，成为现在文庙的“常熟科举文化展馆”，分别是“状元馆”“进士馆”“榜眼、探花、传胪馆”和“秀才、举人馆”。科举制度是中国历史上选拔官员的一种基本制度。在 1300 多年的科举考试中，常熟作为崇文尚教之邦，人才辈出，先后产生了 8 位状元，486 位进士，1000 多位举人和数量众多的秀才。四馆分别列有代表人物介绍。状元馆图文并茂地介绍了 8 位常熟籍状元的事迹；榜眼、探花、传胪馆介绍常熟榜眼 4 人、探花 5 人、传胪 3 人；进士馆列出了常熟全部进士名单，并具体介绍了 10 多位进士的事迹；举人、秀才馆，则列举其中若干突出的人物，图文并茂地介绍他们的仕进之路。展览以展板、橱窗、屏柜、多媒体等形式，以考试用具、古籍、考卷等实物，生动地展示常熟科举文化，其中还有不少是新近征集到的珍贵文物。

常熟文庙之东西两庑

继续向前走去，就到了大成门（戟门）。门柱抱对是“先知先觉为万古伦常立极，至诚至圣与两间功化同流”（雍正撰题）。大成门按照旧有建筑复原建成，三间正屋，三扇大门，单檐硬山顶，东西各有边贴，面宽 15.3 米，进深 6.8 米，檐高 4.45 米，建筑面积 200 平方米。其最具特色的是顶部古色古香的梁架，中间为前后双步梁，状如月亮，曲线柔和。大成门是省级文物保护单位，维修时使用原材料、原工艺，房梁即利用古代木构件修缮而成，屋顶按照原先形制恢复宋明清的木构件和木斗拱，最大程度地保存原来的面貌。修缮中采用传统的漆作工艺，并恢复五路七钉的门钉之制，显得典雅大气。高悬正门之上的"大成门"匾额，边框装饰着木镂空图案。大成门后是祭祀场所东西庑和大成殿，作为古代礼仪性建筑，它是不可或缺的，重在提醒人们跨过大成门之前务必整肃仪容。

常熟文庙之大成门

沿着中轴线继续前行，就是大成殿前的月台，其规模大于旧制，是举行祭祀孔子及其他文化活动的场所，东西南边均有石栏围着，前有数级石阶登台，左右也有数级石阶，不仅可以登上月台，而且连通东西轴线建筑。月台石料为花岗石，依据文物"修旧如旧"的原则，表面细部均为手工雕凿，下部台基镶有青石莲花雕刻石板，成为富有装饰性的建筑构件。常熟文庙每年 9 月 28 日孔子诞辰日都要在此举行祭孔仪式。在文庙复建过程中，大成殿前广场发现 220 平方米宋、明两代老地坪，复建时采用了在地坪上铺设防腐木地板，上面开九个孔，铺设钢化玻璃的方法，进行可逆性的保护展示。

月台后面就是文庙最为重要的殿宇大成殿，这是集中供奉和祭祀孔子的场所。门口有雍正皇帝题写的对联，上联是"德冠生民，溯地辟天开，咸尊首出"，下联是"道隆群圣，统金声玉振，共仰大成"，表达了对孔子"天地同德、教冠古今"功业的尊崇。走进气势恢宏的大殿内，触目所及的

常熟文庙之大成殿

便是一幅高大的孔子画像，色彩明亮又不失庄重。据资料，这幅孔子画像高 5.8 米、宽 3.8 米，是国家一级美术师胡宁娜根据唐代吴道子的《孔子行教像》创作，再经扬州漆画工艺加工而成的。孔子画像周边还有孔门圣贤、儒学人物四配十二哲的画像，也都是由省内著名画家创作，并采用扬州漆画工艺制成。孔子画像背面及前方墙壁，陈列着十幅手工雕刻的《孔子圣迹图》，画面栩栩如生，介绍了孔子生平功绩。四配画像的背面刻着由书法家书写的四篇《论语》经典。大殿正中，按照祭祀礼仪布置着青铜编钟、编磬及成套的祭器、乐器等，这些都是按照山东曲阜孔庙相关器具规制原样定制的。孔子和四配像下放置的红木供案采用常熟传统红木雕刻工艺制作。大成殿两侧金柱上有乾隆褒扬孔子的对联："气备四时，与天地日月鬼神合其德；教垂万世，继尧舜禹汤文武作之师"。殿内乾隆皇帝的另一副对联是"齐家治国平天下，信斯言也，布在方策；率性修道致中和，得其门者，譬之宫墙"。环顾整个大殿，吸引人的还有悬挂于殿内梁上的九块贴金龙纹匾额，这些匾额分别由清康熙到宣统九位皇帝亲笔题写，康熙的"万世师表"题匾悬挂正中。此外，殿内四根金柱上装饰的抱柱联，是根据曲阜孔庙的布置而复制的，采用东阳木雕工艺雕刻而成，每块匾上都有手工雕刻的九条龙，并贴有金箔，显得金光灿烂。

文庙西轴线上的建筑现状

西轴线是"学"的空间。复建后的西轴线，入口是学宫门，门柱板对是"拂水渊源分泗水，虞山教泽接尼山"，进入后即是按原址修复一新的泮池和泮桥。虽然泮池和泮桥形制没变，但修复之前破旧不堪，复建时使用糯米、明矾、石灰等作为黏合剂，使其完整呈现出原貌。今存泮池，东西长14.37米，南北宽8.6米，泮桥南北长10米，宽2.9米。泮池呈半圆形，青石垒池壁，四周列栏板及望柱。泮桥架于泮池之上，为南北走向的单孔拱桥，桥的拱圈及栏板用金山石、武康石、青石三种石料砌筑，说明不同年代均有修葺。

常熟文庙之泮池泮桥

走过泮桥向前，就是礼门，板对是“邑学彬彬，乐育菁莪；民物熙熙，熏沐泰和”。明崇祯八年（1635），知县杨鼎熙、教谕陶良楫重修邑学仪门，有《虞庠重修仪门记》碑立于仪门西。此次复建，参照旧制复原，为三间硬山顶。穿过礼门，迎面相对的是杏坛。旧时文庙的杏坛，位置数次变动，且仅有一块上书“杏坛”的青石旧碑出土留存。这次复建时在礼门和明伦堂间的空旷处建立碑亭，双层歇山顶，两层大量采用镀金的斗拱组合，并有意抬高台基，杏坛石碑树立其中，四面开放，均有台阶登临，面南两根朱红色抱柱上的对联是“鸣琴政擅龚黄誉，学道声高邹鲁风”（明严楠），起着画龙点睛的效果。复建后的杏坛为重檐攒尖挺顶，下檐八角，上檐四角，各条垂脊均设四只走兽。建筑高11.5米，平面边长5.4米。正方形平

常熟文庙之杏坛

面上有立柱 12 根，宝葫芦顶及上下斗拱均贴金，斗拱密集，工艺复杂。整个建筑颇显大气庄重，成为文庙新的人文景观。

常熟文庙之明伦堂

沿着中间的通道继续前行，即是文庙的重要建筑明伦堂，迎面的板对是宋朱熹所题："师师庶僚，居安宅而立正位；济济多士，由义路而入礼门"。明伦堂是古代训士讲经的地方，如今被辟为常熟古代教育展厅，并复原了明伦堂讲学的样式。明伦堂以"明人伦"的教育理念为核心，传播中华民族共同的价值观，在尊重文化、学术与教育的同时延续东方文化的火种。现明伦堂里布展的是"常熟古代教育展"，包括"中国古代官学、私学体系"和"常熟古代官学、私学"两方面内容。前者以图表形式分别介绍宋代、明代、清代的官学和私学体系；后者介绍常熟古代教育情况，包括庙学、书院、私学的历史等，展有古代读书场景图、书院模型、学生教材等。常熟古代教育体系主要由官学、私学和书院构成。官学，介绍常熟庙学历史，展示县志中五幅《学宫图》，以及民国时期文庙的照片。私学，也叫民学、书馆、私塾，大多由读书人私人开办，入学者多系六至八岁孩童，学生交束脩，富家门第则独力延师授课，或由乡绅合资开课，教学宗旨是启蒙识字，内容多半与科考有关，包括"四书"及《诗》《书》《易》《左传》等，修业年限视各人需要而定。书院包括游文书院、文学书院、虞溪书院、养贤书院、东湖书院等。民国以后学前小学的老照片也有陈列，体现文庙传统教育文脉的现代延续。

明伦堂后面就是复原后的尊经阁。这是幢两层建筑，一层面积约 207 平方米，四周轩廊，二层面积约 104 平方米，平座造。建筑为十字脊梁，四面歇山，脊高 18.7 米，略低于大成殿。中间四根步柱，通高 13.72 米，底径 50

厘米，是建筑的重要受力构件。尊经阁抱对是“开群蒙而圣贤之旨明，寂众听则经传之疑释”（赵用贤），板对是“具体圣人游广大，功夫端在有无间”（徐待聘）。尊经阁布展内容同明伦堂的“常熟古代教育展”呼应，成为“传统文化教育体验中心”。整个墙面张贴着古代教育的经典读物《声训蒙》，按照传统教育安排座位，定期举办传统文化教育课程，供青少年体验传统教育。这里经常举办碑刻传拓教学、古建筑营造技艺体验、文创产品展示等活动，传播中国传统文化。

常熟文庙之尊经阁

文庙东轴线上的建筑现状

东轴线由言子专祠和崇圣祠两部分建筑组成，入口是祠门，进入以后是仪门，又称中门①，有板对一副：“东南开道脉，今古挹文澜”。此门最早建于明成化年间，后多次重修。清咸丰十年（1860），又遭战乱毁坏，不久重建。跨过仪门，面对的是言子专祠，其前面原有东西夹室（又称东西两庑），复建时恢复了

常熟文庙之言子专祠

① 《常熟县儒学志·殿宇志》记：“中门，即子游祠之二门，凡三座，前后列碑四座，其右旁即神厨门，由此入大成殿。”常熟市图书馆藏本。

常熟文庙之崇圣门

常熟文庙之崇圣祠

西夹室。专祠正殿三间，坐南向北，单檐歇山顶，九架八椽八栿，抬梁式造。明间用楠木四金柱，梁架扁作，木质柱础。屋面举折平缓，翼角起翘，线条饱满。现面阔和进深均10米，构架为四架梁接前后乳栿四柱八架椽，圆作月梁造，柱为楠木，粗犷而不失精致。2019年，言子专祠被国务院核定公布为第八批全国重点文物保护单位。

走过言子专祠，就来到了祭祀孔子先祖的崇圣祠区域。首先是崇圣门，这是进入崇圣祠的仪门，它将崇圣祠与言子专祠的礼仪空间分隔开来。复建后的崇圣门，面阔三间，中柱造，两侧山墙均立有碑刻。崇圣门后就是崇圣祠。复建后的崇圣祠面阔三间，进深三间，歇山顶，脊高12.25米，四条垂脊均有四个走兽。花岗石作月台围其一周，烘托出崇圣祠的高大威严。下檐共施鎏金斗拱32朵，直棂窗，鎏金柱础，出檐深远。这些形制特点无不显示出建筑的古朴之致、儒雅之风。

东轴线目前是较为完整的言子文化呈现区。言子专祠门柱上的板对是“周季弦歌闻下邑，天南道学起东吴”（杨舫），祠内正面是江苏省美术家协会副主席徐惠泉创作、扬州漆画工艺制作的言子画像，供案上摆放着青铜祭器，两侧墙面分别陈列着言子简介、封号、大事记和言氏大宗世系图，展出了言氏后裔代表和历代言子赞语。言子画像上方两边梁架上，悬挂着康熙、乾隆御赐的“文开吴会”“道启东南”匾额。祠内梁柱上的对联是“出宰武城，弦歌雅化；行道吴土，文学儒宗”。屋顶上的匾额是“体圣”“瞻拜”。专祠前西夹室门口的板对是“礼学四方遵教化，弦歌百里喜相传”，室内是言子生平功绩的专题展览，包括北学孔门、撰写《礼运》、弦歌治政、编辑《论语》、西河论学、传道江南。祠内还陈列着言氏后人受到朝廷、地方官员厚待的资料。专题展览呈现了江南文化宗祖言偃的不朽功绩和人格魅力。崇圣门门柱板对是“文学一科冠夫子，馨香千古颂南人”。崇圣祠前抱柱对是“千秋风气开吴会，六艺渊源祖杏坛”。殿内抱柱对曰“一邑弦歌仿佛东周气象，千年俎豆于昭南国精华”。崇圣殿额颜曰“言子书院”，仿古制设有课桌、凳子，供日常讲座需要。

东轴线的东墙处是新建的碑廊。复建的文庙设有碑廊，全长近 80 米，里面陈列了自宋代至清代的碑刻，内容包括皇帝加封、祭祀孔子和修建孔庙、科举题名等。数量众多的碑刻，体现了常熟文庙乃至常熟深厚的文化底蕴。文庙修复过程中发现了宋、元、明、清各代碑刻共 60 余块，这些碑刻虽历经沧桑，但其蕴含着的深厚的历史文化内涵却历久弥新。这些碑刻由专业人员清理，除在碑廊集中展示外，还在崇圣门、大成门、礼门等位置展示。

常熟文庙之碑廊

复建后的常熟文庙，除了保留下来的古银杏等古树外，还新栽了 50 多种 200 多棵苗木，品种有松柏、银杏、盘槐、桂花、榉树、朴树等，这些绿色植物在建筑群落有致地分布，与巍峨庄严的庙宇融为一体，为传承千年的文庙增添了生气和活力。在树种的选择上，东轴线主要是金钱松，比较高大，显得庄重肃穆；中轴线大成殿前选种四棵盘槐，寓意孔子至圣先师形象；西轴线上选用乡土树种，如榉树、朴树等，同先贤言子的形象匹配。同时，在大成殿后建造了约2000平方米的游园，里面以黄石筑边、卵石铺地，体现了中国园林道法自然的特点，呼应文庙旧有玉带河一带自然与人文相融的景观。园内布置有古朴桌椅，绿荫环绕，成为游客驻足休憩的理想场所。

复建后的常熟文庙，古色古香，绿树环绕，兼具人文景观与自然景观，充分凸显常熟历史文化名城风采，成为常熟崇文重教的标志性建筑和市民精神文化生活的重要场所。

常熟文庙的资源

文庙是中国传统文化道统的至高殿堂，也是政统与道统、学统交融碰撞，集中体现传统政德治化思想的重要场域，在中国历史上曾起到了精神信仰、学术传承、人文教化等重要作用。历史上的文庙，其功能主要是教育教化和祭圣祭贤，关涉整个封建社会的政治、道德、文化、教育等诸多层面，国家统治集团的治国理念、地方政府官员的治邑行为和乡邑士子百姓的追求信仰往往结穴于文庙。文庙源始于孔子去世后第二年，鲁国以曲阜阙里孔子故居建立家庙。据现存曲阜“阙里孔庙”的东汉《史晨碑》记载，当时鲁国执政者组织官员、士人等九百余人在孔子故居祭祀孔子：“国县员冗，吏无大小，空府谒寺，咸俾来观。并畔宫文学先生、执事诸弟子，合九百七人，雅歌吹笙，考之六律，八音克谐，荡邪反正，奉爵称寿，相乐终日。”① 官方国祭、地方父老公祭以及孔子弟子家人私祭这三种行为的融合，既符合儒家祭祀礼乐传统，又适应当时家国的需要。因此，文庙从其雏形期开始，旧宅之“庙”即蕴含有“家”与“国”两个向度的内涵，

① 刘海宇：《山东汉代碑刻研究》，齐鲁书社2015年版，第361页。

是具有“道统”“学统”意义的文化建筑。

因此，文庙是厚重的历史文化积淀的存在，隐藏着丰富的思想文化资源，属于具有非物质文化遗产特性的物质文化遗产。文庙作为祭祀建筑，具有稳定的固态性，即物质文化遗产属性，同时，庙学结合的政治教化功能使其具有活态性，即非物质文化遗产属性。一座文庙，其价值在于体现一座城市的历史厚重感和文化传统性。经历了历史变迁和沧桑，在新的时代里，文庙已经不再是封建政权祭孔的场所，也不再是科举时代的官学，而是作为国家的各级文物保护单位，作为一种优秀文化遗产存在于当代社会。尽管如此，其原有的历史文化资源依然存在，其源远流长的人文传统具有当代价值。随着时代的变迁，其双重属性发生了重要变化，但没有消失，而是在新的时代获得了全新的价值阐释。文庙具有历史教育价值：文庙作为一种客观存在，能够反映出与其密切相关的不同历史时期的社会政治、思想、教育、文化的变动图景，它是社会发展、教育进步的最可靠的历史资料。文庙具有艺术教育价值：文庙作为物质文化遗产，在其建筑设计、景观布局、艺术风格等方面，能够为我们带来积极的、丰富的艺术情感教育。文庙具有社会教育价值：文庙自身所蕴含的丰富的教育遗产内涵，在当代仍然具有政治教化、道德教化、社会文化教育、劝学励志等方面的功能。文庙是独有的，在地方文化设施中唯有它才最能集中反映中国传统文化基因和精神特质。

在我们看来，发挥文庙的当代价值，需要从文庙的文化资源说起。常熟文庙的文化资源丰富，其儒家经典建筑就是重要资源，是现存的显明的物质资源，其中包含着大量从古至今的文化信息。文庙富有特色的建筑形制，成为中国古老文化的博物馆。文庙营造的浓厚传统文化氛围，提供的儒家经典礼制建筑，有助于提升国民的思想境界和艺术素质。除此以外，文庙还有更多的思想文化资源，它们是文庙更为重要的非物质遗产资源。我们从常熟文庙的特点出发，着重从七个方面概括其丰富的人文资源。

儒学传统资源。元武宗即位时下诏书说：“先孔子而圣者，非孔子无以明；后孔子而圣者，非孔子无以法。”① 此诏刻碑后立于常熟文庙，是对孔子十分精当的评价。孔子集古圣先贤之“大成”，祖述尧舜，宪章文武，仪范百王，师表万世，开创了中华文明的新境界。国家统治者崇儒尊孔，重要物化表征就是文庙，或祭祀，或授爵，或颁诏，或赠封，或赐乐，或明礼，借助文庙的祭祀和教育功能，向社会推行教化和德治。文庙是儒家思想的物质载体，文庙史与儒学史相始终，通过文庙资源，可以了解两千多年来儒学的发展，尤其是国家推行儒家思想治国的情形，也可以了解地方实施德治重教安民的措施。在常熟历史上，很多官员关心文庙的建设，到任首谒庙学，主动承担起崇文兴学职责。主政常熟的官员，大多有着科举功名，传统儒家知识分子都有修齐治平的理想信念，这就促使他们抱着经世致用思想，积极推行儒学思想，按照孔子庶、富、教的小康理想治理乡邑。在此意义上说，文庙同国家的尊儒相对接，同地方的德政相沟通，这些就是文庙丰富的儒学传统资源。

常熟在地儒学的发展，始终同言子文学联系着，也同文庙祭祀联系着。“海虞自子游北学于洙泗，遂称速肖，为南学开先。后儒翕然宗之，曰南方之学，得其精华。以故横序之设，历唐宋迄今，人文丕振，毋论元魁辈出，科第蝉联，甲于县宇。即理学文章、节义功业，代不乏人。”② 这是明万历间县令何节所撰《助工碑记》中的文字，准确地概括了常熟地方儒学的特征：首先是子游北学南归传道，首开南学；其次是常熟后儒翕然宗之，形成具有特色的南方之学；最后是常熟地方儒学科第鼎盛，人才代不乏人。因此，常熟儒学在中国古代主流文化“儒家文化”体系中，占据着非凡的特殊地位，常熟被人称为“江南儒都”③，它标明着儒学文化在常熟的传承。常熟文庙和虞山书院建有言子专祠，通过祭祀格局和空间营构，构建起了

① 《加封大成至圣文宣王诏》，见陈颖主编《常熟儒学碑刻集》，苏州大学出版社 2017 年版，第 31 页。

② ［明］何节：《助工碑记》，见陈颖主编《常熟儒学碑刻集》，苏州大学出版社 2017 年版，第 139 页。

③ 贺云翱：《言子遗产的现代意义》，见陈颖主编《言子思想的当代传承和价值》，广陵书社 2021 年版。

常熟的儒学道统，这一道统以孔子为大宗（大学）、言子为小宗（小学），体现了常熟儒学的优势特征。而常熟儒学的资源大多体现在文庙的祭祀和碑记之中。

庙学礼仪资源。礼仪是庙学生活的重要组成部分，无论是庙的祭祀还是学的养士，都离不开礼仪礼制。礼乐文化是儒家思想的核心内容，其主要思想价值体现在以下几方面：一是崇文。儒家礼乐思想彰显着以伦理道德为底色和价值支撑的人文之光，集中体现着中华民族特有的道德理性。二是隆礼。礼是天之经、地之义，是天地间最重要的秩序；乐是天地间的美妙声音，是道德的彰显。礼乐文化融入世俗，隆礼重乐就是现实的、具体的，是主体性人的生命意向活动本身。三是尚和。儒家揭示和挖掘礼乐文化的精神意蕴，升华了礼乐在天人关系、人伦关系、理想人格等方面蕴含的普遍原理，推动着和谐人际关系与和谐社会的建设。四是修己。“仁”是调适社会关系的心理基础，也是塑造君子人格的价值标准，是儒家伦理道德的集中体现。礼乐文化造就了中华民族“礼仪之邦”的美誉，其崇文、隆礼、尚和、修己等思想，是中华文化的永恒价值理念。常熟长期接受儒学礼乐文化滋养，发展成为崇文重教的文学之乡和文献之邦，“崇文、尚和、创新、超越”成为新时代常熟城市精神。

文庙丰富的礼仪活动中包含丰富而深刻的价值取向，如释奠礼就具有传统文化传承的重大价值意义。从局限于孔门弟子对老师的祭祀活动，发展到具有普遍意义的学生祭祀老师，再扩大到儒门后人祭祀历代圣贤的“国家大典”，文庙释奠礼成为师生关系中的神圣性象征，也是中华民族尊师重道传统的神圣性象征。同时，文庙祭孔集中展现了传统中国的文化根脉和信仰意蕴，释奠礼集中体现了中国人在文化上具有的慎终追远人文情怀。而文庙建筑、礼制等都是为祭祀服务的，除释奠释菜礼外，常熟文庙还行乡饮酒礼、乡射礼等多种礼仪活动。文庙建筑形制的升格、建筑规模的扩大、文物文献的加隆，均与礼乐尤其是祭祀制度紧密联系着的，因此，从礼乐礼仪祀典研究入手，可以深入研究文庙历史沿革、建筑规制、礼制演变、乐歌佾舞、文物文献等话题，可以触及文庙礼仪祀典资源所蕴含着的文化价值取向，这不但对于开展文庙学研究具有重大意义，而且对于今天建设和谐社会具有重要意义。

科举文化资源。科举制度是在中国古代特定的政治、思想及文化背景下产生、发展、成熟的，具有独特的内涵与特色。科举文化包含内在的与外在的两种文化属性。内在属性，指的是科举考试内容，基本的是儒家经义，以“四书”文句为题，释义以朱熹《四书集注》为准；外在属性，指的是由科举而形成的政治导向与价值导向。内外属性结合，构成了科举文化的整体。科举文化营造了人才赖以成长的文化环境，即把读书、考试、做官三者联系起来，把权、位与学识三者结合起来，从而造就了中华民族尊师重教的传统和刻苦勤奋读书的氛围，推动了社会文化事业的繁荣和发展。科举制度虽然存在种种弊端，但其历史进步作用不容忽视，对于今天的人才选拔和文化建设仍然具有直接或间接的借鉴意义。

科举的内在属性同文庙的养士教育直接有关，而科举的外在属性同文庙的社会教化直接有关，两者结合即文庙在地方发挥的社会作用，在此意义上说，文庙是国家科举制度在基层的一个基础。文庙与儒学的关系，文庙与养士的关系，是国家科举制度的组成部分，也是文庙祭祀和教育的职能。常熟文庙在举业履职方面成绩斐然，科举人才鼎盛，崇文重教蔚然成风。明清时期，常熟文坛流派纷呈，群星璀璨，才俊辈出，达到了鼎盛时期。崇文重教世风令人叹为观止，连乾隆皇帝也有“夙仰弦歌之化，益钦文学之宗”的慨叹。康熙二十六年（1687），状元归允肃乞假归里，对常熟民风评价是：“独其民风柔醇，佩服诗书，多博雅好古之伦，乡闾之老，以揖逊相先，敦素朴而薄浮诈，知爱亲敬长情意。”① 因此，科举文化资源是常熟文庙的优势和特色所在，它直接推动了常熟重文重教风尚的形成。

言子文化资源。言子特习于礼乐，以文学著名。“其志行卓越，豪杰特立，孝敬以励其德，务本以推其学，遂得圣人之一体。其见于设施，教民必以道，俾君子小人，爱人而易使。其于师道，固昭昭矣。然于时尤以习

① ［清］归允肃：《（康熙）常熟县志》序，广陵书社 2016 年版。

礼闻，故葬以即远，有进无退，曾子多其论；裼裘以吊，袭裘而入，曾子服其礼。大道之行，天下为公；大道既隐，天下为家，孔子既详语之。欲能则学，欲知则问，欲善则详，欲给则豫，孔子又深许之。其嘉言善行，载于《礼记》《家语》者实多。而尤深究夫礼，其足为后世师法者，秩秩也。”① 这里精当地概括了言子的思想。言子晚年佩道回到故乡常熟，文开吴会，道启东南。常熟尊言子为先哲，列大成殿祭祀，建立专祠祭祀，整理《言子文学录》传世。

不仅言子思想是文庙的重要资源，常熟尊言学贤的历史传统，也是文庙的重要资源。自南宋以来，常熟弘扬子游传统：效行礼乐风教，推进移风易俗，崇尚和谐社会；效行学道爱人，推行弦歌之治，建设小康社会；效行崇文重教，尊师兴教养士，弘扬人文精神；效行知行合一，传承求真实学，培养创新人格。尊言学贤的历史传统，造就了常熟文化的精神面貌，铸成了常熟文化的繁荣景象。借助常熟尊言学贤历史传统资源，可以揭示常熟文化的历史渊源；借助常熟尊言学贤历史传统资源，可以呈现常熟文化的特质内涵；借助常熟尊言学贤历史传统资源，可以昭示常熟文化新的走向。利用言子文化资源，揭示常熟文化的历史渊源，就能较好地回答“我们从哪里来”的问题，呈现常熟文化的特质内涵，就能较好地回答“我们是怎样走来”的问题，昭示常熟文化新的走向，就能较好地回答“我们将走向哪里”的问题。这就是言子文化的当代价值。

乡贤文化资源。宋淳熙元年（1174），常熟县令陈映撰《常熟县宰续题名记》，其中有这样的表述：“今吾邑之人，或知映不敢堕也，率以淳厚简孚交相为治，倘如是愒日，庶乎列名下方其无辱！若夫邑之望，则有巫咸所止之山、泰伯所葬之墟、言偃所居之里、龚景材所表之闾，其风俗之美，犹可概见。”② 这里所论“邑之望”，即邑之人望。而“人望”即众人所属

① ［明］傅著：《子游像赞并序》，见陈颖主编《常熟儒学碑刻集》，苏州大学出版社2017年版，第47页。

② ［宋］陈映：《（常熟县宰）续题名记》，见［宋］孙应时始修、［宋］鲍廉增补、［元］卢镇续修《至正重修琴川志》，方志出版社2013年版，第109页。

望或在民众中有声望的人，因此“邑之望”即“乡贤”的意思。陈映认为，邑之望则有巫咸、泰伯、言偃和龚景材。此后，常熟志书大致沿袭这种在地乡贤的表述，即常熟的乡贤非指一般的乡间贤人，而是指地望贤人，他们是常熟出类拔萃的乡贤达人。常熟文化底蕴深厚，地望乡贤人才众多，文庙先是以乡贤从祀言子，后又建乡贤祠世代祭祀，并试图以此建立地方儒学道统体系。自宋代开始到清末为止，常熟文庙入祀优秀乡贤总计105位，呈现了常熟历史传承中的人文精神谱系。文庙重视乡贤祭祀，每年春秋仲月祭祀乡贤，祭祀礼仪毕诚毕敬，营造出庄严肃穆的场景，使人对乡贤供祀对象的崇敬之情升华为成贤理想。

常熟著名乡贤，或出仕在外，或退居乡邑，都能关注并参与乡邑建设。常熟乡贤阐释子游文学传统，推进治邑弦歌之政，且乡贤德高望重，有效地激励了后学。从舆望的乡贤，或立德，或立功，或立言，或兼而有之，其人之德行风节、文学事功、遗风余烈洽于所见所闻多传闻者，这就直接对乡人学子产生激励作用。乡人熟知乡贤的功德事迹，自然会对其产生景仰追慕之情，“盖人心有感发之机，天下有风动之理，使官于斯者皆有志于名宦，居于斯者皆有志于乡贤”①，“崇先正以示轨范于后之人，礼行于一堂，而有以风动乎一郡，扶世导民，其所关系非小小也”②。这就是乡贤文化的教育教化功能。常熟文庙乡贤文化资源丰富，这是先贤留存的宝贵文化遗产。

名宦文化资源。常熟文庙重视名宦祭祀，在唐宋间就设专祠祭祀县尉张旭、知县王爚等，元代又立碑褒扬卢克治、孔文贞等名宦政绩。明洪武八年（1375），文庙建立先贤祠祀范仲淹、胡瑗和王爚。明弘治年间建立名宦祠，自宋至清末入祀47名。常熟名宦的共同特征是以武城宰言子为范，循学道爱人思想，行弦歌之政，即惠民富民教民的小康之政。常熟名宦事

① ［明］杨廉：《金坛县创建名宦乡贤二祠记》，见《杨文恪公文集》卷三十二，上海古籍出版社2002年版，第634页。

② ［明］蒋冕：《全州名宦乡贤祠碑》，见黄盛陆等校点《粤西文载校点》（三），广西人民出版社1990年版，第170页。

迹感人，如元知州孔文贞为宣圣之后，学道爱人，恪守先训，“三年之间，抚摩爱育，未始一日忘，故虽民罹水灾，而田野开辟，户口蕃衍，邑境恬然，公之仁政，于是乎效”①。离任后民众为建生祠，入祀名宦祠。明杨子器知县，以言子淑世拯民的精神改纪邑政，多德政，如兴水利，筑堤防，召流亡在外的人回乡耕作，立“岁征法”，奖励提早纳粮，又整顿徭役，按籍定役。邑人立祠祭祀，后入祀名宦祠。清知县劳必达，径以“继言子之弦歌”为己任，在常熟推行爱民之政，兴利除害，发展经济，政绩明显，入祀名宦祠。

宋神宗元丰年间（1078—1085），常熟县令刘拯在县署厅壁创设县宰题名板榜，将百余年内的42名常熟县令开列板榜，期后继者不负先贤，刷新政绩。宋绍兴二十一年（1151），知县曾慎将木质板榜改成石刻，立于县厅左方，“宜观名列，以劝方来，俾尹是邑者知夫儒之效，恺悌及民，延福百里，庶几乎刊石而无愧也”②。这就是说，从北宋初年开始，常熟地方开启了一个传统，历任县令都要被列于先宰题名石上，“阙者补之，庶为不朽之传”。而从明初开始，常熟县学又建立名宦祠，祭祀本邑有优异政绩的地方官员。由此可见，常熟在历史上实际上形成了一个对于地方官员的激励与约束机制。这种机制使得官员敬畏谨慎，为官一任，造福一方，注重民众口碑；而百姓则参与政事，关心官员，体恤官员，评价着官员的政绩。这种上下互动的治邑机制，使得常熟上下齐心协力，共同发展乡邑，共致政通人和小康之境。这些都是常熟名宦文化资源，在当代具有特别重要的价值。

碑刻文化资源。常熟文庙儒学传统深厚，儒学碑刻众多，文化内涵丰富。除现在陈列的六十余方外，常熟文庙在历史上还有更多的儒学碑刻，大多保存在志书等地方文献中，多数还有原始拓片，其中有珍贵的宋碑七

---

① ［元］邑人：《知州孔公德政碑》，见陈颖主编《常熟儒学碑刻集》，苏州大学出版社2017年版，第27页。

② ［宋］曾慎：《常熟县令题名碑》，见［清］邵松年辑《海虞文征》，广陵书社2017年版，第165页。

通和元碑七通，为全国儒学碑刻所稀见。2017 年，由陈颖主编的《常熟儒学碑刻集》由苏州大学出版社出版，搜集了 135 方常熟儒学碑刻。其他如上海辞书出版社 2013 年出版的《江南言子故里碑刻集》、广陵书社 2021 年出版的《常熟市图书馆藏拓片选粹》，其中也有相当数量的文庙儒学碑刻。这是文庙又一宝贵的文化遗产。

常熟文庙碑刻内涵丰富，主要有以下几类：一是殿宇修建碑记。每逢文庙重要修建工程完成，均有名人或乡贤撰记刻碑，宋有朱熹、魏了翁、袁甫等，元有黄溍、阎复、陈基、杨维桢等，明有张洪、吴讷、李杰、杨一清、瞿景淳、顾宪成等，清有陈祖范、孔传铎、马逸姿、杨泗孙、言如泗等。二是学志序跋碑记。明万历年间，知县杨涟主持编《常熟县儒学志》，杨涟、翁宪祥、钱谦益、李维桢、王稺登撰序跋七篇，与《学田记》及《助刻姓氏》同刻一石，称《海虞学志碑》。三是设学建院碑记。文庙儒学碑记中有一组常熟书院的碑记，如黄溍《文学书院记》、张洪《学道书院记》、瞿景淳《重建文学书院记》、严讷《文学书院记》、王叔杲《重建文学书院记》、顾宪成《虞山书院祠记》等。四是科举题名碑记。现存五通：傅玉良《科举题名记》、章表《儒学进士题名碑》、李杰《常熟县儒学进士题名记》、夏时正《进士题名记》《乡贡士题名记》。五是御制晓示碑记。文庙存有乾隆亲撰《御制平定金川告成太学碑文》《御制准噶尔告成太学碑文》《御制平定回部告成太学碑文》等。六是厘正存照碑记。如宋王爚在明伦堂立《学田籍碑》，元黄溍有《常熟州学田记》。七是礼赞圣师碑刻。文庙碑刻中，有先圣、先师的图像，有先圣先师赞辞。八是遗泽去思碑记。如明孙继有《詹先生去思碑》、赵国琦《许先生去思碑》、顾云程《潜白黄公去思碑》，分别称颂教谕詹仰圣、许成器、黄潜白。九是名宦德政碑记。文庙存有一组名宦德政碑。十是义举彰表碑记。文庙存有一组表彰助学的碑刻：耿橘《虞山书院义助记》、阎复《杨氏义学记》、李维柱《助刻姓氏》、何节《助工碑记》、蒋以忠《常熟县梅李镇耆民苏涛义捐田宅记》等。

常熟文庙的定位

在考察了常熟文庙的现状和资源以后，自然会提出一个话题：如何立足现有基础，保护、开发和利用文庙文化资源，以服务于当代地方文化建设？这一话题的实质是如何在新时代条件下发挥文庙在传承和弘扬传统文化中的作用问题。

进入20世纪以后，剥离了官学功能和弱化了祭祀功能的文庙走向哪里，也就成了一个问题。蔡元培担任教育总长时，深感“教育行政之责任，不仅在教育青年，须兼顾多数年长失学之成人”，因此在草拟官制时，主张教育部于普通、专门的司之外，特设社会教育司，其职责是“开通民智，改良风俗”，推动面向民众的通俗教育，包括推动各地建立通俗博物馆、图书馆等。1915年底，江苏省教育厅行政会议议决，“特设通俗教育馆于各县文庙，裨众展览而坚信仰”①，并拟订《筹设通俗教育馆办法》，要求各县遵照办理。在此推动下，全省各地文庙先后建立通俗教育馆。这实质上是在文庙转型期试图推动文庙发挥新的社会教育功能的举措，具有积极的探索意义。

但是，这种推动在战争环境里没有取得成效。20世纪80年代后，部分文庙陆续成为国家重点文物保护单位，90年代后各地陆续恢复地方文庙，与此相伴的是对于文庙的现代功能的重新探讨。1995年，由山东曲阜、首都北京、浙江衢州等地的孔庙发起，成立了以保护研究、开发利用孔庙及儒家纪念建筑、弘扬民族优秀文化为宗旨的中国孔庙保护协会，各地孔庙纷纷加入协会，形成了具有影响的孔庙保护和利用的专业性群众团体。各地修复文庙，兴办孔子学堂，举行祭孔活动，开设童学馆读经，开展文庙

① 江苏巡按使公署饬第六千八百四十一号（中华民国四年十二月十日）：《转饬各县特设通俗教育馆于各邑文庙》，《江苏省公报》1915年第726期。

研究活动等。文庙转型的话题由冷转热，建立“文庙学”也开始成为学界探讨的课题。

正是在此背景下，常熟历时八年复建文庙。在复建开始阶段，即考虑复建后的文庙功能。常熟市政府提出：现代文庙应充分挖掘自身特有的传统文化内涵，着力开发与中华优秀传统文化、地方特色文化相关的各种教育活动，将文庙营造成为弘扬优秀传统文化的主阵地。具体来说文庙要发挥以下三项功能：（1）教化功能。重视文庙传统教育功能的延续，使之成为进行国民人文道德素质教育的最佳地点。（2）纪念功能。根据公众对传统文化的需求，提升文庙祭祀功能，将文庙作为纪念和瞻仰以孔子为代表的先圣先贤的场所。（3）旅游功能。文庙建筑群是常熟古建营造技艺的集大成之作，这本身是得天独厚的旅游资源。

常熟文庙复建以后，基本按此思路布展和组织活动。目前有特色的活动有：（1）公祭孔子大典、“中国文化和自然遗产日”系列活动。每年9月28日，常熟文庙都会举办隆重的祭孔大典。每年6月的第二个星期六是“中国文化和自然遗产日”，常熟文庙都会举办各类文化活动并宣传推广传统文化。（2）研学游活动。常熟文庙与高校策划举办“文学江南地　弦歌常熟风——言子文物遗址寻访研学游活动”，参观言子墓、言子旧宅、言子专祠等。（3）文庙开笔礼。开展“开笔礼”活动，通过师正衣冠、集体拜孔、朱砂开智、击鼓明志、学写“人”字、经典诵读等环节，引导未成年人感受角色转变，接受优秀传统文化的洗礼。（4）“状元诞生记”活动。该活动以沉浸式体验科举制度为主线，以六艺学习、文庙参观讲解为副线，带领少年儿童在游览、玩乐中学习知识，了解科举制度。（5）国学经

常熟文庙的祭孔活动

典课堂。在常熟文庙微信公众号上定期推出经典诵读活动——言子讲堂，让“尊言学贤”的历史传统得以传承。(6) 爱国主义教育基地活动。常熟文庙根据“培育和践行社会主义核心价值观”的要求，开展丰富的社会实践活动，如“七彩的夏日”、“缤纷的冬日”、非遗手工课体验、国学兴趣班等。

常熟文庙的研学活动

常熟文庙的开笔礼活动

常熟文庙的言子书院活动

常熟文庙的经典诵读活动

习近平总书记对以孔子为代表的儒学有这样的评价：“孔子创立的儒家学说以及在此基础上发展起来的儒家思想，对中华文明产生了深刻影响，是中国传统文化的重要组成部分。儒家思想同中华民族形成和发展过程中所产生的其他思想文化一道，记载了中华民族自古以来在建设家园的奋斗中开展的精神活动、进行的理性思维、创造的文化成果，反映了中华民族的精神追求，是中华民族生生不息、发展壮大的重要滋养。”① 孔子作为儒家思想集大成者，是中国传统文化的代表性人物。自汉武帝独尊儒术以后，学术层面的儒学一跃而成为官方意识形态，从此儒学不仅与中国政治共盛衰，还为不同的政治集团所尊崇。而与尊儒相伴的是政治集团重视儒学的普及与传承，或设学以教化儒经，或立庙以奉祀孔子，二者结合便形成中国古代独特的“庙学合一”现象。于是，以祀孔为主的文庙广布天下。文庙是历代学人乃至民众文化守望的精神驿站，是中国传统文化的文化符号，是中国文化道统的至高殿堂。

常熟文庙是国家以儒学为主流意识形态的在地载体和历史见证，是常熟祭祀孔子、学宫养士、演习礼乐和推行教化的神圣之地，积淀了深厚的优秀文化传统。常熟文庙是常熟历史文化传统现存的最为重要的载体，是政统与道统、文统交融碰撞的集中体现。文庙在地方上曾经起着政德治化、精神信仰、学术传承、人文教化等重要作用，由常熟文庙的历史发展，我们可以看出中华文化的在地发展轨迹。因此，文庙在常熟地区是独具特色的，也是独具优势的。也因此，常熟文庙作为以儒家为代表的传统文化载体，在当代传统文化的传承和弘扬中，肩负着独特的历史使命，即承前启后、继往开来的历史重任。这是我们对于常熟文庙当代价值的基本立场和价值理念。

基于以上认识，可以把当代常熟文庙定位为在地传统文化传承的综合性基地。历史上的常熟文庙是传统文化的承载体和聚散地，当代的常熟文庙是传统文化的传承载体和扩散基地，这样，历史和现实也就自然贯通起来了。之所以强调“综合性”，首先是基于常熟文庙的文化积淀深厚性和文化传统悠久性，其次是基于常熟文庙的当代价值多样性和文化资源丰富性，最后是基于常熟文庙的社会期许多元性和现实功能综合性。常熟文庙的这些重要特征，决定了它具有在地其他文化载体无法比拟和代替的优势。利

① 习近平：《在纪念孔子诞辰2565周年国际学术研讨会暨国际儒学联合会第五届会员大会开幕会上的讲话（2014年9月24日）》，《人民日报》2014年9月25日第2版。

用常熟文庙的现有文化资源造福当代，传承文化，是当代常熟文化建设的使命和责任所在。

基于以上定位，我们把复建后的常熟文庙视为优秀传统文化的博物馆。这实际上关涉常熟文庙定位后的建设思路问题。“博物馆是人类对自己生存环境物证的直接面对，是跨越时空的历史记忆的场所，尽管作为文化设施的博物馆是一种公益性的社会机构，博物馆对文化遗产的保护与传承是人类集体的行为，但是这种记忆其实是每一个人都需要的。”① 2001 年国际博物馆协会修订的《国际博物馆协会章程》提出：博物馆是一个为社会及其发展服务的非营利性的永久性机构，并向大众开放，它为研究、教育、欣赏之目的征集、保护、研究、传播并展出人类及人类环境的物证。一般认为，博物馆是征集、典藏、陈列和研究代表自然和人类文化遗产的实物的场所，对馆藏物品分类管理，为公众提供知识、教育和欣赏的文化教育的机构、建筑物、地点或社会公共机构。由此可见，博物馆定义所包含的内涵，恰好符合当代文庙的定位，也符合当代文庙的功能。如果说民国初年提出把文庙改建成通俗教育馆是在无意中暗合了以上定位理念，那么，当代多地直接把文庙称为文庙博物馆则是自觉地践行着以上定位思路。更有意思的是，文庙之源即阙里孔庙，其建立之初就是世界上最早的博物馆的雏形。公元前 478 年，孔子去世的第二年，鲁国国君鲁哀公为纪念孔子，把孔子旧居立为纪念庙宇，共有三间，将孔子的衣、冠、琴、车、书等进行展示，以祭奠和怀念孔子，这是世界公认的、有记载的、最早的纪念博物馆。目前全国很多文庙普遍接受文庙博物馆这一概念，各地文庙旧址纷纷被辟为各种类型的博物馆，或承担博物馆的使命，发挥其传承优秀传统文化的独特优势。

把常熟文庙建设思路设定为在地传统文化博物馆，保持文庙可持续发展，就是要践行文化博物馆的核心价值，最大限度地挖掘文庙资源优势，

---

① 转引自屈雅君、傅美蓉《博物馆语境下的性别文化表征——以妇女文化博物馆为例》，见《南开学报》2009 年第 2 期。

创新展陈手段和形式，从而发挥文庙的当代价值。在当代文庙博物馆建设过程中，需要解决若干重要课题。

文庙博物馆的文化资源问题。丰富的文庙资源，大体分成两个部分。一是无形文化资源，包括以儒家思想文化为代表的中华传统思想文化资源、以祭祀为代表的中国礼仪文化资源和以庙学为代表的人类社会教育文化资源。从常熟文庙来说，我们把它概括为儒学传统、庙学礼仪、科举文化、言子文化、乡贤文化和名宦文化等文化资源。对于这些内涵丰富、底蕴深厚的无形文化资源，从博物馆建设来说，首先需要做好挖掘、整理、研究工作，然后采用合适的方式进行开发和利用，发挥其教育教化的作用。二是有形文化资源。古代建筑文化是文庙最具代表性的实物资源，石雕碑刻文化也是文庙的重要文化资源。对于这些品种多样、各具特色的有形文化资源，从博物馆建设来说，主要是做好保护、整理和研究工作，在此基础上进行展出和传播，发挥其熏陶教育和艺术教育的功能。在此过程中，始终有个古为今用、去粗取精的研究和呈现的问题。文庙自身具有综合类、纪念类、历史类、遗址类等博物馆的特征，同时又具有收藏、保管、研究和展览的传播功能。依据文庙深厚的文化底蕴、丰富的外在形式，使无形和有形的资源得以充分利用，达到继承和弘扬我国优秀文化传统的目的。

文庙博物馆的当代价值问题。文化资源具有客观真实性，而价值取向则体现主观倾向性。文庙博物馆必须面对资源客观性和价值主观性的关系问题。首先应该尊重文化资源的客观性特征，以资源说话，同时也应从当代传承需求出发，揭示客观资源的现实意义和当代价值。文庙文化资源都与传统思想文化有关，首先需要明确其核心本质的当代价值：以儒学为主流的文化传统，代表了中华民族基本价值追求的核心思想，其所倡导的重人道、轻天道，“以人为本”的观念，“贵在持中”的和谐意识，重义轻利、崇尚道德的价值观和奋发有为的积极进取精神，以及“天下为公”、大同小康的社会理想模式，都为我们建设现代社会、和谐社会、和谐世界提供了可资借鉴的宝贵资源。其次需要结合现实，遵循科学的方法论，落实我国对待传统文化的基本要求：“中华民族在几千年历史中创造和延续的中华优秀传统文化，是中华民族的根和魂。”“要推动中华优秀传统文化创造性转化、创新性发展，以时代精神激活中华优秀传统文化的生命力。”推动传统文化在当代的创造性转化和创新性发展，使之更好地为现实政治服务，为精神文明建设服务，为地方文化发展服务。

文庙博物馆的资源整合问题。历史上的文庙同国家政治紧密结缘，同社会生活紧密联系，同人才培养紧密结合，具有鲜明的开放性和包容性。当代文庙作为地方传承历史文化传统的主阵地，不能自我封闭，应该通过开放整合社会各种文化资源，通过整体规划拓展社会文化功能。如常熟文庙原有言子专祠，始建于南宋，历史上多次维修，诸多学人撰有数块碑记，也有诗咏铭文。除了这些文化资源外，还可以把常熟言子文化遗址如言子故里、言子故居、言子林墓、言子街坊整合进来，把同言子相关的数百首诗词、数十块碑记联系起来，把言子与乡贤巫咸父子串联起来，把常熟三处言子祭祀场所勾连起来，这样不仅丰富了言子形象本身，而且拓展了子游传统内涵。如文庙的科举文化，不仅可以从科举制度层面梳理资源，还可以从科举人物层面梳理资源；又如文庙的名宦文化，不仅可以从人物方面梳理资源，还可以从乡邑治理方面梳理资源。通过这种梳理整合，就可以把常熟文庙建成区域传统文化研究和展示基地，统筹在地文化传统资源的开发和利用，真正发挥文庙博物馆在区域传统文化传承和弘扬中的积极作用。

文庙博物馆的传播方式问题。常熟文庙的传统文化资源非常丰富，需要把研究与展示、展示与旅游、旅游与教育、教育与交流等结合起来，把当代常熟文庙博物馆建设成为传统文化的展示基地、传统道德的教育基地、地方文史的研究基地、地方儒学的研究基地、特色文化的旅游基地、对外文化交流的基地等。这才能真正符合其在地传统文化传承综合性基地的定位。依据这一总体定位，需要就每个方面的基地建设提出整体规划和具体方案。要在现有的孔子诞生日祭孔、国学经典课堂等活动基础上拓展，实现传统道德教育基地建设的目标；要在现有的科举文化展示、言子文化展示、古代教育史展示的基础上，开发出新的展示项目，实现文化展示基地建设的目标；要依托现有的孔子学院南方研究基地和言子文化研究会，开展传统儒学思想，尤其是江南儒学的研究，实现江南儒学研究基地和地方文史研究基地建设的目标；要坚持文旅融合原则，推出特色旅游、品牌旅游项目，展示常熟作为江南文化福地、儒都文化高地的深厚积淀，实现特色文化旅游基地的建设目标；要加强同外地文庙博物馆的联系，交流传承区域文化传统的成果，实现对外文化交流基地建设的目标。

党的二十大报告指出："中华优秀传统文化源远流长、博大精深，是中华文明的智慧结晶，其中蕴含的天下为公、民为邦本、为政以德、革故鼎新、任人唯贤、天人合一、自强不息、厚德载物、讲信修睦、亲仁善邻等，是中国人民在长期生产生活中积累的宇宙观、天下观、社会观、道德观的重要体现，同科学社会主义价值观主张具有高度契合性。"文庙的文化资源丰富、文化底蕴深厚，是中国传统文化的百科全书，其文化思想集中体现和反映出中华民族的先贤崇拜和文化信仰。中国特色社会主义现代化建设离不开传统文化，现代化无论走多远，其根依然在历史与传统所流淌的文化血脉之中，失去这种血脉之根，现代化就会失去文化根基，人们就会失去自己的精神家园。因此，常熟文庙作为千年以来传播儒学和民众信仰的主阵地，理应成为培育和践行社会主义核心价值观的重要文化阵地，常熟文庙所具有的丰富而深厚的文化资源，理应成为我们建设中国特色社会主义的传统文化资源。

附录：常熟文庙碑记选

朱熹《平江府常熟县吴公祠记》

平江府常熟县学丹阳公祠者，孔门高第弟子言偃子游之祠也。按太史公记，孔门诸子多东州之士，独公为吴人。而此县有巷名子游，桥名文学，相传至今。《图经》又言，公之故宅在县西北，而旧井存焉。今则虽不复可见，而公为此县之人，盖不诬矣。然自孔子之殁以至于今，千有六百余年，郡县之学通祀先圣，公虽以列得从腏食，而其乡邑乃未有能表其事而出之者。庆元三年七月，知县事通直郎会稽孙应时乃始即其学宫讲堂之东偏，作为此堂，以奉祀事。是岁中冬长日之至，躬率邑人、学士、大夫及其子弟，奠爵释菜，以妥其灵，而以书来曰："愿有记也。"

熹惟三代之前，帝王之兴，率在中土，以故德行道艺之教，其行于近者著，而人之观感服习，以入焉者深。若夫句吴之墟，则在虞夏五服，是为要荒之外。爰自泰伯采药荆蛮，始得其民，而端委以临之，然亦仅没其身。而虞仲之后，相传累世，乃能有以自通于上国，其俗盖亦朴鄙而不文矣。公生其间，乃能独悦周公、仲尼之道，而北学于中国，身通受业，遂因文学以得圣人之一体，岂不可谓豪杰之士哉！今以《论语》考其话言，类皆简易疏通，高畅宏达。其曰本之则无者，虽若见诎于子夏，然要为知有本也。则其所谓文学，固宜有以异乎今世之文学矣。既又考其行事，则武城之政不小其邑，而必以诗书礼乐为先务，其视有勇足民之效，盖有不足为者。至使圣师为之莞尔而笑，则其与之之意，岂浅浅哉？及其取人，则又以二事之细，而得灭明之贤，亦其意气之感，默有以相契者。以故近世论者，意其为人，必当敏于闻道，而不滞于形器，岂所谓南方之学，得其精华者，乃自古而已然也耶？

矧今全吴通为畿辅，文物之盛绝异曩时，孙君于此，又能举千载之阙遗，稽古崇德，以励其学者，则武城弦歌之意，于是乎在。故熹喜闻其事，而乐为之书。至于孔门设科之法，与公之言所谓本、所谓道，及其所以取人者，则愿诸生相与勉焉，以进其实，使此邑之人，百世之下，复有如公者出，而又有以一洒夫偷懦惮事、无廉耻而嗜饮食之讥焉，是则孙君之志，而亦熹之愿也。公之追爵，自唐开元始封吴侯，我朝政和礼书已号丹阳公，而绍兴御赞犹有唐封，至淳熙间，所颁位次，又改称吴公云。

五年六月甲申，朝奉大夫致仕、婺源县开国男、食邑三百户、赐紫金鱼袋朱熹记。

常熟县学有子游祠，宋……记。端平元年，县令王爚徙……惧其久而湮灭也，既重刻之……名于圣门，而不为书以传后……氏为之，其徒为之也，子游之徒无间为……人则曰本之则无称子游之难，……随时制礼，各得其宜。其为文学之见矣，后……孔庭邹县之有孟庙，而夫知常熟之有言祠……国史修撰事、承务郎、邑人张洪谨识。

按：宋庆元三年（1197），县令孙应时建子游祠于邑学明伦堂东。庆元五年（1199），朱熹撰记。孙应时（1154—1206），字季和，淳熙二年（1175）进士，初为黄岩尉，后知常熟，有惠政。有《烛湖集》。此刻原石久亡，元刻亦佚。明宣德中，邑人张洪重书刻石，并按以跋语。现亦残削。清乾隆四十七年（1782），言如泗重刻，姚大勋书，亦不存。

魏了翁《重建学宫记》

常熟县学之始，图乘放失，靡有屋梁，书至和纪年，余无所考。庆元三年，县令孙应时以言游里人也，始祠于学，新安朱子既为证其事。宝庆元年，祠迁于学之左，然而孔堂阙坏，弗不加治。今令会稽王爚始至，大惧无以崇化善俗，约缩浮蠹，逾年更而正之。属邑士胡洽、胡淳庀其役，以孔庙居左，庙之南为大门，北为言游之祠。又东北为本朝周子、张子、二程子、朱文公、张宣公之祠，以明伦堂居右，东西为斋庐四以馆士，为塾二，东以储书，凡祭器、祭服藏焉；西以居言氏之裔。通为屋百有二十楹，而为垣以宫之。且增田四百亩有奇，岁助公养之费；凡言氏之裔，官为衣食，而延师以教之，别为田五百亩，以给其费。白于郡于部使者，为廪以贮之。经始于端平二年之冬，竣事于明年之秋，乃八月丁亥，释奠于新宫，属郡人叶辅之叙其役，以求记于了翁。

窃惟朱子尝记子游之祠矣，如《鲁论》所载二三事，皆□发挥无余。藐兹孤陋，安敢复措一辞？然尝读礼书，而窃有见焉。因记庙学之成，并附其说。夫《檀弓》，不知何人，而一篇之书，独于子游极其称誉，虽其于孔门诸子率多讥评，又以言曾并列。其是言而非曾者非一，几若偏于抑扬。然即其书以考之，大抵当典礼讹阙，无所考订之时，人之有疑弗决者，率以质诸子游。故前后典礼所关者十有四，皆以游一言为可否，亦足以见其为时人之耳目。虽“汰哉，叔氏”一语，若讥之而实尊之，然则游以习礼列于文学，兹其为文为学，盖三代典章之遗，赖游以有存者。呜呼，信其为豪杰之士矣！昔柳宗元谓《论语》所载弟子，必以字，惟曾子有子不字，遂谓是书出于曾门。盖字与子皆得兼称，如门人之于孔子，进而称子，不敢氏；退而称仲尼，不言子。其次亦有既子且字，如闵子之等，不一二人，或子或字者，又数人，然渊弓至游夏，最号高第，字而不能子也。有子曾子，子而不得字也。就二者而论，则字为尊，盖子虽有师道之称，然系于氏者，不过男子之美称耳。故《孝经》字仲尼，而子曾子；《礼运》字仲尼，而名言偃。至于子思字其祖，孟子字其师之祖，相传至今。人之字仲尼者，无敢以为疑。仲尼作《春秋》，二百四十二年间，字而不名者，仅十有二人。而游夏诸子之门人，亦各字其师。相承至于汉初，犹未敢轻以字许人。即是而观，则子游以句吴孤远之士，遂得字而不子，以列于高第之目，此又岂易易然者？今吴门密迩行都，而常熟为壮县。有如游之北学洙泗，遂以习礼辈行颜闵，寥寥千载间，岂终无其人耶？或者狃于习俗，未有以自振。我朱子既尝表其事以风厉之，予又何言？独惟山川风气，古今犹夫人也，诵先圣之书，服先贤之训，呜呼，其必有闻风兴起，以无负建学尊贤之意者，士其勉之。

端平三年十月戊戌，资政殿学士、通议大夫、提举临安府洞霄宫、临邛郡开国侯、食邑一千五百户、实封三百户魏了翁记并篆额。

嘉熙改元四月己丑，朝散大夫、试中书舍人、赐紫金鱼袋袁甫书撰。

□纬陶铸摹。

按：宋端平二年（1235），知县王爚仿郡庠制重建文庙。端平三年（1236），魏了翁撰记并篆额，袁甫书。魏了翁（1178—1237），字华父，号鹤山，蒲江人，庆元五年（1199）进士，历任礼部尚书、同签书枢密院事等。为南宋著名理学家，有《鹤山全集》《九经要义》等。碑原在邑学戟门。

袁甫《常熟县教育言子诸孙记》

按《琴川图志》，言偃，字子游，旧宅在县治之西。唐追爵吴侯，我朝升为公。庆元间，令孙君应时即学宫建祠于论堂东偏。后令迁其祠，祀事弗饬，有识嗟惋。今邑大夫王君爚移书谂余曰："圣道榛芜，心甚愧之。今且一新矣，东庙西学，前殿后祠，奠荐攸序，既顺且严。尝访公裔孙，则降在编氓，弗修儒业。繇是即新学西斋，扁曰'象贤'，聚言族子弟其中，县给赡养之资，买书延师，朝夕训导。择齿长者主公祠宇。又虑岁月浸远，美意难继，则为之节冗费，得缗钱八千三百，买田以亩计者五百有二十，岁收米以斛计者三百有八十。庶贻永久，愿有记焉。"

余太息曰："是举也，可谓知礼矣。礼，天之经，地之义，人道之所由立，而国家之所恃以为元气者也。昔者，夫子与于蜡宾，有感于鲁，喟然

发叹。子游遂问礼，而夫子历言上古、中古与后世之变，而断以礼之废兴。子游凡三问，而夫子三答，皆所以极言礼也。异时燕居从容，子游与子张、子贡侍，纵言至于礼，而子游又发‘领恶全好’之问，夫子然之。考诸《檀弓》所载，以曾子之任道，尚推子游为习礼，其辨裼袭一节，则曾子慊然自知其过。与他所论礼，皆精入毫发，独得圣人之传。至于论子夏之门人，则谓仅可当洒扫、应对、进退之末，而本之则无。然则知本，斯可谓知礼。此正夫子所以大林放之问，而未可以子夏之论少之也。且子游，吴人也，太伯端委以治周礼，其源流有自来矣，而况讲习于洙泗之间，巍然在四科之列。武城弦歌之风，回视断发文身，裸以为饰者，其气象果何如？故子游之言曰：‘直情径行者，戎狄之道也。礼道则不然。品节斯，斯之谓礼。’乌乎，一日无礼，则沦入于夷狄，甚可惧也。”故始之创祠，知礼也；后之迁祠，严礼也。今王君大修学宫，祠先贤而教养其后裔，于是乎能复礼。而言氏子孙藏修其间者，又能夙夜服习。则礼之兴也，其庶矣乎？《传》曰：礼不行则上下昏，何以长世？然则斯举也，于国祚亦有关焉，是不可以无述，乃为之书。

嘉熙改元四月癸未，朝散大夫、试中书舍人、赐紫金鱼袋袁甫撰并书。

朝奉大夫、焕章阁待制、知平江军府事、兼管内劝农使、节制许浦都统司水军、赐紫金鱼袋王遂题盖。

碑树礼门东翼室内，年久屋倾，碑亦仆地，历廿余载，雨雪侵蚀，字渐漫灭。七十一世孙廉命男梦奎倩工移树戟门右，时雍正三年重阳日也。

按：宋端平元年（1234），知县王爚修言子祠，并延师以教言氏后裔。嘉熙元年（1237），袁甫撰记并书，王遂题额。袁甫，字广微，嘉定七年（1214）进士第一，仕至兵部侍郎，兼吏部尚书。著有《蒙斋集》等。此碑原在邑学戟门西官厅。现存言子专祠礼门。

傅著《子游像赞并序》

圣人之道，天地日月也；贤者之德，星辰河岳也。天地之覆焘，日月之照临，亘万古而靡息；星辰之昭明，河岳之流峙，将愈久而益彰焉。其先师子游氏之神乎？

子游，吴之常熟人也。孔子阐教东鲁，弟子盖三千焉，率多中州之士。自南而北学者，子游一人耳。其志行卓越，豪杰特立，孝敬以励其德，务本以推其学，遂得圣人之一体。其见于设施，教民必以道，俾君子小人，爱人而易使。其于师道，固昭昭矣。然于时尤以习礼闻，故葬以即远，有进无退，曾子多其论；裼裘以吊，袭裘而入，曾子服其礼。大道之行，天下为公；大道既隐，天下为家，孔子既详语之。欲能则学，欲知则问，欲善则详，欲给则豫，孔子又深许之。其嘉言善行，载于《礼记》《家语》者实多。而尤深究夫礼，其足为后世师法者，秩秩也。洪惟国朝以武勘文治，崇德报功，以承上下，肇称殷祀，咸秩无文。爰访地灵，用弘国典，实始称先师子游氏之神。以仲春次丁，祀以刚鬣，礼实尊焉。载稽先代祀先圣先师，周公南向，孔子东向。至唐开元二十七年，追谥孔子文宣王，南向，赠弟子公、侯、伯。至于我朝，以昔称孔子、称子游，亦既尊矣。所谓贤者之德，犹星辰河岳，愈久而益彰者乎？敬为赞曰：

大哉宣圣，尼山降神。懿哉子游，嵎山委真。维圣阐教，洙泗之滨。维贤衍道，大江之渍。三千济济，七十彬彬。北学中国，南方一人。伟哉豪杰，圣道克遵。得圣一体，昭礼五仁。孝敬是励，大道具聆。文学斯擅，弦歌则闻。莞尔之笑，圣心实欣。牛刀割鸡，戏尔前言。赫赫国朝，先师实尊。爰致祠祀，及兹仲春。勖尔俊髦，裕尔后昆。刻像琬琰，播德烝民。星辰河岳，有烨斯文。

奉训大夫、潞州知州、吴郡傅著述。

睹河洛者思禹，入清庙者思文。过文学之里，谒大贤之庭，此所以有子游之思也。况受其罔极之恩者乎？苏州府同知曹恒以公事至常熟，过先师子游氏之神祠，俨然有思，问及遗像。本县试主簿王诚、典史赵维俾儁访求后人烨得之，遂以其像刻之石，以垂永久，庶几河洛清庙之思焉。吴人王儁敬识。

常熟县知县余叔相、县丞陈义、儒学教谕张瑜立。

按：明洪武年间，教谕傅著撰，郡人王儁跋，邑令余叔相等立。傅著，字则明，郡人，洪武初预修元史，任常熟教谕，仕至潞州知州。有《味梅斋稿》。碑原在邑学大成殿西。

杨荣《常熟县重修庙学记》

荣禄大夫、少傅、工部尚书、兼谨身殿大学士、知制诰、国史总裁、建安杨荣撰。

宣德癸丑，常熟县重修孔子庙学成。吏部稽勋主事钱衡，世家斯邑，少尝游是学，来请于予曰："学在县治东南，其地隆然以高，宏然而敞，创始于宋至和，重修于开禧、端平，而再葺于元之皇庆、至正。其间政教兴替靡常，未可以概举也。洪惟国朝文教聿兴，洪武庚戌，教谕朱昞来掌教事，时学之制：左则殿庑、戟门、棂星之赫奕；右则讲堂、斋舍、庖廪之毕具；其后则有子游祠及先贤堂，蔚然可观。历岁滋久，上雨旁风，浸以圮坏，未有能振之者。近西江罗汝宽典教兹邑，慨然欲作新之计，其工费浩繁，虑有弗给，乃先度其力可为者为之，若廊庑、讲堂、门垣斋舍，及先贤祠宇，皆循次修葺，惟礼殿未之能也。壬子之秋，县丞李子廉、主簿郭南暇日视学宫，见汝宽用力之勤，亦慨然曰：'修学责在有司，吾辈视其颓废，而不加力，宁无愧焉？'乃各捐俸以倡，训导徐万镒、翁玭力赞助之，命耆老平孟悦等督其事。衡适得请于朝，归省墓，乃奉白金四伯钱，佐其役。仍率邑之好事者王惠吉、陈崇道、张士良、钱汝周、杨师颜等，捐资以助，于是聚材鸠工，殿之梁栋榱桷、瓦甓墙壁之毁者易之，帷幕器用之弊者新之，圣贤像设章服则绘饰之，与汝宽先事所修葺者，轮奂华彩，相为炫耀焉。是役也，不烦于官，不扰于民，而卒以时就，诚可谓难矣。敢求一言，以示不朽。”

予嘉佐邑者之得人，又嘉衡之能轻财，而知所尊也，故不辞其请，而为之言曰：学校，育材之地，风化之原，为国者之先务也。天启皇明大一统文明之治，开万载太平之业，在内则立胄监，在外则府州若县莫不有学，而学之教法规制盖已超轶汉唐宋，而娓娓乎唐虞三代之隆矣。皇上嗣登宝位，尊崇儒道，凡一言一动，莫不师法孔子，以弘尧舜之治，是以屡诏天下修理庙学。然郡县之吏能奉承者鲜，而常熟邑佐李子廉、郭南氏知其所重，一新学宫，可谓能祗顺德意者矣。夫常熟乃子游过化之地，子游，圣门高弟也，则今县之令佐与夫为师生者优游于兹，当何如哉？必景仰贤哲，修举学政，且务其为己之学，尽乎孝弟忠信之道，勿徒炫名誉、徇利禄，以负国家建学立师之盛意，则庶乎其可也。敢以此复衡之请，且告其邑人焉。

宣德九年夏四月望日，常熟县知县郭南，县丞李子廉、张寿方、林崇福，主簿陈阳福，典史柳俊，本学教谕罗汝宽，训导徐万镒、翁玭。

右《庙学记》，今少傅、大司空、荣禄公因吏部主事钱衡之请而作，时宣德八年冬也。记文付下则九年之春矣。主簿郭南已钦升常熟县知县，立石于是年之夏。不当复署旧衔，宜光今之宠命，既不失其实，且以示劝云。

行在翰林院致事修撰、承务郎、同修国史、邑人张洪识。

董工耆老平孟悦、陈叔维。

邑人吕臻镌。

按：明宣德八年（1433），教谕罗汝宽、县丞李子廉、主簿郭南等次第重修庙学。九年（1434），杨荣应邑人钱衡请撰记，张洪跋。杨荣（1371—1440），字勉仁，福建人。明建文二年（1400）进士，历仕四朝，终太子少傅、谨身殿大学士。碑原在文庙戟门内东首，现存文庙戟门北。

吴讷《常熟县儒学新建尊经阁之记》

常熟为吴国子游言公阙里。公北学圣门，身通受业，因文学得圣人一体，以化洙泗以南朴鄙不文之习，泽及后人深矣。癸亥岁五月朔，讷抱病家居，教谕浚仪赵永言奉书来谒，曰：“常熟县学，首创于宋之至和，重建于端平之初，左庙右学，大成殿后有言公祠，祠右有明伦堂。元年丙辰，永言承乏是学，知县上虞郭南、县丞分宜李子廉，撤堂新之。越三载，知县郭南又撤两斋，改为重屋，并市学东民地，重建射圃，以便诸生习射。六年辛酉冬，县丞新建陈澄掌邑事，永言曰：‘郡庠旧有六经阁，吴庠近建藏书楼。本学曩承太祖高皇帝颁降《大明律》等书，暨太宗文皇帝五经四书大全等集，俱置庑下。地土卑湿，壓雨蒸浥，倘得楼阁以藏，庶尽其宜。’贰令闻而善之，乃撤堂后寝屋，捐俸为倡，复劝邑人佽助钱米，鸠匠市材，建阁五间二夹室，名曰尊经之阁。时县令郭南公出而归，因出俸米，完其未备。经始壬戌季秋既望，落成嘉平之月哉生明之日，敢求一言，垂示不朽。然永言读诸碑志，心窃有疑，宋宁宗庆元己未，徽国朱子为知县事孙应时记言公祠；后三十六载理宗端平丙申，魏文靖公了翁为邑令王爚作《重建学宫记》，惓惓然表章朱子记文之说，至篇终引礼书云，时人以典礼质问者十有四，皆以游一言为可否。三代典章之遗，赖之有以存焉。此朱子未言者。若记中所谓南方之学，得其精华，及一洒偷儒、无廉耻、嗜饮食之讥。此二事文靖公未尝发明，幸并开释，以告后学。”

于戏！讷蚤游邑庠，睹明伦堂扁，左刻新安朱熹书，右刻稽阴王爚立。稍长读《丹阳公祠堂记》，窃有得其一二焉。按《隋书·儒林传序》云：“南北所为章句，南人约简，得其精华。”故朱子《记》称子游“简易疏通，高畅宏远”，意必敏于闻道，岂所谓得其精华者自古而然耶？又按荀况《非十二子篇》云：“偷儒惮事，无廉耻，嗜饮食，是子游氏之儒。”朱子于是引而不辩。夫子游，圣门高弟，论子夏弟子之学，知大学之本；治武城，知礼乐之道；岂有荀况所讥者乎？荀去子游几二百载，其时弟子、乡人，或狃于俗习，遂乃讥及子游。故朱子《记》云："愿诸生勉进所谓本，所谓道，使此邑之人，百世之下，复有如公者出，一洒偷懦惮事、无廉耻、嗜饮食之讥。"期望后学，至深切矣。

洪惟圣朝太祖高皇帝诞膺天命，以儒术化成天下。即位之初，诏天下立学，遴选儒师，训迪子弟；厥后设科取士，以《四书五经》为主，本其《四书集注》《诗集传》《周易本义》，《书》订定《蔡氏传》，率皆朱子之说。迨太宗文皇帝命儒臣纂辑《大全》，凡悖朱子者弗录。今作阁记，舍朱子之言，何以为言哉？朱子尝有言曰：道在天下，原于天命之性，行于君臣父子兄弟夫妇朋友之间。其文出圣人之手，存于《易》《书》《诗》《礼》《春秋》孔孟之籍。至后世国家行事之迹，又皆有史臣之记。凡天地阴阳事物之理，修齐治平之道，礼乐选举食货兵刑之制，靡不备著于中。昔之为师者，以是为教。学之者，以是为学。今学者类多记诵剽窃，内以傲其父兄，外以骄其闾里，终身不知自勉，而卒就小人之归，然岂专在学者之罪？亦典教者不知为教之道也。于戏，朱子集周程张邵之成，以续孔孟之统，当时乃有记诵剽窃之弊。盖朱子之学，虽不能行之于一时，而实大行于今日。则今之为师为弟子者，其可不以朱子之言，为法为戒，以无负国家建学毓贤之意乎？

昔者张伯玉记吾郡六经阁曰："诸子百家皆在，而不书尊经也。"夫尊者，恭敬奉持之谓，岂徒尊阁奉安而已？抑又惟吾邑山水明秀，登是阁则一览在目。窃虑昧者罔思天朝祖宗颁降经书在上，或设宴阁之上下，或酣饕之余，追逐笑嬉，非惟堕乎相鼠无礼之恶，而真陷乎嗜饮食、无廉耻之贱矣。愚也年登八十，杜门待尽，笔砚久废，故是阁之记，五年之间屡辞邑官之请。今则弗克终辞者，盖欲因是尽悃愊以告乡邑后进，俾勿悖先圣贤之训也。若夫本武城弦歌之政，推广学道爱人之心，此邑之令佐所当自勉，以求无忝其职者，然亦耋老之深望云。

正统十三年岁在戊辰二月初吉，嘉议大夫、都察院左副都御史吴讷撰；江阴严雍篆；邑庠生张绪书。

知县郭南，县丞刘得、赵绅，主簿孔刚、王子钊，典史陈达，董工耆民郎藩、陈玉、蒋瑛等立石。

邑人吕顺镌。

按：明正统七年（1442），县丞陈澄新建尊经阁。正统十三年（1448），邑人吴讷撰记，严雍篆额，张绪书，知县郭南等立石。吴讷（1372—1457），字敏德，邑人。明永乐中，以医荐至京，仕至南京左副都御史。碑原在邑学尊经阁，现存文庙尊经阁西首。

徐有贞《直隶苏州府常熟县儒学兴修记》

前太史中执法、经筵讲官、知制诰……奉天诩卫推诚宣力守正文臣、特进光禄大夫、柱国武……华盖殿大学士……

奉议大夫、山西等处提刑按察司佥事、奉敕提督屯田……

太中大夫、资治少尹、山西等处承宣布政使司□参政……

常熟，苏之上邑也，盖古吴国之虞乡，言游氏之故里也。于今以文献称天下，然其学宫虽旧而世弊未之收，科目虽盛而士风未之振，论者病焉。先是为邑者率惟簿书会计征科之急，而缓于学事。成化改元之秋，澶渊甘侯实来，周爰顾瞻，慨然以兴修为己任，乃咨于学官及邑之贤者，图惟经营次第为之，以明年春蒇事。及秋，而文庙礼殿，暨左右庑，棂星戟门，像设祭器，罔不毕具。又明年春及秋，乃修子游之祠，继葺明伦之堂，志道、据德之斋，建育贤之门，辟观德之圃，架泮池之桥，暨治师生之舍，库庾庖饔，周垣坊表，罔不毕饬。盖自经始至于落成，载历燠凉，为日三百有奇。而庙学规制，于是乎称。其邑人湖广大参钱君以书来，曰："愿有记。"于戏，兴学之举，甘侯惟能矣，然吾于二三子尚有所谂焉。夫上之为教，未尝不欲其古若也；下之为学，亦未尝不欲其古若也。考其成功，卒未之古若者，何哉？岂其为教与学之名与古同，而所以为教与学之实与古异与？其在上者不可语，而在下者不可诿也。古之士为道德，不为功名，不为富贵。今则或惟富贵之为而已，为乎道德则功名在其中，为乎功名而富贵在其中，为乎富贵则出乎道德功名之外矣，安望其能古若哉？夫言游氏，天下儒学之哲，而常熟之乡先生也。其于孔门，以文学为称首，而其言学必曰道、曰本、曰礼乐之原；及其行事，见于《鲁论》《汉记》，彰彰矣。然则其为也，岂徒文哉？盖子游之学之道也，仲尼之学之道，尧舜禹汤文武周公之学之道也。学惟其道，虽穷而在下可乐也；学非其道，虽达而在上可耻也。古如是，今亦如是，不足以言学。吾愿与二三子省之，由子游以求乎仲尼，由仲尼以求乎尧舜禹汤文武周公。其于道也，若溯流而求源，由一心而运之天下，小试而为弦歌之治，大行而成礼乐之化，庶几哉，其古若尔矣。吾愿与二三子勉之。甘侯名泽，字弘济，以名进士为名御史、名宪副，扬历内外台，诎而为邑于斯，其信而复升也，有公道在焉。其所启以图成乎庙学者，教谕乐安谢纮、训导严陵诸伦、开封高旦及邑义士钱昌、刘效、耆彦徐宗旸、曾昂也。

成化四年孟春良月，县……

按：明成化二年（1466），知县甘泽修庙学，建礼门三楹；四年（1468），次第以成。徐有贞撰记。徐有贞（1407—1472），字元玉，苏州人。宣德八年（1433）进士，仕至华盖殿大学士，掌文渊阁事。有《武功集》。碑原在邑学东碑亭，已佚，拓片亦半泐，今据邑志录入。

杨守阯《常熟县学重建先圣庙记》

苏州府常熟县学旧有先圣孔子庙，岁久颓靡将压，且旧规庳隘，弗称揭虔妥灵。县令杨君子器，欲作新而充拓之，言于郡守曹君凤，又言于巡抚、巡按。凡持宪节以莅兹土者，皆可之。而提学侍御方君志且署其公移曰："兴学，有司之首务，况庙庑圣贤栖神之所，尤不可怠遑，其亟图之!"乃俾会计帑羡，市材庀工，而委县丞张翰董其事，悉撤其旧而新之。庙庑之侧，旧有仓，徙而之他，以其地充拓庙址，东西增四丈六尺，南北增一丈八尺，筑其址高一丈五尺，重建礼殿五间，东西两庑各七间、戟门三间，左乡贤祠、右名宦祠各一间，棂星门如戟门之间，门左有隙地为杏坛。其东子游庙，后观德亭，前为斋舍，左右各十八间。其西明伦堂，右及仪门之右为训导宅，前后各一所。泮池之东为礼器之库，其西为廪食之仓，即前所徙置者。至于学之堂斋及诸廨宇，皆葺其旧而焕然一新。经始于弘治十三年春正月之望，至秋七月之望而落成焉。凡其五材之用、百工之事，共费帑羡白金九百六十余两而足。

学之师生咨于方君，欲请文勒石，以示永久，遂以属予。未几而子器去，为考功主事，今方君又擢山东参议，因速予文。嗟乎，文逋久矣。予非靳于言也，盖难为言尔。昔者子贡以夫子之道，譬之宫墙，谓不得其门而入，不见宗庙之美、百官之富。子贡亲游圣人之门墙而得见之，故能为是言。今去圣既远，学未见道，望宫墙而不得入其门，虽欲议拟称述之，固难为言矣。顾于作庙一事，有可以为学道者勉焉，不可不一言之。

常熟县学建置始末，自宋元以至国朝，数百年间碑记林立，其言庙学之重建屡矣。今者作庙，因撤其旧梁而得见其题识，实端平三年二月壬子，知常熟县事王爚所建也。以是观之，则后之碑记凡言重建者，其可信乎?学未见道，得人言语文字，以为道尽在是者，亦未然哉。必若今之撤庙窥梁，以得其始建之岁月，然后为真知也。《大学》明德新民，始于格物致知。《中庸》获上治民，悦亲信友，必先明善诚身。盖必真知之，然后能笃信之，允蹈之，斯道在我，而凡天下之事可一以贯之矣。常熟之先贤有言游者，闻夫子学道爱人之言而笃信之，宰武城以礼乐为教而允蹈之，其在圣门列于文学之科，孟子称其有圣人之一体，朱子称其为豪杰之才，乡邑之士必有闻其风而兴起者矣。今又得良有司作新庙学以振厉之，将必有豪杰之士、学道之君子、得圣人之一体者，出于其间，以为天下国家之用，以弼成斯世礼乐教化之功哉。是则予之所深望也。若夫以文学射策、决科随世以就功名者，是邑固未尝乏人，奚庸予谍说哉？

赐进士及第、通议大夫、南京吏部右侍郎、前翰林院侍讲学士、国史副总裁、兼修玉牒、经筵官、四明杨守阯撰。

大明弘治十五年夏四月吉旦，赐进士出身、奉议大夫、同知松江府、署常熟县事、关西何宗理，县丞胡瑞，主簿郝尚质、周必复，典史朱子实，教谕李隆，训导董祯、周夔，管工义官唐复、唐政立石。生员张钿书，里人吕山镌。

按：明弘治十三年（1500），知县杨子器重修庙学。十五年（1502），杨守阯为撰记，张钿书。杨守阯（1436—1512），字惟立，鄞县人。成化十四年（1478）进士，仕至翰林侍读学士、南京吏部右侍郎。有《碧川文选》四卷。碑原在邑学戟门内，现存文庙戟门。

瞿景淳《常熟县重修庙学记》

侍御尚公奉命按吴之戊午春，行部至常熟，祇谒先师。时庙学多倾圮不治，公顾瞻咨嗟，亟欲新之，念民方困于军需，公私廪廪，莫可为者。乃计本院所余赎金，得五百八十两，发县令冯舜渔，俾葺之。冯乃鸠工饬材，卜以嘉靖三十六年九月十三日始事，越次年六月初一日告成。庙貌孔严，弦诵有所，士类咸忻忻，谋欲纪公绩。余时适典南试归，冯因诸生之请，以记属余。余曰："事固有待哉，惟兹庙学肇自宋元，厥有历年。入国朝以来，独学谕罗汝宽、邑佐李子廉、郭南一尝修之，然以力乏不赡，而仍其故者多矣。微尚公，安知庙学之不浸以废也？"自公之按吴，纠贪残，禁侵暴，吏治咸贞。威名所及，岛夷屏伏。公政绩章甚，然犹惟安吾之生，乃兹庙学之新，俾人知自进于礼义，淑其身心以自远于禽兽。盖公之爱吾人，于是为益深，固宜诸生之德公不已也。

夫王道之污隆系人才，人才之盛衰系学校，学校之重于天下久矣。古今守土之臣，学废不修，率以时之多故、日有不给为解，然人存政举，岂可以罪夫时哉？夫多故之时，人之所急者曰兵与食耳。昔秦人起汧渭，拥崤函，包巴蜀，战胜诸侯，富轻天下，遂墟六国而定于一。然焚弃诗书，礼教不修，人心之薄，虽父子兄弟之间，滑然有离心。故刘项起而诸将交臂乞降，不复知有君臣之义，则以上不知教，而士节不素励之过也。夫秦之形胜则天下奥区，秦之锐士则天下精甲，秦之富厚则天下上腴，然犹不足以延祚，而忽焉不祀。治之所急者，果徒在兵食之间哉？我高皇帝之创大业也，四方僭伪犹未尽平，兵革犹未尽偃，首诏有司立学造士，庙祀孔子，俾学者知所向。方圣神有作，度越常情，盖如此。公今远承圣谟，所至率加惠学校，在吾邑者，一旦翼翼严正，有以起士子怠弛之气，而日进不倦。嗣今居则为孝子，出则为忠臣，无负国家造士之初意，无愧先贤子游之乡人，公之所以成人才、裨治理者，盖未可量矣。公岂以簿书先礼教，急一时富强之谋哉？《诗》曰："既作泮宫，淮夷攸服。"言文德之可以怀远也。余于今盖有望焉。

公名维持，字国相，河南罗山人，岁庚子发解第一，登辛丑进士，以刚方直谅名台中。按吴一年，百废具兴，城要害，核兵粮，诸所经略，必为东南久安计，盖治教兼举者。余纪公绩，特先学校，以公深达治本，且以示礼义之当明，人心之当正，不可以一日忽也。

嘉靖三十七年孟冬吉旦，赐进士及第、翰林院侍读、前国史编修、会典纂修官、兼管诰敕、邑人瞿景淳谨记。

掌常熟县事、苏州府通判张牧，县丞陈元、林爌，主簿徐槚、丘岳，典史双昊，教谕熊东周，训导戚宠、周光立石。

按：明嘉靖三十六、三十七年间（1557—1558），巡按御史尚维持主持重修邑学。三十七年，邑人瞿景淳撰记。瞿景淳（1507—1569），字师道，号昆湖，邑人，嘉靖二十三年（1544）以榜眼及第，仕至礼部左侍郎，兼翰林学士。卒谥文懿。碑原在邑学戟门，现存文庙戟门。

顾宪成《重修常熟县学尊经阁并厘复祀典创置学田记》

国家之设学，从来远矣，本之先师孔子之所以教天下万世于无穷。而天下万世所以佩服先师孔子于无穷者，胥于是乎在是。故其涣然而为谟训之昭垂，能使人相与诵习焉，而不敢背者，非仅仅在文字间也；其肃然而为俎豆之荐享，能使人相与奔走焉，而不敢玩者，非仅仅在仪物间也；其翩然而为缝掖之森列，能使人相与敬且爱焉，而不能已已者，非仅仅在体貌间也；凡皆宇宙间一片精神之为也。是故感即应，触即通，其发脉在圣人，而未尝不贯彻于吾人；其发缄在俄顷，而未尝不旁皇周浃于千百世之上下也，在柄世道者联合而总摄之耳。

琴川杨侯之为令也，持己以廉，牧民以慈，接士以诚，绳暴以法，善政缕缕，声冠东南，真不愧古之循良矣。一日诣学，目击芜莽之状，慨然太息。退而捐俸金，散锾金，鸠工抡材，旧之饬而新之图。为之修尊经阁，钦圣制也；为之厘祀典，妥神灵也；为之置学田，优士养也；为之搜群籍，崇文教也；为之设义师，广陶育也。宫墙之间，礼备乐和，烂焉生色。其德意甚茂，而其所规画甚具而有则。虞人士相率聚而诵焉，于是茂才缪生肇祖、朱生曾省、严生柟等图勒之石以旌侯功，因谒予东林，属予为记。

予惟世之为令者，上之清管库、勤听断、规规薄书期会之间以见能，如是而已耳；下之盛厨传、都筐篚，务称贵人意，以博一时之誉，如是而已耳。其于民之疾痛疴痒，犹然不暇问，而又何有于教化之事哉？乃侯夙夜孜孜汲汲，顾不在彼而在此，曹所甚委，侯独为任也；曹所甚缓，侯独为急也；曹所甚简，侯独为隆也。是必其卓越之识有以超出流俗之表，又必其一片精神周流灌注，有以通圣人吾人而为一体，通千百世之上下而为一息，始有此作用耳。侯于是乎过人远矣。侯闻之，谓诸茂才曰："吾闻昔之貌孔子者，颜氏之仰钻瞻忽得其髓，曾氏之秋阳江汉得其骨，端木氏之宗庙百官得其肉。自此以外，不过得其皮而止，况我之纤纤拮据，又其末也，夫何足云？"诸茂才以告，予曰："非也，是特存乎人之所见谓何耳，即如孔子，曷尝有皮肉骨髓四者相也？凡以见之浅者，其得亦浅；见之深者，其得亦深，遂作是分别耳，神而明之一而已矣。故夫侯之兴起泮宫，表章经术，使文学旧邦复还故物，凡所孜孜汲汲于今日，与孔子之孜孜汲汲于当日，无以异也。诸君果有意乎？试思端木氏何人，曾氏何人，颜氏何人，吾孔子亦何人哉？惟是仰而模，俯而效，一日用其力，竭蹶而趋焉，即诸君之孜孜汲汲于进修，与侯之孜孜汲汲于拮据，亦无以异也。其于陟圣跻贤，故自不远耳。何者？均此一片精神也。诸君勉之，庶几其不负侯。岂惟不负侯，且不自负。岂惟不自负，由是处则慥慥，足以敦行而表俗；出则卓卓，足以建事而匡时，且不负国家二百余年之培养矣。不朽盛事，海虞其何让焉？”

侯名涟，字文孺，楚之应山人，丁未进士。其佐侯而襄厥绩者，学谕则李君名维柱，字本石，楚之京山人；司训朱君，名朝选，字维玄，宁之旌德人；朱君，名正定，字在止，常之靖江人。法得备书。

万历庚戌仲冬阳至日，赐进士第、奉政大夫、南京光禄寺少卿、前吏部文选清吏司郎中、梁溪顾宪成谨撰。

长洲后学韩道亨书。

朱维玄以擢虹县行，而震时承乏适至，乐观厥成，因附姓名于末耑。

云间魏震时谨识。

按：明万历三十七年（1609），知县杨涟重修儒学尊经阁，厘复祀典，并创置学田。三十八年（1610），顾宪成撰记，韩道亨书。顾宪成，字叔时，无锡人，万历八年（1580）进士，为东林党创始人之一。有《顾端文遗书》等。碑原在邑学明伦堂。

杨涟《修海虞学志序》

海虞，故文学里也，余不佞则楚鄙朴蔌中人，谒选得承乏兹土，时诧余弁缨。而观俎豆之场，无益其不相肖。既受事，入其泽宫，周视殿庑堂阁，询其创置颠末，若多所圮缺云。大者如天子肆俊士于胶庠，即以先师礼祀孔子，令岁时什菜什奠，以不忘所自。乃亦多具文以承者。余忾然有爱羊之思，而未有以当也。会云杜本石李先生以振铎至。本石，博雅君子也，既精于典故，尤率履不越以视先诸士，乃相与共两朱先生讨训故实，而轻重举之。诸凡什奠之数如礼，升奏之节如制，尊经阁如名，月课士如事，核正养士之田如籍，庶工粗有次第。夫亦既观俎豆之场，无辞于不知礼，聊同三先生与诸俊士修行故事已耳。诸弟子员缪生肇祖、严生枏等若以是可备虞学文献之未足，相与私志之，更搜贤踪宦迹，及艺文之散失与复在断碑荒碣者，纲挈而纪分之，比事拾遗，得若干卷。志成，群请刻其策，以观来者。杨子曰：志，史之流也。圣人之于文，所重惟史。其说礼也，辄嗟文献之不足，而恚杞宋之莫征。事非文弗垂也，虞声名文物之盛甚矣，夫志乌可已也？要以征往昭来，余微有感于虞之初焉。

虞当商周间，不犹然荒服榛莽之区乎？仲雍入而虞之名尊，子游出而宇内尊虞者，傲然与邹鲁埒。夫仲雍屣去侯封，文身断发，祈与俗俱浑耳，如今时之所驱逐之以为荣、骛之以为高者，仲雍无有也。子游北学于中国，是时冠剑簪缨之伦，与饰名竞采者何可胜原，而率不能与沾沾爱人易使之武城宰争晦流，则虞之开今日声名文物之盛，与今日养声名文物之盛于益光者，所重可知也。明天子右文，以科目进士而陶成之于泽宫，士之于进取，如车之輗、舟之楫，脱是无以托于行，岂其必文断隐放。要以大人经世有如不得已而应之，则养之力沉，发之力全，世与己共不失焉。如第以学者舍人爵荣名，若别无安身立命之处，童而习之，日夜蜰蜉以竞，视饮食裘葛焉失之弗快也？将无仲雍之耻与人，且以窥其出之所，竟而躁之所受也。夫诚漱六经之精，得圣人之一，不弦歌武城，不掩子游之文宰武城，行学道之端宰天下。究学道之量，则子游之为子游具在。若泛于南方菁华焉，求之失其质矣。

余以为今日之谓胶庠者，猎较功名之场也，还其源于学而静以观之。今日之谓文学者，衿帨粉藻之饰也，敛其浮于道而质以出之。处不失文学之真，出使人实收文学之用，是为重虞学而不失虞之初。若夫制度文章之举，前事之不忘焉耳。汉成都不有礼殿讲堂乎？帝王圣贤写在目间，一时侈为盛举。卒之人文之蔚起者，赋上林子虚，颂金马碧鸡，徼取一人之宠，高足里门耳。再起而为草玄美新，风斯愈下，岂其益于国家右文之数？夫登高则望，临深则窥，处地便也，何况文乡墨儒，履先贤君子之地，而可无善返其初？语尤有之，无高不可升，不必画冈陵以为望也；无深不可探，不必画崖壑以为窥也。仲雍姑无论，令子游而在，文学或非其所驻足之地。夫沉涵德行之原，郁养英华之积，使虞学之巨儒名公，贲相望于当日者，尤光大于来许，庶几哉，益以备文献之全。今日愿与诸俊士志之矣，诸士其有意乎？本石听然而笑曰："真吾楚鄙朴薮中语，迂而远于事情，然可以备志之一说。"因弁诸简端。

赐进士出身、文林郎、知常熟县事、应山杨涟撰。

邑人严澂书，门人谭胤扬刻。

按：此杨涟所撰《常熟县儒学志序》，备说《学志》撰述源流，作于明万历三十八年（1610）。严澂书。杨涟（1571—1625），字文孺，应山人。万历三十五年（1607）进士，初任常熟令，举廉吏第一。仕至左副都御史，因劾魏忠贤，入诏狱死难。谥忠烈。有《杨文忠公集》。碑原在邑学明伦堂。

陈祖范《重修尊经阁记》

宋张伯玉记吴郡学六经阁云："诸子百家皆在焉，不书尊经也。"尊经名阁，盖昉于此。阁之下曰南华堂，取朱子《吴公祠记》，谓子游为人，"敏于闻达，而不滞于形器，岂所谓南方之学得其精华者，自古已然欤?"今尊经阁为学宫通名，而南华堂则缘乎言子，他处不得而冒，以有朱子之言也。夫所谓南方得其精华者，盖亦惟经学是谓。《隋书·儒林传》云："南北所治章句，好尚互有不同。江左《周易》则主王辅嗣，《尚书》则孔安国，《左传》则杜元凯；河洛《左传》则服子慎，《尚书》《周易》则郑康成，《诗》则并主于毛公，《礼》则同遵于郑氏。大抵南人约简，得其英华；北学深芜，穷其枝叶。"此朱子之言所本也。由此而推，宋室南渡，眉山著述，流行于北，程张理学，独盛于南，其亦南方得其精华者欤?今者道一风同，家遵钦定之书，人奋穷经之志，无复南北区别久矣。而吾邑独以言子故里，独占南华之号，讵不美哉?

稽旧志，阁有贮书千余卷，岁久残缺，十存五六。阁亦上雨旁风，日就圮坏。师儒弦诵之所，将鞠为园蔬薪刈之场，邦人士共有责焉。岁壬申，教谕吴中衡从元和司训来迁，思率作兴事，以张其职。会有封知州钱翁飞鹏，年八十有六矣，慨然曰："此急务也，岂不在我?"独输家财，通庠门、明伦堂、廊庑，皆葺而新之，约费千金有奇。封君用勤俭起家，见义勇为，不以老耄自诿，可谓加于人一等。而吾乡子弟亦宜三复朱子《记》中"偷懦惮事，无廉耻而嗜饮食"之讥，夫荀卿以目子游氏之儒，未必有当，而朱子引之，则或有感于当日吾乡风习，况又数百年以至于今乎?工成宜有记，予忝执笔，谨述旧闻而镌于申之如此。

乾隆十七年九月望日，邑人陈祖范撰，徐铸书丹。

按：清乾隆十七年（1752），邑人钱飞鹏出资重修尊经阁，陈祖范撰记，徐铸书。陈祖范（1676—1754），字亦韩，邑人，清雍正元年（1723）进士，国子监司业。有《司业集》。碑原在邑学明伦堂，现存常熟市碑刻博物馆。

主要参考文献

史志典籍

[元] 佚名：《庙学典礼》，王颋点校，浙江古籍出版社 1992 年版。

[元] 马端临：《文献通考》，文渊阁四库全书本。

[明] 李东阳等：《大明会典》，明正德年间重校刊行本。

[明] 申时行等：《明会典》，中华书局 1989 年版。

[明] 徐学聚：《国朝典汇》，书目文献出版社 1996 年版。

[清] 昆冈等：《钦定大清会典事例》，上海商务印书馆 1908 年版。

[清] 庞钟璐：《文庙祀典考》，江苏广陵古籍刻印社 1988 年版。

[清] 文庆、李宗昉等：《钦定国子监志》，北京古籍出版社 2000 年版。

[清] 素尔讷等：《钦定学政全书校注》，武汉大学出版社 2009 年版。

[清] 蓝钟瑞等：《文庙丁祭谱》，山东友谊书社 1989 年版。

[清] 孔令贻：《圣门礼乐志》，清光绪十三年重刻本。

[清] 张俟：《文庙贤儒功德录》，山东友谊书社 1989 年版。

[清] 陈锦：《文庙从祀位次考》，山东友谊书社 1989 年版。

[宋] 范成大：《吴郡志》，江苏古籍出版社 1999 年版。

[清] 黄之隽等：《乾隆江南通志》，文渊阁四库全书本。

[明] 卢熊：《（洪武）苏州府志》，广陵书社 2020 年版。

[清] 冯桂芬等：《（同治）苏州府志》，清光绪九年刻本。

[宋] 孙应时、[宋] 鲍廉、[元] 卢镇：《至正重修琴川志》，方志出版社 2013 年版。

[明] 杨子器、桑瑜：《（弘治）常熟县志》，广陵书社 2016 年版。

[明] 邓韨：《（嘉靖）常熟县志》，广陵书社 2016 年版。

[明] 龚立本：《（崇祯）常熟县志》，凤凰出版社 2021 年版。

［明］陈三恪：《海虞别乘》，上海科学技术文献出版社 2018 年版。

［明］管一德：《皇明常熟文献志》，广陵书社 2017 年版。

［明］姚宗仪：《（万历）常熟县私志》，广陵书社 2016 年版。

［明］张鼐等：《虞山书院志》，《常熟文库》第 28 卷，国家图书馆出版社 2019 年版。

［明］杨涟、李维柱等：《常熟县儒学志》，明万历三十八年本。

［清］杨振藻：《（康熙）常熟县志》，广陵书社 2016 年版。

［清］邵松年：《海虞文征》，广陵书社 2017 年版。

［清］言如泗：《常昭合志》，清乾隆五十八年刻本。

《重修常昭合志》，凤凰出版社 2021 年版。

杨镜如：《苏州府学志》，苏州大学出版社 2013 年版。

［清］卢思诚等：《（光绪）江阴县志》，清光绪四年本。

苏州市教育局《苏州教育志》编纂组：《苏州教育志》，三联书店上海分店 1991 年版。

常熟市教育局教育志编纂委员会：《常熟市教育志》，中国大百科全书出版社上海分社 1990 年版。

著作文集

侯绍文：《唐宋考试制度史》，台湾商务印书馆 1973 年版。

邓嗣禹：《中国考试制度史》，台北学生书局 1982 年版。

李启谦、杨佐仁：《孔门弟子研究资料》，曲阜师范学院孔子研究院编辑（1984 年）。

王德昭：《清代科举制度研究》，中华书局 1984 年版。

潘谷西：《曲阜孔庙建筑》，中国建筑工业出版社 1987 年版。

孔子文化大全编辑部：《孔府档案史料选》，山东友谊书社 1988 年版。

王先谦：《荀子集解》，中华书局 1988 年版。

孙希旦：《礼记集解》，中华书局 1989 年版。

清华大学建筑系：《中国古代建筑》，清华大学出版社 1990 年版。

金铮：《科举制度与中国文化》，上海人民出版社 1990 年版。

冯天瑜、何晓明、周积明：《中华文化史》，上海人民出版社 1990 年版。

杨载江：《言子春秋》，同济大学出版社 1992 年版。

吴宗国：《唐代科举制度研究》，辽宁大学出版社 1992 年版。

陈戍国：《中国礼制史（秦汉卷）》，湖南教育出版社 1993 年版。

张希清：《中国科举考试制度》，新华出版社 1993 年版。

楼庆西：《中国古建筑小品》，中国建筑工业出版社 1993 年版。

李弘祺：《宋代官学教育与科举》，台北联经出版公司 1994 年版。

顾明远：《中国教育大系（历代教育名人志）》，湖北教育出版社 1994 年版。

白新良：《中国古代书院发展史》，天津大学出版社 1995 年版。

赵子富：《明代学校与科举制度研究》，北京燕山出版社 1995 年版。

陈谷嘉、邓洪波：《中国书院制度研究》，浙江教育出版社 1997 年版。

王钧林：《中国儒学史（先秦卷）》，广州教育出版社 1998 年版。

王国平、唐力行：《明清以来苏州社会史碑刻集》，苏州大学出版社 1998 年版。

彭一刚：《建筑空间组合论》，中国建筑工业出版社 1998 年版。

亢亮、亢羽：《风水与建筑》，百花文艺出版社 1999 年版。

李申：《中国儒教史》，上海人民出版社 2000 年版。

吴宣德：《中国教育制度通史》，山东教育出版社 2000 年版。

董平：《伟大的教育家范仲淹》，西安地图出版社 2000 年版。

刘述先：《儒家思想开拓的尝试》，中国社会科学出版社 2001 年版。

顾希佳：《礼仪与中国文化》，人民出版社 2001 年版。

梁思成：《梁思成全集》第三卷，中国建筑工业出版社 2001 年版。

沈福煦、沈鸿明：《中国建筑装饰艺术文化源流》，湖北教育出版社 2001 年版。

楼庆西：《中国古建筑二十讲》，生活·读书·新知三联书店 2001

年版。

王振复：《宫室之魂：儒道释与中国建筑文化》，复旦大学出版社 2001 年版。

钱穆：《论语新解》，三联书店 2002 年版。

王炳照、徐勇：《中国科举制度研究》，河北人民出版社 2002 年版。

傅熹年：《中国古代建筑十论》，复旦大学出版社 2004 年版。

范小平：《中国孔庙》，四川文艺出版社 2004 年版。

陈传平：《世界孔庙》，文物出版社 2004 年版。

刘正：《金文庙制研究》，中国社会科学出版社 2004 年版。

黄进兴：《圣贤与圣徒》，北京大学出版社 2005 年版。

毛礼锐、沈灌群：《中国教育通史》，山东教育出版社 2005 年版。

曹林娣：《中国园林文化》，中国建筑工业出版社 2005 年版。

李允鉌：《华夏意匠：中国古典建筑设计原理》，天津大学出版社 2005 年版。

秦红岭：《建筑的伦理意蕴——建筑伦理学引论》，中国建筑工业出版社 2005 年版。

徐雁平：《清代东南书院与学术及文学》，安徽教育出版社 2007 年版。

孔德平：《曲阜孔庙祭祀通解》，现代出版社 2007 年版。

高明士：《东亚传统教育与学礼学规》，华东师范大学出版社 2008 年版。

李泽厚：《中国古代思想史论》，生活·读书·新知三联书店 2009 年版。

李永康、高彦：《北京孔庙国子监史话》，北京燕山出版社 2010 年版。

诸葛忆兵：《范仲淹研究》，中国人民大学出版社 2010 年版。

彭林：《中国古代礼仪文明》，中华书局 2011 年版。

黄绍箕、柳诒徵：《中国教育史》，福建教育出版社 2011 年版。

彭蓉：《中国孔庙建筑与环境》，中州古籍出版社 2011 年版。

李媛：《明代国家祭祀制度研究》，中国社会科学出版社 2011 年版。

耿素丽、陈其泰：《历代文庙研究资料汇编》，国家图书馆出版社 2012 年版。

陆雪梅：《儒学碑刻》，古吴轩出版社 2012 年版。

刘晓晖：《博物馆文化断想》，吉林文史出版社 2013 年版。

崔永泉、刘红宇：《中国文庙（孔庙）未来之梦——中国孔庙保护协会第十六届年会文集》，吉林文史出版社 2013 年版。

刘新：《儒家建筑：文庙》，中国建筑工业出版社 2013 年版。

常熟市政协文史委员会：《常熟状元》，广陵书社 2013 年版。

常熟市政协文史委员会：《虞山文化流派》，广陵书社 2013 年版。

常熟市碑刻博物馆：《江南言子故里碑刻集》，上海辞书出版社 2013 年版。

袁俊杰：《两周射礼研究》，科学出版社 2013 年版。

生云龙：《中国古代书院学礼研究》，清华大学出版社 2014 年版。

李文：《孔庙文化功能的当代价值》，广西人民出版社 2014 年版。

黄进兴：《皇帝、儒生与孔庙》，生活 · 读书 · 新知三联书店 2014 年版。

沈旸：《东方儒学——中国古代城市孔庙研究》，东南大学出版社 2015 年版。

朱鸿林：《孔庙从祀与乡约》，生活 · 读书 · 新知三联书店 2015 年版。

江苏省常熟市政协文史委员会：《南方夫子——言偃》，古吴轩出版社 2015 年版。

江苏省常熟市政协文史委员会：《让国南来——仲雍》，古吴轩出版社 2015 年版。

陈颖：《常熟儒学碑刻集》，苏州大学出版社 2017 年版。

肖永明：《儒学 · 书院 · 社会：社会文化视野中的书院》，商务印书馆 2018 年版。

王家范：《明清江南社会史散论》，上海人民出版社 2018 年版。

杨莉：《民国时期天津文庙研究》，社会科学文献出版社 2019 年版。

于泽：《苏州文庙研究》，山东教育出版社 2021 年版。

于书娟：《江阴文庙研究》，山东教育出版社 2021 年版。

黄宝权：《西安文庙研究》，山东教育出版社 2021 年版。

陈颖：《言子思想的当代传承和价值》，广陵书社 2021 年版。

黄宽重：《孙应时的学宦生涯》，中国友谊出版公司 2021 年版。

常熟市图书馆：《常熟市图书馆藏拓片选粹》，广陵书社 2021 年版。

研究论文

胡适：《书院制史略》，《东方杂志》1924 年第 3 号。

孟繁清：《元代的学田制》，《北京大学学报》1968 年第 2 期。

漆侠：《宋代学田制中封建租佃关系的发展》，《社会科学战线》1979 年第 3 期。

何忠礼：《科举制起源辨析——兼论进士科首创于唐》，《历史研究》1983 年第 2 期。

周东平：《关于科举制起源的几点意见》，《历史研究》1984 年第 6 期。

王庆杰：《尼山孔庙与尼山书院》，《齐鲁学刊》1987 年第 5 期。

郭厚安：《明初选举制度述论》，《西北师大学报》1987 年第 4 期。

沈其新：《清末科举制度废止评述》，《广州研究》1987 年第 11 期。

王兴亚：《关于明代科举制度研究中的几个问题》，《中州学刊》1990 年第 4 期。

曲英杰：《曲阜孔庙建制考述》，《中华文化论坛》1995 年第 1 期。

赵子富：《明代学校的科举制度与学术文化的发展》，《清华大学学报》1995 年第 2 期。

李清凌：《学田制度：庆历改革的一项创举》，《西北师大学报》1995 年第 6 期。

费孝通：《反思 · 对话 · 文化自觉》，《北京大学学报》1997 年第 3 期。

张亚祥：《泮池考论》，《孔子研究》1998 年第 1 期。

钱荐：《清代学田来源试析》，《清史研究》1998 年第 4 期。

范小平：《中国孔庙在儒学传播中的历史地位》，《四川文物》1998年第6期。

周聪：《孔庙与“庙学合一”》，《文史杂志》1999年第2期。

朱鸿林：《国家与礼仪：元明二代祀孔典礼的仪节变化》，《中山大学学报》1999年第5期。

王纯：《孔庙藏书楼——奎文阁考诠》，《图书馆建设》2000年第2期。

杨华、王禹浪、黄澄：《如何开发利用哈尔滨文庙的几点思考》，《哈尔滨师专学报》2000年第3期。

何忠礼：《二十世纪的中国科举制度史研究》，《历史研究》2000年第6期。

张亚祥、刘磊：《孔庙和学宫的建筑制度》，《古建园林技术》2001年第4期。

张晓旭：《中国孔庙研究专辑》，《南方文物》2002年第4期。

杨锐：《关于世界遗产地与旅游之间关系的几点辨析》，《旅游学刊》2002年第6期。

王齐洲：《游夏文学发微》，《北京大学学报》2003年第4期。

徐辉：《废除科举制与中国社会的现代转型》，《厦门大学学报》2003年第5期。

彭林：《祭祀万世师表：释奠礼》，《文史知识》2003年第10期。

唐永干：《西周的“射礼”——中国人体运动制度文化通论之二》，《南京体育学院学报》2004年第1期。

刘建丽、文娟：《范仲淹的教育思想与实践》，《沈阳师范大学学报》2004年第1期。

张杰：《清代科举制度与传统政治文化》，《河南大学学报》2004年第3期。

赵克生：《试论明代孔庙祀典的升降》，《江西社会科学》2004年第6期。

林岭：《透过建筑审视文化——德阳孔庙文化探析》，《四川建筑》2005

年第1期。

赵克生：《明代地方庙学中的乡贤祠与名宦祠》，《中国社会科学院研究生院学报》2005年第1期。

肖永明、唐亚阳：《书院祭祀的教育及社会教化功能》，《湖南大学学报》2005年第3期。

孔祥林：《中国和海外近邻文庙制度之比较》，《孔子研究》2006年第3期。

喻本伐：《学田制：中国古代办学经费的恒定渠道》，《教育与经济》2006年第4期。

刁维国：《北宋教育改革家范仲淹的治学兴学思想》，《青海师专学报》2007年第1期。

骆承烈：《儒家文化的精神家园——孔庙》，《孔子研究》2007年第2期。

唐红炬：《文庙的保护与利用：应在冲突中寻求和谐》，《中国文物科学研究》2007年第2期。

毛晓阳：《清代宾兴礼考述》，《清史研究》2007年第3期。

赵文坦：《元朝封孔子尊号“大成至圣文宣王”的背后》，《文史知识》2008年第2期。

于学斌、刘思游：《孔庙的教育功能试论》，《哈尔滨学院学报》2008年第9期。

魏峰：《从先贤祠到乡贤祠——从先贤祭祀看宋明地方认同》，《浙江社会科学》2008年第9期。

田增志：《中国庙学教育实践及其启示》，《内蒙古民族大学学报》2009年第5期。

孔祥林：《文庙释奠历史及现代释奠礼仪》，《国家论衡》（第五辑），2009年。

李鸿渊：《孔庙泮池之文化寓意探析》，《学术探索》2010年第2期。

展龙：《明洪武时期祭孔仪制考论》，《唐山师范学院学报》2011年第

3 期。

陈蔚：《祭孔乐舞与国家意志表达——滇南建水祭孔乐舞与国家制度的关系研究》，《世界宗教文化》2011 年第 6 期。

蔡一嘉：《从〈论语〉看孔子“射礼”的人文精神》，《芒种》2012 年第 16 期。

肖竞、曹珂：《明清地方文庙建筑布局与仪礼空间营造研究》，《建筑学报》2012 年第 8 期。

牛建强：《地方先贤祭祀的展开与明清国家权力的基层渗透》，《史学月刊》2013 年第 4 期。

刘继兵：《文庙祭祀的文化意义》，《山西青年》2013 年第 19 期。

魏伯河：《明清两代文庙卧碑文述评》，《江苏师范大学学报》2014 年 S1 期。

刘美然：《从两方高阳碑志拓片看明清两代的学规禁例》，《文物春秋》2014 年第 2 期。

程嫩生、马启超：《明代时期虞山书院的文学教育与文学创作》，《南昌大学学报》2015 年第 3 期。

张会会：《明代乡贤祭祀与儒学正统》，《学习与探索》2015 年第 4 期。

金玉棠：《常熟言子专祠空间及建筑营造特征探析》，《中外建筑》2015 年第 7 期。

周洪宇、赵国权：《文庙学：一门值得深入探究的新兴“学问”》，《江汉论坛》2016 年第 5 期。

邓凌雁：《空间与教化：文庙空间现象及其教育意蕴的生成》，《河南大学学报》2017 年第 5 期。

广少奎：《斯文在兹，教化之要——论文庙的历史沿革、功能梳辨及复兴之思》，《河南大学学报》2017 年第 5 期。

赵克生：《明清乡贤祠祀的演化逻辑》，《古代文明》2018 年第 4 期。

侯书勇、牛齐铭：《明清乡贤祠入祀制度演变探析》，《洛阳理工学院学报》2018 年第 4 期。

张俊英等：《范仲淹教育思想的当代价值》，《六盘水师范学院学报》2019年第1期。

于书娟、刘红英：《空间生产理论视域下的文庙教育空间实践》，《宁波大学学报》2019年第6期。

何益鑫：《儒家心性之学的转出——论子游的思想创造及其道统地位》，《复旦学报》2020年第4期。

吴卓雅：《以常熟文庙为例研究江南私塾个案》，《文学教育》2020年第4期。

广少奎、高群：《文庙的建筑文化、功能梳理与复兴之思》，《教育文化论坛》2020年第4期。

程建：《乡贤祭祀的空间转移与权力博弈》，《内蒙古大学学报》2020年第4期。

部分图片资料

《常熟市实验小学志》编纂委员会：《常熟市实验小学志》，古吴轩出版社2016年版。

蔡焜：《常熟老照片》，古吴轩出版社2000年版。

中共常熟市纪律检查委员会等：《虞山惠风》，广陵书社2021年版。